Europäisches Arbeitsschutzrecht und betriebliche Mitbestimmung

Europäische Hochschulschriften
Publications Universitaires Européennes
European University Studies

Reihe II
Rechtswissenschaft

Série II Series II
Droit
Law

Bd./Vol. 4148

PETER LANG
Frankfurt am Main · Berlin · Bern · Bruxelles · New York · Oxford · Wien

Florian Schubert

Europäisches Arbeitsschutzrecht und betriebliche Mitbestimmung

Die Beteiligungsrechte der Arbeitnehmer im Arbeitsschutzrecht in der Bundesrepublik Deutschland und im Königreich Schweden

PETER LANG
Europäischer Verlag der Wissenschaften

Bibliografische Information Der Deutschen Bibliothek
Die Deutsche Bibliothek verzeichnet diese Publikation in der Deutschen Nationalbibliografie; detaillierte bibliografische Daten sind im Internet über <http://dnb.ddb.de> abrufbar.

Zugl.: Bremen, Univ., Diss., 2004

D 46
ISSN 0531-7312
ISBN 3-631-52617-2

www.peterlang.de

Meinen Eltern und meiner Großmutter

Vorwort

Mein Dank gilt an erster Stelle Frau Prof. Dr. Dagmar Schiek für die Betreuung der Arbeit. Sie hat stets vielfältige Anregungen gegeben und die Entstehung in konstruktiven Diskussionen begleitet.

Herrn Prof. Dr. Wolfgang Däubler danke ich für die Übernahme des Zweitgutachtens.

Ganz besonders möchte ich mich bei meinen Eltern für ihre Unterstützung bedanken, ohne sie wäre die Arbeit nicht möglich gewesen. Herzlich danken möchte ich Frau Carolin Hiller, meiner Schwester Frau Franziska Schubert sowie Herrn Gerrit Klein und Herrn Dieter Hiller, die – jeder auf seine Weise – zur Vollendung der Arbeit beigetragen haben.

Hamburg, im Dezember 2004 Florian Schubert

Inhaltsverzeichnis

Abkürzungsverzeichnis

a.A.	anderer Ansicht
a.F.	alte(r) Fassung
abl.	ablehnend (-e, -er)
ABl.	Amtsblatt
ABl. EG	Amtsblatt der Europäischen Gemeinschaften
Abs.	Absatz
AcP	Archiv für die civilistische Praxis (Zeitschrift)
AD	Arbetsdomstolen (schwedischer Arbeitsgerichtshof), Arbetsdomstolens Domar (Entscheidungssammlung des schwedischen Arbeitsgerichtshofs)
AFS	Arbetsmiljöverkets författningssamling (Sammlung der Vorschriften des schwedischen Arbeitsumweltsamts/werks)
AfS	Archiv für Sozialgeschichte
AG	Aktiengesellschaft; Arbeitgeber; Amtsgericht
AGBG	Gesetz über die Allgemeinen Geschäftsbedingungen
AiB	Arbeitsrecht im Betrieb (Zeitschrift)
AktG	Aktiengesetz
allg.	allgemein (-e, -er)
Alt.	Alternative
AML	Arbetsmiljölagen (Arbeitsumweltgesetz)
Amtl. Begr.	Amtliche Begründung
AN	Arbeitnehmer
Anm.	Anmerkung
AO	Abgabenordnung
AP	Arbeitsrechtliche Praxis (Sammlung der Entscheidungen des Bundesarbeitsgerichtes, der Landesarbeitsgerichte und Arbeitsgerichte)
ArbG	Arbeitsgericht
ArbGG	Arbeitsgerichtsgesetz
ArbSchG	Arbeitsschutzgesetz
ArbR	Arbeitsrecht
ArbStättV	Arbeitsstättenverordnung
ArbStoffV	Arbeitsstoffverordnung
ArbZG	Arbeitszeitgesetz
Art.	Artikel
ASiG	Arbeitssicherheitsgesetz
AuA	Arbeit und Arbeitsrecht (Zeitschrift)
AÜG	Arbeitnehmerüberlassungsgesetz

Aufl.	Auflage
AuR	Arbeit und Recht (Zeitschrift)
AZO	Arbeitszeitordnung
BA	Bundesanstalt für Arbeit
BAG	Bundesarbeitsgericht
BAGE	Amtliche Sammlung der Entscheidungen des Bundesarbeitsgerichtes
BAnz.	Bundesanzeiger
BAT	Bundesangestelltentarifvertrag
BB	Der Betriebs-Berater (Zeitschrift)
BBergG	Bundesberggesetz
BBesG	Bundesbesoldungsgesetz
BBiG	Berufsbildungsgesetz
Bd.	Band
BDA	Bundesvereinigung der Deutschen Arbeitgeberverbände
BDI	Bundesverband der Deutschen Industrie
Begr.	Begründung
BeschFG	Beschäftgungförderungsgesetz
BetrR	Der Betriebsrat (Zeitschrift)
BetrVG	Betriebsverfassungsgesetz
BfA	Bundesversicherungsanstalt für Angestellte
BGB	Bürgerliches Gesetzbuch
BGBl.	Bundesgesetzblatt, Teil I-III
BGH	Bundesgerichtshof
BGHZ	Entscheidungen des Bundesgerichtshofes in Zivilsachen
BMA	Bundesministerium für Arbeit
BPersVG	Bundespersonalvertretungsgesetz
BR	Bundesrat
BR-Dr.	Bundesratsdrucksache (Nummer und Jahrgang)
bspw.	beispielsweise
BT-Dr.	Drucksache des Deutschen Bundestages (Wahlperiode und Nummer)
BUrlG	Bundesurlaubsgesetz
BuW	Betrieb und Wirtschaft (Zeitschrift)
BVerfG	Bundesverfassungsgericht
BVerfGE	Entscheidungssammlung des Bundesverfassungsgerichts
bzw.	beziehungsweise
CGB	Christlicher Gewerkschaftsbund Deutschland
CR	Computer und Recht (Zeitschrift)

DAG	Deutsche Angestelltengewerkschaft
DB	Der Betrieb (Zeitschrift)
ders.	derselbe
DGB	Deutscher Gewerkschaftsbund
d.h.	das heißt
Diss.	Dissertation
Drs.	Drucksache
DuR	Demokratie und Recht (Zeitschrift)
EAS	Europäisches Arbeits- und Sozialrecht, Rechtsvorschriften, Systematische Darstellung und Entscheidungssammlung
EBRG	Europäische Betriebsrätegesetz
EDV	Elektronische Datenverarbeitung
EG	Europäische Gemeinschaft(en)
EGV	Vertrag zur Gründung der Europäischen Gemeinschaft
Einl.	Einleitung
EntgeltFZG	Entgeltfortzahlungsgesetz
Erl.	Erläuterungen
ESC	Europäische Sozialcharta
EU	Europäische Union
EuGH	Europäischer Gerichtshof
EUV	Vertrag über die Europäische Union
EV	Vertrag zwischen der Bundesrepublik Deutschland und der Deutschen Demokratischen Republik über die Herstellung der Einheit Deutschlands – Einigungsvertrag –
e.V.	eingetragener Verein
EWG	Europäische Wirtschaftsgemeinschaft
EzA	Entscheidungssammlung zum Arbeitsrecht
f.	folgende(r/s)
ff.	fortfolgende
Fn.	Fußnote
FS	Festschrift
G	Gesetz
GefStoffVO	Gefahrstoffverordnung
GewO	Gewerbeordnung
GG	Grundgesetz
GmbH	Gesellschaft mit beschränkter Haftung
GSG	Gesetz über technische Arbeitsmittel (Gerätesicherheitsgesetz)
GVBl	Gesetz- und Verordnungsblatt

HAG	Heimarbeitsgesetz
HGB	Handelsgesetzbuch
h.L.	herrschende Lehre
h.M.	herrschende Meinung
Hrsg.	Herausgeber
Hs.	Halbsatz
i.d.F.	in der Fassung
i.d.R.	in der Regel
IG	Industriegewerkschaft
ILO	International Labour Organization (Internationale Arbeitsorganisation)
IPR	Internationales Privatrecht
i.S.d.	im Sinne des, der
i.S.v.	im Sinne von
i.V.m.	in Verbindung mit
JArbSchG	Jugendarbeitsschutzgesetz
JR	Juristische Rundschau (Zeitschrift)
krit.	kritisch
KritV	Kritische Vierteljahresschrift für Gesetzgebung und Rechtswissenschaft (Zeitschrift)
KSchG	Kündigungsschutzgesetz
L&A	Lag och avtal (schwedische Zeitschrift für Arbeitsrecht)
LAG	Landesarbeitsgericht
LAGE	Entscheidungssammlung der Landesarbeitsgerichte
Lit.	Literatur
LO	Landsorganisation (Dachorganisation der Arbeitergewerkschaften)
MBL	Lag om medbestämmande i arbetslivet (Gesetz über die Mitbestimmung im Arbeitsleben)
MindArbbG	Gesetz über Mindestarbeitsbedingungen
MitbestG	Mitbestimmungsgesetz
MRK	(Europäische) Konvention zum Schutze der Menschenrechte und Grundfreiheiten
Münch-ArbR	Münchener Handbuch zum Arbeitsrecht, siehe Literaturverzeichnis
MuschG	Gesetz zum Schutz der erwerbstätigen Mütter (Mutterschutzgesetz)

m.w.N.	mit weiteren Nachweisen
NachwG	Gesetz über den Nachweis der für ein Arbeitsverhältnis geltenden wesentlichen Bestimmungen (Nachweisgesetz)
n.F.	neue Fassung
NJW	Neue Juristische Wochenschrift (Zeitschrift)
Nr.	Nummer
NZA	Neue Zeitschrift für Arbeits- und Sozialrecht
ÖTV	Gewerkschaft Öffentliche Dienste, Transport und Verkehr
OLG	Oberlandesgericht
OWiG	Gesetz über Ordnungswidrigkeiten
PersVG	Personalvertretungsgesetz
PersV	Die Personalvertretung (Zeitschrift)
Preuß.	Preußen, preußisch
Prop.	Regeringens propositioner (Gesetzesvorlagen der schwedischen Regierung)
Prot.	Protokoll(e)
PTK	Privattjänstemannakartellen (Privatbedienstetengewerkschaft)
RABl.	Reichsarbeitsblatt
RabelsZ	Rabels Zeitschrift für ausländisches und internationales Privatrecht
RdA	Recht der Arbeit (Zeitschrift)
RGBl.	Reichsgesetzblatt
RL	Richtlinie
Rn.	Randnummer
Rspr.	Rechtsprechung
s.	siehe
S.	Seite / Satz
SACO	Sveriges Akademikers Centralorganisation (Dachverband der Akademikergewerkschaften)
SAE	Sammlung Arbeitsrechtlicher Entscheidungen (Zeitschrift)
SAF	Svenska arbetsgivareföreningen (Schwedischer Arbeitgeberverband, inzwischen nach Zusammenschluß mit dem Industriförbund aufgegangen in Svenskt Näringsliv)
SCB	Statistiska centralbyrån (Statistisches Zentralbüro)

Schaub	Schaub, Günter Arbeitsrechts-Handbuch, siehe Literaturverzeichnis
SchwbG	Schwerbehindertengesetz
SFS	Svensk författningssammling (schwedisches Gesetzesblatt)
SG	Sozialgericht
SGB	Sozialgesetzbuch (die römischen Ziffern bezeichnen das jeweilige Buch)
sog.	sogenannte(r)
SOU	Statens offentliga utredningar (Staatliche öffentliche Untersuchungen)
SozR	Sozialrecht, Rechtsprechung und Schrifttum, bearbeitet von den Richtern des Bundessozialgerichts, Loseblattsammlung
Sp.	Spalte
StGB	Strafgesetzbuch
st. Rspr.	ständige Rechtsprechung
TCO	Tjänstemännens centralorganisation (Dachorganisation der Angestelltengewerkschaften)
TV	Tarifvertrag
TVG	Tarifvertragsgesetz
u.a.	unter anderem
UNO	United Nation Organisation (Vereinte Nationen)
usw.	und so weiter
u.U.	unter Umständen
UVV	Unfallverhütungsvorschriften
Verf.	Verfassung
vgl.	vergleiche
VO	Verordnung
WiB	Wirtschaftsrechtliche Beratung (Zeitschrift)
WRV	Weimarer Reichsverfassung
z.B.	zum Beispiel
ZeuP	Zeitschrift für Europäisches Privatrecht
ZfA	Zeitschrift für Arbeitsrecht
ZfRV	Zeitschrift für Rechtsvergleichung, Internationales Privatrecht und Europarecht
ZIAS	Zeitschrift für ausländisches und internationales Arbeits- und Sozialrecht
ZIP	Zeitschrift für Wirtschaftsrecht und Insolvenspraxis
ZPO	Zivilprozeßordnung

ZRP	Zeitschrift für Rechtspolitik
z.T.	zum Teil
ZTR	Zeitschrift für Tarif-, Arbeits- und Sozialrecht des öffentlichen Dienstes
zust.	zustimmend (-e, -er) / zuständig
ZVglRWiss	Zeitschrift für vergleichende Rechtswissenschaft
z.Zt.	zur Zeit

A. Einleitung

Die vorliegende Arbeit befaßt sich rechtsvergleichend mit den Beteiligungsrechten der Arbeitnehmer im Arbeitsschutzrecht in der Bundesrepublik Deutschland und im Königreich Schweden.[1]

I. Einführung in das Thema

Das Arbeitsschutzrecht ist in den vergangenen Jahren, genauer seit Ende der 80er Jahre, umfangreicher Gegenstand EG-rechtlicher Normsetzung gewesen. Das hat in vielen Mitgliedstaaten zu erheblichem Umsetzungsbedarf hinsichtlich der Vorgaben des EG-Rechts geführt. In Deutschland wurde das Arbeitsschutzrecht, und hier insbesondere die Beteiligung der Arbeitnehmer, aus Sicht des Verfassers lange Zeit nicht seiner Bedeutung entsprechend gewürdigt. Eine Veränderung setzte erst in den neunziger Jahren im Zuge der Umsetzung der EG-rechtlichen Vorgaben ein. Die Rahmenrichtlinie Arbeitsschutz 89/391/EWG[2] sowie die damit eng verbundenen zahlreichen Einzelrichtlinien[3] haben zu einer Belebung des bundesdeutschen Arbeitsschutzrechts geführt. Schweden hingegen galt als eines der skandinavischen Länder schon immer als sehr fortschrittlich und mustergültig im Bereich des Arbeitsschutzes[4] und nahm auch hinsichtlich des europäischen Arbeitsschutzrechts eine Vorbildfunktion ein.[5] Insbesondere im Hinblick auf die Beteiligung der Arbeitnehmer bzw. ihrer Vertreter im Arbeitsschutzrecht wurden in Schweden schon frühzeitig entsprechende Regelungen geschaffen. Das skandinavische Recht beruht auf dem Verständnis, daß gerade die Maßnahmen des Arbeitsschutzes, die ja dem Schutz des Menschen dienen, nur eine effektive Wirkung entfalten können, wenn die zu schützenden Arbeitnehmer selbst oder über ihre betriebliche Interessenvertretung an den konkreten Schutzvorhaben mitwirken. Das deutsche Recht ist dagegen von seinem Verständnis her primär staatlich geprägtes Aufsichtsrecht. Schon deshalb scheint es aus deutscher Sicht von besonderem Interesse, hier einen Vergleich mit diesem Staat vorzunehmen.

Durch die skandinavische Prägung des Arbeitsschutzrechts der EG und die Transformation des Rechts in die Mitgliedstaaten ist es in den einzelnen Ländern, insbesondere in der Bundesrepublik, zur Kritik an den teilweise unbe-

1 Alle Übersetzungen stammen vom Verfasser, soweit sich aus den Zusammenhängen nichts anderes ergibt. Die Arbeit wurde unter Anwendung der vor der Neuregelung der deutschen Rechtschreibung geltenden Rechtschreibgrundsätze verfaßt.

2 ABl. EG 1989 Nr. L 183, S. 1.

3 Vgl. den Überblick bei Kittner/Pieper, § 19 ArbSchG Rn. 5; siehe auch Wlotzke, NJW 1997, S. 1469 ff.

4 So auch Heilmann, AiB 1989, S. 249 f.; Bücker/Feldhoff/Kothe, S. 75 ff.

5 Siehe insbesondere unter B.I.

kannten nordischen Begriffen, wie der *Arbeitsumwelt*, gekommen.[6] Um eine konforme Auslegung und ein weitreichendes Verständnis des EG-Rechts und der nationalisierten europäischen Normen zu gewährleisten, ist es notwendig, den skandinavischen Hintergrund und das Anwendungsverständnis der Vorschriften zu kennen und, was noch wichtiger ist, diese auch in die nationale Auslegung mit einfließen zu lassen.

In der Bundesrepublik war und ist die Beteiligung der Arbeitnehmer bzw. ihrer Vertreter umstritten. Die zentrale Vorschrift hinsichtlich der Beteiligung der Beschäftigten im Arbeitsschutzrecht ist § 87 Abs. 1 Nr. 7 BetrVG. Allerdings ist der Anwendungsbereich der Norm von mehreren Voraussetzungen abhängig und offen für unterschiedliche Auslegungen. Um eventuell weitere und bestärkende Argumente für eine EG-rechtskonforme Auslegung zu finden, werden die Vorgaben des Rechts der EG und die diesen teilweise als Vorlage dienenden entsprechenden nordischen Regelungen im Königreich Schweden untersucht und bewertet.

Im folgenden Abschnitt sollen die zentralen Überlegungen, die dieser Arbeit zugrunde liegen, näher verdeutlicht werden, bevor auf die Besonderheiten des Arbeitsrechtsvergleichs in der EG sowie auf den rechtsvergleichenden Ansatz der Arbeit vertiefend eingegangen wird.

II. Grundlegung

Die Arbeit geht von der Grundannahme aus, daß Maßnahmen des Arbeitsschutzes nur dann effektiv wirken können, wenn die betroffenen Beschäftigten oder ihre Vertreter selbst am Schutz mitwirken.

Diese Annahme wird zunächst durch die normativen Grundlagen des Arbeitsschutzes gestützt. So hat die Beteiligung der Arbeitnehmer im Arbeitsschutz in der Regelungskonzeption der Rahmenrichtlinie Arbeitsschutz 89/391/EWG[7] einen hohen Stellenwert. Nach dem 11. Erwägungsgrund der Rahmenrichtlinie Arbeitsschutz ist es unerläßlich, daß die Beschäftigten und ihre Vertreter in die Lage versetzt werden, durch eine angemessene Mitwirkung entsprechend den nationalen Rechtsvorschriften bzw. Praktiken zu überprüfen und zu gewährleisten, daß die erforderlichen Schutzmaßnahmen getroffen werden. In dem 12. Erwägungsgrund wird dieser Gedanke noch verstärkt. Nach diesem ist es erforderlich, die Unterrichtung, den Dialog und die ausgewogene Zusammenarbeit im Bereich der Sicherheit und des Gesundheitsschutzes am Arbeitsplatz zwischen den Arbeitgebern und den Arbeitnehmern bzw. ihren Vertretern durch geeignete Verfahren und Instrumente entsprechend den nationalen Rechtsvorschriften bzw. Praktiken auszuweiten. Das Gemeinschaftsrecht hat damit die in den meisten Mitgliedstaaten vorhandene Erkenntnis aufgegriffen, daß ein effektiver Arbeitsschutz nur unter Aufsicht der Gewerbeaufsichts-

---

6 Siehe dazu unten unter B.I. und auch unter A.II.

7 ABl. EG 1989 Nr. L 183, S. 2. Siehe unten unter B.II.

ämter oder anderer Vollzugsbehörden und ohne aktive Beteiligung der Beschäftigten bzw. ihrer Vertreter kaum möglich ist.[8] Die Rahmenrichtlinie läßt der Arbeitnehmerbeteiligung am Arbeitsschutz also eine wichtige Rolle zuteil werden.[9]

Dieser Gedanke prägt auch den Regelungsansatz anderer Staaten zum Arbeitsschutz. So ist im Generalbericht über die Gesetzgebung zum Gesundheitsschutz auf dem XII. Weltkongreß für Arbeitsschutz 1990 die Erweiterung der Arbeitnehmerbeteiligung als ein wesentliches Element der Gesetzgebung im Gesundheitsschutz hervorgehoben worden.[10] Ebenfalls unter dem Gesichtspunkt der menschengerechten Gestaltung der Arbeit[11] sind die Partizipationsmöglichkeiten der Beschäftigten ein wesentlicher Faktor, um schädigende bzw. beeinträchtigende Arbeitsbedingungen abzubauen.

Die Richtigkeit dieses normativen Ansatzes wird auch durch praktische Ergebnisse bestätigt. Erfahrungen aus Unternehmen zeigen, daß Mitarbeiterbeteiligung positive Resultate fördert.[12] Der Rückgriff auf Erfahrungen und Ergebnisse unterschiedlicher Formen der Mitarbeiterbeteiligung der Volkswagen AG unterstreicht, daß die Mitarbeiterbeteiligung auf verschiedene Weise zu mehr Gesundheit beiträgt.[13] So führt die Partizipation bspw. zu mehr Kompetenz bei allen Beteiligten, bei den Arbeitnehmern, wie auch den Gesundheitsexperten; belastende Arbeitsbedingungen sind benannt und Vorschläge zu deren Verbesserung erarbeitet worden.[14] Das Gesundheitsbewußtsein wird gefördert und gleichzeitig fühlen sich die Beschäftigten als Personen ernst genommen und akzeptiert. Die Kommunikation und das allgemeine Betriebsklima verbessern sich.[15] Dabei trägt die Beteiligung der Beschäftigten auch zur Erhöhung der Wirtschaftlichkeit bei. Der Betrag ist zwar nicht in allen Fällen genau zu bemessen, kann sich aber z.B. in der Verbesserung der Qualität und Erhöhung der Produktivität niederschlagen.[16]

Es hat ein Umdenken dahingehend stattgefunden, daß es nicht ausreichend ist, daß Beschäftigte, wenn sie Arbeitsschutz überhaupt bewußt wahrnehmen, diesen als eine Reihe von Geboten und Verboten verstehen und ihnen somit nur eine passive Rolle zukommt.[17] Die individuelle oder kollektive Veränderung von schädigenden Arbeitsbedingungen schafft damit gleichfalls einen Prozeß

---

8 Kothe, EAS B 6100 Rn. 101.
9 Vgl. Kothe, EAS B 6100 Rn. 101.
10 Zitiert nach Kothe, EAS B 6100 Rn. 101.
11 Siehe dazu unten unter B.I. und II.5., D.II.2. sowie E.II.3.c.dd.
12 Siehe dazu ausführlich Brandenburg, S. 444 ff.; Teske/Zinke, Sicher ist sicher 1996, S. 341 ff. Vgl. auch Martens, Arbeit 1997, S. 429 ff.
13 Brandenburg, S. 451.
14 Brandenburg, S. 451.
15 Brandenburg, S. 451 f.
16 Brandenburg, S. 452 f.
17 Meggeneder, BArbBl. 1/1984, S. 33.

persönlichkeitsfördernder Arbeitsgestaltung.[18]. In einer Zusammenarbeit zwischen Beschäftigten, Führungskräften und Fachspezialisten sind die Arbeitnehmer und ihre Erkenntnisse als Betroffene, als Experten der Praxis, unverzichtbar.[19] Der Arbeitgeber hat durch eine wirksame Beteiligung auch die Möglichkeit, sich das außerordentlich große Erfahrungswissen der Beschäftigten zu nutze zu machen.[20] Gleichfalls erfordert die effektive Nutzung neuer Technologien beteiligungsorientierte Formen der Arbeitsorganisation.[21] Die Notwendigkeit der Beteiligung der Beschäftigten an einem wirksamen Arbeitsschutz ergibt sich aber auch aus dem Gefälle der Erwartungen, die diese an ihre Arbeit stellen und an die tatsächliche Ausgestaltung.[22] Erwartungen und tatsächliche Problemfelder lassen sich aus den praktischen Untersuchungen in Deutschland und Schweden entnehmen.[23] Ohne an dieser Stelle bereits zu weit vorgreifen zu wollen, sind in den letzten Jahren besonders psychische Belastungen und ergonomische Probleme für die Arbeitnehmer in den Mittelpunkt geraten. Gerade in diesem Zusammenhang ist die Beteiligung der Beschäftigten besonders gefragt.[24] Werden diese Probleme der Arbeitnehmer nicht berücksichtigt, wird ihnen nicht nur eine wissenschaftliche Basis entzogen, sondern auch Präventivmaßnahmen verhindert, auch in den Bereichen, in denen die Gefahren wissenschaftlich anerkannt sind.[25]

Die Arbeitnehmerbeteiligung im Arbeitsschutz ist auch aus folgenden Gründen[26] unerläßlich: (1) Die Beschäftigten, die unmittelbar von den gesundheitlichen Risiken betroffen sind, haben ein unmittelbares Interesse an der Minderung dieser Risiken. (2) Kein anderer kennt die tatsächlichen Gefährdungen eines Arbeitsbereiches besser als die dort tätigen Beschäftigten.[27] (3) Die Arbeitnehmer haben ein Interesse an der Gefährdungsreduzierung ihrer Arbeitsbereiche und entwickeln, auch spontan, eigene Lösungsansätze. (4) Veränderungen zur Verbesserung des Arbeitsschutzes werden von den Beschäftigten eher akzeptiert, wenn sie an der Entwicklung und Umsetzung dieser Maßnahmen beteiligt sind.

Fest stehen dürfte also, daß ein wirksamer Arbeitsschutz, der sich auch positiv auf die Interessen des Arbeitgebers auswirkt (Argumente dafür sind bspw. höhere Leistungsbereitschaft der Beschäftigten, diese sind engagierter, kreativer

---

18 Antoni, S. 419.
19 Vgl. Lohrum, S. 395; Willsch, S. 355.
20 Brandenburg, S. 444; Müller, Sicher ist sicher, 1994, S. 520.
21 Brandenburg, S. 444. Vgl. auch Pieper, Faktor Arbeitsschutz, S. 6 f.
22 Vogel, Gefahrenverhütung Erste Bilanz, S. 27.
23 Siehe unten unter E.V.
24 Brandenburg, S. 443.
25 Vogel, Gefahrenverhütung Erste Bilanz, S. 28.
26 Siehe Stözel, S. 35 f.
27 Vgl. Lohrum, S. 393.

und motivierter und haben weniger Ausfallzeiten[28]), nicht ohne Beteiligung der Beschäftigten in einem von allen Seiten verfolgten Arbeitsschutzkonzept stattfinden kann. In diesem Konzept kommt insbesondere der Gefährdungsbeurteilung und Dokumentation unter Beteiligung der Beschäftigten eine Schlüsselfunktion zu.[29] Letztendlich trägt eine wirksame Beteiligung der Arbeitnehmer auch zu einer humanen Arbeitswelt bei.

Die Arbeit geht weiter davon aus, daß für die Auslegung des EG-Rechts, dessen Vorgaben eine stärkere Beachtung des Arbeitsschutzes und auch der Beteiligung der Arbeitnehmer im deutschen Recht erzwungen haben, ein rechtsvergleichendes Herangehen unverzichtbar ist. Für diese Methodik wurde in Anlehnung an die Rechtsprechung des EuGH der Begriff der wertenden Rechtsvergleichung [30]geprägt.

Nach diesem Verständnis darf das EG-Recht nicht allein aus der Perspektive einer nationalen Rechtsordnung autonom[31] ausgelegt werden. Es ist im Gegenteil eine Einbeziehung und Wertung verschiedener nationaler Lösungen wünschenswert und sachdienlich.[32] Dabei soll nicht der Eindruck entstehen, daß sich das Gemeinschaftsrecht nach dem nationalen Recht richtet[33]. Im Wege einer historischen und funktionalen Auslegung sind aber die Ursprünge gemeinschaftsrechtlicher Normgruppen zu berücksichtigen, damit die Bedeutung der Begriffe erkannt sowie das allgemeine Verständnis, was dahinter liegt, ergründet werden kann. Ein Verzicht auf diese vergleichende Lösung unter Rückbeziehung auf nur nationale Auslegungen würde nicht nur die Rechtsangleichung in der EG gefährden,[34] sondern ermöglicht erst die Harmonisierung der rechtlichen Systeme der einzelnen Mitgliedstaaten.

Gerade die Frage, was sich hinter dem Begriff der Arbeitsumwelt verbirgt, kann nur beantwortet werden, wenn in wertender Rechtsvergleichung entsprechende Begriffe und das dahinter liegende Verständnis anderer Mitgliedstaaten berücksichtigt werden. Art. 118 a EWG in der Form der Einheitlichen Europäischen Akte[35] ging auf einen ursprünglich dänischen Vorschlag zurück, und der Begriff „Arbeitsumwelt" ist eine Übersetzung des dänischen Ausdrucks „arbeijdsmiljø".[36] Der Begriff der Arbeitsumwelt verweist also auf das skandinavi-

---

28 Vgl. Brandenburg, S. 444.
29 Siehe dazu unten unter E.IV.
30 Vgl. Kiikeri, S. 57 ff.
31 Vgl. Rebhan, ZEuP 2002, S. 455.
32 Vgl. Birk, ZVglRWiss 2001, S. 50 f.; Schregele, S. 675.
33 Rebhan, ZEuP 2002, S. 455.
34 Schlachter, RdA 1999, S. 121.
35 Später Art. 118 a EG-Vertrag (die Artikel 117 bis 120 EG-Vertrag sind wiederum aufgrund des Vertrages von Amsterdam durch die Artikel 136 EG bis 143 EG ersetzt worden), siehe dazu unten unter B.I., siehe auch die folgende Fußnote.
36 EP Entschließung vom 17.11.1988 ABl. EG C 326/262, Ziff. 2. Siehe auch den Bericht im Namen des Ausschusses für soziale Angelegenheiten und Beschäftigung über den

sche Recht und das dortige Arbeitsschutzverständnis, das insoweit prägend für das Arbeitsschutzrecht der EG war.

Aus diesem Grund ist für die Auslegung der EG-rechtlichen Normen, insbesondere der Arbeitsschutzrahmenrichtlinie[37], die Kenntnis der wesentlichen Konzeption des skandinavischen Arbeitsschutzrechts unverzichtbar.

Die exemplarische Untersuchung des schwedischen Arbeitsschutzrechts im Rahmen dieser Arbeit dient dem besseren Verständnis des EG-Arbeitsschutzrechts und letztendlich seiner richtigen Auslegung, die dann auch Schlußfolgerungen für andere nationale Rechte, wie das deutsche Recht, ermöglicht. Das Königreich Schweden ist Teil des nordischen[38] Rechtskreises und steht hier stellvertretend für die skandinavischen Arbeitsumweltgesetze, womit insbesondere die Dänemarks und Norwegens gemeint sind. Alle drei Staaten haben Mitte der 70er Jahre eine Neuordnung ihres Arbeitsschutzrechts eingeleitet und neue Arbeitsumweltgesetze geschaffen.[39] Hier wurde erstmalig der Begriff der „Arbeitsumwelt" geprägt, der dann auch in Art. 118 a EWG aufgenommen worden ist.[40] Alle drei Gesetze sind in den Jahren 1977 und 1978 in Kraft getreten[41], wobei Dänemark gewissermaßen als Vorreiter bereits am 23. Dezember 1975 sein Arbeitsumweltgesetz verabschiedet hat.[42]

Die Debatte um eine Neuordnung des Arbeitsschutzrechts in Dänemark setzte bereits 1968 ein. Das dänische Arbeitsumweltgesetz ist ebenso wie das schwedische und norwegische Gesetz ein Rahmengesetz.[43] Es geht von einem weiten Arbeitsschutzansatz aus und möchte als Zielvorstellung in § 1 „eine sichere und gesunde Arbeitsumwelt schaffen", die ständig an die technischen und sozialen Entwicklungen der Gesellschaft angepaßt wird.[44]

Das norwegische Gesetz über den Arbeitnehmerschutz und die Arbeitsumwelt enthält in § 1 zunächst eine Umschreibung seiner Zielsetzung.[45] Es geht in seiner Schutzfunktion sogar noch weiter als das dänische Arbeitsum-

---

Begriff Arbeitsumwelt und den Anwendungsbereich von Art. 118 a des EWG-Vertrags vom 22.10.1988, Berichterstatterin Heinke Salisch, EP Dok. A2-0226/88, S. 12.

37 ABl. EG 1989 Nr. L 183, S. 1 ff.

38 Die Ausdrücke skandinavisch und nordisch werden im Folgenden synonym verwandt.

39 Vgl. Birk, in FS für Wlotzke, S. 650 f.

40 Siehe dazu detailliert unten unter B.I.

41 Das dänische Arbejdsmiljøloven (AML) ist am 1. Juli 1977 und das norwegische Arbeidsmiljøloven (AML) sind jeweils am 17. Juni 1977 in Kraft getreten. Zum schwedischen Arbeitsumweltgesetz siehe unter C.I.1.

42 Norwegen am 4. Februar 1977 zu Schweden siehe unter C.I.1. Siehe Vogel, Gefahrenverhütung Erste Bilanz, S. 142; Vogel, Gefahrenverhütung Auswirkung, S. 116; Bükker/Feldhoff/Kothe, S. 75; Birk, in FS für Wlotzke, S. 651.

43 Vogel, Gefahrenverhütung Erste Bilanz, S. 142; Birk, in FS für Wlotzke, S. 651.

44 Vogel, Gefahrenverhütung Erste Bilanz, S. 143; Birk, in FS für Wlotzke, S. 652; Bükker/Feldhoff/Kothe, S. 75.

45 Birk, in FS für Wlotzke, S. 652.

weltgesetz. Von seinem Umfang her entspricht es dem dänischen Gesetz, die enthaltenen Regelungen sind jedoch noch ausführlicher und komplexer.[46] Es beinhaltet ein breites Verständnis des Arbeitsschutzes und der Arbeitsumwelt und stellt eine direkte Beziehung zwischen Arbeitnehmerschutz und Arbeitsumwelt dar.[47] Es enthält neben Vorschriften über die Gewährleistung des Arbeitsschutzes und der umfassenden Gestaltung der Arbeitsumwelt Regelungen über Mutterschutz, Kinder- und Jugendarbeit, Arbeitszeitrecht, Zahlung von Lohn- und Urlaubsgeld sowie Kündigungsschutz.[48] Insbesondere das norwegische Arbeitsumweltgesetz macht durch seine Bestimmungen deutlich, daß das Wissen der Arbeitnehmer wichtigste Quelle für Veränderungen der Arbeitsbedingungen ist. Das läßt sich aus der Bedeutung, die der kollektiven Mitwirkung sowie der individuellen Entwicklung der Beschäftigten eingeräumt wird, sowie der nicht so sehr ausgeprägten Stellung der Präventivdienste ableiten.[49]

Die Arbeitsumweltgesetze in Dänemark und Schweden sind sehr ähnlich gestaltet.[50] Deshalb sollen ungeachtet der Unterschiede in den Arbeitsumweltgesetzen die schwedischen Regelungen exemplarisch für die nordischen Regelungen Gegenstand dieser rechtsvergleichenden Untersuchung sein und nach hier vertretender Auffassung stellvertretend für das skandinavische Recht zur richtlinienkonformen Auslegung herangezogen werden.

Auch der EuGH ist in seiner Rechtsprechung, genau wie andere EG-Institutionen hinsichtlich ihrer rechtsetzenden Aufgaben, angehalten, sich rechtliche Inspirationen von den nationalen rechtlichen Systemen zu verschaffen, um die gemeinschaftsrechtlichen Regelungen auszulegen.[51] Dabei hat der Gerichtshof nicht frei nach eigenem Belieben die nationale Regelung auszuwählen, die er für am geeignetsten hält. Aufgabe des Gerichtshofs ist es, in den nationalen Rechtssystemen nach generellen Prinzipien zu suchen, die es ermöglichen, die gemeinschaftsrechtlichen Lösungen zu interpretieren und die den Strukturen und fundamentalen Prinzipien des Gemeinschaftsrechts entsprechen.[52] Hier kann dieses Vorgehen in der Form konkretisiert werden, daß das schwedische Recht als Impuls gebendes „Grundlagenrecht" des EG-Rechts auftritt und gerade deshalb als Auslegungshilfe angewendet wird. Außerdem

---

46 Vogel, Gefahrenverhütung Auswirkung, S. 116; Birk, in FS für Wlotzke, S. 653.

47 Birk, in FS für Wlotzke, S. 653.

48 Birk, in FS für Wlotzke, S. 653.

49 Vogel, Gefahrenverhütung Auswirkung, S. 117.

50 Eine genauere Untersuchung der nordischen Arbeitsumweltgesetze kann hier nicht durchgeführt werden. Es soll nur ein kurzer Überblick verschafft werden, der zeigt, daß die Gesetzte ungeachtet der vorhandenen Unterschiede eine gemeinsame Zielsetzung mit einem weiten und umfassenden Verständnis der Arbeitsumwelt und damit zusammenhängend einen intensiven Schutz der Beschäftigten unter Zugrundelegung einer Beteiligung der Arbeitnehmer gewährleisten.

51 Van Gerven, S. 434.

52 Van Gerven, S. 435. Vgl. hierzu auch Schwarze, S. 447 ff. und Kiikeri, S. 99 ff.

erleichtert die Heranziehung des schwedischen Rechts, das Verständnis für die Normen zu erlangen, so daß sie nicht als Fremdkörper im nationalen Rechtssystem angesehen werden.[53] Gerade unter der Zielvorstellung einer Harmonisierung des Rechts in den EG-Mitgliedstaaten scheint diese Vorgehensweise angebracht.

Im folgenden Abschnitt sollen die Besonderheiten des Arbeitsrechtsvergleichs in der EG verdeutlicht werden.

III. Arbeitsrechtsvergleich in der EG

Beim Rechtsvergleich in der EG treten die in der traditionellen Literatur erwähnten Funktionen der Rechtsvergleichung[54], z.B. Rechtsvergleichung als Hilfsmittel für den Gesetzgeber, als Auslegungshilfe bspw. der Rechtsprechung, als Mittel für die juristische Ausbildung und als Vorbereitung der Rechtsvereinheitlichung, zugunsten einer neuen Dimension des Rechtsvergleichs zurück, die konkret auf die Auslegung und zum Teil Fortbildung des angeglichenen nationalen Rechts mit Hilfe der Rechtsvergleichung zielt.[55] Da das Arbeitsrecht in engem Zusammenhang mit dem ideologischen Verständnis und den ökonomischen Voraussetzungen der jeweiligen gesellschaftlichen Verhältnisse steht[56], wurde der Arbeitsrechtsvergleich als nur schwer möglich angesehen oder zumindest dessen Wert in Frage gestellt. Auch für einen neuen Ansatz sind die Probleme und Schwierigkeiten, vor denen sich die Rechtsvergleichung sieht, nicht bedeutungslos. Dennoch dürfte feststehen, daß nicht auf den arbeitsrechtlichen Rechtsvergleich verzichtet werden kann und dieser Grundlage für internationale Normen ist. Besonders dort, wo nationale Vorschriften an internationale Vorgaben angepaßt werden müssen, so bspw. an die zu ratifizierten Übereinkommen der ILO, wird deutlich, daß diese Normen einem rechtsvergleichenden Prozeß entstammen.[57] Bevor eine internationale Vorschrift entsteht, müssen die rechtlichen Verhältnisse und Bedürfnisse in den beteiligten Staaten untersucht werden.[58] Die Umsetzung in nationales Recht geschieht entweder durch Schaffung neuer nationaler Normen oder durch die entsprechende Auslegung der vorhandenen Vorschriften.[59] Auch im Hinblick darauf, daß das Arbeitsrecht ein bestimmender Faktor für wirtschaftliche Verhältnisse ist und sich immer wieder verändert, ist der Arbeitsrechtsvergleich sinnvoll, um zukünftige

---

53 Vgl van Gerven, S. 436.
54 Vgl. nur Zweigert/Kötz, S. 14 ff., Koch/Magnus/Mohrenfels, S. 310 ff.
55 Vgl. Van Gerven, S. 436.
56 Schlachter, RdA 1999, S. 118; vgl. Schiek, Critical, S. 9 f.; Däubler, DuR 1979, S. 23.
57 Schlachter, RdA 1999, S. 120.
58 Schlachter, RdA 1999, S. 121.
59 Schlachter, RdA 1999, S. 121.

Entwicklungen des Arbeitsrechts aufgrund wirtschaftlicher Veränderungen vorherzusehen.[60]

Noch deutlicher wird das eben Angeführte im Bereich des Arbeitsrechts der Europäischen Gemeinschaft; zutreffend stellt *Schlachter*[61] fest, daß die Einwirkung auf das nationale Recht stark vom Leitbild der jeweiligen Regelungen abhängt. Oft sind die umzusetzenden Vorschriften der EG so geformt, daß sie sich bei der Umsetzung in die unterschiedlichen nationalen arbeitsrechtlichen Systeme leicht anpassen lassen. Andererseits gibt es Regelungen, die konkret Vorschriften aus einem Mitgliedstaat folgen und deshalb in den anderen Staaten einen besonderen Umsetzungsbedarf fordern. In Deutschland löst solch eine Umsetzung zumeist Kritik aus.[62]

Wenn es nun um die Auslegung von in nationales Recht umgesetzten Regelungen des EG-Rechts geht, ist die Rechtsvergleichung zum einen unerläßlich, um eventuelle Regelungslücken zu schließen, sowie besonders bedeutsam, um das entsprechende Verständnis für die Norm zu erhalten.[63] Letztendlich muß eine Übereinstimmung innerhalb und zwischen den nationalen und der EG-rechtlichen Regelung bestehen, um eine einheitliche Rechtsausübung innerhalb der Mitgliedstaaten und im Verhältnis zur Gemeinschaft für die EG-Bürger zu gewährleisten.[64] Ein wesentliches Rechtsetzungsinstrument der EG sind die Richtlinien, die sich an die Mitgliedstaaten richten.[65] Die Mitgliedstaaten sind gemäß Art. 249 EG verpflichtet, die Richtlinien in nationales Recht umzusetzen. Auch hier ist ein sowohl vertikaler als auch horizontaler Vergleich sinnvoll, um eine Übereinstimmung zwischen den Mitgliedstaaten festzustellen und zu überprüfen, ob die Vorschriften mit der EG-rechtlichen Regelung im Einklang stehen.[66]

Zur weiteren Verdeutlichung sollen die Überlegungen *Rebhahns*[67] herangezogen werden. Er nennt sechs wesentliche Zwecke des Arbeitsrechtsvergleichs in der EG: Die Untersuchung von Einzelfragen im traditionellen Sinn, das Herausarbeiten eines gemeinsamen Regelungskerns, die Unterstützung des Gemeinschaftsrechts, die Umsetzung des Gemeinschaftsrechts, die Auslegung nationalen Rechts und die Vorarbeit für neue EG-Regelungen.[68] Geht man von diesen sechs zentralen Zielen des europäischen Arbeitsrechtsvergleichs aus,

---

60 Vgl. Schiek, Critical, S. 10; Rebhahn, ZeuP 2002, S. 457 f.

61 Schlachter, RdA 1999, S. 121.

62 Siehe bspw. zur Kritik an der Rechtsprechung des EuGH exemplarisch Buchner, ZfA 1993, S. 279 ff.; Blomeyer, NZA 1994, S. 633 ff.

63 Vgl. Schlachter, RdA 1999, S. 121; Däubler, DuR 1979, S. 28; Howes, S. 88.

64 Van Gerven, S. 437. Sogenannte vertikale und horizontale Rechtsvergleichung, vgl. Birk, ZVglRWiss, 2001, S. 49 f.

65 Vgl. Däubler, in FS für Reich, S. 447.

66 Vgl. Birk, ZVglRWiss, 2001, S. 50 f.

67 Rebhahn, ZEuP 2002, S. 450.

68 Siehe detailliert Rebhahn, ZEuP 2002, S. 450 ff.

sind für die vorliegende Arbeit mehrere Aspekte wesentlich. Zuvorderst, das wurde auch schon angesprochen, soll der Rechtsvergleich als Mittel zur Auslegung des nationalen Rechts herangezogen werden, welches vom Gemeinschaftsrecht maßgeblich beeinflußt wurde. Dabei geht es hier nicht, so wie es *Rebhahn*[69] exemplarisch unter dem Punkt Mittel zur Auslegung nationalen Rechts darstellt und als nicht legitim bezeichnet, darum, möglichst viele Rechtsordnungen zu untersuchen und dann sich dem anzuschließen, was mehrheitlich vorherrschend ist. Ziel der Arbeit ist es, das Gemeinschaftsrecht im Einklang mit den schwedischen Basisregeln auszulegen und die Auswirkung dieser Auslegung auf das deutsche Recht darzustellen. Dabei fließen Überlegungen ein, wie verschiedene Rechtsordnungen mit den Rahmenbedingungen umgehen[70] oder wie das Gemeinschaftsrecht zu verstehen und auszulegen ist. Dies ist wiederum mit der Auswirkung des Gemeinschaftsrechts in den beiden hier zu untersuchenden Ländern zu verbinden.[71]

Es kann also festgehalten werden, daß ein europäischer arbeitsrechtlicher Rechtsvergleich nicht nur durchführbar, sondern gerade hinsichtlich der europäischen Harmonisierung unerläßlich ist. Durch den Vergleich ist es möglich, neue Ansätze für eine angemessene rechtliche Problemlösung i.S.e. EG-rechtskonformen Auslegung nationaler Vorschriften zu finden, insbesondere im Hinblick auf Vorschriften, die aufgrund von EG-rechtlichen Vorgaben umzusetzen waren.

IV. Ziel des Rechtsvergleichs und methodisches Vorgehen

Im folgenden Abschnitt soll zunächst das Ziel des Rechtsvergleichs weiter verdeutlicht werden. Danach werden die Besonderheiten des skandinavischen Rechtskreises sowie des nordischen Modells erläutert. Daran anschließend wird die diesem Rechtsvergleich zugrundeliegende Methode erörtert.

1. Ziel des Rechtsvergleichs im Rahmen dieser Arbeit

Ziel dieser Untersuchung ist die Sicherstellung einer wirksamen Form der Beteiligung der Arbeitnehmer, die einen möglichst umfassenden Arbeits- und Gesundheitsschutz der Beschäftigten ermöglicht. Ein weiteres, davon nicht zu trennendes, Ziel ist die Gewährleistung einer EG-rechtskonformen Auslegung der Mitbestimmung im deutschen Arbeitsschutzrecht, die im Hinblick auf eine noch weitere europäische Harmonisierung Relevanz entfaltet. Denn das Erreichen einheitlicher Umsetzungen kann nicht einfach außer acht gelassen werden, ohne ein zentrales Ziel der EG, nämlich die Rechtsangleichung, in Frage zu

69 Rebhahn, ZEuP 2002, S. 456 f.
70 Rebhahn, ZEuP 2002, S. 454.
71 Vgl. Rebhahn, ZEuP 2002, S. 455.

stellen.[72] Das gilt insbesondere für die Verwirklichung eines immer wieder beschworenen *Ius Commune Europae*, eines einheitlichen Rechtsraumes in Europa.[73]

2. Der skandinavische Rechtskreis und das nordische Modell

Allgemein wird bei der Frage, welche Rechtsordnungen miteinander verglichen werden sollen, davon ausgegangen, daß, wenn brauchbare Ergebnisse erzielt werden sollen, die auch praktische Relevanz entfalten, der Grad der Industrialisierung in etwa gleich sein muß.[74] Es dürfte feststehen, daß zwischen den Staaten Deutschland und Schweden diese Voraussetzung gegeben ist, ohne daß dies einer näheren Vertiefung bedarf. Der Rechtsvergleich ist bei der Untersuchung der europäischen Rechtsetzung und des harmonisierten Rechts für die Rechtsordnung des Heimatlandes insbesondere dann fruchtbar, wenn die Rechtsordnung, mit der verglichen wird, beispielgebend für einen spezifischen Teil des EG-Rechts war, der in das Heimatland transferiert wurde.[75] Dieser Fall liegt hier vor, denn die deutschen Beteiligungsrechte im Arbeitsschutzrecht werden mit den entsprechenden Beteiligungsrechten Schwedens verglichen. Nicht nur, daß das schwedische Recht immer als sehr vorbildlich in diesem Bereich galt, nein, es steht auch stellvertretend für das skandinavische Arbeitsumweltrecht, welches wichtige Impulse und Vorgaben für das Arbeitsschutzrecht der EG entwikkelt hat.

In welche Rechtskreise man Schweden und Deutschland gerade hinsichtlich eines hier betriebenen europäischen Arbeitsrechtsvergleichs einordnet, wird zum einen unterschiedlich gesehen und zum anderen in Frage gestellt, ob dies überhaupt notwendig ist.[76] Bei solch einer Einteilung ist Vorsicht geboten und sind bspw. die historischen Entwicklungen der Gesetzgebung und der sozialen Umstände zu beachten sowie die speziellen Eigenheiten des Arbeitsrechts.

Das schwedische Recht steht an vielen Stellen dieser Untersuchung exemplarisch für das nordische Recht. Um dem Leser einen kurzen grundlegenden Überblick darüber zu verschaffen, welcher fremde Rechtskreis Gegenstand der Arbeit ist und was mit diesem üblicherweise verbunden wird und was er beinhaltet, soll der skandinavische Rechtskreis an dieser Stelle näher untersucht werden. Dabei sollen auch die Besonderheiten des nordischen Modells angesprochen werden.

Bei dem Versuch, das skandinavische Recht einem Rechtskreis zuzuordnen, kann man es sicher nicht dem anglo-amerikanischen Common Law zu-

---

72 Vgl. Lutter, JZ 1992, S. 993 ff.; Mansel, JZ 1991, S. 531 jeweils unter Bezugnahme zum Zivilrecht.

73 Siehe hierzu Mansel, JZ 1991, S. 532 ff. Vgl. auch Kötz, S. 149 ff.

74 Schiek, Critical, S. 11 mit weiteren Nachweisen.

75 Vgl. Schiek, Critical, S. 12 mit weiteren Nachweisen.

76 Siehe die Übersicht bei Schiek, Critical, S. 11.

rechnen. Es läßt sich nicht aus dem mittelalterlichen englischen Recht herleiten und ist auch nicht durch die das Common Law prägenden typischen Techniken der Rechtsfindung, wie die starke Betonung des case law oder die besondere Stellung des anglo-amerikanischen Richters, gekennzeichnet.[77] Auch hinsichtlich der Zuordnung zum Civil Law fehlt es in den nordischen Staaten an den dafür nötigen Charakteristiken. Das Civil Law stützt sich traditionell auf Gesetze oder gar umfassende Kodifikationen zur Ordnung des Rechtsstoffes.[78] Die nordischen Länder stehen in ihrer juristischen Tradition Kontinentaleuropa näher als England[79]; in den skandinavischen Ländern fehlt es aber bis heute an Kodifikationen wie dem Code civil oder dem Bürgerlichen Gesetzbuch.[80] So ist es naheliegend, das nordische Recht als eigenständig anzusehen und es auch als selbständigen Rechtskreis zu betrachten.[81] Eine Besonderheit des nordischen Rechtskreises, die auch für die Eigenständigkeit spricht, ist der oft weitgehende Verzicht auf Formvorschriften. Dieses Nichtvorhandensein wird durch pragmatische Interpretation ausgeglichen. Insgesamt führt sicherlich das Fehlen von Kodifikationen zu einem mehr konkret-praktischen und weniger abstrakten juristischen Denken, wodurch Theorie und Praxis eng verknüpft bleiben.[82] Hinsichtlich der Rechtsquellen ist hinzuzufügen, daß die Rechtsprechung in Skandinavien ein wesentlicher Faktor der Rechtsbildung ist, gerade im Hinblick auf Gesetzeslücken.[83] Allerdings kennt das skandinavische Recht kein striktes Case law im Sinne des anglo-amerikanischen Rechts.[84] Insbesondere für die schwedische Rechtskultur gilt im Vergleich mit der Bundesrepublik Deutschland die Besonderheit, daß diese durch eine hohe Sozialkontrolle und auf politische und soziale Gleichheit gerichtetes Streben gekennzeichnet ist. Das liegt nicht zuletzt an der dünnen Besiedelung des Landes. Konfliktregelung besteht daraus resultierend oft in Konfliktvermeidung, Rücksichtnahme, Höflichkeit und Anpassung. Daraus wiederum resultieren vergleichsweise wenig Gerichtsverfahren.[85]

Die Grundlagen der nordischen Rechtsordnungen sind auf nordgermanische Stammesrechte zurückzuführen.[86] Die skandinavischen Länder haben trotz mehrerer Versuche, ein einheitliches Rechtssystem zu erhalten, weiterhin eine

77 Zweigert/Kötz, S. 271.
78 Zweigert/Kötz, S. 271.
79 Coing, Hdbuch-Tamm, S. 3.
80 Zweigert/Kötz, S. 271.
81 Vgl. Ring/Olsen-Ring, S. 3; Coing, Hdbuch-Tamm, S. 4 f. Zweigert/Kötz, S. 271 rechnen das nordische Recht dem Civil Law zu, sehen es aber als einem eigenen Rechtskreis neben dem romanischen und dem deutschen. Vgl. dazu auch Jørgensen JZ 1970, S. 529.
82 Coing, Hdbuch-Tamm, S. 4.
83 Ring/Olsen-Ring, S. 10 f.
84 Ring/Olsen-Ring, S. 11.
85 Ring/Olsen-Ring, S. 11 f.
86 Ring/Olsen-Ring, S. 3.

eigenständige Ausprägung.[87] Allerdings sind die nationalen Rechtssysteme trotz ihrer jeweiligen Eigenständigkeit eng miteinander verbunden.[88] Die Verbundenheit der nordischen Rechte läßt sich aus der traditionell engen politischen und kulturellen Verbundenheit der skandinavischen Länder ableiten. Zu einer echten Vereinigung der Königreiche Schweden, Dänemark und Norwegen ist es nur in der Zeit der Kalmarer Union zwischen 1397 bis 1523 gekommen.[89]

Es besteht aber seit über 100 Jahren eine intensive Zusammenarbeit der skandinavischen Staaten im Bereich der Gesetzgebung. Diese wurde von Schweden, Norwegen und Dänemark initiiert, später kamen Finnland und Island hinzu.[90]

Heutzutage werden zur Vorbereitung gemeinsamer skandinavischer Regelungen zunächst gesetzesvorbereitende Ausschüsse in den beteiligten Ländern installiert, die dann unter Hinzuziehung einzelner nationaler Vertreter aus den Ressortministerien gemeinsam beraten. Hierdurch entstehen gemeinsame Gesetzesentwürfe, über die dann in den Parlamenten im Zuge der jeweiligen nationalen Gesetzgebungsverfahren entschieden wird.[91]

Die nordischen Staaten arbeiten des weiteren politisch in dem seit 1951[92] bestehen Nordischen Rat zusammen. Der Nordische Rat[93] setzt sich aus Parlamentariern der fünf skandinavischen Länder zusammen. Er tritt einmal im Jahr zusammen und kann in gemeinsamen Anliegen Empfehlungen an die nationalen Regierungen aussprechen.[94]

Durch das am 23. März 1962 abgeschlossene Helsinki-Abkommen wurde die Kooperation der skandinavischen Staaten weiter ausgebaut. Zielvorstellung war es, eine verpflichtende Grundlage für die nordische Zusammenarbeit zu schaffen. In Art. 4 dieses Abkommens findet sich die Grundlage für eine rechtliche Zusammenarbeit.[95]

Es soll noch einmal betont werden, daß die teilweise informelle und unbürokratische Zusammenarbeit der nordischen Staaten keinen bindenden Charakter hat. Oft verabschieden nur Teile der skandinavischen Staaten gemeinsame Gesetzesentwürfe oder passen diese den speziellen Bedürfnissen des Landes an.[96]

---

87 Ring/Olsen-Ring, S. 2.
88 Ring/Olsen-Ring, S. 2.
89 Zweigert/Kötz, S. 272.
90 Ring/Olsen-Ring, S. 4.
91 Ring/Olsen-Ring, S. 5.
92 Island ist dem Nordischen Rat 1952 und Finnland 1955 beigetreten.
93 Seit 1971 besteht ein sogenannter Nordischer Ministerrat, der die Zusammenarbeit der nordischen Regierungen untereinander und mit dem Nordischen Rat koordiniert, vgl. Ring/Olsen-Ring, S. 6.
94 Ring/Olsen-Ring, S. 5 f.
95 Ring/Olsen-Ring, S. 6.
96 Ring/Olsen-Ring, S. 7.

Hervorzuheben ist weiterhin, daß Schweden, Dänemark und Finnland als EG-Mitgliedstaaten seit ihrer Mitgliedschaft die Rechtsetzung der Gemeinschaft zu beachten haben.[97]

Mit dem nordischen Arbeitsrecht werden des weiteren besondere Spezifikationen verbunden. Insbesondere werden fünf charakteristische Bestandteile des nordischen Modells angeführt.[98] Dazu gehört zum einen eine einheitliche Gewerkschaftsbewegung mit einem bedeutend höheren Organisationsgrad als in anderen Industrieländern. Hinzu kommt eine traditionelle Wertschätzung von Kollektivverhandlungen. Des weiteren besteht eine lange Tradition der staatlichen Regelungen zur Konfliktlösung im Arbeitsmarkt in enger Zusammenarbeit mit den Arbeitgeber- und Arbeitnehmervertretern. Dabei werden Konflikte nach dem Prinzip des sozialen Friedens und des Rechts auf kollektive Maßnahmen geregelt. Als letzter Punkt wird eine Zusammenarbeit zwischen Arbeitgeber- und Arbeitnehmervertretern sowie dem Staat in der Wirtschaftspolitik in Verbindung mit Information und Konsultation auf verschiedenen Ebenen angeführt.[99]

Ob und wie diese angeführten Aussagen in bezug auf das schwedische Königreich zutreffen, soll später in den entsprechenden Themenabschnitten angesprochen werden.

Im nachfolgenden Abschnitt wird die methodische Vorgehensweise dieser rechtsvergleichenden Untersuchung herausgearbeitet.

3. Eigener methodischer Ansatz des Rechtsvergleichs

Vorweggenommen werden kann, daß der Arbeitsrechtsvergleich nicht über eine einheitliche Methode verfügt.[100] Hinsichtlich des allgemeinen Rechtsvergleiches gibt es verschiedenen methodische Ansätze.[101] Ohne weitere Vertiefung dieser Ansätze, die sich zwar in verschiedenen Punkten unterscheiden, aber auch Gemeinsamkeiten aufweisen, soll auf die dieser Arbeit zugrundeliegende Methodik eingegangen werden. Dabei soll einem eher pragmatischen Ansatz

97 Vgl. Ring/Olsen-Ring, S. 7.

98 Vogel, Gefahrenverhütung Auswirkung, S. 21.

99 Dies sind die wesentlichen Elemente des nordischen Modells nach Vogel, Gefahrenverhütung Auswirkung, S. 21 f.

100 Birk, ZVglRWiss 2001, S. 58.

101 Siehe zu den unterschiedlichen Ansätzen die Übersicht bei Schiek, Critical, S. 2 ff. Siehe auch Frankenberg, S. 427 ff. Vgl. Blanpain, S. 3 ff.; Kiikeri, S. 57 ff.; Van Gerven, S. 433 ff.; Sacco, S. 13 ff.; Zweigert/Kötz, S. 31 ff.; Constantinesco, S. 23 ff.; Ebert, S. 21 ff.; Schlachter, RdA 1999, S. 118 ff.; Örücü, S. 1 ff.; Ogus, S. 404 ff.; Husa, RabelsZ 2003, S. 419 ff.; Rebhahn, ZEuP, S. 460 ff.; Däubler, DuR 1979, S. 23 ff.; Scheiwe, KritV 2000, S. 30 ff.; Rheinstein, S.12 ff.; Moll, RdA 1984, S. 234 ff.; Koch/Magnus/Mohrenfels, S. 313 ff.; Krimphove, ZfRV 1998, S. 185 ff.; Zimmermann RabelsZ, 2001, S. 1 ff.

gefolgt werden, der der besonderen Rolle und den spezifischen Funktionen des Arbeitsrechtsvergleichs in der EG Rechnung trägt.

Für diesen besonderen Rahmen sind die Methoden des vielfach kritisierten funktionalen Rechtsvergleichs, soweit sie pragmatisch verwendet werden[102], angemessen. Dementsprechend ist zur Beantwortung der Frage, welche Rechtsnormen der zu vergleichenden Rechtsordnungen in Beziehung zueinander gesetzt werden müssen, um eine Vergleichsgrundlage zu erhalten[103] auf das Rechtsproblem, den sozialen Konflikt, abzustellen (funktionale Rechtsvergleichung).[104] Es ist danach zu fragen, wie die beiden zu untersuchenden Rechtsordnungen den konkreten Konfliktfall, das Rechtsproblem oder den Lebenssachverhalt regeln.[105] Im nächsten Schritt sind diese Rechtslösungen entsprechend darzustellen und danach dann miteinander zu vergleichen.[106]

Allerdings soll hier das funktionale Äquivalent und sein Umfang vor dem Hintergrund des jeweiligen nationalen Kontextes einschließlich der Historie näher bestimmt werden. Dadurch werden die Kriterien für den Vergleich zwischen den Ländern präzisiert.[107] Die Fragestellung muß dann dahingehend konkretisiert werden, daß nicht nur gefragt wird, ob zwei Regeln funktional äquivalent sind, sondern auch in welchem Umfang und in welchem Sinne.[108]

Vorliegend sollen die Beteiligungsrechte im Arbeitsschutzrecht in Schweden und Deutschland unter der Zielsetzung der Gewährleistung eines möglichst wirksamen Schutzes der Beschäftigten sowie einer EG-rechtskonformen Auslegung des bundesdeutschen Rechts untersucht werden. Verglichen werden sollen dafür zunächst die gesetzlichen Normen, die die Mitbestimmung der Beschäftigten im Arbeitsschutzrecht regeln. In Schweden ist dies vor allem Kapitel 6 AML und in Deutschland § 87 Abs. 1 Nr. 7 BetrVG als zwingendes Mitbestimmungsrecht. Es ist zunächst zu fragen, wie die Mitbestimmung im Arbeitsschutz- bzw. Arbeitsumweltrecht geregelt wird. Dann kommen zumindest in zentraler Funktion nur die genannten Normen in Betracht, deren Anwendungsvoraussetzungen dann untersucht werden. Auch soll die Systematik des Arbeitsschutzrechts in beiden Staaten verglichen werden, um die Auswirkungen und den Umfang des funktionalen Äquivalents zu bestimmen. Hinsichtlich der Wirkung soll auf tatsächliche praktische Daten der Mitbestimmung eingegangen werden, um zu sehen, wie die Arbeitsschutzarbeit in den Unternehmen in Deutschland und Schweden ausgestaltet ist. Erst die Berücksichtigung gesellschaftlicher Faktoren sowie nationaler Traditionen[109] und das daraus resultie-

102 Siehe dazu Husa, RabelsZ 2003, S. 433 ff.
103 Ebert, S. 26.
104 Koch/Magnus/Mohrenfels, S. 314 f.; Ebert, S. 28 f. Vgl. auch Blanpain, S. 13 f.
105 Moll, RdA 1984, S. 234.
106 Koch/Magnus/Mohrenfels, S. 315; Ebert, S. 30.
107 Scheiwe, KritV 2000, S. 35.
108 Scheiwe, KritV 2000, S. 36.
109 Däubler, DuR 1979, S. 26

rende weitreichende und ganzheitliche Verständnis für die im Vordergrund stehende Untersuchung der Beteiligung im Arbeitsschutzrecht ermöglicht einen umfassenden Rechtsvergleich, der es wiederum zuläßt, Entwicklungen besser im Gesamtkontext erschließen zu können. Das soll deshalb auch Grundlage dieser Arbeit sein und bestärkt die Heranziehung der wirtschaftlichen und politischen Strukturen, der geschichtlichen Entwicklungen und der faktischen Daten über Arbeitsmarkt und industrielle Beziehungen. Gerade das Arbeitsrecht ist diesen unterschiedlichen Einflüssen in nicht unerheblichem Maße ausgesetzt und wird durch sie geprägt. Die Daten aus der Praxis sollen auch berücksichtigt werden, um zu verdeutlichen, wo in den Betrieben die Arbeitsschutzprobleme liegen, wie die Arbeitsschutzarbeit ausgestaltet ist und wo gerade hinsichtlich einer Beteiligung der Beschäftigten angesetzt werden muß, denn in einer rechtsvergleichenden Arbeit dürfen Informationen über das tatsächlich praktizierte Recht nicht fehlen.[110]

V. Zusammenfassung und Überblick über den Gang der Arbeit

Die vorliegende Arbeit befaßt sich rechtsvergleichend mit den Beteiligungsrechten der Beschäftigten im Arbeitsschutzrecht in der Bundesrepublik Deutschland und im Königreich Schweden. Die grundsätzliche Fragestellung der Untersuchung ist die Gewährleistung eines möglichst wirksamen Schutzes der Beschäftigten im Arbeitsschutzrecht durch eine wirksame weitreichende Beteiligung der Arbeitnehmer sowie eine EG-rechtskonforme Auslegung des bundesdeutschen Rechts unter Zuhilfenahme der schwedischen Grundregelungen stellvertretend für das nordische Arbeitsumweltverständnis. Es ist aufgezeigt worden[111], daß die Arbeitsumweltgesetze Dänemarks, Norwegens und Schwedens sehr ähnlich und im wesentlichen zeitgleich entstanden sind. Dabei erhielt der Begriff der Arbeitsumwelt, mit dem ein weitreichendes Verständnis verbunden ist, Einzug in die Gesetze. Der Begriff Arbeitsumwelt wurde in Art. 118 a EWG aufgenommen, der Grundlage für die Rahmenrichtlinie Arbeitsschutz war. Das Arbeitsschutzrecht ist seit Ende der 80er Jahre umfangreicher Gegenstand EG-rechtlicher Normsetzung gewesen. Das hat in vielen Mitgliedstaaten zu erheblichem Umsetzungsbedarf geführt. Erst dieser Prozeß verhalf dem Arbeitsschutzrecht in Deutschland zu einer seiner Bedeutung angemessenen Würdigung. Somit kann der nordische Hintergrund bei der EG-rechtskonformen Auslegung nicht außer acht gelassen werden und soll im Zuge eines europäischen Rechtsvergleichs zum besseren Verständnis der EG-Rechtsnormen und zu einer national konformen Anwendung der ins nationale Recht transformierten Normen führen. Ein rechtsvergleichendes Herangehen ist für diese Methode unverzichtbar, für die, in Anlehnung an die Rechtsprechung des EuGH, der Begriff der wertenden Rechtsvergleichunggeprägt wurde.

110 Vgl. Rebhahn, ZEuP 2002, S. 441; Däubler, DuR 1979, S. 26.
111 Siehe oben unter A.II.

Zentraler Ausgangspunkt dieser Untersuchung ist, daß Maßnahmen des Arbeitsschutzes nur dann eine effektive Wirkung entfalten können, wenn die betroffenen Beschäftigten oder ihre Vertreter selbst am Schutz mitwirken. Die Vorgaben des EG-Rechts haben eine stärkere Beachtung des Arbeitsschutzes und auch der Beteiligung der Arbeitnehmer im deutschen Recht erzwungen.

Das skandinavische Arbeitsschutzverständnis, für das das schwedische Recht als beispielhaft angesehen werden kann, war, insbesondere mit seinem Gedanken der Arbeitsumwelt, prägend für das Arbeitsschutzrecht der EG. Aus diesem Grund ist für die Auslegung der EG-rechtlichen Normen, insbesondere der Arbeitsschutzrahmenrichtlinie, die Kenntnis der wesentlichen Konzeption des skandinavischen Arbeitsschutzrechts unverzichtbar. Außerdem ist das skandinavische Recht bei Zweifelsfragen zur Auslegung richtlinienkonkretisierenden Rechts im Rahmen der EG-rechtskonformen Auslegung ergänzend heranzuziehen.

Als Vergleichsgrundlage (funktionales Äquivalent) stehen im Mittelpunkt dieses Rechtsvergleichs die gesetzlichen Normen, welche die Beteiligung der Beschäftigten im Arbeitsschutzrecht in beiden Staaten regeln.

Die Untersuchung ist so gegliedert, daß nach dieser Einleitung in Kapitel B die EG-rechtlichen Grundlagen untersucht werden, nämlich Art. 118 EWG-Vertrag sowie die Rahmenrichtlinie Arbeitsschutz. In Kapitel C steht der Vergleich der historischen Entwicklung des Arbeitsschutzrechts in Schweden und Deutschland sowie der Arbeitsmarkt in beiden Staaten im Mittelpunkt. Die historische Entwicklung soll helfen, die Beteiligung im Arbeitsschutz näher zu umfassen und zu konkretisieren. Die Daten und Informationen über den Arbeitsmarkt bieten die Möglichkeit, ein besseres Verständnis der beiden Staaten zu erlangen. In Kapitel D werden die Strukturen der Arbeitsschutzsysteme in Schweden und Deutschland untersucht. Dabei soll die Systematik des Arbeitsschutz- bzw. Arbeitsumweltrechts in beiden Staaten verglichen werden, um die Auswirkungen und den Umfang der Beteiligung zu bestimmen. Innerhalb des Kapitels D werden das Arbetsmiljölag und das Arbeitsschutzgesetz behandelt, auch um Rückschlüsse auf das jeweilige Arbeitsschutzverständnis zu ermöglichen. Das darauffolgende Kapitel E bildet den Kern der Arbeit. In diesem sollen die Beteiligungsrechte im Arbeitsschutzrecht in Schweden und Deutschland untersucht werden. In diesem Zusammenhang stehen das Arbetsmiljölag und das Betriebsverfassungsgesetz im Mittelpunkt. Die Voraussetzungen und der Umfang der Beteiligung sollen hier erörtert werden. Intensiv herausgearbeitet werden sollen die Versuche, das Mitbestimmungsrecht des Betriebsrats gemäß § 87 Abs. 1 Nr. 7 BetrVG in Deutschland einzuschränken. Verglichen werden soll auch die Beteiligung der Beschäftigten an der Gefährdungsbeurteilung im Arbeitsschutzrecht und der damit verbundenen Dokumentation, denen im betrieblichen Arbeitsschutz aufgrund ihrer präventiven Ausrichtung eine Schlüsselfunktion zukommt. Hinsichtlich der Wirkung der Vorschriften soll schließlich auf tatsächliche praktische Daten der Mitbestimmung eingegangen werden, um zu sehen, wie die Arbeitsschutzarbeit in den Unternehmen in Deutschland und Schweden ausgestaltet ist und wo die tatsächlichen Probleme liegen. Nur die Berücksichtigung gesellschaftlicher Faktoren und das daraus resultierende weitreichende und ganzheitliche Verständnis ermöglichen einen umfassenden Rechtsvergleich. Falls es als notwendig erachtet wird, soll an den entsprechenden Stellen das skandinavische Recht direkt als Auslegungshilfe des deutschen Rechts respektive der EG-rechtlichen Normen herangezogen werden. Die einzelnen Abschnitte werden mit Ergebnissen abgeschlossen, die dann schließlich in einer Gesamtbewertung in Kapitel F zusammengefaßt werden.

Im folgenden Kapitel wird die europäische Entwicklung des Arbeitsschutzrechts untersucht. Hier stehen zum einen die Entwicklungen im Mittelpunkt, die Grundlage der bundesdeutschen Regelungen waren, sowie zum anderen der Einfluß des nordischen Rechts auf das EG-Recht. Es soll verdeutlicht werden, daß das nordische Recht Grundlage für die Regelungen des Rechts der EG war und daß diese somit nicht ohne Berücksichtigung des skandinavischen Verständnisses ausgelegt werden können. Ein Schwerpunkt wird dabei auf die Beteiligung der Beschäftigten gelegt.

B. Der europäische Integrationsprozeß und das Arbeitsschutzrecht

Das nationale Arbeitsschutzrecht war sowohl in Deutschland als auch in Schweden in den letzten Jahren einem erheblichen Einfluß von EG-rechtlichen Vorgaben ausgesetzt.[112] Durch die Prägung der arbeitsschutzrechtlichen Normen der EG durch das skandinavische Recht hielten die nordischen Begriffe auch Einzug in das bundesdeutsche Recht. Es ist daher unerläßlich, die hier bedeutenden EG-rechtlichen Grundlagen näher zu behandeln und auch ihren Hintergrund zu untersuchen. Denn gerade die Bedeutung dieser Normen kann nicht ohne Hinzuziehung der skandinavischen Ursprünge erfaßt werden. Dabei erfolgt eine Konzentration auf den damaligen Art. 118 a EWG und die aufgrund dieser Vorschrift erlassene und für den hier behandelten betrieblichen Arbeitsschutz unter dem Gesichtspunkt der Mitbestimmung relevante Rahmenrichtlinie Arbeitsschutz.

I. Art. 118 a EWG

Wichtigste Bestimmung aus dem EWG-Vertrag zum Arbeitsschutz war Art. 118 a EWG[113]. Art. 118 a EWG entstand mit der Verabschiedung der Einheitlichen Europäischen Akte (EEA)[114] zusammen mit Art. 100 a EWG (jetzt Art. 95 EG).[115] Dies war notwendig, da Art. 100 a Abs. 2 EWG als Kompetenznorm für Rechtsakte auf dem Gebiet des vorgelagerten, produktbezogenen Arbeitsschutzes die Bestimmungen der Rechte der Arbeitnehmer ausdrücklich aus der Ermächtigung des Art. 100 a Abs. 1 ausschloß, Abs. 3 jedoch wieder ein hohes Niveau von Sicherheit und Gesundheitsschutz verlangte.[116]

Mit Art. 118 a EWG wurde der Gemeinschaft erstmals die Kompetenz eingeräumt, Richtlinien zur Verbesserung insbesondere der Arbeitsumwelt zum Schutz der Gesundheit und der Sicherheit der Arbeitnehmer zu erlassen. So

---

112 Siehe zum Stand der Auswirkungen der Rahmenrichtlinie 89/391 in den einzelnen Mitgliedstaaten die Mitteilung der Europäischen Kommission vom 05.02.2004, KOM (2004) 62 endgültig.

113 Vorliegend wird von der Vorschrift Art. 118 a EWG, später Art. 118 a EG-Vertrag (die Art.117 bis 120 EG-Vertrag sind aufgrund des Vertrages von Amsterdam durch die Art. 136 EG bis 143 EG ersetzt worden) ausgegangen. Laut Übereinstimmungstabelle wurde aus Art. 118 a EG-Vertrag der Art. 138 EG. Allerdings wurde durch Veränderungen des Titel VII Kapitel 1 der Inhalt des Art. 118 a EG-Vertrag unter Änderungen in den Art. 137 EG aufgenommen, vgl. auch Brandes S. 36. Durch den Vertrag von Nizza ist Art. 137 EG erneut verändert worden. Der Begriff Arbeitsumwelt findet sich aber weiterhin in Art. 137 EG. Siehe zur Zitierung der Verträge die Homepage des EuGH unter www.curia.eu.int/de/content/juris/noteinfo.htm.

114 Siehe Art. 21 EEA vom 17.02.1986 sowie 28.02 1986. Vgl. BGBl. 1986 II, S. 1102.

115 Kittner/Pieper, Einleitung Rn. 75; Wlotzke, NZA 1990, S. 419.

116 Vgl. Pieper, AuR 1996, S. 465 f.; siehe auch Pieper, AuR 1993, S. 355 ff.

hielt erstmalig der Begriff der *Arbeitsumwelt* Einzug in den EG-Vertrag. Neben dieser Neuerung gab es auch eine verfahrensrechtliche Veränderung. Richtlinien konnten nun aufgrund von Art. 118 a EWG mit qualifizierter Mehrheit anstelle des bisherigen Einstimmigkeitsprinzips erlassen werden.[117]

Besonders beachtet wurde der Begriff der Arbeitsumwelt. Art. 118 a EWG basierte ursprünglich auf einen Vorschlag der dänischen Regierung bei der Regierungskonferenz zum Thema Schutz der Arbeitsumwelt.[118] Mit dem Begriff Arbeitsumwelt ist ein weites und umfassendes Verständnis des Schutzes der Gesundheit und Sicherheit der Arbeitnehmer verbunden, was in der folgenden Darstellung[119] noch näher untersucht und in dieser Arbeit verdeutlicht werden soll. In den skandinavischen Ländern[120], aus denen der Begriff stammt, gehören zu der Arbeitsumwelt als wesentliches Element nicht nur eine Beteiligung der Beschäftigten, sondern auch viele physische (z.B. ergonomische) und psychische (z.B. Streß) Faktoren, die das Wohlbefinden der Arbeitnehmer beeinträchtigen; auch Produktionsmethoden, Arbeitsorganisation und Lohngestaltung[121] zählen hierzu. Diese Faktoren zählten beispielsweise nach deutschem Verständnis nicht zum Arbeitsschutz.[122] Fraglich war nun, wie der Begriff der Arbeitsumwelt ausgelegt werden sollte und welche Bereiche demzufolge die auf Art. 118 a EWG gestützten Richtlinien umschließen sollten. Das Europäische Parlament[123] vertrat frühzeitig eine weite Auslegung, die nicht nur Arbeitssicherheit und Arbeitshygiene, sondern auch ergonomische Vorschriften und psychische Belange der Arbeitnehmer umfaßte. Allerdings konnte sich diese Auffassung nicht entsprechend durchsetzen.[124] In der deutschen Literatur wird überwiegend eine eher zurückhaltende Position vertreten, die eine direkte Verbindung zur Sicherheit und Gesundheit der Arbeitnehmer fordert.[125] In der interna-

117 Vgl. Brandes, S. 36; Pieper, AuR 1993, S. 355.

118 Siehe den Bericht im Namen des Ausschusses für soziale Angelegenheiten und Beschäftigung über den Begriff Arbeitsumwelt und den Anwendungsbereich von Art. 118 a des EWG-Vertrags vom 22.10.1988, Berichterstatterin Heinke Salisch, EP Dok. A2-0226/88, S. 12.

119 Vgl. unten unter C.I.1 und D.II.2.

120 Zu den Arbeitsumweltgesetzen von Dänemark und Norwegen siehe die kurzen Übersichten bei Birk, FS für Wlotzke, S. 651 ff.; Bücker/Feldhoff/Kothe; S. 75 ff.

121 So beispielsweise das norwegischen Gesetz über Arbeitnehmerschutz und Arbeitsumwelt, zitiert nach Birk, FS für Wlotzke, S. 654.

122 Vgl. Brandes, S. 36.

123 EP-Entschließung vom 17.11.1988 ABl. EG C 326/262, Ziff. 2. Siehe auch den Bericht im Namen des Ausschusses für soziale Angelegenheiten und Beschäftigung über den Begriff Arbeitsumwelt und den Anwendungsbereich von Art. 118 a des EWG-Vertrags vom 22.10.1988, Berichterstatterin Heinke Salisch, EP Dok. A2-0226/88, S. 11 f.; vgl. BT-Drucks. 11/3899 vom 23.01.1989.

124 Brandes, S. 39.

125 Wank, in: von Maydell/Schnapp, S. 67 f.; GTE-Willms, Art. 118 a Rn. 37 mit zahlreichen weiteren Nachweisen.

tionalen Literatur wird hingegen teilweise auch von einem erweiterten Ansatz ausgegangen.[126] Der EuGH hat in seinem Urteil vom 12.11.1996[127] festgestellt[128], daß es nicht ersichtlich sei, „warum der Sonntag als wöchentlicher Ruhetag in einem engeren Zusammenhang mit der Gesundheit und der Sicherheit stehen soll als ein anderer Wochentag“[129]. Dies spricht deutlich für eine restriktive Auslegung des Art. 118 a EWG, die die Sonntagsruhe anderen Bereichen zuordnet, aber nicht dem Arbeitsschutz i.S.d. Arbeitsumwelt. Allerdings hat der EuGH in diesem Urteil schon vorher zum Ausdruck gebracht, daß die Formulierung „insbesondere der Arbeitsumwelt“ für eine weite Auslegung der Kompetenz des Rates spreche, die ihm durch Art. 118 a EWG übertragen sei.[130] Der EuGH macht weiter deutlich, daß eine solche Auslegung der Begriffe Sicherheit und Gesundheit sich insbesondere auf die Präambel der Satzung der Weltgesundheitsorganisation stützen könne, der alle Mitgliedstaaten angehörten.[131] Sie definiert Gesundheit als Zustand des vollständigen körperlichen, geistigen und sozialen Wohlbefindens und nicht nur als Freisein von Krankheiten und Gebrechen.[132]

Auch das Übereinkommen Nr. 155 der Internationalen Arbeitsorganisation ILO über Arbeitsschutz und Arbeitsumwelt vom 22.06.1981[133] liefert eine Definition. Nach Art. 3 e) dieses Abkommens ist Gesundheit „nicht nur das Freisein von Krankheit oder Gebrechen, sondern umfaßt auch die physischen und geistig-seelischen Faktoren, die sich auf die Gesundheit auswirken und die in unmittelbarem Zusammenhang mit der Sicherheit und der Gesundheit bei der Arbeit stehen“.

Die sehr weitgehende Definition der WHO ist in ihrer Weite wohl nicht realisierbar, denn ein völliges körperliches, soziales und seelisches Wohlbefinden der Arbeitnehmer zu erzielen, mag wünschenswert sein, ist aber kaum

---

126 Siehe Blanpain/Nyström, S. 171 f.; so allerdings bspw. auch Däubler, Sozialstaat EG, S. 86 f. Vgl. hinsichtlich des Vereinigten Königreichs Bercusson, S. 307.

127 EuGH – Vereinigtes Königreich/Rat, C-84/94 – Slg. 1996, I-5793, Rn. 37 = NZA 1997, 23; siehe auch die Darstellung bei Schiek, S. 225 ff.

128 In dem Verfahren hat das Vereinigte Königreich beantragt, die Richtlinie des Rates vom 23.11.1993 über bestimmte Aspekte der Arbeitszeitgestaltung für nichtig zu erklären.

129 EuGH NZA 1997, 23, 26 = EuGHE C-84/94 – Slg. 1996, I-5793, Rn. 37. Siehe auch die britische Perspektive bei Barnard, S. 379.

130 EuGH NZA 1997, 23, 24 = EuGHE C-84/94 – Slg. 1996, I-5793, Rn. 15. Vgl. auch Maier, S. 107.

131 EuGH NZA 1997, 23, 24 = EuGHE C-84/94 – Slg. 1996, I-5793, Rn. 15.

132 Siehe die Satzung der WHO, die am 22. Juli 1946 in New York von Vertretern von 61 Staaten unterzeichnet wurde, siehe WHO Official Records Bd. 2, S. 100, und gemäß Art. 79 mit der Ratifizierung durch 26 Staaten am 7. April 1948 in Kraft trat, siehe UNTS Bd. 14 Nr. 221, vgl. Peck, S. 76; siehe auch BGBl. II 1974, S. 45.

133 Arbeitsschutz und Arbeitsumwelt, Zur 66. Tagung der Internationalen Arbeitskonferenz 1980, S. 15 ff. oder Internationales Arbeitsamt (Hrsg.), Zusammenfassungen internationaler Arbeitsnormen, Genf 1990.

möglich.[134] Auch bloße Unbequemlichkeiten, die mit keiner realisierbaren körperlichen oder geistigen Gefährdung verbunden wären, würden darunter fallen.[135] Das darf umgekehrt aber nicht dazu führen, daß unter den Gesundheitsbegriff nur rein physische Faktoren fallen. Im Gegenteil, eine Beschränkung darauf wäre verfehlt und würde die EG-rechtlichen Bestrebungen unterlaufen. Deshalb liefert die Definition der ILO eine annehmbare Lösung. Der dort zugrunde gelegte Gesundheitsbegriff ist weit und umschließt das physische wie auch psychische Wohlbefinden der Arbeitnehmer, wozu durchaus Streß[136] oder auch ergonomische Beeinträchtigungen an der Wirbelsäule[137] zählen können. Andererseits ist er aber so bestimmt, daß er sich nicht auf das reine Wohlbefinden bezieht, sondern einen konkreten Zusammenhang zur Arbeit voraussetzt.[138] Außerdem bezieht sich der ILO-Gesundheitsbegriff im Gegensatz zur Definition der WHO eigens auf das Gebiet des Arbeitsschutzes und ist somit der Materie enger verbunden.[139] Allerdings kann auch die WHO-Definition zur Bestimmung des Gesundheitsbegriffs mit herangezogen werden, da sie zur Verwirklichung eines übergreifenden ganzheitlichen Arbeitsschutzansatzes i.S.d. Arbeitsumwelt beitragen kann.[140]

Trotz dessen stoßen sich deutsche Autoren vehement an dem Begriff der *Arbeitsumwelt*. So wird argumentiert, daß die Förderung der Verbesserung der Arbeitsumwelt nur das Mittel sei, um den Zweck, die Sicherheit und die Gesundheit der Arbeitnehmer zu erreichen.[141] Außerdem sei schon deshalb von dem primären Schutz der Sicherheit und Gesundheit der Arbeitnehmer auszugehen, da der schon ungenaue Begriff der Arbeitsumwelt durch das Wort insbesondere so unbestimmt geworden sei, daß „eine für die Abgrenzung der Handlungsermächtigung erforderliche Bestimmung des Inhalts nicht mehr möglich" sei.[142] Es wird sogar verlangt, das Wort insbesondere wegen untragbarer Unbestimmtheit zu streichen.[143] Gleiches gelte für die „Arbeitsumwelt", dieses Merkmal sei ebenso überflüssig und sinnlos wie „insbesondere".[144]

Allerdings verkennen diese Verfasser, daß die Formulierungen nicht ohne Grund in Art. 118 a EWG aufgenommen worden sind. Im Gegenteil, der dänische Vorschlag wurde aufgegriffen, und diesem liegt auch eindeutig der skan-

---

134 Siehe differenzierend Kittner/Pieper, § 1 ArbSchG Rn. 9; Merten, S. 17 f.; Kollmer/Vogl, S. 25.
135 Merten, S. 18.
136 Kittner/Pieper, § 1 ArbSchG Rn. 8.
137 Merten, S. 17.
138 Merten, S. 19.
139 Merten, S. 19.
140 Vgl. Kittner/Pieper, § 1 ArbSchG Rn. 9.
141 GTE-Willms, Art. 118 a Rn. 38.
142 GTE-Willms, Art. 118 a Rn. 38.
143 So Wank, in: von Maydell/Schnapp, S. 67.
144 Wank, in: von Maydell/Schnapp, S. 68.

dinavische Gedanke eines entsprechend weiten und ganzheitlichen Verständnisses von einem nicht nur technisch, sondern psychisch wie physisch orientierten Arbeits- und Gesundheitsschutz mit dem Menschen im Mittelpunkt und unter Berücksichtigung der konkreten Betriebsabläufe zugrunde.[145] Ob dieser sehr weitgehende Ansatz als Umfangsbegrenzung zur Handlungsermächtigung herangezogen wird, kann zunächst dahinstehen. Jedenfalls kann der Begriff Arbeitsumwelt nicht einfach als zu unbestimmt und zu weitreichend angesehen und nur auf die Formulierung *Sicherheit und Gesundheit der Arbeitnehmer* abgestellt werden, wenn er vom Normgeber gewollt wurde und immer noch im EG-Vertrag verankert ist. Denn auch der EuGH[146] geht durchaus von einer weiten Auslegung aus. Nicht außer acht gelassen werden darf auch die damalige weitgehende Auslegung des Begriffs Arbeitsumwelt des Europäischen Parlaments. In dem Bericht[147] über den Begriff Arbeitsumwelt heißt es, daß die technologische Entwicklung und die Einführung neuer Arbeitsstoffe neue Risiken geschaffen hat. Deshalb ist es wichtig, die vielen Zusammenhänge zwischen den verschiedenen Aspekten der Arbeitsbedingungen zu beschreiben. Insbesondere ergonomische Grundsätze sind von Bedeutung. Dabei ist Ergonomie als wissenschaftliche Untersuchung der Beziehungen zwischen Mensch und Arbeitswelt zu verstehen, die den gesamten Menschen mit seinen Werkzeugen und Materialien und auch mit der Organisation seiner Arbeit und den Beziehungen zu anderen Arbeitnehmern berücksichtigt.[148]

Letztlich wird zur Umfangsbegrenzung ein Zusammenhang zwischen der Arbeitsumwelt und dem Schutz der Gesundheit und Sicherheit der Arbeitnehmer, insbesondere unter Berücksichtigung der ILO-Definition[149], herzustellen sein. Hier wird deutlich, wie wichtig es zur Erfassung der Bedeutung eines EG-rechtlichen Begriffes ist, die nationalen Ursprünge heranzuziehen. Das ist auch der Ansatzpunkt dieser Arbeit. Vorliegend entstammt der Begriff einem dänischen Vorschlag, hat seinen Ursprung aber in den skandinavischen Arbeitsumweltgesetzen. Aus diesem Grund soll gerade das schwedische Recht stellvertretend für die skandinavischen Staaten vergleichend herangezogen und als Auslegungsmethode genutzt werden. Geht man nun ergänzend nach der allge-

---

145 Vgl. unter A.II. siehe auch unter D.II.2.

146 EuGH NZA 1997, 23, 24 = EuGHE C-84/94 – Slg. 1996, I-5793, Rn. 15.

147 Vgl. EP-Entschließung vom 17.11.1988 ABl. EG C 326/262, Ziff. 2. Siehe auch den Bericht im Namen des Ausschusses für soziale Angelegenheiten und Beschäftigung über den Begriff Arbeitsumwelt und den Anwendungsbereich von Art. 118 a des EWG-Vertrags vom 22.10.1988, Berichterstatterin Heinke Salisch, EP Dok. A2-0226/88, S. 10 f.

148 Vgl. den Bericht im Namen des Ausschusses für soziale Angelegenheiten und Beschäftigung über den Begriff Arbeitsumwelt und den Anwendungsbereich von Art. 118 a des EWG-Vertrags vom 22.10.1988, Berichterstatterin Heinke Salisch, EP Dok. A2-0226/88, S. 11.

149 Siehe in diesem Abschnitt zuvor.

mein anerkannten Auslegungsmethode vor, so hat eine Auslegung nach dem Wortlaut, dem systematischen Zusammenhang, der historischen Entwicklung sowie dem Sinn und Zweck zu erfolgen.[150] Dies kann hinsichtlich des Begriffs Arbeitsumwelt nur unter Zugrundelegung des nordischen Verständnisses der Arbeitsumwelt geschehen. Das soll auch anhand der Auslegungsmethoden aufgezeigt werden.

Bei der Auslegung nach dem Wortlaut ist, unter Berücksichtigung der mitgliedstaatlichen Vorstellungen, unter der sie entstanden ist, die EG-rechtliche Wortbedeutung zu ermitteln.[151] Dabei ist bei dem Begriff Arbeitsumwelt auffällig, daß dieser in der deutschen Sprachfassung sowie auch in anderen Mitgliedstaaten so nicht bekannt gewesen ist.[152] Also muß auch zur Bestimmung der EG-rechtlichen Wortbedeutung insbesondere der skandinavische Ursprung herangezogen werden.

Im Hinblick auf den systematischen Zusammenhang ist auffällig, daß Art. 118 a EWG in das Kapitel Sozialvorschriften eingefügt wurde und auf die Regelung des Art. 118 EWG folgte. In diesem Zusammenhang war der Begriff Arbeitsumwelt neu. Allerdings war er noch in Art. 100 a EWG enthalten, der der Gemeinschaft die Ermächtigung zur Angleichung der Rechts- und Verwaltungsvorschriften der Mitgliedstaaten gewährte. Die gemeinschaftlichen Sozialvorschriften (Art. 117 bis 128 EWG) waren auf eine Verbesserung der Lebens- und Arbeitsbedingungen der Arbeitskräfte gerichtet, um auf dem Wege des Fortschritts ihre Angleichung zu ermöglichen.[153] Allein hieran wird deutlich, daß, wenn ein Fortschritt erzielt werden sollte, der Ansatz des damals hinzugekommenen Art. 118 a EWG ein weitergehender war. Das wurde durch den Begriff Arbeitsumwelt nur manifestiert.

Die historische Entwicklung belegt, daß Art. 118 a EWG auf einen dänischen Vorschlag zurückging.[154] Daß das Wort Arbeitsumwelt die Übersetzung des dänischen Begriffs Arbejdsmiljø darstellt und der Entwicklung der nordischen Arbeitsumweltgesetze (dänisches Arbejdsmiljøloven) entstammt, wurde schon angesprochen.[155] Auch im Hinblick auf die historische Entwicklung ist es

150 Vgl. dazu auch Kuhn, S. 181 ff.
151 Kuhn, S. 181.
152 Kuhn, S. 182.
153 Vgl. EP-Entschließung vom 17.11.1988 ABl. EG C 326/262, Ziff. 2. Siehe auch den Bericht im Namen des Ausschusses für soziale Angelegenheiten und Beschäftigung über den Begriff Arbeitsumwelt und den Anwendungsbereich von Art. 118 a des EWG-Vertrags vom 22.10.1988, Berichterstatterin Heinke Salisch, EP Dok. A2-0226/88, S. 11.
154 Siehe auch den Bericht im Namen des Ausschusses für soziale Angelegenheiten und Beschäftigung über den Begriff Arbeitsumwelt und den Anwendungsbereich von Art. 118 a des EWG-Vertrags vom 22.10.1988, Berichterstatterin Heinke Salisch, EP Dok. A2-0226/88, S. 12.
155 Siehe oben unter A.II.

zur Ermittlung der EG-rechtlichen Bedeutung daher notwendig die nordischen Ursprünge und Bedeutungen heranzuziehen.

Fragt man nach dem Sinn und Zweck des § 118 a EWG, ist zu berücksichtigen, warum diese Vorschrift in den Vertrag mit aufgenommen wurde. Dies ist zum Teil schon bei dem systematischen Zusammenhang angesprochen worden. Tragendes Argument war, daß, wenn ein Fortschritt erzielt werden sollte, der Ansatz des damals hinzugekommenen Art. 118 a EWG weitergehen mußte als das Verständnis der bereits vorhanden gewesenen Regelungen. Außerdem kann man davon ausgehen, daß der Normgeber den Begriff Arbeitsumwelt nicht rein zufällig gewählt hatte, sondern das im nordischen Recht damit verbundene Verständnis zumindest nicht ganz außer acht lassen wollte.

Wie schon zu Beginn dieses Kapitels erwähnt wurde, diente Art. 118 a EWG als Rechtsgrundlage für Rechtsakte auf dem Gebiet des betrieblichen und sozialen Arbeitsschutzes und richtete sich an den Arbeitgeber und an die von der Anwendung betroffenen Personen.[156] Wenn man von einem eher weiten Ansatz ausgeht, ohne dabei eine schrankenlose Einbeziehung aller nur denkbaren Faktoren unter den Begriff Arbeitsumwelt zu verfolgen, so mußte der Rat auch gemäß Art. 118 a EWG die Kompetenz gehabt haben, Richtlinien in diesem Umfang zu erlassen. Dazu zählten dann nicht nur die unmittelbaren Gesundheitsschutz- und Sicherheitsmaßnahmen, sondern beispielsweise auch ergonomische Maßnahmen und Regelungen über die Beteiligung der Arbeitnehmer.[157]

Des weiteren stellte Art. 118 a EWG gegenüber Art. 100 a EWG eine Sonderregelung dar[158]. Richtlinien nach Art. 100 a EWG hatten im Hinblick auf den Arbeitsschutz den vorgelagerten produktbezogenen Arbeitsschutz[159] zum Ziel. Sie betrafen die Harmonisierung der Vorschriften hinsichtlich technischer Arbeitsmittel, Einrichtungen, Geräte und Maschinen. Sie waren an die Produzenten und Händler dieser Geräte gerichtet.[160] Allerdings standen die Art. 118 a EWG und Art. 100 a EWG nicht beziehungslos nebeneinander, sondern ergänzten sich.[161]

---

156 Merten, S. 6, Pieper, S. 281; vgl. Streffer, in FS für Wlotzke, S. 776; Schiek, S. 210; Wlotzke, RdA 1992, S. 88.

157 Merten, S. 15; Blanpain/Nyström, S. 172.

158 EuGH NZA 23, 24 = EuGHE C-84/94 – Slg. 1996, I-5793, Rn. 12.

159 Zu dieser Begrifflichkeit siehe auch unten unter D.I.2.

160 Zur Abgrenzung zwischen Art. 118 a EWG und Art. 100 a EWG siehe weitergehend Brandes, S. 49 ff.; Pieper, S. 280 ff.; Schiek, S. 212 f.; Wlotzke, RdA 1992, S. 87 ff.; Koll, DB 1989, 1235 ff.

161 Vgl. Kittner/Pieper, Einleitung Rn. 88.

II. Rahmenrichtlinie Arbeitsschutz

1. Allgemeines

Die aufgrund von Art. 118 a EWG erlassenen Richtlinien stellen keine abschließenden Regelungen dar, sondern Mindestvorschriften, die im nationalen Recht der Mitgliedstaaten nicht unterschritten werden dürfen. Allerdings soll keine Harmonisierung auf niedrigstem Niveau erreicht, sondern ein Fortschritt erzielt werden.[162] Eine Richtlinie darf deshalb keinen Mindeststandard festlegen, der dem Niveau des Mitgliedstaates mit dem geringsten Standard entspricht.[163] Die Richtlinien regeln primär Pflichten der Arbeitgeber, aber auch Pflichten und Rechte der Beschäftigten. Durch sie sollen auch Wettbewerbsverzerrungen zwischen den Mitgliedstaaten der Europäischen Gemeinschaften aufgrund von differierenden Mindeststandards im betrieblichen Arbeitsschutz vermieden werden.[164]

2. Rahmenrichtlinie

Die Richtlinie 89/391/EWG über die Durchführung von Maßnahmen zur Verbesserung der Sicherheit und des Gesundheitsschutzes der Arbeitnehmer bei der Arbeit, kurz Rahmenrichtlinie Arbeitsschutz vom 12.06.1989[165], kann als sog. „Allgemeiner Teil“ des Arbeitsschutzrechts der EG bezeichnet werden.[166] Sie gilt für alle Tätigkeitsbereiche und regelt die Grundverantwortung des Arbeitgebers für den betrieblichen Arbeitsschutz sowie Rechte und Pflichten der Beschäftigten.[167] Dabei sind die Regelungen aber so weit gefaßt, daß sie wiederum den Rahmen für konkretisierende Richtlinien bieten. Wegen der in ihr verankerten Grundpflichten wird sie auch als das „Grundgesetz des betrieblichen Arbeitsschutzes“[168] bezeichnet.

3. Ziel und Inhalte

In Art. 1 Abs. 1 Rahmenrichtlinie wird als zentrales Ziel „die Durchführung von Maßnahmen zur Verbesserung der Sicherheit und des Gesundheitsschutzes der Arbeitnehmer am Arbeitsplatz“ genannt. Zur Verwirklichung dieser Vorgabe

---

162 EuGHE C-2/97 – Slg. 1998, I- 8619 Rn. 35; EuGHE C-84/94 – Slg. 1996, I-5793, Rn. 17; GTE-Willms, Art. 118 a Rn. 45, Nyström, S. 239.

163 Balze, S. 77.

164 Kollmer/Vogl, S. 4.

165 ABl. EG 1989 Nr. L 183, S. 1.

166 Brandes, S. 95; Münch-ArbR I-Birk, § 19 Rn. 398; Schmidt, Arbeitsrecht, S. 54; Vgl. auch Howes, S. 86 f.

167 Kollmer/Vogl, S. 4; Wlotzke, NZA 1996, S. 1018; Reich, S. 235; vgl. auch Däubler, AiB 1993, S. 711.

168 Wlotzke, NZA 1990, S. 419; Pieper, S. 286; Bücker/Feldhoff/Kothe, S. 82; Münch-ArbR I-Birk, § 19 Rn. 398.

enthält die Richtlinie allgemeine Grundsätze für die Verhütung berufsbedingter Gefahren, für die Sicherheit und den Gefahrenschutz, die Ausschaltung von Risiko- und Unfallfaktoren, die Information, die Anhörung, die ausgewogene Beteiligung und die Unterweisung der Arbeitnehmer und ihrer Vertreter, vgl. Art. 1 Abs. 2 Rahmenrichtlinie. Der Anwendungsbereich erstreckt sich gemäß Art. 2 Abs. 1 Rahmenrichtlinie auf alle privaten und öffentlichen Tätigkeitsbereiche. Ausgenommen sind aber spezifische Tätigkeiten im öffentlichen Dienst, wie Streitkräfte, Polizei oder Katastrophenschutz aber auch in diesen Fällen ist ein größtmöglicher Gesundheitsschutz zu gewährleisten, vgl. Art. 2 Abs. 2 Rahmenrichtlinie.

Der personelle Anwendungsbereich wird durch die Begriffsbestimmungen in Art. 3 Rahmenrichtlinie festgelegt. Hervorzuheben ist, daß auch Praktikanten und Lehrlinge Arbeitnehmer i.S.d. Richtlinie sind, Hausangestellte sind dies nicht.

Die Rahmenrichtlinie nimmt insbesondere den Arbeitgeber in die Verantwortung und überträgt ihm in Art. 5 und 6 zahlreiche arbeitsschutzrechtliche Verpflichtungen. Der Arbeitgeber muß die für Sicherheit und Gesundheitsschutz erforderlichen Maßnahmen treffen und auch darauf achten, daß diese Maßnahmen den sich ändernden Gegebenheiten angepaßt werden, vgl. Art. 6 Abs. 1 Rahmenrichtlinie. Dabei hat er den Faktor „Mensch" bei der Arbeit zu berücksichtigen, Art. 6 Abs. 2 d) Rahmenrichtlinie. Anhand dieser eindeutigen Aufnahme des Faktors Mensch in den Text der Richtlinie wird angedeutet, daß von einem erweiterten Gesundheitsbegriff auszugehen ist.[169] Durch die Normierung der allgemeinen Gefahrenverhütung, Vermeidung von Risiken, Gefahrenbekämpfung an der Quelle und Planung der Gefahrenverhütung[170] ergibt sich, daß die Rahmenrichtlinie von einem weiten und präventiv ausgerichteten Arbeitsschutzansatz ausgeht[171], was durch die Gefährdungsbeurteilung gemäß Art. 6 Abs. 3 a) und die Evaluierung der Arbeitsplatzgefahren und der Arbeitsschutzmaßnahmen nach Art. 9 Rahmenrichtlinie bestätigt wird. Außerdem trägt der Arbeitgeber alle Kosten des Arbeitsschutzes[172], hat einen oder mehrere Arbeitnehmer mit Schutzmaßnahmen im Unternehmen zu beauftragen[173] und, wenn die Möglichkeiten zur Organisation solcher Schutzmaßnahmen im Betrieb nicht ausreichen, hat der Arbeitgeber außerbetriebliche Fachleute hinzuzuziehen[174]. Der Arbeitgeber muß die entsprechenden Maßnahmen, die zur Ersten Hilfe, Brandbekämpfung und Evakuierung der Arbeitnehmer erforderlich sind, treffen und die Arbeitnehmer über ernste und unmittelbare Gefahren informie-

---

169 Siehe dazu unter B.II.5.
170 Siehe hierzu Art. 6 Abs. 2 Buchstaben a) bis i) Rahmenrichtlinie.
171 Vgl. auch Merten, S. 8.
172 Art. 6 Abs. 5 Rahmenrichtlinie.
173 Art. 7 Abs. 1 Rahmenrichtlinie.
174 Art. 7 Abs. 3 Rahmenrichtlinie.

ren.[175] Gemäß Art. 10 Rahmenrichtlinie ist der Arbeitgeber gehalten, die Arbeitnehmer bzw. deren Vertreter umfassend zu informieren. Weiterhin hat er die Arbeitnehmer, respektive deren Vertreter, bei allen Fragen zum Arbeitsschutz anzuhören und die Beteiligung zu ermöglichen[176] und die Arbeitnehmer ausreichend und angemessen über den Arbeitsschutz zu unterweisen[177].

Aber auch die Arbeitnehmer nehmen eine wichtige Aufgabe im Arbeitsschutz war. Art. 13 Rahmenrichtlinie sieht für die Arbeitnehmer zahlreiche Pflichten, wie Bedienung von Maschinen[178], Benutzung von Schutzausrüstung[179], Melden von Gesundheitsgefahren[180] vor. Den Arbeitnehmern steht das Recht zu, Vorschläge zum Arbeitsschutz zu unterbreiten[181] und sich bei den zuständigen Behörden zu beschweren, wenn sie der Ansicht sind, daß die vom Arbeitgeber getroffenen Maßnahmen zum Arbeitsschutz nicht ausreichen[182].

Die Richtlinie enthält in Art. 14 noch Regeln zur präventivmedizinischen Überwachung und in Art. 15 die Verpflichtung zum Schutz besonders gefährdeten Risikogruppen.

Des weiteren stellt Art. 16 Abs. 1 Rahmenrichtlinie die Ermächtigungsgrundlage für Einzelrichtlinien dar, die auf bestimmte Gefährdungen respektive auf bestimmte Tätigkeitsbereiche zugeschnittene Schutzvorschriften enthalten.[183]

In der Rahmenrichtlinie wird an verschiedenen Stellen die Formulierung „Arbeitnehmer bzw. ihre Vertreter" verwendet, insbesondere dort, wo diesen Beteiligungsrechte zukommen.[184] Wer Arbeitnehmer i.S.d. Rahmenrichtlinie ist, wird in Art. 3 a) Rahmenrichtlinie legaldefiniert. Eine Definition des Begriffs „Vertreter" bietet die Rahmenrichtlinie nicht. Art. 3 c) Rahmenrichtlinie definiert allerdings den „Arbeitnehmervertreter mit einer besonderen Funktion bei der Sicherheit und beim Gesundheitsschutz der Arbeitnehmer" als „jede Person, die gemäß den nationalen Rechtsvorschriften bzw. Praktiken gewählt, ausgewählt oder benannt wurde, um die Arbeitnehmer in Fragen der Sicherheit und des Gesundheitsschutzes der Arbeitnehmer bei der Arbeit zu vertreten". Überträgt man diese Formulierung auf das deutsche Recht, so kommen als Vertreter i.S.d. Art. 3 c) Rahmenrichtlinie nur die beiden gemäß § 11 ASiG vom Be-

---

175 Art. 8 Rahmenrichtlinie.
176 Art. 11 Rahmenrichtlinie.
177 Art. 12 Rahmenrichtlinie.
178 Art. 13 Abs. 2 a) Rahmenrichtlinie.
179 Art. 13 Abs. 2 b) Rahmenrichtlinie.
180 Art. 13 Abs. 2 d) Rahmenrichtlinie.
181 Art. 11 Abs. 1 Rahmenrichtlinie.
182 Art. 11 Abs. 6 Rahmenrichtlinie.
183 Vgl. Vogl, NJW 1996, S. 2753; Schierbaum, CR 1994, S. 411. Eine Übersicht über die aufgrund von Art 16 der EG Rahmenrichtlinie Arbeitsschutz erlassenen Einzelrichtlinien ist bei Kollmer/Vogl, S. 5 f. sowie in Münch-ArbR I-Birk § 19 Rn. 426 abgedruckt.
184 Vgl. nur Art. 11 Rahmenrichtlinie.

triebsrat bestimmten Betriebsratsmitglieder für den Sicherheitsausschuß in Frage.[185] Hieraus läßt sich ableiten, daß unter „Vertreter“ eine andere Gruppe gemeint sein muß, so daß hier nur die allgemeine nicht nur auf den Arbeitsschutz ausgerichtete Vertretung der Arbeitnehmer in Betracht kommt. Folglich ist im Hinblick auf das deutsche Recht davon auszugehen, daß der in der Rahmenrichtlinie verwandte Begriff „Vertreter“ dem des Betriebsrats entspricht.[186] Unter Berücksichtigung der unterschiedlichen Verhältnisse in den Mitgliedstaaten ist dies nur nachvollziehbar, denn in manchen Mitgliedstaaten besteht ein duales Vertretungsverhältnis zwischen allgemeiner und besonderer Arbeitsschutzvertretung und in anderen Staaten ist nur die eine bzw. die andere Form der Vertretung vorhanden.[187] Somit wird die Rahmenrichtlinie diesen unterschiedlichen Formen gerecht.

Für die der Arbeit zugrundeliegende Fragestellung hinsichtlich der betrieblichen Mitbestimmung im Arbeitsschutzrecht ist gerade dieser Bereich der Rahmenrichtlinie interessant und kann Bedeutung für die Reichweite der Beteiligungsrechte in Deutschland sowie Schweden haben. Deshalb ist eine nähere Untersuchung erforderlich.

4. Beteiligung der Arbeitnehmer am betrieblichen Arbeitsschutz nach der Rahmenrichtlinie

In den Erwägungsgründen[188] der Rahmenrichtlinie wird deutlich hervorgehoben, daß eine angemessene Mitwirkung der Arbeitnehmer unerläßlich ist, um zu gewährleisten, daß die erforderlichen Schutzmaßnahmen getroffen werden. Außerdem ist es „erforderlich, die Unterrichtung, den Dialog und die ausgewogene Zusammenarbeit im Bereich der Sicherheit und des Gesundheitsschutzes am Arbeitsplatz zwischen den Arbeitgebern und den Arbeitnehmern bzw. ihren Vertretern durch geeignete Verfahren und Instrumente entsprechend den nationalen Rechtsvorschriften und Praktiken auszuweiten“[189]. Schon diese Erwägungsgründe sprechen dafür, daß der Arbeitnehmerbeteiligung eine zentrale Funktion in der Rahmenrichtlinie zukommt. Die kommt dann auch in den einzelnen Artikeln zum Ausdruck. Im Mittelpunkt steht hier besonders Art. 11 Rahmenrichtlinie.

185 So auch Merten, S. 21 und Hinrichs, S. 44. Die Sicherheitsbeauftragten gemäß § 22 SGB VII sowie die Fachkräfte für Arbeitssicherheit nach § 5 ff. ASiG nach deutschem Recht sind i.S.d. Richtlinie als die gemäß Art. 7 Rahmenrichtlinie durch den Arbeitgeber benannten Arbeitnehmer zu betrachten, vgl. die Begründung zum Gesetzentwurf für das Arbeitsschutzgesetz, BR-Drs. 881/95, S. 41 f.; Merten, S. 21. Bei der Bestellung der Sicherheitsbeauftragten stehen dem Betriebsrat gemäß § 22 Abs. 1 SGB VII und § 9 Abs. 3 ASiG Beteiligungsrechte zu.

186 So auch Merten, S. 21; Hinrichs, S. 41 ff.; Bücker/Feldhoff/Kothe, S. 89 f.

187 Kothe, Partizipation, S. 11.

188 Vgl. Bücker/Feldhoff/Kothe, S. 88.

189 12. Erwägungsgrund der Rahmenrichtlinie.

a. Artikel 11 Rahmenrichtlinie

Nach Art. 11 Abs. 1 Rahmenrichtlinie ist der Arbeitgeber verpflichtet, bei allen Fragen, die Sicherheit und Gesundheit am Arbeitsplatz betreffen, die Arbeitnehmer bzw. ihre Vertreter anzuhören und ihnen ein Vorschlagsrecht zu ermöglichen. Des weiteren beinhaltet dies „die ausgewogene Beteiligung nach den nationalen Rechtsvorschriften bzw. Praktiken".

Was diese Formulierung umfaßt und bedeutet, ist nicht ganz klar und soll deshalb näher anhand der anerkannten Auslegungsmethoden untersucht werden.[190]

aa. Wortlaut

Nach dem Wortlaut ist zunächst bei dem Wort „Beteiligung" von einem, zumindest im deutschen Recht, übergeordneten Begriff für unterschiedliche Formen der Mitbestimmung, vom Informationsrecht, Anhörungsrecht, Beratungsrecht bis zum Mitentscheidungsrecht auszugehen.[191] Dabei könnte das Wort „ausgewogen" auf eine mögliche ausgeglichene, gleichgestellte Entscheidungsgewalt beider Seiten hindeuten.[192] Dieser Eindruck wird auch durch Berücksichtigung der englischen Fassung, die von *balanced participation* spricht, verstärkt. Die Formulierung „nach den nationalen Rechtsvorschriften und Praktiken" läßt darauf schließen, daß den Mitgliedstaaten die Freiheit gelassen wird, diese wie auch immer gelagerte Beteiligung in der bestehenden rechtlichen Organisationsform zu gewährleisten.

Insgesamt läßt sich feststellen, daß dem Wortlaut keine eindeutige Aussage zu entnehmen ist.

bb. Systematischer Zusammenhang

Betrachtet man die Systematik der Rahmenrichtlinie, so ist festzustellen, daß andere Beteiligungsrechte, wie die Anhörung bei Planung und Einführung neuer Techniken, Art. 6 Abs. 3 c) Rahmenrichtlinie, die Information über Gefahren für Sicherheit und Gesundheit, Art. 10 Abs. 1 a) Rahmenrichtlinie sowie die allgemeine Anhörung zur Sicherheit und Gesundheit am Arbeitsplatz, Art. 11 Abs. 1 Rahmenrichtlinie, bereits ausdrücklich normiert sind. Folglich muß „ausgewogene Beteiligung" etwas anderes bedeuten als Beteiligung im Sinne von Anhörung und Information.[193] Das wird auch dadurch verstärkt, daß diese Begrifflichkeit einen eigenen Spiegelstrich in der Aufzählung in Art. 11 Abs. 1 Rahmenrichtlinie neben der Anhörung einnimmt.[194]

---

190 So auch Merten, S. 22 ff.; Hinrichs, S. 33 ff.
191 Merten, S. 22.
192 So jedenfalls Hinrichs, S. 34; Kothe, Partizipation, S. 12.
193 Merten, S. 23.
194 Vgl. auch Merten, S. 23.

Diese Feststellung wird auch nicht dadurch widerlegt, daß Art. 11 Abs. 2 Rahmenrichtlinie ein Wahlrecht zwischen Beteiligung und Anhörung vorsieht. Denn die Adressaten von Abs. 1 und Abs. 2 sind nicht dieselben.

Das wird bei einer näheren Betrachtung des Verhältnisses von Art. 11 Abs. 1 und Abs. 2 Rahmenrichtlinie deutlich. In Art. 11 Abs. 2 Rahmenrichtlinie heißt es: „Arbeitnehmer bzw. Arbeitnehmervertreter mit einer besonderen Funktion bei der Sicherheit und beim Gesundheitsschutz der Arbeitnehmer werden in ausgewogener Weise nach den nationalen Rechtsvorschriften bzw. Praktiken beteiligt oder werden im voraus vom Arbeitgeber gehört“. Durch diese Einräumung eines Wahlrechts könnte ein Widerspruch zu Art. 11 Abs. 1 Rahmenrichtlinie bestehen, wenn beide Vorschriften in einem Spezialitätsverhältnis zueinander stehen würden.[195] Allerdings ist davon auszugehen, daß die beiden Absätze unabhängig nebeneinander stehen. Denn bereits anhand des Wortlautes wird deutlich, daß Art. 11 Abs. 2 Rahmenrichtlinie sich eindeutig auf den Kreis der Personen bezieht, die eine besondere Funktion im betrieblichen Arbeitsschutz wahrnehmen, also einen anderen Adressatenkreis anspricht als Art. 11 Abs. 1 Rahmenrichtlinie, der bloß von Arbeitnehmern bzw. deren allgemeinen Vertretern spricht.[196]

cc. Entstehungsgeschichte

Der erste Vorschlag[197] der Kommission für die Rahmenrichtlinie vom 11.03.1988 enthielt für den Arbeitgeber nur die Pflicht zur Anhörung der Arbeitnehmer bzw. ihrer Vertreter. Der Wirtschafts- und Sozialausschuß der EG machte daraufhin in seiner Stellungnahme[198] vom 28.04.1988 den Vorschlag, als Zielsetzung der Rahmenrichtlinie die „Mitwirkung“ der Arbeitnehmer festzulegen und den Arbeitgeber zur engen Zusammenarbeit mit den Arbeitnehmern zu verpflichten.[199] Das Europäische Parlament unterbreitete am 16.11.1988 den noch weitergehenden Vorschlag[200], der die Formulierung „ausgewogene Mitwirkung“ enthielt. Nicht diese wurde letztlich in die endgültige Fassung der Richtlinie aufgenommen, sondern die Begrifflichkeit „ausgewogene Beteiligung“. Als Grund für die Wahl dieser Formulierung wird angegeben, daß durch sie verhindert werden sollte, die Richtlinie mit offenen Fragen einer Angleichung der europäischen Betriebsverfassung zu belasten.[201]

---

195 Hinrichs, S. 41.
196 Vgl. detailliert Hinrichs, S. 47 ff.; Kothe, Mitbestimmung, S. 64 und auch Pieper, S. 309 f.
197 Abl. EG 1988 Nr. C 141, S. 4 ff.
198 Abl. EG 1988 Nr. C 175, S. 22 ff.
199 Vgl. hierzu auch Merten, S. 22 f.; Hinrichs, S. 35.
200 ABl. EG 1988 Nr. C 326, S. 93 f.
201 Bücker/Feldhoff/Kothe, S. 89.

Jedenfalls wird deutlich, daß zugunsten der Formulierung „ausgewogene Beteiligung" auf ein zwingendes Mitbestimmungsrecht verzichtet wurde. Allerdings kann aber auch festgestellt werden, daß „ausgewogene Beteiligung" mehr gewähren muß als eine bloße „Anhörung" und somit in einem Stufenverhältnis über der „Anhörung" steht.[202]

Hier kann auch der Ansatz, der bei der Analyse des Wortlauts verfolgt wurde, wieder aufgegriffen werden. Es sollte den Mitgliedstaaten überlassen bleiben, sich der Form zu bedienen, in der sie die gegenwärtige Beteiligung gewährleisten. Das hängt mit den unterschiedlichen rechtlichen Voraussetzungen zusammen, die hinsichtlich der Arbeitnehmerbeteiligung im betrieblichen Arbeitsschutz in den Mitgliedstaaten bestehen.[203] Aus diesem Grund kann die offene Formulierung „ausgewogene Beteiligung nach den nationalen Rechtsvorschriften bzw. Praktiken" gewählt worden sein.

dd. Sinn und Zweck

Die Rahmenrichtlinie Arbeitsschutz bezweckt eine Verbesserung des betrieblichen Arbeitsschutzes. Das bringen die einzelnen Regelungen der Richtlinie selbst zum Ausdruck und wird auch noch, wie oben schon angesprochen, besonders durch die der Rahmenrichtlinie vorangestellten Erwägungsgründe hervorgehoben.[204] Dort wird angeführt, daß es erforderlich ist, die Arbeitnehmer bzw. ihre Vertreter über die Gefahren für ihre Sicherheit und Gesundheit und die erforderlichen Maßnahmen zur Verringerung oder Ausschaltung zu informieren. Besonders ist „es unerläßlich, daß sie in die Lage versetzt werden, durch eine angemessene Mitwirkung entsprechend den nationalen Rechtsvorschriften bzw. Praktiken zu überprüfen und zu gewährleisten, daß die erforderlichen Schutzmaßnahmen getroffen werden".[205] Im nächsten Absatz wird die Wichtigkeit der Unterrichtung, des Dialogs und der ausgewogenen Zusammenarbeit im Bereich der Sicherheit und des Gesundheitsschutzes am Arbeitsplatz zwischen den Arbeitgebern und den Arbeitnehmern bzw. ihren Vertreten hervorgehoben.[206]

Es wird also deutlich, daß das Ziel der Rahmenrichtlinie, welches in Art. 1 Rahmenrichtlinie ja noch einmal ausdrücklich legal definiert wird, insbesondere durch eine verstärkte Mitwirkung der Arbeitnehmer bzw. ihrer Vertreter erreicht werden soll. Eine Verbesserung heißt auch, daß eine Erweiterung der gegenwärtigen Situation bezweckt wird. Da dies gerade durch eine Einbindung der Arbeitnehmer bzw. ihrer Vertreter erreicht werden soll, spricht einiges dafür, daß mit *ausgewogener Beteiligung* mehr als nur ein bloßes Informations-

---

202 Vgl. Hinrichs, S. 35.
203 Siehe auch Hinrichs, S. 36 f.
204 So auch Merten, S. 24; Hinrichs, S. 37.
205 11. Erwägungsgrund der Rahmenrichtlinie.
206 12. Erwägungsgrund der Rahmenrichtlinie.

oder Anhörungsrecht gemeint sein muß. Gerade der Austausch zwischen Arbeitnehmern, die ja gerade von den Gefahren am Arbeitsplatz betroffen sind, und Arbeitgebern, hilft vorzubeugen und bestehende Gefährdungslagen zu beheben.

Ob man daraus ein echtes zwingendes Mitentscheidungsrecht herleiten kann, erscheint gerade unter Berücksichtigung der Entstehungsgeschichte des Art. 11 Abs. 1 Rahmenrichtlinie fraglich, da der Normgeber bewußt auf solch eine festgelegte Form verzichtet hat.[207]

ee. Ergebnis

Es bleibt festzustellen, daß die *ausgewogene Beteiligung nach den nationalen Rechtsvorschriften bzw. Praktiken* gemäß Art. 11 Abs. 1 Rahmenrichtlinie mehr umfaßt als ein bloßes Informations- oder Anhörungsrecht der Arbeitnehmer bzw. ihrer Vertreter. Was genau darunter zu verstehen ist, ist der Rahmenrichtlinie nicht zu entnehmen, da sie den Mitgliedstaaten einen erheblichen Gestaltungsspielraum einräumt und ausdrücklich auf die nationalen Rechtsvorschriften und Praktiken verweist.[208] Die nationale Umsetzung in den unterschiedlichen Mitgliedstaaten kann allerdings ohne weiteres ein zwingendes Mitentscheidungsrecht beinhalten, da insofern Spielraum besteht, solange den Arbeitnehmer bzw. ihren Vertretern mehr als ein bloßes Informations- oder Anhörungsrecht zukommt.[209]

b. Sonstige Artikel der Rahmenrichtlinie mit Beteiligungsbezug

Neben der zentralen Vorschrift des Art. 11 Rahmenrichtlinie enthalten auch noch andere Normen der Richtlinie Regelungen hinsichtlich der Beteiligung der Arbeitnehmer bzw. ihrer Vertreter im betrieblichen Arbeitsschutz. So wurde die Verpflichtung des Arbeitgebers, die Arbeitnehmer bzw. ihre Vertreter bei der Planung und Einführung neuer Technologien anzuhören, gemäß Art. 6 Abs. 3 c) Rahmenrichtlinie gesondert festgeschrieben und hebt deshalb die besondere Bedeutung der Einführung neuer Technologien für den Gesundheitsschutz hervor.[210] Art. 10 Rahmenrichtlinie enthält Beteiligungsrechte in Form von Informationsrechten hinsichtlich Gesundheitsgefahren und der geeigneten Maßnahmen zur Gefahrenverhütung. Des weiteren normiert Art. 12 Rahmenrichtlinie die Verpflichtung des Arbeitgebers, die Arbeitnehmer entsprechend der dort genannten Voraussetzungen zu unterweisen, so daß sich für den Arbeitnehmer

---

207 Vgl. Merten, S. 25; Hinrichs, S. 38.

208 Siehe auch Merten, S. 25.

209 Für das deutsche Recht liegt es deshalb nahe, bei einer richtlinienkonformen Auslegung, da die Beteiligungsrechte im Betriebsverfassungsrecht nicht verändert wurden, auf § 87 Abs. 1 Nr. 7 BetrVG zurückzugreifen. So auch Kothe, Partizipation, S. 12 f. Vgl. dazu unten unter E.II.

210 Vgl. dazu Pieper, S. 308.

im Umkehrschluß gegebenenfalls ein Recht auf Unterweisung ableiten lassen kann.

5. Gesundheitsbegriff der Rahmenrichtlinie

Weiteres zentrales Element im Hinblick auf die Beteiligungsrechte der Arbeitnehmer ist der Gesundheitsbegriff, der der Rahmenrichtlinie zugrunde liegt. Denn gerade die Optimierung der Sicherheit und des Gesundheitsschutzes ist gemäß Art. 1 Abs. 1 Rahmenrichtlinie Ziel derselben. Die Begriffe „Sicherheit"[211] und „Gesundheitsschutz" werden aber nicht nur in Art. 1 Rahmenrichtlinie erwähnt, sondern wiederholen sich in fast jedem Artikel. Allerdings fehlt hier eine Legaldefinition. Auch im Hinblick auf die nationalen Vorschriften zur Mitbestimmung in Deutschland und Schweden kann der europäische Gesundheitsbegriff von Bedeutung sein. Dabei ist zunächst, wie oben schon angeführt wurde, auch in Anlehnung an das zu Art. 118 a EWG der Ermächtigungsgrundlage der Rahmenrichtlinie zur *Arbeitsumwelt* Gesagte[212] zunächst von einem weiten Verständnis auszugehen. Unterstützt wird dies durch die Pflicht des Arbeitgebers in Art. 6 Abs. 2 d) Rahmenrichtlinie, wonach der Arbeitgeber den Faktor „Mensch" bei der Arbeit berücksichtigen muß, was zunächst im Hinblick auf das deutsche Arbeitsschutzrecht eine Erweiterung darzustellen scheint.[213] Das schwedische Recht hingegen bezog das menschliche Individuum als zentralen Faktor schon seit den 70er Jahren mit in den dort herrschenden Begriff der Arbeitsumwelt („Arbetsmiljö") ein.

Eine Definition findet sich in der schon angesprochenen Präambel der Weltgesundheitsorganisation.[214] Auch das Übereinkommen Nr. 155 der Internationalen Arbeitsorganisation ILO über Arbeitsschutz und Arbeitsumwelt vom 22.06.1981[215] liefert eine Definition. Das Europäische Parlament forderte, daß diese ILO-Definition als Legaldefinition in die Rahmenrichtlinie eingefügt wer-

---

211 Der Begriff „Sicherheit" bereitet in diesem Zusammenhang keine größeren Schwierigkeiten. Es ist davon auszugehen, daß damit auf die Vermeidung von Arbeitsunfällen abgezielt wird, vgl. Merten, S. 10. So auch Kittner/Pieper, ArbSchG; § 1 Rn. 7 ebenfalls für den Begriff „Sicherheit" allerdings auf das Arbeitsschutzgesetz bezogen. Vgl. für das deutsche Recht auch die Legaldefinition des Arbeitsunfalls in § 8 Abs. 1 SGB VII.

212 Siehe oben unter B.I.

213 Zur menschengerechten Gestaltung der Arbeit im deutschen Recht siehe unten unter D.II.2.

214 Siehe die Satzung der WHO, WHO Official Records Bd. 2, S. 100; siehe auch BGBl. II 1974, S. 45. Vgl. auch oben unter B.I.

215 Arbeitsschutz und Arbeitsumwelt, Zur 66. Tagung der Internationalen Arbeitskonferenz 1980, S. 15 ff. oder Internationales Arbeitsamt (Hrsg.), Zusammenfassungen internationaler Arbeitsnormen, Genf 1990.

den sollte; allerdings hat der Rat diesem Begehren nicht entsprochen.[216] Weshalb dies geschah, ist nicht ohne weiteres erkennbar.

Unter Berücksichtigung der Tatsache, daß Art. 118 a EWG die Verbesserung der *Arbeitsumwelt* zum Schutz der Gesundheit und Sicherheit der Arbeitnehmer bezweckte und somit eine dichte Verknüpfung der Begriffe Gesundheit und Sicherheit mit der Arbeitsumwelt vorgab[217] und dazu bereits festgestellt wurde, daß von einem weiten Arbeitsschutzansatz auszugehen ist, so kommt dieser Gesundheitsbegriff durchaus der Definition der ILO nahe.[218]
Darauf deutet auch die Formulierung in Art. 6 Abs. 2 d) Rahmenrichtlinie hin, denn daß der Faktor „Mensch" bei der Arbeit, insbesondere bei der Gestaltung von Arbeitsplätzen sowie bei der Auswahl von Arbeitsmitteln und Arbeits- und Fertigungsverfahren, vor allem im Hinblick auf eine Erleichterung bei eintöniger Arbeit und bei maschinenbestimmten Arbeitsrhythmus sowie auf eine Abschwächung ihrer gesundheitschädigenden Auswirkungen Berücksichtigung finden muß. Dies schließt auch, wie in der ILO-Definition gefordert, die physischen und geistigen Faktoren mit ein, denn der Faktor „Mensch" ist nicht nur von körperlichen, sondern auch von geistigen Faktoren betroffen.[219]

Da die Verbesserung der Gesundheit und Sicherheit der Arbeitnehmer zentrales Ziel der Rahmenrichtlinie ist, müssen die insbesondere durch den Arbeitgeber einzuleitenden entsprechenden Maßnahmen daran orientiert sein. Auch dem Arbeitgeber ist daran gelegen, daß seine Mitarbeiter keinen Sicherheits- oder Gesundheitsgefährdungen ausgesetzt sind, denn daraus können Leistungsminderung, Krankheit und Arbeitsunfähigkeit entstehen. Auf der anderen Seite hat der Arbeitgeber ein betriebswirtschaftliches Interesse daran, das die Gesundheitsschutzmaßnahmen einen für ihn vertretbaren Rahmen nicht überschreiten.

Die sehr weitgehende Definition der WHO ist in ihrer Weite wohl, wie schon angesprochen, nicht realisierbar.[220] Deshalb liefert die Definition der ILO die brauchbarere Lösung. Allerdings kann auch die WHO-Definiton zur Bestimmung des Gesundheitsbegriffs mit herangezogen werden, da sie zur Verwirklichung eines übergreifenden ganzheitlichen Arbeitsschutzansatzes beitragen kann.[221]

Zusammenfassend läßt sich feststellen, daß der Rahmenrichtlinie ein weiter Gesundheitsbegriff zugrunde liegt. Dieser läßt sich primär aus der Definition der ILO ableiten.[222] Danach ist unter Gesundheit gerade nicht nur ein Freisein

---

216 Siehe ABl. EG 1988 Nr. C 326, S. 83 und Abl. EG 1989 Nr. C 158, S. 131; vgl. auch Merten, S. 11 f.

217 Vgl. Merten, S. 12. Siehe oben unter B.I.

218 Vgl. hier auch Merten, S. 13 ff.

219 Vgl. Merten, S. 16.

220 Siehe detailliert oben unter B.I.

221 Siehe bereits oben unter B.I. Vgl. Kittner/Pieper, § 1 ArbSchG Rn. 9.

222 Siehe bereits oben unter B.I.

von Gebrechen und Krankheit zu verstehen, sondern sie umfaßt auch alle körperlichen und geistig-seelischen Faktoren, die in unmittelbarem Zusammenhang mit der Arbeit stehen. Bloße Unbequemlichkeiten sind davon nicht betroffen; allerdings können seelische Belastungen wie bspw. Streß, auch wenn sie erst nach einer längeren Dauer zu einer arbeitsbedingten Erkrankung führen, darunter fallen.

III. Ergebnis

Die obigen Ausführungen machen deutlich, daß sowohl Art. 118 a EWG als auch die Rahmenrichtlinie Arbeitsschutz eine Verbesserung der Gesundheit und der Sicherheit der Arbeitnehmer bezwecken. Es wird von einem umfassenden und weiten Gesundheitsbegriff ausgegangen, der sich an die Arbeitsumwelt und die Berücksichtigung des Faktors Mensch bei der Arbeit anlehnt und von dem Gesundheitsbegriff der ILO getragen wird, ohne allerdings den Gesundheitsbegriff der WHO ganz außer Betracht zu lassen.

Es wurde bereits einleitend begründet, daß der Begriff Arbeitsumwelt und das dahinterstehende Verständnis nicht ohne Berücksichtigung des nordischen Hintergrundes ausgelegt werden kann, um auch eine entsprechende nationale Umsetzung zu ermöglichen. Diese Tatsache erklärt, warum diese rechtsvergleichende Arbeit notwendig ist. Ein effektiver Schutz der Beschäftigten ist nur möglich, wenn diese intensiv mit in den Prozeß der Gesundheitsgefahrenverhütung und Gesundheitsgefahrenbekämpfung einbezogen werden. Dies wird durch die Rahmenrichtlinie unterstützt. Danach kommt den Arbeitnehmern bzw. deren Vertretern eine Schlüsselrolle zu. Die Rahmenrichtlinie als „Grundgesetz des betrieblichen Arbeitsschutzes“ spricht dabei von einer ausgewogenen Beteiligung nach den nationalen Rechtsvorschriften bzw. Praktiken, was auf jeden Fall mehr voraussetzt als ein bloßes Informations- und Anhörungsrecht. Ob daraus ein zwingendes Mitbestimmungsrecht abgeleitet wird, bleibt den einzelnen Mitgliedstaaten bei der Umsetzung überlassen. Damit kommt die Rahmenrichtlinie den unterschiedlichen arbeitsschutzrechtlichen Systemen und Ausgestaltungen in den Mitgliedstaaten entgegen. Jedenfalls bieten diese EG-rechtlichen Grundlagen umfassende Voraussetzungen für eine wirksame und weitreichende betriebliche Mitbestimmung im Arbeitsschutz zur Sicherung der Gesundheit und Sicherheit der Arbeitnehmer, allerdings in Abhängigkeit zu den unterschiedlichen Systemen in den Mitgliedstaaten. Dabei muß auch in den Mitgliedstaaten das nordische Verständnis mit einfließen, um eine entsprechende Anwendung zu erzielen.

Wie diese Beteiligungsrechte im Königreich Schweden und der Bundesrepublik Deutschland ausgestaltet sind und ob sie den EG-rechtlichen Grundlagen entsprechen, soll im Folgenden weiter untersucht werden.

C. Historische Entwicklung des Arbeitsschutzrechts und Arbeitsmarkt

Da für einen Rechtsvergleich ein umfassendes auch historisches Ganzes vonnöten ist, wird in diesem Abschnitt zunächst die geschichtliche Entwicklung des Arbeitsschutzrechts in Deutschland und Schweden vergleichend untersucht. Verglichen werden sollen die Entstehung des Arbeitsschutzes, ähnlich oder verschieden verlaufende Entwicklungen und gegebenenfalls die Gründe dafür. Auch die Entstehung des Arbeitsumweltgesetzes und das dahinter stehende Verständnis soll untersucht werden. Für die Arbeit sind die Entwicklungen des Arbeitsschutzes im Hinblick auf die Beteiligungsrechte natürlich besonders interessant.

I. Historische Entwicklung des Arbeitsschutzrechts

1. In Schweden

Durch die zunehmende Industrialisierung veränderte sich die Arbeitsumwelt in der Zeit von 1870 bis 1900 einschneidend. Gerade der steigende Export beispielsweise in der Sägewerks- und Papierindustrie verstärkte die industrielle Produktion.[223] Zwischen 1872 und 1912 versiebenfachte sich die Anzahl der Fabriken ebenso wie die Anzahl der in den Fabriken Beschäftigten.[224] Die neuartigen Produktionstechniken und die Unerfahrenheit der Arbeitnehmer mit den neuen Maschinen führten zu vielen Arbeitsunfällen.[225] Staatliche Arbeitsschutzvorschriften bestanden bis auf einige wenige Regelungen zum Schutz von Frauen und Kindern nicht. 1870 wurde für die Streichholzindustrie eine Verordnung erlassen, die regelmäßige Belüftung, ein Mindestalter von 15 Jahren für die Beschäftigten sowie das Verbot, mehr als sechs Monate mit gesundheitsschädlichen Aufgaben betraut zu werden, vorsah.[226]

Die schwedische Arbeiterbewegung entstand ebenfalls um 1870.[227] Die SAP (Sveriges socialdemokratiska arbetareparti / Sozialdemokratische Arbeiterpartei Schwedens, gegründet 1889) spielte dabei eine wichtige Rolle. Aufgrund ihrer Initiative wurde ebenfalls 1898 die Gewerkschaftsorganisation LO (Landsorganisation) gegründet, wobei während der ersten Jahre jedes LO-Mitglied auch automatisch SAP-Mitglied war.[228] Diese Verknüpfung wurde dann nach und nach abgeschafft, allerdings ist die Verbindung zwischen SAP

223 Lundh/Gunnarsson, S. 39.
224 Lundh/Gunnarsson, S. 40.
225 Zanderin/Günzel, S. 11.
226 Lundh/Gunnarsson, S. 44.
227 Vogel, Gefahrenverhütung, S. 42.
228 Vogel, Gefahrenverhütung, S. 42.

und LO nach wie vor sehr wichtig. Bis 1986 gab es in der SAP ein doppeltes Mitgliedschaftssystem, die individuelle und die kollektive Mitgliedschaft.[229]

Im Jahr 1889 bekam Schweden das erste einheitliche Arbeitsschutzgesetz, das „Yrkesfarelagen" („Berufsgefahrengesetz"). Die Entstehung des Yrkesfarelagen war mit kontroversen Debatten zwischen konservativen und liberalen Gruppen verbunden, die ihre Interessen zu wahren suchten.[230]

Durch das Yrkesfarelagen erhielt die Gewerbeaufsicht das Recht zu kontrollieren, ob die Industriebetriebe die in § 2 Yrkesfarelagen genannten Schutznormen auch erfüllten. Allerdings war diese Kontrollaufsicht nicht obligatorisch, sondern hatte nur eine beratende Funktion.[231] Nur die Provinzialregierungen konnten die Arbeitgeber zwingend auffordern, die Vorgaben einzuhalten.[232] Des weiteren wurden drei Gewerbeaufsichts–Inspekteure mit eigenen Distrikten eingesetzt, um die arbeitsschutzrechtlichen Vorschriften zu überwachen und eventuelle Probleme zu lösen. 1895 wurde die Anzahl der Inspekteure auf fünf erhöht und 1901 auf acht. Grund hierfür war das schnelle industrielle Wachstum.[233]

1905 wurde der „Verein für Arbeitsschutz" („Föreningen för arbetarskydd", FFA) gegründet. Der FFA sollte vor allem durch Ausstellungen auf die Gefahren im Arbeitsleben hinweisen.[234] Ab 1910 entdeckte der FFA eine weitere Möglichkeit, seine Informationen zu verbreiten. Er druckte Schilder mit Warnhinweisen zum Arbeitsschutz, die an entsprechenden Stellen im Betrieb angebracht wurden. Zwei Jahre später begann der Verein, die Zeitschrift „Arbetarskyddet" herauszugeben.

Ab 1905 begannen auch die Kollektivparteien, sich für den Arbeitsschutz stärker zu engagieren.[235] Die Tarifverträge enthielten zunächst Regeln zum technischen Arbeitsschutz. In den Tarifverträgen für Glas- und Eisenhütten sowie für die Sägewerksindustrie wurde den Arbeitnehmern mit Familie das Recht auf kostenfreie Untersuchungen durch den Arzt des Unternehmens eingeräumt.[236] In vielen Verträgen waren auch Regeln über den Versicherungsschutz enthalten.

1905 setzte die Regierung das sogenannte „Yrkesfarekommitten" („Arbeitsschutzausschuß") ein, der sich besonders für den Schutz von Frauen und Kindern einsetzte, aber auch für den allgemeinen Arbeitsschutz.[237] 1907 legte der Ausschuß einen Teilbericht über ein Frauennachtarbeitsverbot vor, was

---

229 Vogel, Gefahrenverhütung, S. 42.
230 Vgl. Lundh/Gunnarsson, S. 44 f.
231 Lundh/Gunnarsson. S. 45.
232 Andersson/Edström/Zanderin, S. 14.
233 Lundh/Gunnarsson, S. 46.
234 Lundh/Gunnarsson, S. 48.
235 Lundh/Gunnarsson, S. 49.
236 Lundh/Gunnarsson, S. 49.
237 Zanderin/Günzel, S. 11.

zwei Jahre später gesetzlich normiert wurde.[238] Der Arbeitsschutzausschuß sollte auch die allgemeine gesetzliche Situation verbessern und somit das Yrkesfarelagen von 1889 überarbeiten. 1909 präsentierte der Ausschuß seinen Hauptbericht, der letztlich zum „Arbetarskyddslagen“ („Arbeitsschutzgesetz“) von 1912 führte. Das neue Arbeitsschutzgesetz hatte einen erheblich erweiterten Anwendungsbereich. Es schloß alle Arbeitnehmer ein, die abhängig beschäftigt waren, mit Ausnahme der in der Landwirtschaft Tätigen. Des weiteren gab es eine umfassendere Aufstellung von Schutzvorschriften, die der Arbeitgeber zu befolgen hatte. Gleichfalls wurde eine oberste Gewerbeaufsichtsbehörde geschaffen, die erweiterte Befugnisse erhielt.[239] Wichtigste Veränderung im Hinblick auf die betriebliche Mitbestimmung war aber § 31 Arbetarskyddslagen, der den Arbeitnehmern das Recht gab, einen Vertreter zu wählen, der sie in Arbeitsschutzfragen vertrat.

Das industrielle Wachstum ging unterdessen weiter, besonders die zwanziger Jahre waren durch eine starke Exportnachfrage geprägt.[240] Gleichfalls war in diesem Zeitraum die Sozialversicherung ein wichtiges Thema.

Auch der Arbeitsschutz sollte an die sich weiter verändernden Umstände am Arbeitsmarkt angepaßt werden. Die Regierung beauftragte 1922 das staatliche Gesundheits- und Sozialamt damit, das Arbeitsschutzgesetz den ILO-Konventionen hinsichtlich des Mindestalters von Arbeitnehmern anzupassen. 1925 unterbreitete die Behörde einen Entwurf zur Änderung des Arbetarskyddslagen, der vorsah, daß die landwirtschaftlichen Betriebe vom Gesetz mit umfaßt werden, daß das Mindestalter für Beschäftigte in der Industrie und im Bergbau auf 16 Jahre erhöht wird und daß die Arbeitnehmer Anspruch auf eine Woche Urlaub haben.[241]

Auch hinsichtlich der Mitbestimmung im Arbeitsschutz sah der Entwurf eine Veränderung vor. Das Arbetarskyddslagen von 1912 gewährte den Arbeitnehmern das Recht, einen Vertreter zu wählen, der sie in entsprechenden Fragen vertrat. Nun sollte die Wahl eines Vertreters, der mit dem Arbeitgeber in Arbeitsschutzfragen zusammenarbeitet, obligatorisch sein.[242]

Dieser Änderungsentwurf zum Arbeitsschutzgesetz wurde von dem schwedischen Arbeitgeberverband (SAF Svenska Arbetsgivareföreningen[243]) sehr kritisch gesehen. Gerade auch die obligatorische Einführung eines Arbeitnehmervertreters für Arbeitsschutzfragen fand keine Zustimmung. Die Arbeitnehmer hatten von ihrem Recht, nach dem Arbeitsschutzgesetz von 1912 einen Arbeitsschutzvertreter zu wählen, nur in sehr geringem Maße Gebrauch ge-

238 Lundh/Gunnarsson, S. 50.
239 Lundh/Gunnarsson, S. 51.
240 Lundh/Gunnarsson, S. 53.
241 Zanderin/Günzel, S. 12.
242 Lundh/Gunnarsson, S. 69.
243 Heute: *Svenkt Näringsliv*.

macht. Diese Tatsache wurde von der Arbeitgeberseite nun so gedeutet, daß die Arbeitnehmer überwiegend mit der gegenwärtigen Arbeitsschutzsituation zufrieden seien.[244] Der schwedische Gewerkschaftsbund (LO Landsorganisationen) war hingegen mit dem Entwurf zufrieden, wollte in manchen Punkten aber noch weiterführende Vorschriften. So forderte er, daß der Arbeitnehmervertreter von der Gewerkschaft bestimmt und eng mit der Gewerbeaufsicht zusammenarbeiten sollte. Gleichfalls sollte er finanziellen Ausgleich für die Zeit erhalten, in der er an Arbeitsschutzinspektionen teilnimmt.[245]

Zu einer umfassenderen Zusammenarbeit zwischen Arbeitnehmern und Arbeitgebern im Arbeitsschutz kam es erst, als der sogenannte Hauptvertrag (Huvudavtalet/Saltsjöbadsavtal) 1938 in Saltsjöbaden 1938 zwischen LO und SAF abgeschlossen wurde.[246] Hier wurden Teilfragen zur allgemeinen Zusammenarbeit, insbesondere zum Arbeitskampf, behandelt. Aber auch die Verbesserung des Arbeitsschutzes sollte vorangetrieben werden. 1942 beschlossen LO und SAF ein Abkommen zur Organisation des Arbeitsschutzes vor Ort.[247] Die Gewerkschaftsseite wollte dieses Abkommen in Form eines Tarifvertrags abschließen, was der Arbeitgeberverband allerdings ablehnte, so daß es bei einer allgemeinen Empfehlung für die beteiligten Partner blieb. Inhaltlich bestand aber Einigung. Der Arbeitsschutz vor Ort sollte durch die Einrichtung eines gewählten Arbeitsschutzbeauftragten in Betrieben mit mindestens 10 Beschäftigten und der Schaffung eines Schutzkomitees in Betrieben mit mindestens 100 Beschäftigten verstärkt werden. Gleichfalls wurden die Regeln für die Treffen des Sicherheitsausschusses beschlossen und festgelegt, daß der Sicherheitsbeauftragte einen finanziellen Ausgleich erhalten sollte, wenn er während seiner Arbeitszeit seinen Verpflichtungen im Arbeitsschutz nachging.[248]

Nach Abschluß des Arbeitsschutzabkommens von 1942 richteten LO und SAF eine gemeinsame zentrale Stelle Arbetarskyddsämnden (ASN) für Arbeitsschutz ein, die sich für eine effektive Verbesserung des Arbeitsschutzes einsetzen sollte.[249]

Der von der sozialdemokratischen Regierung 1938 eingesetzte Arbeiterschutzausschuß präsentierte 1946 einen Entwurf für ein neues Arbeitsschutzgesetz, welcher das Arbeitsschutzgesetz von 1912 ersetzen sollte. Dieser Entwurf enthielt Regeln, die auch die Landwirtschaft umfaßten, und sah unter anderem obligatorisch einen gewählten Arbeitsschutzbeauftragten in Betrieben mit mehr als fünf Beschäftigten und ein Schutzkomitee in Betrieben mit mehr als 100 Be-

---

244 Vgl. Lundh/Gunnarsson, S. 70.

245 LO:Vb 1926, S. 106.

246 Zanderin/Günzel, S. 13. Allgemein zum Saltsjöbadsavtal vgl. auch Fredriksson/Gunnmo, S. 38 f. Zur wesentlichen Rolle des Kollektivvertrags in Schweden vgl. auch unten unter C.II sowie auch oben unter A.IV.2.

247 Zanderin/Günzel, S. 13.

248 Lundh/Gunnarsson, S. 75.

249 Lundh/Gunnarsson, S. 75.

schäftigten vor, enthielt Schadensersatzpflichten bei Schikanierung des Arbeitsschutzbeauftragten und beinhaltete Regeln über Pausen.[250] Dieser Entwurf führte letztlich zum Arbeitsschutzgesetz von 1949, welches einen erweiterten Arbeitsschutz brachte. Hinsichtlich der Beteiligung der Arbeitnehmer am Arbeitsschutz wurde auf Drängen der LO die betriebliche Grenze für die obligatorische Einrichtung eines Schutzkomitees von 100 Beschäftigten auf 50 Beschäftigte reduziert. Die Regelung, daß bei einer Mindestzahl von fünf Beschäftigten im Betrieb verbindlich ein Arbeitsschutzbeauftragter vorhanden sein muß, wurde so aus dem Entwurf entnommen.[251] Damit war Schweden 1949 das einzige Land weltweit, das einen obligatorischen Arbeitsschutzbeauftragten ab einer bestimmten Betriebsgröße vorsah.[252] Es wird also ersichtlich, daß zu diesem Zeitpunkt schon die deutlichen gesetzlichen Voraussetzungen für eine Mitbestimmung der Beschäftigten geschaffen wurden.

1951 wurde ein neues Abkommen zwischen LO und SAF über den Arbeitsschutz vor Ort und die Organisation der gemeinsamen Stelle für Arbeitsschutz, Arbetarskyddsnämden, abgeschlossen, welches die Vereinbarung von 1942 ersetzte.[253]

Obwohl in manchen Bereichen des Arbeitsschutzes unterschiedliche Ansichten zwischen Arbeitgeber- und Arbeitnehmerorganisation bestanden, war doch die Bereitschaft zur Zusammenarbeit im Arbeitsschutz spürbar.

Nach dem Zweiten Weltkrieg fand ein starkes industrielles Wachstum in Schweden statt, in manchen Phasen fast vergleichbar mit dem zur Zeit des industriellen Durchbruchs ab ca. 1870. Bis Mitte der 70er Jahre wurde der Arbeitsschutz nach den Grundlagen, die Ende der 40er Jahre gelegt wurden, weiter ausgebaut. Die öffentliche Aufsicht wurde verstärkt und weiter ausgebaut, die Arbeitsschutzbeauftragten in den Betrieben besser geschult.[254] Eine Verbesserung der öffentlichen Arbeitsschutzaufsicht wurde vor allem durch die Gründung des „Reichsamts für Arbeitsschutz und Gewerbeaufsicht“ („Arbetarskyddsstyrelsen“ ASS) erreicht. Durch das ASS wurden zahlreiche neue arbeitsschutzrechtliche Spezialvorschriften erlassen.[255] Gleichzeitig stieg die Zahl der Arbeitsschutzbeauftragten und der Sicherheitsausschüsse in den Betrieben. 1967 schlossen SAF und LO ein neues Abkommen über den Arbeitsschutz vor Ort, welches auch die Betriebsgesundheitsfürsorge (z.B. Betriebsärzte) umfaßte und das Abkommen von 1951 ersetzte.[256] Dieses neue Abkommen enthielt auch Regeln, die den Arbeitsschutzbeauftragten betrafen. Nun sollte dieser auch ei-

250 SOU 1946:60, S. 17 ff.
251 Lundh/Gunnarsson, S. 78.
252 Lundh/Gunnarsson, S. 102.
253 Zanderin/Günzel, S. 14.
254 Zanderin/Günzel, S. 14.
255 Lundh/Gunnarsson, S. 98.
256 Lundh/Gunnarsson, S. 97.

nen finanziellen Ausgleich erhalten, wenn er Arbeitsschutztätigkeiten auf eigene Initiative hin verrichtete.[257]

Mitte der 60er Jahre begann sich die arbeitsschutzrechtliche Perspektive zu erweitern. Nicht nur der Vorbeugung vor Arbeitsunfällen und Berufskrankheiten wurde Bedeutung beigemessen, sondern es wurde auch die individuelle Arbeitssituation im größeren Umfang betrachtet. Nicht nur physische Faktoren, wie Maschinen und Arbeitsgeräte, sondern auch psychologische und soziale Faktoren, wie allgemeines Wohlbefinden und Streß, wurden nun beachtet.[258] Der LO-Kongreß von 1961 war treibende Kraft nicht nur für die Verbesserung der Arbeitsumwelt, sondern auch für das Bestreben von mehr Einflußnahme der Beschäftigten in diesem Bereich.[259] Dabei wurde der Begriff „Arbetsmiljö“ (Arbeitsumwelt) immer mehr ins Zentrum gesetzt. Auf dem Kongreß wurde festgestellt: „Die Probleme im Arbeitsleben können nicht nur im Hinblick auf die Technik gelöst werden. Technik und Arbeitsumwelt, die keine Rücksicht auf die Voraussetzungen des Menschen nehmen sind, nicht ausreichend.“[260] Durch diese Aussage kam die neue Einstellung zum Arbeitsschutz zum Ausdruck. Maßgeblich sollte nach der LO nun die Arbeitsumwelt sein, das physische und psychische Wohlbefinden des Individuums stand im Zentrum und das erklärte Ziel war es, die Arbeit dem Menschen anzupassen.

Auf dem LO-Kongreß 1971 war der neue weitergehende Arbetsmiljö-Begriff bereits etabliert.[261] Darunter wurden nun Betriebsgesundheitsfürsorge, Arbeitsschutz usw. zusammengefaßt. 1972 wurde der Arbetarskyddsfonden (Arbeiterschutzfond) auf Initiative der LO eingerichtet. Zu seinen wichtigsten Aufgaben gehörten die Arbeitsschutzforschung und die Ausbildung der Arbeitsschutzbeauftragten.[262]

Die 70er Jahre waren auch die Zeit, in der die Beamten und Angestellten und ihre gewerkschaftliche Vertretung Tjänstemännens Centralorganisation TCO sich stärker im Arbeitsschutz engagierten und der neuen Perspektive des umfassendern Begriffs „Arbetsmiljö“ folgten.[263] Das lag wohl zum einen daran, daß die Gruppe der Beamten und Angestellten allgemein nicht mit den klassischen Arbeitsunfällen von Industriearbeitern konfrontiert waren. Allerdings waren sie auch von ergonomischen Problemen und einseitigen, sich immer wiederholenden Arbeitsbedingungen betroffen und psychischen Belastungen wie beispielsweise Streß ausgesetzt.[264] Die Spannbreite von unterschiedlichen Arbeitsumweltbedingungen innerhalb der verschiedenen Tätigkeitsfelder der Be-

257 Lundh/Gunnarsson, S. 104.
258 Lundh/Gunnarsson, S. 108; Zanderin/Günzel, S. 15.
259 Zanderin/Günzel, S. 15.
260 Lundh/Gunnarsson, S. 111.
261 Lundh/Gunnarsson, S. 112; Zanderin/Günzel, S. 15.
262 Lundh/Gunnarsson, S. 113.
263 Lundh/Gunnarsson, S. 114 ff.
264 Lundh/Gunnarsson, S. 118 f.

amten und Angestellten ist sicherlich groß. Gerade hier liegt der Ansatzpunkt für ein weitgehendes Arbeitsumweltverständnis.

1970 wurde unter anderem auf Forderung der LO hin eine Arbetsmiljöuntersuchung zur Änderung des Arbeitsschutzgesetzes von 1949 durchgeführt.[265] Die Untersuchung basierte weitestgehend auf dem Übereinkommen zwischen LO und SAF von 1967 über den Arbeitsschutz vor Ort. Allerdings brachte die Untersuchung noch weitergehende Regeln.[266] Bereits 1963 wurde das Arbeitsschutzgesetz dahingehend erweitert, daß alle Tätigkeiten, in deren Zusammenhang Beschäftigte Aufgaben für einen Arbeitgeber wahrnahmen, mit unter den Anwendungsbereich des Gesetzes fallen, so wurde beispielsweise auch die öffentliche Verwaltung mit umfaßt.[267] Nun wurde aufgrund der Arbetsmiljöuntersuchung 1973 das Arbeitsschutzgesetz auch dahingehend erweitert, daß die Stellung des Arbeitsschutzbeauftragten weiter gestärkt wurde. Der Arbeitsschutzbeauftragte erhielt das Recht, Auskünfte und Informationen in allen Fragen, die die Arbeitsumwelt betrafen, einzuholen. Gleichfalls wurde ihm das Recht eingeräumt, an den Planungen von Arbeitsstätten und Produktionsmethoden teilzunehmen. Er bekam auch die Möglichkeit, Arbeiten, die als gefährlich eingestuft wurden, bis zur Entscheidung der Gewerbeaufsicht zu stoppen. Damit er seine Aufgaben erfüllen konnte, wurde ihm ein finanzieller Ausgleich für die Zeit, in der Schutzarbeit betrieben wurde, zuerkannt. Die Vergünstigungen aus dem Arbeitsverhältnis blieben dabei bestehen. Außerdem wurden die Aufgaben des Schutzkomitees erweitert.[268]

Nach der Änderung des Arbeitsschutzgesetzes schlossen LO, SAF und PTK (Privattjänstemannakartellen, Privatbedienstetengewerkschaft) 1976 einen „Arbeitsumweltvertrag" (Arbetsmiljöavtal), der Regeln zur Zusammenarbeit in der Arbeitsumwelt enthielt. Der Vertrag wurde 1985 unter Berücksichtigung neuer Arbeitsschutzgesetzgebung überarbeitet. Zum 1. Juli 1992 wurde dieser zentrale Vertrag gekündigt.[269] Verhandlungen über einen neuen Vertrag haben bis zum jetzigen Zeitpunkt noch zu keinem Resultat geführt. Manche Partner haben lokale Übereinkommen abgeschlossen.[270] Für die Beschäftigten im staatlichen Bereich besteht allerdings ein sehr umfassender Vertrag, der u.a. die Zusammenarbeit hinsichtlich der Arbeitsumwelt regelt.[271]

Die Arbeitsmiljöuntersuchung wurde bis 1976 weiter fortgeführt und endete mit dem Schlußbericht, dem Vorschlag zum Arbetsmiljölag.[272] Hier wird

---

265 Zanderin/Günzel, S. 16.

266 Lundh/Gunnarsson, S. 120.

267 SFS 1963:245, S. 529. Vgl. Zanderin/Günzel, S. 16; Lundh/Gunnarsson, S. 119.

268 SFS 1973:834, S. 1660; siehe auch Prop. 1973:130, S. 162. Vgl. unten unter E.I.1.f. sowie Lundh/Gunnarsson, S. 120.

269 Gullberg/Rundqvist, S. 172.

270 Gullberg/Rundqvist, S. 172.

271 Vgl. Gullberg/Rundqvist, S. 172.

272 SOU 1976:1, S. 13 ff.

die Veränderung in der Terminologie von Arbeitsschutzgesetz zu Arbeitsumweltgesetz besonders deutlich. Es spiegelt die umfassende Betrachtung des Individuums im Zentrum mit der kompletten physischen und psychischen Arbeitssituation wider.

Der Entwurf wurde nicht weiter verändert[273] und führte zum Arbetsmiljölag von 1978, welches heute unter Berücksichtigung zahlreicher Veränderungen noch besteht. Einige Neuerungen sind aufgrund von Anpassungen an EG-rechtliche Vorgaben notwendig gewesen, denn als EG-Mitgliedsstaat ist Schweden natürlich auch von dem entsprechenden EG-Recht betroffen.

1991 führte bspw. die schwedische Regierung eine Untersuchung durch, die eventuell nötige Anpassungen im Arbetsmiljölag aufdecken sollte.[274] Diese Untersuchung führte zu einigen Neuerungen im Arbetsmiljölag.[275]

2. In Deutschland

Auch das Arbeitsschutzrecht[276] in Deutschland hat seine Grundlagen in der in Deutschland bald nach 1800 einsetzenden Industrialisierung. Kennzeichen der Industrialisierung waren unter anderem der Einsatz von mechanischen Geräten und die Verbreitung der Dampfmaschine. Oft mußten gerade Frauen und Kinder unter menschenverachtenden Bedingungen extrem lange Arbeitszeiten hinnehmen.[277] Staatliche Vorschriften des Arbeitsschutzes wurden durch die gesundheitliche Belastung der Beschäftigten notwendig, aber nur sehr langsam geschaffen.

In Preußen entstand mit dem Regulativ über die Beschäftigung jugendlicher Arbeiter in den Fabriken vom 09.03.1839[278] ein erster Ansatz zum Arbeitsschutz, der die Kinderarbeit beschränkte. Allerdings war die Wirkung dieser Vorschrift mangels ausreichender Überwachung nur gering.[279]

Am 17.01.1845[280] trat die Preußische Allgemeine Gewerbeordnung in Kraft, die allgemeine Regelungen zum Schutz der Arbeitnehmer sowie Vorschriften über genehmigungsfähige Anlagen enthielt.[281]

Durch die Verordnung vom 09.02.1849[282] zur Preußischen Allgemeinen Gewerbeordnung wurden auch erwachsene Arbeitnehmer von der Arbeit an

273 Zanderin/Günzel, S. 17.
274 Zanderin/Günzel, S. 18.
275 Lindh, S. 9 f. Zu allen Änderungen im Arbetsmiljölag seit seiner Einführung 1978 siehe ebenfalls Lindh, S. 8 ff.
276 Zur geschichtlichen Entwicklung des Arbeitsschutzes detailliert Münch-ArbR II-Wlotzke, § 206 Rn. 57 ff.; Hueck/Nipperdey I, S. 805 ff.
277 Münch-ArbR II-Wlotzke, § 206 Rn. 57; Pieper, S. 46.
278 PreußGS, S. 156.
279 Kaufhold AuR 1989, S. 229.
280 PreußGS, S. 41.
281 Münch-ArbR II-Wlotzke, § 206 Rn. 59.
282 PreußGS, S. 93.

Sonn- und Feiertagen entbunden.[283] Auf Bestreben der Handwerkerschaft sollten kollektive Gewerberäte, zusammengesetzt aus Handwerkern, Händlern, Fabrikanten, installiert werden, die unter anderen die Arbeitsschutzvorschriften überwachen sollten, was jedoch scheiterte, da die Kollegien in sich zerstritten waren.[284]

Mit dem Gesetz vom 16.05.1853[285] wurde schließlich das Preußische Regulativ vom 09.03.1893 dergestalt verbessert, daß eine fakultative Fabriküberwachung eingeführt und die Arbeitszeit für Kinder weiter beschränkt wurde.[286]

Die preußische Gesetzgebung zum Arbeitsschutzrecht bildete dann die Grundlage für die Gewerbeordnung des Norddeutschen Bundes vom 21.06.1869[287]. In § 107 dieses Gesetzes wurde eine allgemeine Schutzpflicht des Gewerbe-Unternehmers festgelegt.

Nach Entstehung des Deutschen Reichs 1871 wurde die Gewerbeordnung des Norddeutschen Bundes auf das gesamte Reichsgebiet ausgedehnt, so daß nun einheitliche Regelungen für den Arbeitsschutz im gewerblichen Bereich bestanden.[288] Durch die Novelle zur Reichsgewerbeordnung vom 17.07.1878[289] wurde insbesondere die obligatorische Fabrikinspektion (statt der bisher nur fakultativen) eingeführt. Die bisher in § 107 GewO 1869 normierte Schutzpflicht der Gewerbeunternehmer wurde in § 120 Abs. 3 GewO 1878 neu aufgenommen.[290] An dieser Stelle wird eine Splittung des Arbeitsschutzrechts deutlich, denn die Gewerbeordnung galt nur für die klassische Industriearbeit. Andere Gruppen, wie beispielsweise Landwirtschaft und Dienstleistung, waren ausgeklammert.[291] Das lag aber sicher daran, daß die traditionelle Fabrikarbeit in besonders starkem Maße den Unfallschutz erforderlich machte und in diesen Entstehungsjahren erst einmal diesen Anforderungen entsprochen wurde. Die Beteiligung der betroffenen Beschäftigten im Arbeitsschutz war zu diesem Zeitpunkt noch nicht Gegenstand gesetzlicher Vorschriften.

Zwischen 1879 bis 1890 stand der Aufbau der Sozialversicherung im Vordergrund, der sich wiederum in Form der Unfallversicherung auf das Arbeitsschutzrecht auswirkte.[292] Dabei wurden auch Berufsgenossenschaften gebildet. Nach Abschluß der Sozialversicherungsgesetzgebung 1889 wurde der Ausbau des Arbeitsschutzrechts weiter vorangetrieben. In diesem Zusammenhang

283 Kaufhold, AuR, S. 230.
284 Düwell, AuR 1989, S. 234. Hier zeichnet sich schon der Beginn einer aufsichtlichen Struktur ab. Siehe dazu insbesondere unten unter D.I.2.
285 PreußGS, S. 225.
286 Münch-ArbR II-Wlotzke, § 206, Rn. 60.
287 GBl. f. den norddeutschen Bund, S. 245.
288 Münch-ArbR-Wlotzke, § 206, Rn. 63.
289 RGBl., S. 199.
290 Kaufhold, AuR 1989, S. 231; Pieper, S. 52.
291 Vgl. Kothe, Mitbestimmung, S. 16.
292 Münch-ArbR II-Wlotzke, § 206 Rn. 64.

brachte die Novelle zur Reichsgewerbeordnung vom 01.06.1891[293] für die damaligen Verhältnisse weitreichende Neuerungen, wie unter anderen das allgemeine Arbeitsverbot an Sonn- und Feiertagen.[294] Die Novelle enthielt aber auch die Generalklausel des § 120a GewO. Diese Vorschrift bildete 105 Jahre bis zur nationalen Umsetzung der EG-Arbeitsschutzrichtlinien die „magna charta"[295] des öffentlich-rechtlichen, technischen Arbeitsschutzes in Deutschland. Gemäß § 120a Abs. 1 GewO waren die Gewerbeunternehmer verpflichtet, die Arbeitsräume, Betriebsvorrichtungen, Maschinen und Gerätschaften so einzurichten und zu unterhalten und den Betrieb so zu regeln, daß die Arbeitnehmer gegen Gefahren für Leben und Gesundheit soweit geschützt waren, wie die Natur des Betriebes es gestattete. Zur Durchsetzung des § 120a GewO wurden durch § 120d GewO die staatliche Aufsicht auf den gesamten gewerblichen Bereich ausgedehnt und die Anordnungsbefugnisse verstärkt.[296] Hinsichtlich der Mitwirkungsrechte der Beschäftigten ist § 134b Abs. 3 S. 2 GewO hervorzuheben, der Arbeiterausschüsse mit Anhörungs- und Zustimmungsrechten in bezug auf die in Fabriken mit mehr als 20 Arbeitern zu erlassende Arbeitsordnung vorsah.[297]

Erste Ansätze der Arbeitnehmerbeteiligung im Arbeitsschutz entstanden auch durch die Einführung von obligatorischen Arbeiterausschüssen und Sicherheitsmännern, zur Überwachung des Arbeitsschutzes im Bergbau durch die Novellierung des Preußischen Berggesetzes 1905, vgl. Art 1[298]. Gleichfalls in der Zeit von 1892 bis 1914 wurde der staatliche Arbeitsschutz durch Verordnungen (derzeit Bekanntmachungen genannt) und gesetzliche Regelungen weiter fortentwickelt.[299]

Nach dem Ende des Ersten Weltkrieges und der Novemberrevolution 1918 machten die neu gewählten Arbeitnehmervertretungen den Arbeitsschutz zu ihrem Thema.[300] Die erste arbeitsrechtliche Verordnung („Verordnung über Tarifverträge, Arbeiter- und Angestellten-Ausschüsse und Schlichtung von Arbeitsstreitigkeiten") vom 23.12.1918[301] sah in § 13 Abs. 1 für die Arbeiter und Angestelltenausschüsse vor, „ihr Augenmerk auf die Bekämpfung der Unfall- und Gesundheitsgefahren in dem Betrieb, der Verwaltung oder im Büro zu richten und (...) die Gewerbeaufsichtsbehörden sowie die übrigen in Betracht kommenden Stellen bei dieser Bekämpfung durch Anregung, Beratung und Auskunft zu

293 RGBl. von 1891, S. 261.
294 Pieper, S. 62; Münch-ArbR II-Wlotzke, § 206 Rn. 65.
295 Pieper, S. 62.
296 Kothe, Mitbestimmung, S. 16; Münch-ArbR II-Wlotzke, § 206, Rn. 65.
297 Vgl. Pieper, S. 62.
298 PreußGS, S. 307; vgl. Kothe, Mitbestimmung, S. 17; Pieper, S. 65.
299 Detailliert: Münch-ArbR II-Wlotzke, § 206 Rn. 66, Pieper, S. 60 ff.
300 Kothe, Mitbestimmung, S. 17.
301 RGBl., S. 1456.

unterstützen".[302] Zu diesem Zeitpunkt war die betriebliche Teilnahme am Arbeitsschutz noch eng mit der Gewerbeaufsicht verbunden, was sich aber mit der Vereinbarung vom 12.03.1919[303] änderte. In der Vereinbarung erhielt die Arbeitnehmervertretung das Recht, ein Mitglied zu bestimmen welches zu Unfaluntersuchungen, die vom Arbeitgeber beziehungsweise dem Gewerbeaufsichtsbeamten durchgeführt wurden, hinzugezogen werden mußte. Diese Vereinbarung war ein wichtiges Vorbild für das zu Beginn der Weimarer Republik geschaffene Betriebsrätegesetz (BRG) vom 04.02.1920[304]. In § 77 BRG wurde diese Verpflichtung fast wörtlich übernommen.[305] § 78 Nr. 1 BRG gewährte dem Betriebsrat weiterhin das Recht, darüber zu wachen, daß in den Betrieben die gesetzlichen Vorschriften durchgeführt werden. § 66 Nr. 8 BRG sah weiterhin vor, daß der Betriebsrat auf die Bekämpfung der Unfall- und Gesundheitsgefahren im Betrieb zu achten, die Gewerbeaufsichtsbeamten und die sonstigen in Betracht kommenden Stellen bei dieser Bekämpfung durch Anregungen, Beratung und Auskunft zu unterstützen sowie auf die Durchführung der gewerbepolizeilichen Bestimmungen und der Unfallverhütungsvorschriften hinzuwirken hatte.

Dem Arbeitsschutz kam zu jener Zeit eine wesentliche Bedeutung innerhalb der betrieblichen Mitbestimmung zu. Kernvorschrift der Mitbestimmung war allerdings § 66 Nr. 5 BRG.[306] Nach dieser Norm hatte der Betriebsrat das Recht, für die Arbeitnehmer gemeinsame Dienstvorschriften und Änderungen derselben im Rahmen der geltenden Tarifverträge und nach Maßgabe des § 75 mit dem Arbeitgeber zu vereinbaren. Als Dienstvorschriften i.S.d. Vorschrift wurden auch die Ordnungs- und Verhaltensregeln gemäß § 120 a Abs. 4 GewO angesehen, so daß in diesem Zusammenhang § 134 b GewO derart geändert wurde, daß der Betriebsvertretung bzw. der diese ersetzenden Einigungsstelle ein Zustimmungsrecht bei der Vereinbarung der jeweiligen Ordnungsvorschriften zustand.[307] Insgesamt bleibt festzustellen, daß das Mitbestimmungsrecht auf die betriebliche Ordnung und das Arbeitnehmerverhalten begrenzt war. Im Bereich des Arbeitsschutzes reduzierten sich die Mitwirkungsrechte ansonsten auf Anhörungs- und Informationsrechte sowie auf die Unterstützung der Gewerbeaufsichtsbeamten. Die Mitbestimmung im Arbeitsschutzrecht war für die damaligen Verhältnisse zwar fortschrittlich, doch im Grunde genommen an der aufsichtlichen Struktur des derzeitigen Arbeitsschutzrechts orientiert.[308]

---

302 Vgl. dazu Kothe, Mitbestimmung, S. 17.
303 Zitiert nach Kothe, Mitbestimmung, S. 17.
304 RGBl., S. 147.
305 Vgl. Kothe, Mitbestimmung, S. 17.
306 Kothe, Mitbestimmung, S. 18.
307 Kothe, Mitbestimmung, S. 18.
308 Kothe, Mitbestimmung, S. 18.

Allgemein wurde in den Jahren 1918-1933 die Gestaltung des Arbeitsschutzrechts von drei Schwerpunkten beherrscht, nämlich dem sozialen Arbeitsschutz (Arbeitszeit- Mutter- und Heimarbeitsschutz), dem Recht der überwachungsbedürftigen Anlagen und den Bemühungen um ein einheitliches Arbeitsschutzgesetz.[309]

Während der Herrschaft der Nationalsozialisten wurden die Bemühungen um ein einheitliches Arbeitsschutzgesetz in der Folgezeit nicht weiter vorangetrieben.[310] Auch die bereits erlangten Verbesserungen im Bereich der Mitbestimmung wurden durch § 65 Gesetz zur Ordnung der nationalen Arbeit (AOG) vom 20.01.1934[311] außer Kraft gesetzt und auch nicht wieder aufgegriffen.

In der Bundesrepublik Deutschland ist hinsichtlich der Mitbestimmung im Arbeitsschutzrecht durch das Betriebsverfassungsgesetz vom 11.02.1952[312] zumindest der Standard, der zu Beginn der 20er Jahre bestand, wieder hergestellt worden.[313] Gemäß § 58 Abs. 1 BetrVG 1952 hatte der Betriebsrat auf die Bekämpfung von Unfall- und Gesundheitsgefahren zu achten und die Gewerbeaufsichtsbeamten und die sonstigen in Betracht kommenden Stellen bei dieser Bekämpfung zu unterstützen sowie sich für die Durchsetzung der Vorschriften über den Arbeitsschutz einzusetzen. Nach § 58 Abs. 2 BetrVG 1952 war der Betriebsrat bei der Einführung von Arbeitsschutzeinrichtungen und bei Unfalluntersuchungen hinzuzuziehen. Neben diesen Unterstützungsrechten gab es keine eigenständigen Mitbestimmungsrechte im Arbeitsschutz.[314] Allerdings wurde § 56 S. 1 f BetrVG 1952 so verstanden[315], daß unter das Mitbestimmungsrecht des Betriebsrats hinsichtlich der Ordnung des Betriebes auch der Arbeitsschutz fiel. In das BetrVG 1972 wurde schließlich § 87 Abs. 1 Nr. 7 aufgenommen, der bis heute die entscheidende Norm für die Mitbestimmung im Arbeitsschutz darstellt.

Auch nach 1945 wurde kein einheitliches Arbeitsschutzsystem, sondern eine Vielzahl von unterschiedlichen Vorschriften geschaffen. So stellte sich das historisch gewachsene Arbeitsschutzrecht in Deutschland als ein „ungeordnetes Konglomerat buntscheckiger, teilweise veralteter“ Normen dar.[316] Diese Sichtweise erwächst aus dem dualen System des Arbeitsschutzes und der großen Zahl einzelner Vorschriften. Dies wiederum führt zu einer Aufsplittung der Zuständigkeiten und erschwert die Übersichtlichkeit.[317] Das Nebeneinander staat-

---

309 Münch-ArbR II-Wlotzke, § 206 Rn. 67 ff.; Pieper, S. 97 ff.

310 Zum Arbeitschutz zwischen 1933-1945 siehe detailliert Münch-ArbR II-Wlotzke, § 206 Rn. 71 f.; Pieper, S. 89 ff.

311 RGBl., S. 45.

312 BGBl. I, S.681.

313 Pieper, S. 112; Kothe, Mitbestimmung, S. 18.

314 Pieper, S. 112; Kothe, Mitbestimmung, S. 18.

315 Denck, ZfA 1976, S. 448 f.; Dietz, § 56 Rn. 158.

316 Herschel, RdA 1978, S. 69.

317 Bieback/Oppolzer, S. 12.

licher Vorschriften in Form von Gesetzen, Verordnungen und Richtlinien auf der einen Seite und berufsgenossenschaftlichen Vorschriften, Merkblättern und Regeln auf der anderen Seite, verbunden mit Betriebsvereinbarungen und Tarifverträgen sowie technischen Normen (DIN, ISO, CEN), hat eine Vielzahl von Einzelregelungen zur Folge, die nur schwer zu überschauen waren und sind.[318] Durch das EG-Recht hat ein Strukturwandel im deutschen Arbeitsschutzrecht eingesetzt.[319]

3. Zusammenfassende Bewertung

Betrachtet man die Entwicklung des Arbeitsschutzrechts in Deutschland sowie in Schweden, wird deutlich, daß in beiden Staaten nach der Einsetzung der Industrialisierung ein Bedarf an Schutzvorschriften bestand. In Reaktion auf die neuen Produktionsmethoden und die teilweise menschenverachtende Art der Beschäftigung insbesondere von Frauen und Kindern wurden in langsamen Schritten erste Schutzvorschriften geschaffen. Erste staatliche Gremien zur Überwachung der Schutzvorschriften wurden in beiden Ländern installiert. Betriebliche Mitbestimmung war zum damaligen Zeitpunkt weder in Deutschland noch in Schweden Gegenstand der sich nur langsam entwickelnden Arbeitsschutznormen. Das änderte sich in Deutschland erst 1891 durch die Novelle zur Reichsgewerbeordnung, in der erste Ansätze normiert wurden. Auch in Schweden wurde durch das Yrkesfarelagen die arbeitschutzrechtliche Kontrolle durch Inspekteure der Gewerbeaufsicht gestärkt. Vorherige Bestrebungen in Deutschland im Hinblick auf die Einsetzung von kollektiven Gewerberäten, allerdings bestehend aus Handwerkern, Händlern und Fabrikanten und nicht Fabrikarbeitern, scheiterten aber am Streit untereinander. Zu Beginn des 20. Jahrhunderts begannen auch die Kollektivparteien, sich für den Arbeitsschutz einzusetzen und entsprechende Regelungen in Tarifverträgen festzulegen. Hier wird zum ersten Mal die besondere Bedeutung der Gewerkschaften in Schweden erkennbar.[320] Das Arbeitsschutzgesetz von 1912 gab den Arbeitnehmern dann auch erstmalig das Recht, einen Vertreter zu wählen, der sie in Arbeitsschutzfragen vertrat. In Deutschland begannen die Arbeitnehmervertretungen nach dem Ersten Weltkrieg verstärkt, sich mit Fragen des Arbeitsschutzes auseinanderzusetzen. In dem Betriebsrätegesetz von 1920 erhielten Arbeitnehmervertreter auch ein Mitspracherecht bei Unfalluntersuchungen.

Bis zu diesem Zeitpunkt sind die Entwicklungen im Arbeitsschutzrecht vergleichbar verlaufen, wobei die verschiedenen Vorschriften natürlich im De-

---

318 Bieback/Oppolzer, S. 12; vgl. dazu sogleich unten unter D.I.2.

319 Bieback/Oppolzer, S. 12; Pieper, S. 211 ff.; siehe hierzu oben unter B. Gleichfalls sollte gemäß Art. 30 des Einigungsvertrages von 1990 das Arbeitsschutzrecht in Teilen neu gefaßt werden.

320 Siehe in diesem Zusammenhang die Ausführungen zum nordischen Modell unter A.IV.2. und vergleiche sogleich unter C.II.

tail unterschiedliche Inhalte hatten und nicht genau zeitgleich entstanden. Aber die sich abzeichnende Richtung der Entwicklung kann durchaus als ähnlich bezeichnet werden.

Die Mitwirkungsrechte in Deutschland waren bis zur Machtübernahme durch die Nationalsozialisten sehr an den staatlichen Aufsichtsmaßnahmen orientiert und beschränkten sich weitestgehend auf Anhörungs- und Informationsrechte. Allerdings waren auch in Schweden die staatlichen Aufsichtsbehörden vertreten. In Schweden kam es in den 30er Jahren zu einem Durchbruch im Arbeitsschutz, dadurch daß LO und SAF den umfangreichen Saltsjöbadsavtal schlossen, der auch Regelungen zum Arbeitsschutz enthielt. In Schweden sind die gewerkschaftlichen Aktivitäten, auch durch die enge Verbindung mit der SAP, bis in die heutige Zeit hinein oft auch mit den gesetzgeberischen Entwicklungen verbunden. Insbesondere die tarifvertraglichen Inhalte spielten eine wichtige Rolle und gaben Anstoß zu Gesetzgebungsverfahren. Hinsichtlich der betrieblichen Mitbestimmung kam es zu Fortschritten durch ein Abkommen zwischen LO und SAF zur Organisation des Arbeitsschutzes vor Ort. In Deutschland hingegen wurden in diesem Zeitraum die geschaffenen Ansätze zur Mitbestimmung im Arbeitsschutz wieder abgebaut. Erst nach dem Krieg wurde durch das BetrVG 1952 hinsichtlich der Arbeitnehmerbeteiligung zumindest der Standard der 20er Jahre wieder hergestellt. In das BetrVG 1972 wurde schließlich § 87 Abs. 1 Nr. 7 aufgenommen, bis heute zentrale Norm hinsichtlich der Mitbestimmung im Arbeitsschutz in Deutschland. Wesentliche Änderungen wurden erst mit Umsetzung entsprechenden EG-Rechts in das deutsche Recht verwirklicht.

In Schweden wurde das Arbeitsschutzrecht nach dem Zweiten Weltkrieg weiter vorangetrieben. Das führte in bezug auf die betriebliche Mitbestimmung in diesem Bereich dazu, daß Schweden 1949 weltweit das einzige Land war, welches einen Arbeitsschutzbeauftragten ab einer bestimmten Betriebsgröße vorsah. Trotz teilweise unterschiedlicher Vorstellungen wurden verschiedene Abkommen zwischen LO und SAF geschlossen. Dadurch wird erkennbar, daß in Schweden der Arbeitsschutz stark durch die Arbeitnehmer- bzw. Arbeitgeberorganisationen geprägt wurde, wobei natürlich die Arbeitnehmerseite, repräsentiert durch die LO, besonders an einer Verbesserung des Arbeitsschutzes interessiert war. Durch das starke industrielle und allgemein wirtschaftliche Wachstum nach dem Zweiten Weltkrieg begann sich langsam ein allgemeiner Wohlstand in Schweden auszubreiten, was vielleicht als ein weiterer Grund für die rasche Entwicklung im Arbeitsschutzrecht angesehen werden kann. Denn wenn genügend finanzielle Mittel vorhanden sind, fallen Investitionen zur Verbesserung des Arbeitsschutzes leichter. Um einen effektiveren Schutz der Arbeitnehmer zu erzielen, begann man von einem erweiterten Verständnis des Arbeitsschutzes auszugehen. Die individuelle Arbeitssituation wurde in den Mittelpunkt gestellt und die Mitwirkung der Beschäftigen für einen wirksamen und umfassenden Schutz als notwendig angesehen; es entstand der Begriff „Arbetsmiljö". Diese Entwicklung führte schließlich zum Arbetsmiljölag von 1978.

Während sich in Schweden eine arbeitschutzrechtliche Struktur herausgebildet hat, die den Beschäftigten eine tatsächlich teilnehmende Rolle zuweist, war das Arbeitsschutzrecht in Deutschland eher durch eine aufsichtliche Struktur geprägt, wobei auch in Schweden durchaus staatliche Aufsichtsorgane über die Arbeitsumwelt wachen.

Hinsichtlich der Aufsichtsbehörden im Arbeitsschutzrecht in Schweden sowie Deutschland sei aber auf einen folgenden Abschnitt verwiesen.[321]

Abschließend bleibt festzuhalten, daß der Arbeitsschutz und die Mitbestimmung sich in Schweden seit Ende der 30er Jahre stärker als in Deutschland zu entwickeln begannen; gerade die sich später herausstellende umfassende Betrachtung der Arbeitssituation der einzelnen Arbeitnehmer, die Arbeitsumwelt, sowie die Erkenntnis, daß ein wirksamer Arbeitsschutz die Beteiligung der Beschäftigten fordert, zeugt von einer (skandinavischen) Vorbildfunktion. In Deutschland wurden die nach dem Ersten Weltkrieg angestrebten Arbeitsschutzbemühungen während der Herrschaft der Nationalsozialisten wieder zunichte gemacht und nach dem Zweiten Weltkrieg auch nicht so stark vorangetrieben wie in Schweden.

II. Arbeitsmarkt

Nach dem hier durchzuführenden Rechtsvergleich ist es notwendig, auch die Struktur des Arbeitsmarktes und rein faktische Informationen aus den zu untersuchenden Staaten für ein umfassendes Verständnis heranzuziehen. Das ermöglicht und erleichtert natürlich auch das „Kennenlernen" der fremden Nation und gewährt einen Überblick hinsichtlich des eigenen Landes und verdeutlicht die bestehenden Unterschiede. Außerdem kann das Arbeitsschutzrecht nicht losgelöst von anderen Faktoren, wie dem Arbeitsmarkt und dessen bestimmenden Indikatoren betrachtet werden. Daß zwischen diesen einzelnen Faktoren eine Wechselwirkung zum Arbeitsschutzrecht besteht, kann nicht bestritten werden; beispielhaft sei nur die gewerkschaftliche Organisationsdichte genannt. Die zu vergleichenden Beteiligungsrechte in Schweden und Deutschland können nicht losgelöst von anderen Umständen betrachtet werden. Zum Verständnis sind die Rahmenumstände und die Wirkungen im jeweils nationalen möglichst umfassenden Kontext mit zu berücksichtigen. Eingegangen werden soll auch auf die der nordischen Tradition folgende wesentliche Rolle der Kollektivvereinbarungen in Schweden. Dafür sollen kurz Daten und Zahlen zum Arbeitsmarkt, insbesondere im Hinblick auf ein besseres allgemeines und umfassendes Verständnis der Situation in Schweden, angeführt werden. Zur Verdeutlichung werden vergleichend partiell Zahlen aus Deutschland präsentiert.

---

321 Siehe unten unter D.I.

1999 gingen in Schweden ca. 4.068.000 Menschen einer Arbeit nach. Davon waren ca. 2.121.000 (52,15 %) Männer und ca. 1.946.000 (47,85 %) Frauen.[322] Insgesamt waren 5.581.000 Menschen im arbeitsfähigen Alter, das heißt zwischen 16 und 64 Jahren alt. Von den 4.068.000 berufstätigen Menschen gingen 1999 896.000 Menschen einer Beschäftigung von weniger als 35 Stunden (Teilzeit) in der Woche nach. Darunter waren 699.000 (78,01 %) Frauen. Das zeigt, daß die überwiegende Mehrheit von Teilzeitbeschäftigten Frauen sind. Allerdings ist die Zahl der teilzeitbeschäftigten Frauen seit 1989 leicht rückläufig.

In Deutschland waren im Jahr 1999 37.942.000 Menschen[323] und im Jahr 2000 38.526.000 Menschen[324] beschäftigt. In Deutschland waren von den sozialversicherungspflichtig[325] beschäftigten Arbeitnehmern 43,9 % Frauen.[326] Insgesamt hat das Institut für Arbeitsmarkt- und Berufsforschung das Erwerbspotential 1999 auf 44.269.000 Menschen geschätzt.[327] In Deutschland gab es 1999 3.672.301 sozialversicherungspflichtige Teilzeitbeschäftigte. Davon waren 3.203.258 (87,23 %) Frauen und 469.043 Männer, was eine deutliche Mehrheit an teilzeitbeschäftigten Frauen ergibt.[328]

Die Arbeitslosenquote lag 1999 in Schweden bei 5,6 %, was durchaus eine Erholung in diesem Bereich bedeutet. Zwischen den Jahren 1993 bis 1997 lag sie durchgehend bei ca. 8 %, was sich erst 1998 besserte, als die Arbeitslosenzahl bei 6,5 % lag. 1990 gab es zum Vergleich in Schweden nur 1,6 % Arbeitslose. Die größte Zahl der Arbeitslosen, gemessen an der gesamten erwerbsfähi-

---

322 SCB, Statistisk Årsbok 2001, S. 232. Alle weiteren schwedischen Angaben, soweit nicht anders angegeben, sind auch aus dem Statistisk Årsbok 2001, S. 230-262 entnommen worden.

323 Bundesanstalt für Arbeit, S. 14.

324 Bundesanstalt für Arbeit, S. 25.

325 Zu den sozialversicherungspflichtigen Beschäftigten zählen *nicht* die gem. § 8 Abs. 1 SGB IV i.V.m. dem Gesetz zur Neuregelung der geringfügigen Beschäftigungsverhältnisse geringfügig Beschäftigten (Beschäftigung weniger als 15 Stunden in der Woche, monatliches Entgelt übersteigt nicht 325 EURO oder Beschäftigung innerhalb eines Jahres maximal auf zwei Monate oder 50 Arbeitstage begrenzt, es sei denn Beschäftigung ist berufsmäßig und Entgelt übersteigt 325 EURO); sie zählen erst als voll versicherungspflichtige Beschäftigungsverhältnisse, wenn die Entgelte aus mehreren geringfügigen Beschäftigungsverhältnissen die Berechnungsgrenzen überschreiten oder die Voraussetzungen des § 8 Abs. 1 SGB IV wegfallen, vgl. § 8 Abs. 2 SGB IV; siehe auch Bundesanstalt für Arbeit, S. 50. (Beachte, daß das SGB IV durch das zweite Gesetz für moderne Dienstleistungen am Arbeitsmarkt vom 23. Dezember 2002, BGBl. I, S. 4621, geändert wurde. Die Änderung unter anderen des § 8 SGB IV trat am 1. April 2003 in Kraft. Dabei wurde beispielsweise das Arbeitsentgelt für eine geringfügige Beschäftigung auf 400 EURO erhöht.)

326 Bundesanstalt für Arbeit, S. 188.

327 Bundesanstalt für Arbeit, S. 41.

328 Bundesanstalt für Arbeit, S. 193.

gen Bevölkerung, nämlich 10,1 % waren 1999 20-24 Jahre alt, die zweitgrößte Gruppe bildeten die 16-19 Jahre alten Menschen mit 9,3 %.

Die Arbeitslosenquote[329] in Deutschland lag 1999 bei 10,5 %, 1998 lag sie noch bei 11, 1 % und im Jahr 2000 nur noch bei 9,6 %, so daß eine leichte Abnahme der Arbeitslosen in den letzten drei Jahren zu verzeichnen ist.[330] Die Arbeitslosenquoten nach Altersgruppen setzten sich für das Jahr 1999 wie folgt zusammen, die größte Quote mit 25 % bildete die Altersgruppe zwischen 55 und 59 Jahre, an zweiter Stelle folgte die Altersgruppe 60 Jahre und älter mit 24,1 %.[331] Bei der Altersgruppe zwischen 25 und 34 Jahren lag die Arbeitslosenquote im Gegensatz dazu nur bei etwas über 9 %.[332]

Bezeichnend für den schwedischen Arbeitsmarkt ist die hohe gewerkschaftliche Organisationsdichte. 1997 waren 83,3 % der Arbeiterinnen und 87,0 % der Arbeiter Mitglied einer Gewerkschaft. Im selben Jahr waren 77,4 % der weiblichen Angestellten und 84,7 % der männlichen Angestellten gewerkschaftlich organisiert.[333] Besonders hoch, bei über 92 %, ist die Organisationsdichte der Arbeitnehmer in der kommunalen und staatlichen Verwaltung. Aber auch bei den Arbeitern in den produzierenden Betrieben liegt der Organisationsgrad bei 90 %.[334] Die geringste Organisationsdichte liegt im Handel vor, wo nur 62 % der Beschäftigten Mitglied einer Gewerkschaft sind.[335] Im internationalen Vergleich zu 16 anderen westlichen Staaten lag Schweden 1997 mit einer Organisationsdichte von 83 % an erster Stelle. Deutschland folgte an 12. Stelle mit einem gewerkschaftlichen Mitgliederdichte von ca. 30 %. Das Schußlicht bildete Frankreich mit einer Dichte von 11 %.[336] In Schweden gab es 1999 drei gewerkschaftliche Hauptorganisationen; die größte war die Landsorganisation LO mit 2.066.455 Mitgliedern, die zweitgrößte die Tjänstemännens Centralorganisation TCO mit 1.239.204 Mitgliedern und der drittgrößte Dachverband war Sveriges Akademikers Centralorganisation SACO mit 478.651 Mitgliedern im Jahr 1999. Dem standen vier Arbeitgeberverbände gegenüber. Eine beherrschende Position kam hierbei der Svenska Arbetsgivareförening SAF[337] zu, in

329 Unter Berücksichtigung aller zivilen Erwerbspersonen (abhängige zivile Erwerbspersonen, Selbständige, mithelfende Familienangehörige), siehe Bundesanstalt für Arbeit, S. 170.

330 Bundesanstalt für Arbeit, S. 170.

331 Bundesanstalt für Arbeit, S. 194.

332 Bundesanstalt für Arbeit, S. 194.

333 Landsorganisationen, Den svenska Arbetsmarknaden, S. 7.

334 Landsorganisationen, Den svenska Arbetsmarknaden, S. 7.

335 Landsorganisationen, Den svenska Arbetsmarknaden, S. 7.

336 Landsorganisationen, Den svenska Arbetsmarknaden, S. 9.

337 Der Arbeitgeberverband SAF existiert in der Form nicht mehr, denn SAF und der Industriförbund haben sich im Jahr 2001 zu dem Arbeitbeberverband Svenskt Näringsliv zusammengeschlossen, dem nunmehr eine herausragende Position zukommt. Svensk Näringsliv hatte im Jahr 2004 47 Mitgliedsverbände mit ca. 55.000 Mitgliedsunternehmen.

deren Mitgliedsbetrieben 1998 1.290.000 Menschen beschäftigt waren[338]. Weiterhin gab es 1998 das Arbetsgivarverket, dessen Mitglieder 240.000 Menschen beschäftigten, den Landstingsförbundet mit 247.000 Beschäftigten in den Mitgliedsbetrieben und den Svenska Kommunförbundet mit 740.000 Arbeitnehmern bei den angeschlossenen Mitgliedern.[339]

Der hohe Organisationsgrad in Schweden mag auch damit zusammenhängen, daß, wie schon angeführt, die Entstehung der LO eng mit der Sozialdemokratischen Arbeiterpartei Schwedens (SAP) zusammenhing. Die LO entstand auf Initiative der SAP, was dazu führte, daß zu Beginn jedes LO-Mitglied auch automatisch SAP-Mitglied war.[340] Diese mitgliedschaftliche Verbindung wurde über die Jahre hinweg abgeschafft; es besteht dennoch eine enge Beziehung untereinander.[341] Die nahe Verbindung der LO zur sozialdemokratischen Partei hat auch dazu geführt, daß der politische Weg in Form der Gesetzgebung offenstand, um Ziele alternativ zu Kollektivverträgen- und Verhandlungen zu erreichen.[342]

Gerade Kollektivverträge waren in Schweden lange Zeit das beherrschende Instrument zur Regelung und Ausgestaltung der Arbeitsbedingungen.[343] Diese enthielten zu Beginn oft nur wenige Regelungen und waren nur lokal für einige Unternehmen oder einen Ort gültig. Doch schnell wurden die Kollektivverträge ein immer wichtigeres Instrument, und schon kurz nach der Jahrhundertwende 18./19. Jahrhundert wurden in manchen Branchen *riksavtal* (für das Reich gültige Verträge) geschlossen.[344] Hervorzuheben ist der *Huvudavtalet*[345] (Hauptvertrag) von 1938, auch als *Saltsjöbadsavtalet* bezeichnet, der eine neue Epoche in dem Verhältnis zwischen LO und SAF einleitete. Diese neue Epoche war gekennzeichnet durch das Streben der Arbeitnehmer- bzw. Arbeitgeberorganisation, durch Kollektivvereinbarungen die Probleme auf dem Arbeitsmarkt und die unterschiedlichen Vorstellungen beizulegen.[346] Ab diesem Zeitpunkt waren Kollektivverträge das wesentliche Element zur Durchführung von Veränderungen. Dadurch wies der Arbeitsmarkt einen hohen Grad an Selbststeuerung und Arbeitsfrieden auf. Die Verhältnisse des schwedischen Arbeitsmarktes galten zu dem Zeitpunkt international als vorbildlich.[347] Die Möglichkeit der Gesetzgebung zur Regelung des Arbeitsmarktes war zu diesem Zeitpunkt eher zweitran-

---

338 Landsorganisationen, Den svenska Arbetsmarknaden, S. 6.
339 Landsorganisationen, Den svenska Arbetsmarknaden, S. 6.
340 Vogel, Gefahrenverhütung, S. 42; vgl. Fredriksson/Gunnmo, S. 18.
341 Vogel, Gefahrenverhütung, S. 42.
342 Adlercreutz, S. 20.
343 Adlercreutz, S. 18.
344 Adlercreutz, S. 18.
345 Siehe zum Saltsjöbadsavtal schon oben unter C.I.1.
346 Adlercreutz, S. 19.
347 Adlercreutz, S. 19.

gig, war aber jederzeit eine Alternative.[348] Ab den 70er Jahren änderte sich das ein wenig; die Gesetzgebung wurde langsam zum wichtigeren Regelungselement der Arbeitsmarktbeziehungen und zur Durchsetzung der Position der Arbeitnehmer, allerdings weiterhin zum Teil ersetzt oder aber ergänzt durch kollektive Verträge, um die Regeln anzupassen.[349] Auch die starke Tendenz in Schweden, den Arbeitsmarkt durch kollektivrechtliche Regelungen zu steuern, und die starke Stellung der Gewerkschaften kann ein möglicher Anreiz für die Beschäftigten sein, einer Gewerkschaft beizutreten. Hier sieht man auch die Besonderheiten des nordischen Modells mit einer einheitlichen Gewerkschaftsbewegung mit einem bedeutend höheren Organisationsgrad als in anderen Industrieländern und der traditionellen Verbundenheit zu Kollektivverhandlungen. Hinzu kommt eine Konfliktregelung in enger Zusammenarbeit mit den Arbeitgeber- und Arbeitnehmervertretern nach dem Prinzip des sozialen Friedens und des Rechts auf kollektive Maßnahmen.

Die Zahlen haben bereits belegt, daß der gewerkschaftliche Organisationsgrad in Deutschland prozentual wesentlich geringer ist als der in Schweden. In Deutschland gibt es mehrere Gewerkschaften, die überwiegend dem Dachverband DGB angeschlossen sind. Der DGB hatte im Jahr 1999 8.036.687 Mitglieder, im Jahr 2000 insgesamt 7.772.795 Mitglieder.[350] Davon war 2000 die IG Metall mit 2.763.485 Mitgliedern die größte Mitgliedsgewerkschaft, gefolgt von der ÖTV mit 1.476.708 Mitgliedern.[351] Das hat sich aber geändert, da sich im Jahr 2001 ÖTV, HBV, DPG, IG Medien und die bisher nicht zum DGB gehörende DAG zur Dienstleistungsgewerkschaft ver.di mit knapp 3.000.000 Mitgliedern zusammengeschlossen haben.[352] Den Gewerkschaften steht der Dachverband der Arbeitgeber BDA gegenüber. Dieser erreicht über seine 54 auf Bundesebene organisierten Branchenverbände und 14 Landesvereinigungen über 1.000 Arbeitgeberverbände.[353] Der Organisationsgrad in den Arbeitgeberverbänden ist dabei hoch. Etwa 75 % der Unternehmen mit 80 % der Belegschaft sind in Deutschland Mitglied in einem der Arbeitgeberverbände.[354]

Die angeführten Zahlen zum Arbeitsmarkt belegen zunächst, daß Deutschland und Schweden allein von ihrer Größe sehr unterschiedlich sind und daß es in diesem Zusammenhang natürlich auch eine differierende Zahl an Erwerbstätigen in beiden Staaten gibt.

Besonders auffällig ist der hohe Organisationsgrad der schwedischen Beschäftigten. Hier besteht sicher der größte Unterschied zu Deutschland. Womit

---

348 Adlercreutz, S. 19.
349 Adlercreutz, S. 20.
350 Siehe unter: www.dgb.de.
351 Siehe unter: www.dgb.de.
352 Siehe unter: www.verdi.de.
353 Siehe unter: www.bda-online.de.
354 Siehe unter: www.bda-online.de.

das zusammenhängt, kann hier nicht genau geklärt werden, ein Faktor könnte die enge Verbundenheit zwischen SAP und LO sein. Hier werden die oben bereits angesprochenen Besonderheiten des Nordischen Modells[355] deutlich, wobei ein wesentlicher Punkt der hohe gewerkschaftliche Organisationsgrad ist. Hinzu kommt eine traditionelle Verbundenheit zu Kollektivverhandlungen. Verknüpft sind diese beiden Faktoren mit der Tradition der Schaffung staatlicher Regelungen zur Konfliktlösung im Arbeitsmarkt in enger Zusammenarbeit mit den Arbeitgeber- und Arbeitnehmervertretern, unter Rückgriff auf das Prinzip des sozialen Friedens und des Rechts auf kollektive Maßnahmen.

Augenfällig ist ebenfalls die niedrigere Arbeitslosenquote in Schweden. Diese Grundlagendaten sind zum besseren Verständnis der folgenden Untersuchung zu berücksichtigen.

---

355 Siehe oben unter A.IV.2.

D. Das schwedische und deutsche Arbeitsschutzsystem

I. Grundsätzliche Strukturen im Arbeitsschutz

Zum besseren Verständnis im Zusammenhang mit einem umfassenden Rechtsvergleich, der viele Zusammenhänge umfaßt, sollen die Arbeitsschutzsysteme in Deutschland und Schweden kurz dargestellt werden. Mit dem Begriff Arbeitsschutzsystem sollen die am Arbeitsschutz beteiligten Funktionsträger sowie die entsprechenden Vorschriften erfaßt und verglichen werden. Dazu zählen natürlich als zentrale Vorschriften das schwedische Arbeitsumweltgesetz und das deutsche Arbeitsschutzgesetz. In Deutschland ist es aufgrund der vielen Regelungen schwierig, ein festes System zu finden. Hinsichtlich des Königreichs Schweden zeigt sich die Besonderheit des nordischen Rechtskreises, der nicht immer nach festen Systemen und Kodifikationen schaut, sondern eher durch pragmatische Interpretation auf konkret-praktischem Weg zu Lösungen kommt[356], daß nicht immer versucht wird, alle Regelungen und Normen in ein festes System zu integrieren. Hinsichtlich der Heranziehung des schwedischen Rechts stellvertretend für das skandinavische Recht als Auslegungshilfe für das deutsche Recht ist es notwendig, die Unterschiede zwischen den einzelnen Beteiligten bzw. weiteren arbeitschutzrechtlichen Vorschriften zu kennen.

Beide Staaten sind von den Vorgaben des Rechts der EG betroffen, so daß sich die beiden nationalen Arbeitsschutzsysteme bspw. an den gemeinschaftsrechtlichen Richtlinien zum Arbeitsschutz zu orientieren haben.

1. Schweden

Das schwedische Arbeitsschutzsystem wird bestimmt durch das Arbetsmiljölag und die anderen arbeitsschutzrechlichen Normen sowie die darüber wachenden Einrichtungen. Es ist ebenfalls öffentlich-rechtlicher Natur und, wie sich anhand der dargestellten geschichtlichen Entwicklung sehen läßt, auch durch die staatliche Aufsicht geprägt. Die Tarifpartner, insbesondere die Arbeitnehmerorganisationen, nehmen in Schweden ebenfalls eine wichtige Rolle im Arbeitsschutz ein, indem sie durch Kollektivverträge arbeitsschutzrechliche Inhalte festlegen, wovon in der Vergangenheit auch Gebrauch gemacht wurde.[357]

In Schweden war die öffentliche Aufsicht, die über die Bestimmungen im Arbeitsschutzrecht zu wachen hatte, bis zum 31. Dezember 2000 zweigeteilt. Zum einen gab es die nationale Arbeitsschutzbehörde (Arbetarsskyddsstyrelsen/Zentralamt für Arbeitsschutz und Arbeitshygiene) und zum anderen das Gewerbeaufsichtsamt (Yrkesinspektionen), die zusammen das sogenannte Ar-

---

356 Vgl. oben unter A.IV.2.

357 Vgl. oben unter C.I.1 und C.II.

betarskyddsverket (Arbeitsschutzamt) bildeten.[358] Dem Zentralamt für Arbeitsschutz und Arbeitshygiene kam nach Kapitel 7 AML die übergeordnete Aufsicht und Leitung über den Arbeitsschutz zu. Das Gewerbeaufsichtsamt hatte demgegenüber den direkten Kontakt zu den Betrieben und führte vor Ort Überwachungsmaßnahmen der Arbeitsstätten durch.[359]

Das schwedische Arbeitschutzsystem ist so ausgestaltet, daß neben der Regierung auch das Zentralamt für Arbeitsschutz und Arbeitshygiene Rechtsetzungsbefugnis hatte. Die Arbeitsschutzbehörde konnte Verordnungen zum Arbetsmiljölag erlassen.[360] Diese Befugnis stand natürlich auch der Regierung zu, allerdings erließ das Zentralamt für Arbeitsschutz und Arbeitshygiene den größten Anteil der Verordnungen zum Arbetsmiljölag.[361] So wurden bspw. zwischen 1979 und 1990 durchschnittlich ca. 20 Verordnungen und allgemeine Empfehlungen erlassen.[362] Auch die umzusetzenden Richtlinien der EG sind zumeist in Form von Verordnungen der Arbeitsschutzbehörde in das nationale Recht transformiert wurden.[363]

Des weiteren führte das Zentralamt für Arbeitsschutz und Arbeitshygiene Statistiken über die Arbeitsumwelt und über Berufsrisiken.[364]

Seit dem 1. Januar 2001 existieren Arbetarskyddsstyrelesen und Yrkesinspektionen nicht mehr. Sie sind zu einer neuen Behörde zusammengefaßt worden, dem Arbetsmiljöverket (Arbeitsumweltamt).[365] Begründet wird die Zusammenlegung mit den zahlreichen Veränderungen des Arbetsmiljölag und der Erweiterung des Arbeitsumweltbegriffs hinsichtlich Inhalt und Organisation der Arbeit.[366] Als Grund für die Zusammenlegung der beiden Behörden wird außerdem eine Schwächung der Volksgesundheit in den Betrieben angeführt sowie Probleme bei der regionalen Schutzarbeit in den Betrieben und Arbeitsstätten, so daß das Arbeitsschutzamt mit hohen Anforderungen konfrontiert war.[367] Weiterhin wird als Grund für eine Zusammenlegung genannt, daß die Entwicklung in der Arbeitswelt neue Risiken mit sich bringt; das sind vor allem Risiken, die im Zusammenhang mit der Arbeitsorganisation und der physischen und psychischen Arbeitsbelastung stehen.[368] Die wichtigsten Gebiete sind dabei Belastungsschäden und Krankheiten als Folge von Streß und psychosozialen

358 Vgl. Gullberg/Rundqvist, S. 29; Zanderin/Günzel, S. 52.
359 Vgl. Prop. 1999/2000:141, S. 18; Gullberg/Rundqvist, S. 29.
360 Vogel, Gefahrenverhütung, S. 61.
361 Vogel, Gefahrenverhütung, S. 61.
362 Vogel, Gefahrenverhütung, S. 61.
363 Vogel, Gefahrenverhütung, S. 61.
364 Vogel, Gefahrenverhütung, S. 61.
365 Siehe Prop. 1999/2000:141, S. 17 ff.
366 Prop. 1999/2000:141, S. 19.
367 Prop. 1999/2000:141, S. 19 f.
368 Prop. 1999/2000:141, S. 20.

Umständen.[369] Des weiteren ist große Einsatzbereitschaft gefordert, um eine kompetente Aufsicht, geeignete Aufsichtsmethoden und Einheitlichkeit in der Beurteilung zu erreichen.[370] Gleichfalls haben die geographischen Abgrenzungen der Gewerbeaufsicht zu größeren Schwierigkeiten geführt, da reichsübergreifende und variierende Tätigkeiten immer häufiger vorkommen.[371] Eine Zusammenlegung der beiden Behörden soll insbesondere zu Vorteilen im Hinblick auf die Stärkung der Aufsicht über die einzelnen Arbeitsplätze, zur ökonomisch effektiveren Anwendung der verfügbaren finanziellen Mittel und zu einer einheitlichen Rechtsanwendung führen, die wiederum mehr Rechtssicherheit mit sich bringen soll.[372]

Das Arbetsmiljöverk ist nun zentrale Verwaltungsbehörde für Fragen, die die Arbeitsumwelt und Arbeitszeit betreffen, vgl. § 1 Förordning med instruktion för Arbetsmiljöverket. In § 2 Förordning med instruktion för Arbetsmiljöverket sind die Aufgaben des Arbetsmiljöverk festgelegt. Darunter fallen bspw. gemäß § 3 Nr. 4 die Verantwortung zur Führung einer offiziellen Statistik, nach § 2 Nr. 6 Beobachtung der Entwicklung im Bereich der Arbeitsumwelt, verbunden mit der Ergreifung der Initiative, wenn die Entwicklung dazu Anlaß bietet. In § 1 Nr. 10 Förordning med instruktion för Arbetsmiljöverket wird die Förderung der Zusammenarbeit zwischen Arbeitgeber und Arbeitnehmer im Bereich Arbeitsumwelt hervorgehoben.

Die Aufsichtstätigkeit wird durch zwei Abteilungen des Arbetsmiljöverk wahrgenommen. Zum einen ist das die Abteilung für Arbeitsumweltinspektion (avdelning för arbetsmiljöinspektion) und die Abteilung für zentrale Aufsicht (avdelning för central tillsyn).[373] Daneben existieren noch weitere Abteilungen mit unterschiedlichen Aufgabenfeldern.

Die Hauptaufgabe der Avdelning för central tillsyn liegt in der Normgebung. Gemäß § 18 Arbetsmiljöförordningen hat das Arbetsmiljöverk die Kompetenz, Vorschriften zum Arbetsmiljölag zu erlassen.[374] Die gesetzgebende Arbeit wird in Zusammenarbeit mit anderen Behörden und den Gewerkschaften und Arbeitgeberverbänden betrieben. Dazu gehört auch die Verbreitung und Bekanntgabe der Vorhaben, also die Information der Betroffenen[375] Des weiteren fällt in den Aufgabenbereich der Avdelning för central tillsyn u.a. die Erarbeitung der Anpassung des nationalen Rechts an die Vorgaben des EG-Rechts.[376]

---

369 Prop. 1999/2000:141, S. 20.
370 Prop. 1999/2000:141, S. 21; Gullberg/Rundqvist, S. 29 f.
371 Prop. 1999/2000:141, S. 21; Gullberg/Rundqvist, S. 30.
372 Prop. 1999/2000:141, S. 22.
373 Gullberg/Rundqvist, S. 30.
374 Vgl. Gullberg/Rundqvist, S. 31.
375 Gullberg/Rundqvist, S. 31.
376 Gullberg/Rundqvist, S. 31.

Der Aufgabenbereich der Avdelning för arbetsmiljöinspektion umfaßt insbesondere die Arbeitsschutzaufsicht im Land. Die Aufsicht ist in 10 Distrikte unterteilt. Jeder Distrikt ist innerhalb seines geographischen Gebietes dafür verantwortlich, daß der Arbeitgeber und andere Personen mit Schutzfunktionen die geltenden Regeln befolgen und eine funktionierende Arbeitsumweltarbeit gewährleisten.[377] Dabei soll der Charakter der alten regionalen Aufsichtsdistrikte des Gewerbeaufsichtsamtes auch in der neuen Organisation erhalten bleiben, denn gerade das bestehende regionale Netzwerk und die Zusammenarbeit mit den am Arbeitsmarkt Beteiligten spielt eine wichtige Rolle im Arbetsmiljöverk und soll auch in Zukunft zu einer weiteren Entwicklung der Organisation beitragen.[378] In den einzelnen Distrikten sind die Angestellten teilweise für die Aufsicht besonderer Berufsgruppen geschult. Daneben sind Chemiker und ein Jurist in jedem Distrikt tätig.[379] Außerdem wird mit Arbeitsmedizinern zusammengearbeitet.

Zur Erfüllung der ihm obliegenden Aufgaben ist es erforderlich, daß das Arbetsmiljöverk an Forschungsvorhaben, die Arbeitsmedizin, Technik, Psychologie etc. betreffen, mitwirkt.[380] Als das Arbetarskyddsstyrelsen noch existierte, gab es eine Zeitlang eine Abteilung für arbeitsmedizinische Forschung. 1988 wurde dieser Abteilung unter dem Namen Arbetsmiljöinstitut eine selbständige Stellung eingeräumt.[381] Dieses wiederum wurde 1995 in das gerade neu geschaffene Arbeitsweltinstitut (Arbetslivsinstitut) integriert. Das Arbetslivsinstitut ist Forschungs- und Entwicklungsbehörde im Bereich der Arbeitswelt.[382] Es ist dem Wirtschaftsministerium unterstellt. Zu seinen Aufgaben als nationales Zentrum für Forschung und Entwicklung in der Arbeitswelt gehören Aufbau und Verbreitung von Wissen sowie Dokumentation und internationale Zusammenarbeit.[383] 1999 hatte das Arbeitsweltinstitut ein Budget von etwa 500 Millionen SEK, darin inbegriffen die Mittel zur Finanzierung von Programmen für Universitäten, Betriebe und Gewerkschaften.[384] Die Forschung und Entwicklung wird in den Bereichen Arbeitsrecht und Europäische Union, Chancengleichheit und Arbeit, Gesundheit und Entwicklung in der neuen Arbeitswelt, Toxikologie und Risikobeurteilung, Ergonomie im Dienstleistungssektor, Belastungsschäden, Lebenslanges Lernen und organisatorische Entwicklung sowie Allergien durchgeführt.[385] Zwischen dem Institut und dem Arbetsmiljö-

---

377 Gullberg/Rundqvist, S. 31.
378 Prop. 1999/2000:141, S. 22; Gullberg/Rundqvist, S. 32 f.
379 Gullberg/Rundqvist, S. 33.
380 Gullberg/Rundqvist, S. 34.
381 Gullberg/Rundqvist, S. 34.
382 § 1 Instruktionen för Institutet; vgl. Gullberg/Rundqvist, S. 34.
383 Svenska Institutet, S. 4.
384 Svenska Institutet, S. 4.
385 Svenska Institutet, S. 4.

verk soll eine enge Zusammenarbeit samt Informationsaustausch stattfinden.[386] Es besteht aber auch eine Zusammenarbeit zwischen dem Arbeitsweltinstitut und den Universitäten, den Tarifparteien und anderen Einrichtungen.[387]

Weiteres Organ im Bereich Arbeitsumwelt war der Rat für Arbeitsweltforschung (Rådet för arbetslivsforskning). Der Rat unterstand dem Wirtschaftsministerium und sollte die Forschung und Entwicklung für eine gute Arbeitsumwelt, einen für alle Beteiligten zugänglichen Arbeitsmarkt und eine funktionierende betriebliche Organisation vorantreiben und finanzieren.[388] Der Rat wurde durch einen Ausschuß mit Vertretern der Arbeitnehmer, Arbeitgeber und der öffentlichen Hand beraten.[389] Fünf Ausschüsse beurteilen die Forschungsvorschläge, und der Generaldirektor, der vom Kabinett ernannt wird, entscheidet dann darüber.[390] Das Budget für Forschung und Entwicklung betrug 1999 215 Millionen Kronen; davon entfielen 35 % auf die Arbeitsumwelt, 45 % auf die betriebliche Organisation und 20 % auf Arbeitsmarktprogramme.[391] Die auf diese Weise finanzierten Forschungsprojekte wurden zumeist von Universitäten oder angeschlossenen Forschungsinstituten durchgeführt.[392] Der Rat für Arbeitsweltforschung wurde ab dem 1. Januar 2001 durch den Forschungsrat für Arbeitswelt und Sozialwissenschaft (Forskningsrådet för arbetsliv och socialvetenskap) ersetzt.

Des weiteren sind andere Stellen mit Aufgaben aus dem Bereich der Arbeitsumwelt betraut. So nehmen Behörden aus den Bereichen Chemie, Kernkraft, Stromversorgung, Seefahrt, Strahlenschutz usw. bereichsbezogen die unterschiedlichsten Aufgaben war.[393]

Zur Verbesserung der Arbeitsumwelt hat das schwedische Parlament (Riksdag) in der Vergangenheit 12 Milliarden SEK in einen Fonds für die Arbeitsumwelt gezahlt.[394] Der Fonds bestand zwischen 1991 und 1992 und finanzierte 25.000 Projekte, durch die mehr als die Hälfte aller schwedischen Beschäftigten erfaßt wurden.[395]

---

386 Siehe § 3 Instruktionen för institutet; vgl. Gullberg/Rundqvist, S. 34.
387 Svenska Institutet, S. 4.
388 Siehe Svenska Institutet, S. 3.
389 Svenska Institutet, S. 3.
390 Svenska Institutet, S. 3.
391 Svenska Institutet, S. 3.
392 Svenska Institutet, S. 4.
393 Vgl. näher dazu Gullberg/Rundqvist, S. 34 f.
394 Svenska Institutet, S. 2; vgl. Vogel, Gefahrenverhütung, S. 63 f.
395 Svenska Institutet, S. 2; vgl. Vogel, Gefahrenverhütung, S. 64.

2. Deutschland

Das deutsche Arbeitsschutzrecht mit seinen vielen Regelungen in ein festes System zu gliedern, fällt schwer. Außerdem sind die in der Literatur verwendeten Begrifflichkeiten zum Teil unterschiedlich.[396]

Festgehalten werden kann, daß das Arbeitsschutzrecht in Deutschland keiner einheitlichen Ordnung folgt.[397] Es ist grundsätzlich öffentlich-rechtlicher Natur[398] und nach seiner geschichtlichen Entwicklung primär staatliches Aufsichtsrecht.[399] Die unterschiedlichen Regelungen sind an ein duales System angelehnt, nämlich auf der einen Seite der Gesetzgeber mit den staatlichen Regelungen und andererseits die Unfallversicherungsträger mit ihren Unfallverhütungsvorschriften (UVV), und lassen sich deshalb zunächst in zwei Kategorien gliedern, zum einen in das *öffentlich-rechtliche staatliche Arbeitsschutzrecht* und zum anderen in das *öffentlich–rechtliche autonome Arbeitsschutzrecht.*[400] Zum öffentlich-rechtlichen staatlichen Arbeitsschutzrecht gehören vom Staat erlassene Gesetze[401], wie beispielsweise das ASiG, das MuSchG und natürlich das ArbSchG und auf deren Grundlage erlassene Verordnungen, wie z.B. die BildscharbV.

Das öffentlich-rechtliche autonome Arbeitsschutzrecht wird durch das SGB VII bestimmt.[402] Die Träger der gesetzlichen Unfallversicherung, vgl. § 114 Abs. 1 SGB VII, erlassen gemäß § 15 SGB VII Unfallverhütungsvorschriften und sind somit auf dieser Ebene Normgeber.

In privatrechtlicher Hinsicht sind für den Arbeitsschutz als relevante Vorschriften § 618 BGB i.V.m. § 619 BGB sowie § 62 HGB zu nennen. Diese Normen sind Grundlage der Transformation des öffentlich-rechtlichen Arbeitsschutzrechts ins Zivilrecht. Das heißt, daß alle öffentlich-rechtlichen Verpflichtungen des Arbeitgebers gleichfalls Pflichten gegenüber dem Arbeitnehmer aus dem Arbeitsvertrag darstellen, insofern sie als Gegenstand einer vertraglichen Vereinbarung geeignet sind.[403]

---

396 Vgl. dazu Geyer, S. 51 ff.

397 Vgl. Bücker/Feldhoff/Kothe, S. 1; Däubler, ArbR 2, S. 167.

398 Münch-ArbR II-Wlotzke § 206, Rn. 1.

399 Vgl. Gerlinger, S. 130 ff.

400 Kittner/Pieper, Einleitung Rn. 26 ff.; Wank/Börgmann, S. 11 ff.; Münch-ArbR II-Wlotzke§ 207 Rn. 2 f. Allerdings stimmen die Abgrenzungskriterien nicht immer überein, vgl. dazu Geyer, S. 51 ff., der jedoch teilweise eine nur wenig überzeugende Argumentation vertritt.

401 Zur Gesetzgebungskompetenz siehe Art. 74 Nr. 12 GG.

402 Kittner/Pieper, Einleitung Rn. 29; Münch-ArbR II-Wlotzke § 207 Rn. 3.

403 Vgl. Herschel, RdA 1978, 72 ff.; BAG 7 AZR 199/83 NZA 1986, 324 f.; BAG 5 AZR 34/75 SAE 1977, 12, 13; Bücker/Feldhoff/Kothe, Rn. 27; Kittner/Pieper, Einleitung Rn. 30; Münch-ArbR II-Wlotzke, § 206 Rn. 5.

Gleichfalls können die staatlichen Arbeitsschutzvorschriften auch Schutzgesetze i.S.d. § 823 Abs. 2 BGB sein.[404] Staatliche Arbeitsschutzvorschriften können durch Tarifverträge, Betriebsvereinbarungen oder durch Arbeitsvertrag verstärkt oder erweitert werden.[405] Allerdings haben gerade die Tarifvertragsparteien davon nur in begrenztem Umfang Gebrauch gemacht.[406] Auf der betrieblichen Ebene wird der enge Zusammenhang zwischen staatlichen Arbeitsschutzvorschriften und privatrechtlichen Normen besonders durch die Beteiligungsrechte des Betriebsrats, vgl. § 87 Abs. 1 Nr. 7 BetrVG, deutlich,[407] die bei dieser Arbeit im Vordergrund stehen.

Inhaltlich und an der Zweckbestimmung[408] orientiert kann allgemein im öffentlich-rechtlichen Arbeitsschutzrecht zwischen dem *technischen Arbeitsschutz* und dem *sozialen Arbeitsschutz*[409] unterschieden werden, wobei die Grenzen fließend sind, da sich Regelungen und Zielsetzungen aus dem sozialen und technischen Arbeitsschutz überschneiden.[410] Zum technischen Arbeitsschutz gehört allgemein die Verhütung von Gefahren für Leben und Gesundheit der Beschäftigten, die bspw. von technischen Arbeitsmitteln und Betriebseinrichtungen erzeugt werden.[411] Aber auch die betriebliche Arbeitsschutzorganisation i.S.d. ArbSchG sowie die Kontrolle des technischen Arbeitsschutzes durch die entsprechenden Stellen zählen dazu.[412]

Der soziale Arbeitsschutz hingegen umschließt die beiden Gebiete Schutz von besonders schutzbedürftigen Beschäftigtengruppen, beispielsweise MuSchG, JArbSchG, SchwbG und Arbeitszeitschutz, z.B. ArbZG, LSchlG.[413]

Das staatliche technische Arbeitsschutzrecht kann dann wiederum systematisch in das *vorgelagerte produktbezogene* und das *betriebsbezogene* Arbeitsschutzrecht eingeteilt werden.[414] Der betriebsbezogene Arbeitsschutz beinhaltet die allgemeinen öffentlich-rechtlichen Verpflichtungen des Arbeitgebers und die öffentlich-rechtlichen Rechte und Pflichten der Beschäftigten.[415] Das sind insbesondere Vorschriften zu allgemeinen Grundpflichten, bspw.

---

404 Bücker/Feldhoff/Kothe, S. 12; Kittner/Pieper, Einleitung Rn. 32; Münch-ArbR II-Wlotzke, § 206 Rn. 6.

405 Münch-ArbR II-Wlotzke, § 206 Rn. 7; Kittner/Pieper, Einleitung Rn. 33.

406 Bücker/Feldhoff/Kothe, S. 34 f.; Däubler, Tarifvertragsrecht, Rn. 819 f.; Münch-ArbR II-Wlotzke, § 206 Rn. 7.

407 Münch-ArbR II-Wlotzke, § 206 Rn. 7.

408 So Kittner/Pieper, Einleitung Rn. 59.

409 Siehe Bücker/Feldhoff/Kothe, S. 1; Münch-ArbR II-Wlotzke, § 207 Rn. 4; Wank/Börgmann, S. 13.

410 Münch-ArbR II-Wlotzke, § 206 Rn. 7; Kittner/Pieper, Einleitung Rn. 59.

411 Münch-ArbR II-Wlotzke, § 207 Rn. 5.

412 Münch-ArbR II-Wlotzke, § 207 Rn. 5.

413 Wank/Börgmann, S. 13; Münch-ArbR II-Wlotzke, § 207 Rn. 6.

414 Münch-ArbR II-Wlotzke, § 206 Rn. 9; Kittner/Pieper, Einleitung Rn. 60.

415 Kittner/Pieper, Einleitung, Rn. 60.

ArbSchG, ASiG, Regelungen zur Gestaltung und Einrichtung von Arbeitsstätten und Arbeitsplätzen, Vorschriften zu Arbeitsmitteln, z.B. BildscharbV, ArbStättV, UVV und Vorschriften zum Umgang mit gefährlichen Stoffen, wie StrahlenschutzV.[416]

Das vorgelagerte produktbezogene Arbeitsschutzrecht beinhaltet Regelungen, die bereits bei der Herstellung und dem Vertrieb von technischen Erzeugnissen oder Gefahrstoffen relevant werden und von den Herstellern und Vermarktern zu beachten sind.[417] Relevant sind hier bspw. die sicherheitstechnische Konstruktion, die Kennzeichnung von Gefahrstoffen oder die Prüfung von Produkten, bevor sie als sicherheitsgerecht beurteilt und vertrieben werden können.[418] Zu den Regelungen gehören insbesondere das GSG oder das ChemG. Insgesamt ist der vorgelagerte produktbezogene Arbeitsschutz mit dem allgemeinen Gesundheits- und Verbraucherschutz sowie mit dem Umweltschutz in der Regel untrennbar verbunden.[419] Aber auch der betriebsbezogene und der vorgelagerte produktbezogene Arbeitsschutz stehen nicht berührungslos nebeneinander, sondern ergänzen einander.[420] So verlangt die Verordnung zum Arbeitsschutzgesetz über die Benutzung von persönlichen Schutzausrüstungen vom 04.12.1996[421] vom Arbeitgeber, nur solche Schutzausrüstungen auszuwählen und den Beschäftigten bereitzustellen, die den Anforderungen der Vorschriften entsprechen, die durch das EG-Recht über das Inverkehrbringen der entsprechenden Schutzausrüstungen in deutsches Recht umgesetzt worden sind, vgl. § 2 Abs. 1 Nr. 1 PSA-BV.[422] Gleichzeitig trifft den Arbeitgeber gemäß § 2 Abs. 1 Nr. 2 und 3 PSA-BV die Pflicht, dafür zu Sorgen, daß die entsprechenden Schutzausrüstungen selbst keine größeren Gefahren mit sich bringen und für die am Arbeitsplatz gegebenen Bedingungen geeignet sind.

Der Bund nimmt eine zentrale Funktion im deutschen Arbeitsschutzrecht ein. Er erläßt im Rahmen der konkurrierenden Gesetzgebungskompetenz gemäß Art. 74 Abs. 1 Nr. 12 GG die staatlichen Arbeitsschutzvorschriften. Der in der Bundesregierung für den Arbeitsschutz zuständige Bundesminister kann auf die ihm unterstehende Bundesanstalt für Arbeitsschutz und Arbeitsmedizin zurückgreifen.[423] Diese ist 1996 aus der bereits 1972 errichteten Bundesanstalt für Arbeitsschutz und der 1991 etablierten Bundesanstalt für Arbeitsmedizin entstanden.[424] Ihr Aufgabenbereich umfaßt die Beobachtung und Analyse des Arbeits-

---

416 Kittner/Pieper, Einleitung Rn. 60; Streffer, in FS für Wlotzke, S. 769.

417 Kittner/Pieper, Einleitung Rn. 60; Streffer, in FS für Wlotzke, S. 770; Münch-ArbR II-Wlotzke, § 207 Rn. 14.

418 Streffer, in FS für Wlotzke, S. 770; Münch-ArbR II-Wlotzke, § 207 Rn. 14.

419 Münch-ArbR II-Wlotzke, § 207 Rn. 14; Kittner/Pieper, Einleitung Rn. 60.

420 Münch-ArbR II-Wlotzke, § 207 Rn. 16.

421 BGBl. I 1996, S. 1841.

422 Vgl. Münch-ArbR II-Wlotzke, § 207 Rn. 16.

423 Münch-ArbR II-Wlotzke, § 206 Rn. 45.

424 Münch-ArbR II-Wlotzke, § 206 Rn. 45.

und Gesundheitsschutzes in den Betrieben sowie die Nutzung der daraus resultierenden Ergebnisse für eine Verbesserung des Arbeitsschutzes, bzw. zur Lösung bestehender Probleme. Dies geschieht durch unterschiedliche Forschungsvorhaben. Die Resultate werden durch Publikationen und Fort- und Weiterbildungen sowie Veranstaltungen weiter vermittelt.[425] Des weiteren unterstützt sie das zuständige Bundesministerium bei vielen Arbeitsschutzaufgaben, wie bei der Vorbereitung neuer arbeitsrechtlicher Schutzbestimmungen.[426]

Auch den Bundesländern kommt eine entscheidende Rolle im Arbeitsschutz zu. Dadurch, daß der Bund von seiner konkurrierenden Gesetzgebungskompetenz im Arbeitsschutz in weitem Umfang Gebrauch gemacht hat, liegt ihre Aufgabe weniger in der Rechtsetzung als darin, daß sie das Arbeitsschutzrecht gemäß Art. 83, 84 GG als eigene Angelegenheit ausführen. Im Mittelpunkt steht hierbei die Überwachung der staatlichen Vorschriften, die Beratung der Arbeitgeber bei der Einhaltung der Arbeitsschutzvorschriften und notfalls die Durchsetzung der Arbeitsschutzvorschriften.[427] Diese Aufgabe nehmen die Länder durch ihre Arbeitsschutzbehörden war. Diese werden je nach Bundesland unterschiedlich bezeichnet, z.B. Gewerbeaufsichtsamt oder Amt für Arbeitsschutz, und nehmen teilweise noch Umweltschutzaufgaben wahr.[428] Sie sind meist den Landesarbeitsministerien zugeordnet, in manchen Ländern aber auch den Landesumweltministerien.[429] Bei den Arbeitsschutzbehörden sind auch Gewerbeärzte beschäftigt, die arbeitsmedizinische Aufgaben wahrnehmen. Die Gewerbeärzte können diese Aufgaben auch in Form von eigenen Dienststellen (Landesgewerbearzt) wahrnehmen.[430]

Die Träger der gesetzlichen Unfallversicherung nehmen auch Aufgaben im Arbeitsschutzsystem wahr.[431] Ihre Aufgaben und Pflichten sind im SGB VII geregelt. Sie verfügen gemäß § 15 SGB VII über Rechtsetzungsbefugnis zum Erlaß von Unfallverhütungsvorschriften. Sie überwachen die Durchführung der Unfallverhütungsvorschriften in den Unternehmen und beraten Versicherte sowie Unternehmer; im Einzelfall können sie anordnen, welche Maßnahmen Unternehmer oder Versicherte zu treffen haben, vgl. § 15 SGB VII.[432] Gleichfalls haben die Unfallversicherungsträger gemäß § 23 SGB VII für die erforderliche Aus- und Fortbildung der Personen in den Unternehmen zu sorgen, die mit der Durchführung der Maßnahmen zur Verhütung von Arbeitsunfällen, Berufskrankheiten und arbeitsbedingten Gesundheitsgefahren betraut sind.

---

425 Münch-ArbR II-Wlotzke, § 206 Rn. 45; Vogel, Gefahrenverhütung, S. 292.
426 Münch-ArbR II-Wlotzke, § 206 Rn. 45.
427 Münch-ArbR II-Wlotzke, § 206 Rn. 46; vgl. Schaub, § 153 Rn. 18 ff.
428 Münch-ArbR II-Wlotzke, § 206 Rn. 47.
429 Münch-ArbR II-Wlotzke, § 206 Rn. 47.
430 Münch-ArbR II-Wlotzke, § 206 Rn. 47.
431 Münch-ArbR II-Wlotzke, § 206 Rn. 49.
432 Münch-ArbR II-Wlotzke, § 206 Rn. 50.

Aber auch Verbände wie z.B. der Verein Deutscher Ingenieure (VDI) und das Deutsche Institut für Normung (DIN) mit ihren Sicherheitsregeln und Merkblättern oder auch die Technischen Überwachungsvereine (TÜV) durch Unterstützung der staatlichen berufsgenossenschaftlichen Aufsichtsdienste in schwierigen technischen Fragen übernehmen wichtige Aufgaben im Arbeitsschutz.[433] Auf diese detaillierten von den Verbänden aufgestellten allgemein anerkannten[434] sicherheitstechnischen Regeln wird in vielen Gesetzen und Vorschriften verwiesen.[435]

Die Gewerkschaften und Arbeitgeberverbände sind u.a. durch Einflußnahme auf Gesetz- und Verordnungsgebung mit dem Arbeitsschutz verbunden.[436] Ihre Vertreter wirken in den aufgrund der einzelnen Gesetze und Verordnungen gebildeten Ausschüssen mit.[437] Auch in den Fachausschüssen der Berufsgenossenschaft und den Normungsausschüssen des DIN sind sie tätig.[438] Die Gewerkschaften und Arbeitgeberverbände beraten und informieren ihre Mitglieder in Arbeitsschutzfragen und bei der Umsetzung des Arbeitsschutzes im Betrieb.[439]

3. Zusammenfassung

Hinsichtlich des Arbeitsschutzsystems kann festgehalten werden, daß sowohl das schwedische als auch das deutsche Arbeitsschutzsystem von einem staatlichen Aufsichtsrecht geprägt sind. Die Erweiterung der öffentlich-rechtlichen arbeitsschutzrechtlichen Normen durch die Kollektivparteien ist ebenfalls in beiden Staaten möglich. Insbesondere ist aber davon in Schweden Gebrauch gemacht worden, was wiederum auf die besondere Stellung der Arbeitnehmerorganisationen hindeutet. Hinzu kommt in Schweden die lange Tradition der staatlichen Regelungen zur Konfliktlösung im Arbeitsmarkt in enger Zusammenarbeit mit den Arbeitgeber- und Arbeitnehmervertretern. Dabei werden Konflikte nach dem Prinzip des sozialen Friedens und des Rechts auf kollektive Maßnahmen geregelt.

Des weiteren wird anhand der dargestellten umfangreichen Aufgaben der Eindruck bestärkt, daß dem heutigen Arbetsmiljöverk eine herausragende Position im schwedischen Arbeitsschutzsystem zukommt. Um dieser Bedeutung und den wachsenden Anforderungen gerecht zu werden, hat es die Zusammenlegung von Arbetarskyddsstyrelsen und Yrkesinspektionen gegeben.

---

433 Münch-ArbR II-Wlotzke, § 206 Rn. 52.

434 Wann die Regeln als allgemein anerkannt zu bezeichnen sind, siehe Münch-ArbR II-Wlotzke, § 210 Rn. 11.

435 Siehe detailliert Münch-ArbR II-Wlotzke, § 210 Rn. 10 ff.

436 Münch-ArbR II-Wlotzke, § 206 Rn. 53.

437 Münch-ArbR II-Wlotzke, § 206 Rn. 53.

438 Münch-ArbR II-Wlotzke, § 206 Rn. 53.

439 Münch-ArbR II-Wlotzke, § 206 Rn. 53.

In beiden Staaten existieren staatliche Einrichtungen, die in dem Bereich Arbeitsschutz forschen, um so die Schutzfunktionen weiter zu verbessern.

Somit wird deutlich, daß trotz der vorhandenen systematischen Unterschiede eine gewisse Systemähnlichkeit zwischen beiden Staaten besteht.

II. Arbetsmiljölag und Arbeitsschutzgesetz

Das schwedische Arbetsmiljölag entstammt nicht den Vorgaben des Rechts der EG, sondern war eher ein Vorbild für die europäische Rechtsetzung.[440]

Das Arbetsmiljölag wurde am 5. Mai 1977 verabschiedet und trat am 1. Juli 1978 in Kraft,[441] wobei das vorherige Arbetarskyddslag durch das neue Arbetsmiljölag ersetzt werden sollte.[442] Es ist ein Rahmengesetz, ebenso wie die Rahmenrichtlinie Arbeitsschutz und auch das ArbSchG. Es gibt allgemeine Richtlinien und Ziele vor, die befolgt werden sollen, sowie die Verantwortung dafür und die Formen der Zusammenarbeit im Bereich Arbeitsumwelt.[443]

Das Arbetsmiljölag bestand zwar schon vor der Rahmenrichtlinie Arbeitsschutz, doch ist das schwedische Arbeitsumweltrecht auch vom EG-Recht betroffen und muß die entsprechenden Vorgaben beachten, so daß das Arbetsmiljölag einigen Änderungen unterlag.

Durch das Arbeitsschutzgesetz wurde die EG- Richtlinie 89/391/EWG über die Durchführung von Maßnahmen zur Verbesserung der Sicherheit und des Gesundheitsschutzes der Arbeitnehmer bei der Arbeit, die oben bereits behandelte Rahmenrichtlinie Arbeitsschutz vom 12.06.1989[444], in das deutsche Recht umgesetzt.[445] Die Frist für die Umsetzung der EG-Rahmenrichtlinie Arbeitsschutz war bereits am 31.12.1992 abgelaufen. Im November 1993 brachte die Bundesregierung den Entwurf eines Arbeitsschutzrahmengesetzes in den Bundestag ein. Dieser sollte insbesondere das Arbeitssicherheitsgesetz und die arbeitsschutzrechtlichen Vorschriften der §§ 120a ff. GewO weitgehend ablösen, fand aber keine politischen Mehrheiten.[446] 1995 wurde ein gegenüber dem ersten Anlauf inhaltlich reduzierter Regierungsentwurf eines Gesetzes zur Umsetzung der EG-Rahmenrichtlinie Arbeitsschutz und weiterer Richtlinien in das parlamentarische Gesetzgebungsverfahren eingebracht (EG-Arbeitsschutz-Umsetzungsgesetz).[447] Das EG- Arbeitsschutz-Umsetzungsgesetz ist ein Artikelgesetz, wobei der Kern dieses Gesetzes durch den Art. 1, das eigenständige

---

440 Vgl. oben unter A.II. sowie unter B.I.
441 Prop. 1976/77:149, S. 1 ff.
442 Prop. 1976/77:149, S. 1.
443 Ahlberg/Krook, S. 9.
444 ABl. EG 1989 Nr. L 183, S. 1.
445 Siehe hierzu oben unter B.II., sowie: Wlotzke, NZA 1996, S. 1018 f.; Angermaier, AiB 1996, S. 522; Kollmer/Vogl, S. 4 f.; zum europäischen Arbeitsschutz: Schiek, S. 209 ff.; Streffer, in FS für Wlotzke, S. 769 ff.
446 Vogl, NJW 1996, S. 2754.
447 Wank, DB 1996, S. 1134.

Arbeitsschutzgesetz, gebildet wird. Daneben enthält es Änderungen weiterer gesetzlicher Arbeitsschutzregelungen.[448] Zunächst äußerte der Bundesrat Bedenken, doch nachdem einige wesentliche Sachforderungen des Bundesrates berücksichtigt wurden, wurde der Gesetzesentwurf vom Bundestag am 13.6.1996 verabschiedet und trat am 21.8.1996 in Kraft.[449]

Das Arbeitsschutzgesetz wird auch als Beitrag zur Erfüllung des Auftrags an den Gesetzgeber gemäß Art. 30 Abs. 1 Nr. 2 Einigungsvertrag von 1990 gesehen, denn danach war dieser angehalten, den öffentlich-rechtlichen Arbeitsschutz in Übereinstimmung mit dem Recht der EG neu zu fassen.[450]

1. Zielsetzung, Anwendungsbereich und Inhalte des Arbetsmiljölag und des Arbeitsschutzgesetzes

a. Zielsetzung

Die Zielsetzung des Arbetsmiljölag war und ist sehr weitreichend. Schon im ersten Entwurf für das Arbeitsschutzgesetz wurde betont, daß es einen übergreifenden Charakter im Verhältnis zu anderen, auch der Sicherheit dienenden, Gesetzen haben solle.[451] Gleichfalls wurde hervorgehoben, daß die Arbeit an die physischen und psychischen Voraussetzungen der Menschen anzupassen sei.[452] Die Hauptverantwortung für die Arbeitsumwelt sollte nach dem Gesetzesvorschlag beim Arbeitgeber liegen.[453] Schon hier läßt sich eine Parallele zur späteren Rahmenrichtlinie Arbeitsschutz herleiten, die auch den Arbeitgeber als Hauptverantwortlichen für den Arbeitsschutz ansieht[454] und die entsprechend durch das Arbeitsschutzgesetz in das deutsche Recht umgesetzt worden ist.

In Kapitel 1 § 1 Arbetsmiljölag ist der Gesetzeszweck legal definiert. Danach dient es dazu, Krankheit und Unglücksfällen bei der Arbeit vorzubeugen und auch im übrigen eine gute Arbeitsumwelt zu erzielen. Allerdings ist diese Zielsetzung nicht bereits seit dem Inkrafttreten des Arbetsmiljölag normiert, sondern wurde erst durch Änderungen 1991 sowie 1994 in das Gesetz aufgenommen.[455] Die vorherige Formulierung des Gesetzeszwecks, nämlich die Sicherstellung einer Arbeitsumwelt, die Arbeitnehmer nicht Krankheit und Unglücksfällen aussetzt, wurde als zu kategorisch angesehen, da andere für die Gesellschaft wichtige Berufsgruppen, wie bspw. Rettungsdienste, ihre Arbeit

---

448 Pieper, AuR 1996, S. 466; Kittner/Pieper, Einleitung Rn. 97 f.
449 Wlotzke, NZA 1996, S. 1019.
450 Kollmer, WiB 1996, 825 f.; Merten, S. 46.
451 Prop. 1976/77:149, S. 1.
452 Prop. 1976/77:149, S. 2.
453 Prop. 1976/77:149, S. 2.
454 Siehe oben unter B.II.
455 Gullberg/Rundqvist, S. 43.

nicht verrichten können, ohne daß die Beschäftigten dem Risiko einer Gesundheitsgefahr oder eines Arbeitsunfalls ausgesetzt sind.[456]

In der Formulierung „auch im übrigen eine gute Arbeitsumwelt zu erzielen" spiegelt sich das wider, was auch schon in dem ursprünglichen Vorschlag[457] zum Arbetsmiljölag gefordert wurde, nämlich die Bedeutung der menschlichen Bedürfnisse bei der Arbeit zu beachten.[458]

1994 wurde gleichfalls die Zielbestimmung der Förderung der Zusammenarbeit zwischen Arbeitgeber und Arbeitnehmer, um eine gute Arbeitsumwelt zu erreichen, mit der Begründung entfernt, daß die Zusammenarbeit der Parteien nicht als Gesetzesziel zu verstehen ist, sondern als Mittel um das Ziel zu erreichen.[459]

Die Zielsetzung des Arbeitsschutzgesetzes ist im ersten Abschnitt in § 1 ArbSchG legal definiert. Danach dient es dazu, Sicherheit und Gesundheitsschutz der Beschäftigten bei der Arbeit durch Maßnahmen des Arbeitsschutzes zu sichern und zu verbessern. Diese Zielsetzung entspricht der der Rahmenrichtlinie Arbeitsschutz. Das ist darauf zurückzuführen, daß es in seinen materiell-rechtlichen Arbeitsschutzvorschriften eine 1:1 Umsetzung der EG-Rahmenrichtlinie Arbeitsschutz darstellt.[460] Dabei ist darauf verzichtet worden, das Arbeitsschutzrecht zumindest in einigen Teilbereichen national weiterzuentwickeln, denn, so die Entwurfsbegründung, den Betrieben sollen keine Kosten dadurch entstehen, daß Arbeitgeberpflichten festgelegt werden, die über die Richtlinie hinausgingen und zu denen Arbeitgeber in anderen europäischen Ländern nicht verpflichtet seien.[461]

b. Anwendungsbereich und Inhalte

Der Anwendungsbereich des Arbetsmiljölag erstreckt sich gemäß der allgemeinen Regel aus Kapitel 1 § 2 auf jede Tätigkeit, bei der ein Arbeitnehmer Arbeiten auf Kosten eines Arbeitgebers ausführt. Zu dieser Regel gibt es aber Ausnahmen, die in Kapitel 1 § 4 Arbetsmiljölag normiert sind. Kapitel 1 §§ 3 und 5 Arbetsmiljölag enthalten Vorschriften, die diese Regelungen konkretisieren.

Das 2. Kapitel des Arbetsmiljölag regelt die Beschaffenheit der Arbeitsumwelt. Grundlegende Norm ist hier § 1 AML. Nach § 1 Abs. 1 Arbetsmiljölag soll die Arbeitsumwelt zufriedenstellend sein unter Berücksichtigung der Natur der Arbeit und der sozialen und technischen Entwicklung der Gesellschaft. Gemäß § 1 Abs. 2 Arbetsmiljölag sollen die Arbeitsverhältnisse an die unterschiedlichen Voraussetzungen des Menschen in physischer und psychi-

---

456 Ericson/Gustafsson, S. 18; Prop. 1993/94:186, S. 103; SFS 1994:579.
457 Prop. 1976/77:149, S. 220.
458 Ericson/Gustafsson, S. 18.
459 Ericson/Gustafsson, S. 18 f.; Prop. 1993/94:186; S. 103 ff.; SFS 1994:579.
460 Vgl. Wlotzke, NZA 1996, S. 1019.
461 Begr. RegE. BT-Drucks. 13/3540, S. 12.

scher Hinsicht angepaßt werden. Dem Arbeitnehmer soll u.a. die Möglichkeit gegeben werden, an der Gestaltung seiner eigenen Arbeitssituation mitzuwirken, vgl. § 1 Abs. 3 Arbetsmiljölag. Technik, Arbeitsorganisation und Arbeitsinhalt sollen gemäß § 1 Abs. 4 Arbetsmiljölag so gestaltet sein, daß der Arbeitnehmer keinen physischen oder psychischen Belastungen ausgesetzt ist, die zu Krankheit oder Unfall führen können. Dabei sollen Lohn und Arbeitszeit beachtet werden. Stark gesteuerte oder gebundene Arbeit soll vermieden oder begrenzt werden.

Nach § 1 Abs. 5 Arbetsmiljölag wird angestrebt, daß die Arbeit die Möglichkeit der Variation, zu sozialem Kontakt und zu Zusammenarbeit bietet sowie den Zusammenhang zwischen einzelnen Arbeitsaufgaben. Des weiteren soll gemäß §1 Abs. 5 Arbetsmiljölag angestrebt werden, daß die Arbeitsverhältnisse die Möglichkeit zur persönlichen und beruflichen Weiterbildung ebenso wie zur Selbstbestimmung und beruflichen Verantwortung bieten.

Die restlichen §§ 2 bis 10 Kapitel 2 Arbetsmiljölag enthalten weitere Vorschriften zur Ausformung der Arbeitsumwelt.

Das 3. Kapitel des Arbetsmiljölag regelt allgemeine Pflichten. Darunter fallen insbesondere zahlreiche Verpflichtungen des Arbeitgebers. § 1 des Kapitels 2 Arbetsmiljölag verweist zunächst darauf, daß die Vorschriften dieses Kapitels unter Beachtung der Voraussetzungen des 2. Kapitels über die Beschaffenheit der Arbeitsumwelt anzuwenden sind. Nach § 1a Arbetsmiljölag sollen Arbeitgeber und Arbeitnehmer so zusammenwirken, daß eine gute Arbeitsumwelt gewährleistet ist. In den §§ 2 bis 3 Arbetsmiljölag werden die Pflichten des Arbeitgebers konkretisiert. Hervorzuheben ist dabei § 2a Arbetsmiljölag, der dem Arbeitgeber eine systematische Planung, Leitung und Kontrolle der Arbeitsumwelt auferlegt sowie in Abs. 2 eine Dokumentationspflicht normiert. § 4 Arbetsmiljölag enthält Mitwirkungspflichten für die Arbeitnehmer bei der Arbeitsumweltarbeit. Die §§ 5 bis 14 Arbetsmiljölag enthalten weitere Schutzverpflichtungen. So regelt § 6 Arbetsmiljölag bspw. die Verpflichtung, daß, wenn zwei oder mehrere einen Betrieb an einer gemeinsamen Arbeitsstelle betreiben, sie auch gemeinsam für zufriedenstellende Arbeitsschutzverhältnisse sorgen müssen. In den weiteren Vorschriften dieses Kapitels sind auch Normen über technische Anordnungen und Produktsicherheit enthalten. § 8 Abs. 1 Arbetsmiljölag normiert z.B. die Verpflichtung für diejenigen, die Maschinen, Werkzeuge, Schutzausrüstungen oder andere technischen Einrichtungen herstellen, importieren, überlassen oder zur Verfügung stellen, daß diese Einrichtungen ausreichende Sicherheit gegen Krankheit und Unfall bieten, wenn sie auf den Markt gebracht, in Gebrauch genommen oder zum Verkauf angeboten werden. Die Bestimmung hat ihren Ursprung unter anderen in der Umsetzung der Vorgaben des EG-Rechts, genauer in der Maschinenrichtlinie.[462] Eine ähnliche Vor-

---

462 Richtlinie 89/392/EWG; ABl. EG 1989 Nr. L 183, S. 9; Vgl. Ericson/Gustafsson, S. 100; Peine, Einführung Rn. 93 ff.

schrift findet sich im deutschen Recht nicht im Arbeitsschutzgesetz, sondern bspw. im Gerätesicherheitsgesetz und in den dazu erlassenen Verordnungen[463].

Das 4. Kapitel des Arbetsmiljölag enthält in den §§ 1 bis 10 Vorschriften zur Normgebung und Bevollmächtigung im Bereich der Arbeitsumwelt. Neben der Regierung wird dabei insbesondere dem Arbetsmiljöverk[464] normsetzende Befugnis eingeräumt. Das Arbetsmiljöverk bzw. sein Vorgänger das Arbetarskyddstyrelsen hat davon entsprechend Gebrauch gemacht.[465] Gerade in diesem Kapitel sind viele Normen geändert worden, um die Normsetzungsbefugnis so zu gestalten, daß die zuständigen Stellen Vorschriften erlassen können, die den EG-rechtlichen Vorgaben entsprechen.[466]

Das 5. Kapitel des Arbetsmiljölag beinhaltet in den §§ 1 bis 5 Arbeitsschutzvorschriften für Minderjährige. Der Schutz von Minderjährigen hat in Schweden eine besondere arbeitsschutzrechtliche Tradition, denn die ersten arbeitsschutzrechtlichen Gesetzgebungsbemühungen betrafen den Schutz von Minderjährigen.[467]

Das 6. Kapitel des Arbetsmiljölag ist wohl das für diese Arbeit bedeutendste, normiert es doch das Zusammenwirken zwischen Arbeitgeber und Arbeitnehmern und enthält Vorschriften, die den Beschäftigten eine entsprechende Beteiligung im Arbeitsschutzrecht ermöglichen. § 1 Arbetsmiljölag bestimmt, daß Arbeitgeber und Arbeitnehmer auf geeignete Weise eine organisierte Arbeitsumweltarbeit betreiben sollen. Zentrale Vorschrift ist hier § 2 Arbetsmiljölag. Gemäß § 2 Abs. 1 Arbetsmiljölag soll an Arbeitsstellen, in denen mindestens fünf Arbeitnehmer regelmäßig beschäftigt sind, ein oder mehrere Arbeitsschutzbeauftragte berufen werden. Der Arbeitsschutzbeauftragte soll auch an anderen Arbeitsstellen berufen werden, wenn die Arbeitsverhältnisse dies erfordern. Für den Arbeitsschutzbeauftragten ist ein Stellvertreter zu benennen. Nach § 2 Abs. 2 Arbetsmiljölag soll der Arbeitsschutzbeauftragte von der örtlichen Arbeitnehmerorganisation, die einen Kollektivertrag mit dem Arbeitgeber abgeschlossen hat oder üblicherweise abschließt, bestimmt werden. Gibt es eine solche Organisation nicht, wird der Arbeitsschutzbeauftragte von den Arbeitnehmern bestimmt. Die §§ 3 bis 18 des 6. Kapitels des Arbetsmiljölag enthalten weitere konkretisierende Normen hinsichtlich des Arbeitsschutzbeauftragten und der Zusammenarbeit mit dem Arbeitgeber.[468] Hervorzuheben ist noch § 8 Arbetsmiljölag, nach dem in Betrieben, in denen mindestens fünfzig Arbeitnehmer regelmäßig beschäftigt sind, ein Schutzkomitee einzurichten ist, wel-

---

463 Siehe hierzu die Neunte Verordnung zum Gerätesicherheitsgesetz (Maschinenverordnung-9. GSGV).

464 Siehe auch oben unter D.I.1.

465 Lindh, S. 49.

466 Vgl. Gullberg/Rundqvist, S. 136.

467 Gullberg/Rundqvist, S. 161; vgl. oben unter C.I.1.

468 Siehe detailliert hierzu unten unter E.I.1.f.

ches sich aus Vertretern des Arbeitgebers und der Arbeitnehmer zusammensetzt.

Das 7. Kapitel des Arbetsmiljölag regelt in den §§ 1 bis 14 die Aufsicht und Zuständigkeiten der Überwachungsbehörde. Gemäß § 1 Abs. 1 Arbetsmiljölag ist das Arbetsmiljöverk zuständige Aufsichtsbehörde.

Im 8. Kapitel des Arbetsmiljölag finden sich in den §§ 1 bis 10 Strafvorschriften, die bei Mißachtung der im Arbetsmiljölag normierten Vorschriften Anwendung finden können.

Das 9. Kapitel des Arbetsmiljölag enthält in den §§ 1 bis 5 die möglichen Rechtsmittel.

Schon an dieser Stelle wird deutlich, daß Parallelen zwischen beiden Gesetzen bestehen. Sowohl beim Arbeitsschutzgesetz als auch beim Arbetsmiljölag handelt es sich um Rahmengesetze. Das resultiert sicher daraus, daß das Arbetsmiljölag als skandinavisches Arbeitsschutzgesetz mit als Vorbild für die europäische Rahmenrichtlinie Arbeitsschutz diente und das Arbeitsschutzgesetz Folge der Umsetzung dieser Richtlinie in deutsches Recht ist. Zentrale Verantwortung im Arbeitsschutz wird in beiden Gesetzen den Arbeitgebern durch zahlreiche Verpflichtungen übertragen. Allerdings sind auch die Arbeitnehmer nicht von Aufgaben im Arbeitsschutz befreit. Ansonsten kann festgehalten werden, daß das Arbetsmiljölag Vorschriften über die Sicherheit von technischen Anlagen usw. umfaßt, die im deutschen Recht in anderen Gesetzen geregelt sind. Gleiches gilt für das 5. Kapitel, den Arbeitsschutz für Minderjährige, der in Deutschland im Jugendarbeitsschutzgesetz festgelegt ist. Interessantes Detail ist, daß auch Schüler gemäß Kapitel 6 § 18 AML einen eigenen Arbeitsschutzbeauftragten bestimmen können. Systematisch ist es ebenfalls so, daß die Beteiligungsrechte der Beschäftigten im Arbeitsschutz in Schweden im Arbetsmiljölag normiert sind, obwohl die Mitbestimmung auch im zentralen Medbestämmandelag (Mitbestimmungsgesetz) geregelt ist.[469] In Deutschland ist die Beteiligung der Beschäftigten im Arbeitsschutz überwiegend im Betriebsverfassungsgesetz normiert.

Im deutschen Arbeitsschutzgesetz finden sich im ersten Abschnitt nicht nur die Zielsetzung des Arbeitsschutzgesetzes, sondern auch Vorschriften über den Anwendungsbereich und zur Begriffsbestimmung. Es gilt für nahezu alle Tätigkeitsbereiche und Beschäftigte.[470] In § 2 ArbSchG[471] werden die wichtigsten Begriffe definiert, dabei sind Maßnahmen im Sinne dieses Gesetzes gemäß § 2 Abs. 1 ArbSchG auch „Maßnahmen der menschengerechten Gestaltung der Arbeit".

Der zweite Abschnitt des Arbeitsschutzgesetzes regelt die Pflichten des Arbeitgebers und kann deshalb durchaus als „Kernstück des Arbeitsschutzge-

---

469 Siehe dazu unten unter E.I.2.

470 Vgl. § 1 Abs. 1-4 ArbSchG mit den dort genannten Ausnahmen.

471 Siehe zu § 2 Abs. 2 Nr. 3 ArbSchG auch Däubler, ZIAS 2000, S. 330.

setzes"[472] bezeichnet werden. Die Verantwortlichkeit des Arbeitgebers für den Arbeitsschutz ist eindeutig festgelegt und „dauernd und dynamisch"[473], da die Arbeitsschutzmaßnahmen an die sich ändernden Gegebenheiten anzupassen sind, § 3 Abs. 1 ArbSchG. Des weiteren enthält das Arbeitsschutzgesetz ein präventives und ganzheitliches Arbeitsschutzverständnis[474], vgl. §§ 3, 4 ArbSchG. Den §§ 3 ff. ArbSchG kommt dabei eine besonders relevante Stellung zu, denn sie lösen die Generalklausel des § 120 a GewO ab.[475] Dabei gehen die §§ 3 ff. ArbSchG sowie die gesamten Normen des Arbeitsschutzgesetz von einem umfassenderen Verständnis und erweiterten Ansatz des Arbeitsschutzes aus.[476] In § 4 ArbSchG werden die Grundpflichten des Arbeitgebers durch allgemeine Grundsätze konkretisiert.[477] § 5 ArbSchG verlangt eine Beurteilung der Arbeitsbedingungen, um zu ermitteln, welche Maßnahmen des Arbeitsschutzes erforderlich sind. Den Arbeitgeber trifft gemäß § 6 ArbSchG eine Pflicht zur Dokumentation der Gefährdungsbeurteilungen.[478] Die §§ 7 ff. ArbSchG normieren weitere Pflichten des Arbeitgebers. Herauszuheben ist hier noch § 8 ArbSchG, der die Verantwortlichkeit im Arbeitsschutz bei Zusammenarbeit mehrerer Arbeitgeber näher bestimmt. Der Arbeitgeber muß sich auch vergewissern, daß Beschäftigte von Fremdfirmen in seinem Betrieb angemessene Arbeitsschutzanweisungen erhalten haben, vgl. § 8 Abs. 2 ArbSchG. § 9 ArbSchG regelt den Arbeitsschutz und die entsprechende Verantwortung des Arbeitgebers in besonders gefährlichen Arbeitsbereichen. § 10 ArbSchG enthält Vorschriften über Erste Hilfe und sonstige Notfallmaßnahmen. § 11 ArbSchG betrifft die arbeitsmedizinische Vorsorge und § 12 ArbSchG die Verpflichtungen des Arbeitgebers, die Beschäftigten zu unterweisen. In § 13 ArbSchG werden die neben dem Arbeitgeber verantwortlichen Personen genannt. § 14 ArbSchG betrifft die Unterrichtung und Anhörung der Beschäftigten des öffentlichen Dienstes.

Der dritte Abschnitt normiert die Pflichten und Rechte der Beschäftigten. Die §§ 15, 16 ArbSchG regeln die Pflichten der Beschäftigten. In § 17 ArbSchG sind die Rechte der Beschäftigten verankert.

Im vierten Abschnitt, der die Überschrift Verordnungsermächtigung trägt, finden sich die Ermächtigungsnormen zum Erlaß von Rechtsverordnungen. Hervorzuheben ist hier § 19 ArbSchG, der der Bundesregierung als Ermächtigungsgrundlage zum Erlaß von Verordnungen dient, mit denen EG-Einzelrichtlinien i.S.v. Art. 16 der Arbeitsschutz-Rahmenrichtlinie umgesetzt

---

472 So Merten, S. 51.
473 Wlotzke, NZA 1996, S. 1019.
474 Kittner/Pieper, Einleitung Rn. 100.
475 Kollmer/Vogl, S. 23; Merten, S. 51.
476 Vgl. Kollmer/Vogl, S. 23; siehe nur Kittner/Pieper, § 1 ArbSchG Rn. 4.
477 Vgl. Kittner/Pieper, § 4 ArbSchG Rn. 1.
478 Siehe dazu näher unten unter E.IV.

werden können.[479] Der fünfte Abschnitt enthält Vorschriften über behördliche Zuständigkeiten und Befugnisse der Überwachungsbehörden sowie Bußgeld- und Strafvorschriften.

Bevor konkret die Beteiligungsrechte in beiden Ländern geprüft werden sollen, ist, auch um die Reichweite der Beteiligung zu bestimmen, zunächst der Gesundheitsbegriff bzw. das Verständnis der Arbeitsumwelt zu untersuchen.

2. Gesundheitsbegriff (Arbeitsumweltbegriff) des Arbetsmiljölag und Gesundheits- und Sicherheitsbegriff des Arbeitsschutzgesetzes

Fraglich ist zunächst, welcher Gesundheitsbegriff dem schwedischen Arbetsmiljölag zugrunde liegt. Diese Frage kann nur beantwortet werden, wenn gleichzeitig festgestellt wird, was unter dem Begriff Arbetsmiljö (Arbeitsumwelt) zu verstehen ist. Denn der Gesundheitsbegriff des Arbeitsumweltgesetzes ist eng mit dem Arbeitsumweltbegriff verbunden. Das Arbetsmiljölag fordert eine gute Arbeitsumwelt und diese besteht sicher nur dann, wenn die Beschäftigten keinen Gesundheits- oder Sicherheitsgefahren ausgesetzt sind.

Schon bei der Prüfung des Art. 118 a EWG wurde festgestellt, daß sich Teile der deutschen Literatur stark am angeblich zu unbestimmten Begriff der Arbeitsumwelt stoßen[480]. In Schweden gibt es nicht nur das Arbeitsumweltgesetz, sondern es wird, wie bereits erwähnt, gemäß Kapitel 1 § 1 Arbetsmiljölag auch eine gute Arbeitsumwelt angestrebt.

Zielsetzung des Arbeitsschutzgesetzes ist nach § 1 Abs. 1 S. 1 ArbSchG die Sicherung und Verbesserung der Sicherheit und des Gesundheitsschutzes der Beschäftigten bei der Arbeit. Die Begriffe werden auch noch in anderen Normen des ArbSchG verwendet[481]. Eine Legaldefinition, wie es sich bspw. in § 2 ArbSchG anbieten würde, findet sich aber ebensowenig wie in der Rahmenrichtlinie Arbeitsschutz.[482]

Erste Vermutung könnte sein, daß auch der Gesundheitsbegriff, der der Rahmenrichtlinie zugrunde liegt, vom deutschen Gesetzgeber übernommen wurde.

Die Ermittlung des Bedeutungsgehalts des Begriffs "Sicherheit" i.S.d. Rahmenrichtlinie war eher unproblematisch; darunter ist der Schutz vor Arbeitsunfällen zu verstehen.[483] Gleiches gilt auch im Hinblick auf das Arbeitsschutzgesetz. § 2 Abs. 1 ArbSchG nennt „Maßnahmen zur Verhütung von Unfällen bei der Arbeit", so daß unter Sicherheit i.S.d. ArbSchG der „Schutz vor

479 Kollmer/Vogl, S. 143.
480 Siehe oben unter B.I.
481 Siehe nur §§ 1 Abs. 3, 3 Abs. 1, 7, 8 Abs. 1, 11 ArbSchG.
482 Vgl. Merten, S. 53. Siehe oben unter B.II.5.
483 Siehe oben unter B.II.5., Fn. 210.

technisch oder organisatorisch verursachten bzw. verhältnis- oder verhaltensbedingten Unfällen bei der Arbeit“[484] zu verstehen ist.

Zu ermitteln ist nun, was unter dem Begriff Gesundheit i.S.d. Arbeitsschutzgesetzes zu verstehen ist. Ansatzpunkt sind die Formulierungen „arbeitsbedingte Gesundheitsgefahren“ und „Maßnahmen der menschengerechten Gestaltung der Arbeit“ in § 2 Abs. 1 ArbSchG. Unter arbeitsbedingten Erkrankungen sind hierbei nicht nur die anerkannten Berufskrankheiten i.S.d. § 9 SGB VII zu verstehen, sondern jede arbeitsbedingte Erkrankung, die nicht den Anforderungen des Berufskrankheitenrechts entspricht.[485]

Die Formulierung „menschengerechte Gestaltung der Arbeit“ deckt sich inhaltlich nach der Begründung des Regierungsentwurfs zum Arbeitsschutzgesetz[486] mit der in Art. 6 Abs. 2d der Rahmenrichtlinie enthaltenen Begrifflichkeit „Berücksichtigung des Faktors Mensch bei der Arbeit“. Dies deutet darauf hin, daß dem Arbeitsschutzgesetz ein der Rahmenrichtlinie entsprechender Gesundheitsbegriff zugrunde liegt. Die Begründung des Regierungsentwurfs liefert auch noch Aufschluß darüber, was unter menschengerechter Gestaltung der Arbeit i.S.d. Arbeitsschutzgesetzes zu verstehen ist.[487] Danach „liegt eine menschengerechte Gestaltung der Arbeit dann vor, wenn insbesondere bei der Gestaltung von Arbeitsplätzen sowie bei der Auswahl von Arbeitsmitteln und Arbeits- und Fertigungsverfahren – vor allem im Hinblick auf eine Erleichterung bei eintöniger Arbeit und bei maschinenbestimmtem Arbeitsrhythmus – auf eine Verminderung ihrer gesundheitsschädlichen Auswirkungen für die Beschäftigten hingewirkt wird. Sie bedeutet auch die Berücksichtigung der individuellen Belastungsfähigkeit und individuellen Beeinträchtigung aufgrund körperlicher Behinderungen oder besonderer Lebenssituationen (z.B. jugendliches Alter, Schwangerschaft)“[488].

Der Grundsatz der menschengerechten Gestaltung der Arbeit findet sich noch an anderen Stellen des deutschen Arbeitsschutzrechts. Er ist in den siebziger Jahren zunächst im BetrVG in den §§ 90, 91 und dann in weiteren Gesetzen[489] normiert worden.[490] Die genaue Reichweite der menschengerechten Gestaltung der Arbeit ist oder war dabei teilweise umstritten.[491]

---

484 Kittner/Pieper, § 1 ArbSchG Rn. 7; vgl. auch Begr. RegE. BT-Drucks. 13/3540, S. 15.

485 Kittner/Pieper, § 2 ArbSchG Rn. 6 f.; Merten, S. 55; Begr. RegE. BT-Drucks. 13/3540, S. 15.

486 Begr. RegE. BT-Drucks. 13/3540, S. 15.

487 Begr. RegE. BT-Drucks. 13/3540, S. 15.

488 Begr. RegE. BT-Drucks. 13/3540, S. 15.

489 So bspw. in §§ 6 S. 1 ASiG, 6 Abs. 1 ArbZG, 19 Abs. 1 S. 1 ChemG.

490 Kittner/Pieper, § 2 ArbSchG Rn. 9 f.; Merten S. 55 f.; vgl. auch DKK-Klebe, § 90 Rn. 30 ff.

491 Siehe hierzu Merten, S. 55 ff. mit weiteren Nachweisen.

Insbesondere wird demselben Begriff in verschiedenen Gesetzen ein unterschiedlicher Gehalt zuerkannt.[492] Dieses rechtssystematisch fragwürdige Vorgehen wird verständlich, wenn man sich die Bedeutung für die Reichweite von Mitbestimmungsrechten verdeutlicht. Zur allgemeinen Bestimmung des Gesundheitsbegriffs des Arbeitsschutzgesetzes kann eine Streitentscheidung über die Reichweite der Bedeutung der menschengerechten Gestaltung der Arbeit aber zunächst dahinstehen, wenn man der Formulierung i.S.d. Arbeitsschutzgesetzes eine eindeutige Aussage zuordnen kann, die schon den Gesundheitsbegriff zu bestimmen vermag.

Nach der Begründung des Regierungsentwurfs[493] ist zunächst davon auszugehen, daß jedenfalls alle psychischen und physischen Belastungen durch eine menschengerechte Gestaltung der Arbeit vermieden werden sollen. Das würde auf jeden Fall auch der restriktiven Deutung entsprechen.[494] In der Begründung des Regierungsentwurfs wird weiter genannt, daß „der innerbetriebliche Arbeitsschutz entsprechend der Rahmenrichtlinie durch eine konsequent präventive Ausrichtung auf der Grundlage breiten Arbeitsschutzverständnisses, das auch Aspekte wie die menschengerechte Gestaltung umfaßt, verbessert werden"[495] soll. Mittlerweile setzt sich wohl auch in Deutschland ein erweitertes Gesundheitsverständnis i.S.d. Arbeitsschutzgesetzes durch.[496]

In Schweden hingegen begann sich in den 70er Jahren der Begriff der Arbeitsumwelt zu etablieren.[497] Bereits in der Begründung zum Arbetsmiljölag ist angeführt worden, daß es bei der Bestimmung der Arbeitsumwelt nicht nur um die Kombination verschiedener chemischer Stoffe und physikalischer Faktoren geht, sondern daß darunter auch die verschiedenen Verhältnisse, die den psychischen und sozialen Inhalt der Arbeit berühren, fallen sollen.[498] Der Begriff „Arbetsmiljö" sollte damals eindeutig vom Begriff „Arbeitsschutz" (Arbetarskydd) abgegrenzt werden. Arbetsmiljö sollte für einen ganzheitlichen Ansatz von Mensch und Arbeit stehen. Der Ausdruck von physischer, psychischer und sozialer Arbeitsumwelt wurde geprägt.[499]

Das zeugt eindeutig von einem weiten Arbeitsumweltverständnis. Weitere Anhaltspunkte können direkt dem Gesetz entnommen werden. Besonders in Kapitel 2 § 1 Arbetsmiljölag sind einige zentrale Vorschriften enthalten, die dazu beitragen, den Begriff der Arbeitsumwelt näher zu bestimmen. Gemäß Ka-

---

492 Vgl. Merten S. 55 ff.
493 Begr. RegE. BT-Drucks. 13/3540, S. 15.
494 Vgl. Merten, S. 55 ff.
495 Begr. RegE. BT-Drucks. 13/3540, S. 12.
496 Vgl. nur Kittner/Pieper, § 1 ArbSchG Rn. 8 ff. sowie § 2 ArbSchG Rn. 8 ff. mit zahlreichen Beispielen; Münch-ArbR II-Wlotzke § 206 Rn. 35 ff. sowie Rn. 12 ff. ebenfalls mit zahlreichen weiteren Nachweisen. Siehe auch sogleich unter D.II.3.c.
497 Siehe oben unter C.I.1.
498 Prop. 1976/77:149, S. 220.
499 Iseskog, Uppdrag, S. 20.

pitel 2 § 1 Abs. 2 Arbetsmiljölag sollen die Arbeitsverhältnisse an die verschiedenen Voraussetzungen in psychischer und physischer Hinsicht angepaßt werden. Das beinhaltet eine Beurteilung der Arbeitsumwelt, die nach vielen Seiten ausgerichtet ist und umfaßt die Gestaltung, die Organisation und den Inhalt der Arbeit. Dabei ist zu berücksichtigen, daß Menschen nicht gleich sind und unterschiedlich auf die Arbeitsumwelt reagieren, in der sie arbeiten.[500] Belastungen der Beschäftigten, besonders unter ergonomischen Gesichtspunkten, können bspw. durch die richtige Gestaltung von Arbeitsmethoden, Arbeitsmitteln, Arbeitstischen, Stühlen, usw. verhindert werden.[501] Festgehalten werden kann zunächst, daß psychische und physische Belastungen mit unter das Gesundheitsverständnis des Arbetsmiljölag fallen. Das entspricht auch dem Verständnis des Arbeitsschutzgesetzes.

Verstärkt wird dieser Ansatz noch von Kapitel 1 § 1 Abs. 4 Arbetsmiljölag, der festlegt, daß Technik, Arbeitsorganisation und Arbeitsinhalt so beschaffen sein sollen, daß die Arbeitnehmer keinen physischen oder psychischen Belastungen ausgesetzt sind, die Krankheit oder Unfälle verursachen können. Daran wird das Zusammenspiel zwischen den physischen, arbeitstechnischen Arbeitsumweltfaktoren wie bspw. Klima, Beleuchtung, Arbeitsstellung, Arbeitsraum auf der einen Seite und den organisatorischen und sozialen Verhältnissen auf der anderen Seite, wie z.B. Inhalt der Arbeitsaufgaben, Zusammenarbeit, überhaupt der Möglichkeit zu sozialem Kontakt, zur persönlichen Entwicklung usw. i.S.d. Arbetsmiljölag noch deutlicher. Die physische Umwelt gibt den Rahmen für die sozialen Faktoren vor; gleichzeitig wird die physische Umwelt durch den Anspruch desjenigen beeinflußt, der dort arbeitet.[502] Gemeinsam bilden diese Faktoren den Zusammenhang, in der Arbeit betrieben wird.[503]

Da schließen sich der nächste und übernächste Satz des Kapitels 2 § 1 Abs. 4 Arbetsmiljölag nur an. Denn danach sind auch die Lohnformen (bspw. Akkordlohn) und die Arbeitszeit zu beachten. Stark gesteuerte oder gebundene Arbeit soll vermieden oder begrenzt werden. In Kapitel 2 § 1 Abs. 5 und 6 Arbetsmiljölag finden sich dann die Kennzeichen für eine gute Arbeitsumwelt.[504] Danach soll angestrebt werden, daß die Arbeit die Möglichkeit der Variation, zu sozialem Kontakt und zu Zusammenarbeit, auch im Zusammenhang mit einzelnen Arbeitsaufgaben, bietet. Nach dem sechsten Absatz soll angestrebt werden, daß das Arbeitsverhältnis die Möglichkeit der persönlichen und beruflichen Entwicklung, gleichfalls zur Selbstbestimmung und zur beruflichen Verantwortung bietet. Dabei ist mit der Formulierung „anstreben" gemeint, daß zwar

500 Lindh, S. 21 f.
501 Gullberg/Rundqvist, S. 59.
502 Gullberg/Rundqvist, S. 62.
503 Gullberg/Rundqvist, S. 62.
504 Vgl. Gullberg/Rundqvist, S. 66.

der Einsatz zur Verbesserung der Arbeitsumwelt erbracht werden muß, ohne daß in diesem Fall eine objektive Norm für die genaue Beschaffenheit der Arbeitsumwelt besteht.[505] Nichts destotrotz zeigen diese Absätze das weitreichende Arbeitsumweltverständnis und somit auch Gesundheitsverständnis des Arbetsmiljölag.

3. Vergleichende Zusammenfassung

a. Entstehung

Die Darstellung hat gezeigt, daß das schwedische Arbeitsumweltgesetz fast 20 Jahre früher entstanden ist als das deutsche Arbeitsschutzgesetz. Das deutsche Arbeitsschutzgesetz entstand aufgrund der Vorgaben des Rechts der EG und das schwedische Gesetz, als nordisches Vorbild, diente wiederum als Grundlage für das EG-Recht.[506]

b. Zielsetzung und Inhalte

Beide Gesetze sind Rahmengesetze und geben deshalb allgemeine Richtlinien und Ziele vor. Dem Arbetsmiljölag lag schon damals das sehr weitgehende Verständnis zugrunde, daß die Arbeit an die psychischen und physischen Voraussetzungen des Menschen anzupassen ist und die Bedeutung der menschlichen Bedürfnisse bei der Arbeit zu beachten sind. Dabei ist die Zusammenarbeit zwischen Arbeitgeber und Arbeitnehmer ein Mittel, dieses Ziel zu erreichen.

Beide Gesetze weisen die Grundverpflichtung für den Arbeitsschutz dem Arbeitgeber zu. Auch andere Vorschriften weisen durchaus Ähnlichkeiten auf. § 4 ArbSchG sowie Kapitel 2 § 1 AML enthalten beide ähnliche Vorschriften zur Beschaffenheit der Arbeit und der damit verbundenen Schutzarbeit. Auch sind die Vorschriften bei der Zusammenarbeit mehrerer Arbeitgeber ähnlich. Gleiches gilt auch für die später noch zu analysierende Beurteilung der Arbeitsbedingungen und die Dokumentation. Hier wird die europäische Vereinheitlichung besonders deutlich.

Allerdings sind manche Regelungen des Arbetsmiljölag noch weitergehender als die des Arbeitsschutzgesetzes. So sieht Kapitel 6 § 18 AML bspw. vor, daß sogar Schüler einen eigenen Arbeitsschutzbeauftragten wählen. Auch Kapitel 2 § 1 Abs. 5 AML ist weitgehend; diese Norm bestimmt, daß angestrebt werden soll, daß die Arbeitsverhältnisse die Möglichkeit zur persönlichen und beruflichen Weiterbildung ebenso wie zur Selbstbestimmung und beruflichen Verantwortung bieten. Das zeugt von einem dynamischen Verständnis der Arbeitsumwelt, das auch soziale sowie psychische Komponenten berücksichtigt und prägend für den Arbeitsumweltbegriff ist.

---

505 Gullberg/Rundqvist, S. 66.

506 Siehe oben unter A.II. sowie B.I.

4. EG-rechtskonforme Auslegung des Gesundheitsbegriffs des Arbeitsschutzgesetzes unter Heranziehung des schwedischen Arbeitsumweltbegriffs

Zur Konkretisierung des Gesundheitsbegriffes des Arbeitsschutzgesetzes soll hier, unter Anwendung der dieser Arbeit zugrundeliegenden Methode des Rechtsvergleichs, der schwedische Arbeitsumweltbegriff stellvertretend für das skandinavische „Ursprungsrecht" herangezogen werden, um eine EG-rechtskonforme Auslegung zu gewährleisten. Dabei kann der deutsche Gesundheitsbegriff des Arbeitsschutzgesetzes nicht losgelöst von der Rahmenrichtlinie bestimmt werden, die Grundlage für das Gesetz war. Anhand des bereits angesprochenen Begriffs der menschengerechten Gestaltung der Arbeit ist dies schon aufgezeigt worden. Berücksichtigt man nun zur weiteren konkretisierenden Auslegung die dem Arbeitsschutzgesetz zugrundeliegende Rahmenrichtlinie, nähert man sich auch der ILO-Gesundheitsdefinition an.[507] Der eindeutig weite Arbeitsschutzansatz, auch im Hinblick auf die ILO-Definition, läßt der menschengerechten Gestaltung der Arbeit i.S.d. Arbeitsschutzgesetzes eine weite Bedeutung zukommen. Dabei kann die Arbeitszufriedenheit und das Wohlbefinden am Arbeitsplatz nicht generell aus dem Gesundheitsverständnis des Arbeitsschutzgesetzes ausgeschlossen werden.[508] Entscheidendes Kriterium ist in diesem Zusammenhang, ob das psychische Wohlbefinden durch die Gestaltung der Arbeitsverhältnisse und -bedingungen betroffen wird.[509] Sieht man in diesem Zusammenhang die Arbeitszufriedenheit als wichtigen Indikator für die Qualität des Arbeitslebens, so kann die menschengerechte Gestaltung der Arbeit gerade dazu beitragen.[510]

Zunächst ist also festzustellen, daß das Arbeitsschutzgesetz schon von einem weiten Arbeitsschutzansatz ausgeht. Dabei kann die menschengerechte Gestaltung der Arbeit zur Arbeitszufriedenheit und somit auch zur Qualität des Arbeitslebens beitragen.[511]

Zieht man nun zur weiteren Konkretisierung und Bestätigung des Gesundheitsbegriffs des Arbeitsschutzgesetzes das Verständnis des schwedischen Arbeitsumweltbegriffs heran, so zeigen sich Unterschiede zwischen deutschem und schwedischem Verständnis schon in der allgemeinen Begrifflichkeit. Während in Deutschland die traditionellen Begriffe Arbeitsschutz bzw. konkreter Gesundheitsschutz verwendet werden, wird in Schweden von der Arbeitsumwelt gesprochen. Die historische Entwicklung[512] hat gezeigt, daß in früheren Zeiten in Schweden ebenfalls die Begriffe Arbeitsschutz und Arbeitsschutzge-

507 Siehe oben unter B.II.5.
508 Kittner/Pieper, § 1 ArbSchG Rn. 8 f.
509 BVerwG 1 C 20/95 NZA 1997, 482, 483.
510 Kittner/Pieper, § 1 ArbSchG Rn. 8.
511 Im Ergebnis so wohl auch Kittner/Pieper, § 1 ArbSchG Rn. 8 ff.
512 Siehe oben unter C.I.1.

setz selbstverständlich waren und sich erst Mitte der 60er Jahre des letzen Jahrhunderts die Perspektive veränderte und die individuelle Arbeitssituation betrachtet und psychologische und soziale Faktoren wichtig wurden. Hier setzte schon sehr früh ein Wandel ein. In Deutschland hingegen fand zu diesem Zeitpunkt kein vergleichbarer Umbruch statt.[513] Daraus könnte geschlossen werden, daß dieses Verständnis zunächst deutlich über die deutsche Auffassung hinausgeht. Allerdings sieht auch die menschengerechte Gestaltung nach deutschem Recht möglichst die Vermeidung einer maschinenbestimmten Gestaltung des Arbeitsrhythmus vor, was auch Kapitel 2 § 1 Abs. 4 Arbetsmiljölag entspricht. Das Anstreben von sozialem Kontakt sowie die Möglichkeit der privaten und beruflichen Entfaltung dürfte zunächst wohl nicht mehr dem Gesundheitsverständnis des Arbeitsschutzgesetzes entsprechen. Legt man aber den wichtigen Gedanken zugrunde, daß auch nach deutschem Verständnis das allgemeine Wohlbefinden sowie die Arbeitszufriedenheit nicht generell dem Gesundheitsbegriff des Arbeitsschutzgesetzes entzogen sind, insofern eine Beeinträchtigung unmittelbar mit der Gestaltung der Arbeitsverhältnisse zusammenhängt, so ist das schwedische doch nicht ganz so weit vom deutschen Verständnis entfernt.[514] Allerdings muß sich diese Auffassung in der Bundesrepublik noch stärker durchsetzen. Dabei darf aber nicht vergessen werden, daß in Schweden das Umdenken schon vor ca. 30 Jahren stattfand, während in Deutschland dieser Paradigmawechsel im Arbeitsschutz und damit auch im Gesundheitsverständnis erst in den neunziger Jahren mit Umsetzung des EG-Rechts eingesetzt hat. Diese Umsetzung benötigt Zeit, darf aber nicht be- oder gar verhindert werden. Dabei ist es notwendig, daß gerade das Zusammenwirken von vielen unterschiedlichen Faktoren, die zur negativen Beeinflussung der Gesundheit beitragen können, im bundesdeutschen Recht stärker berücksichtigt werden. Der Gesundheitsbegriff des Arbeitsschutzgesetzes darf nicht zu statisch verstanden werden. Zur Bestimmung des bundesdeutschen Gesundheitsbegriffs sollte deshalb der vorbildhafte skandinavische Gedanke der Arbeitsumwelt, das umfassende und ganzheitliche Verständnis von Mensch und Arbeit, herangezogen werden, um eine EG-rechtskonforme Auslegung des Gesundheitsbegriffs des ArbSchG zu erreichen, auch wenn dies in der Bundesrepublik nicht nur auf Zustimmung stoßen dürfte.

---

513 Siehe unter C.I.2.

514 Vgl. auch in der Literatur (zur menschengerechten Gestaltung der Arbeit) Kittner/Pieper, § 2 ArbSchG Rn. 8 ff. mit zahlreichen Beispielen; Münch-ArbR II-Wlotzke § 206 Rn. 12 ff.

E. Beteiligungsrechte im Arbeitsschutz

Im Folgenden sollen die Beteiligungsrechte im Arbeitsschutz in Schweden sowie in Deutschland untersucht werden. Dabei soll zunächst mit dem schwedischen Recht begonnen und mit dem deutschen Recht fortgefahren werden. Verglichen wird die Möglichkeit der Beteiligung in beiden Staaten. Dies geschieht insbesondere anhand der Systematik der nationalen beteiligungsrelevanten Vorschriften, der Voraussetzungen und der daraus resultierende Rechte sowie des Umfangs der Aufgaben im Arbeitsschutzrecht. Dabei stehen nach schwedischem Recht der Arbeitsschutzbeauftragte, respektive das Schutzkomitee sowie nach deutschem Recht der Betriebsrat im Mittelpunkt und werden miteinander verglichen. Des besseren Verständnisses halber soll bei der Untersuchung der schwedischen Vorschriften die Gesetzesstruktur beibehalten und sich an dieser orientiert werden. Das heißt, die einzelnen relevanten Vorschriften des Kapitel 6 AML werden entsprechend bearbeitet.

Gerade im Hinblick auf das deutsche Recht soll ausführlich auf die Versuche eingegangen werden, das Mitbestimmungsrecht gem. § 87 Abs. 1 Nr. 7 BetrVG einzuschränken, um weiter zu verdeutlichen, wo im deutschen Recht die Probleme liegen und daß eine EG-rechtskonforme Auslegung der bundesdeutschen Beteiligungsrechte erforderlich ist.

I. Die Beteiligung der Arbeitnehmer durch ihre Vertreter nach dem schwedischen Arbetsmiljölag

In Schweden besteht schon traditionell eine Zusammenarbeit zwischen Arbeitgeber und Arbeitnehmer im Arbeitsschutz, was auch dem Verständnis des nordischen Modells entspricht.[515] Die Zusammenarbeit entstand sowohl durch Gesetzgebung als auch durch Abkommen zwischen Arbeitgeber und Arbeitnehmerorganisationen.[516] 1973, als das damalige Arbeitsschutzgesetz umfassend reformiert wurde, kam man zu der Auffassung, daß die Zusammenarbeit zwischen Arbeitgeber und Arbeitnehmer eine Grundvoraussetzung für das Streben nach einer verbesserten Arbeitsumwelt ist. In Arbeitsumweltfragen sollten Arbeitgeber und Arbeitnehmer als gleichgestellte Partner zusammenarbeiten.[517]

In Schweden ist die Beteiligung der Arbeitnehmer im Arbetsmiljölag geregelt, obwohl die Mitbestimmung auch im zentralen Medbestämmandelag (Mitbestimmungsgesetz) geregelt ist.[518] Hier ist also schon ein erster Unterschied zu Deutschland festzustellen. Die heutigen Regelungen der Zusammenarbeit haben größtenteils ihren Ursprung in den Normen, die 1973 bei der Änderung des da-

515 Vgl. oben unter A.IV.2. und C.I.1., siehe auch Gullberg/Rundqvist, S. 171.
516 Gullberg/Rundqvist, S. 171.
517 Gullberg/Rundqvist, S. 171.
518 Zum Medbestämmandelag, siehe unten unter E.I.2.

maligen Arbeitsschutzgesetzes neu eingeführt worden sind.[519] Die Beteiligungsrechte sind nun in einem eigenen Kapitel, Kapitel 6, des Arbetsmiljölag normiert und wurden seit Bestehen des Arbetsmiljölag mehrfach verändert. Die Verordnung des Arbetsmiljöverk über systematische Arbeitsumweltarbeit von 2001[520] enthält des weiteren konkretisierende Regelungen im Hinblick auf die Verpflichtung des Arbeitgebers zur systematischen Arbeitsschutzarbeit, vgl. Kapitel 3 § 2 a AML, aber auch zur Zusammenarbeit zwischen Arbeitgeber und Arbeitnehmern in diesem Bereich. So wird hinsichtlich der Zusammenarbeit u.a. angeführt, daß Arbeitgeber, Arbeitnehmer und Arbeitsschutzbeauftragte gemeinsam beschließen sollen, wie zusammen die systematische Arbeitsumweltarbeit betrieben wird, § 4 AFS 2001:1.[521] Wichtiges Element ist, daß diejenigen, die Arbetsmiljöarbeit betreiben, genügend Zeit haben und die Informationen bekommen, die sie benötigten. Der Arbeitgeber behält allerdings die Verantwortung für die Arbeitsumwelt; eine Zusammenarbeit ist jedoch Voraussetzung für eine effektive Arbeitsumweltarbeit.[522]

Diese Verordnung entspricht auch der Systematik der Rahmenrichtlinie Arbeitsschutz, die die zentrale Verantwortung im Arbeitsschutz dem Arbeitgeber überträgt, aber eine wirksame Arbeitsschutzarbeit nur durch eine wirksame Beteiligung der Beschäftigten gewährleistet sieht.

Wie die Beteiligung der Beschäftigten nach dem schwedischen Arbetsmiljölag konkret gestaltet ist, soll nun dargelegt werden.

1. Kapitel 6 Arbetsmiljölag

a. Kapitel 6 § 1 AML

Gemäß Kapitel 6 § 1 AML sollen Arbeitgeber und Arbeitnehmer auf geeignete Weise organisierte Arbeitsumweltarbeit betreiben. Diese Regelung bildet die Einleitung des 6. Kapitels AML. Bereits in Kapitel 3 § 1a AML ist normiert, daß Arbeitgeber und Arbeitnehmer zur Erreichung einer guten Arbeitsumwelt zusammenarbeiten sollen. Diese Hauptregel wird hier noch einmal bestärkt. In den anderen Normen des 6. Kapitel wird die Zusammenarbeit dann konkretisiert.[523]

b. Kapitel 6 § 2 AML – Skyddsombud (Arbeitsschutzbeauftragter)

Kapitel 6 § 2 Abs. 1 AML enthält als zentrale Norm die Regelung, daß an Arbeitsstellen, an denen mindestens fünf Arbeitnehmer regelmäßig beschäftigt

519 Vgl. Prop. 1976/77:149, S. 329 ff.; Gullberg/Rundqvist, S. 173.

520 AFS 2001:1; siehe auch unten unter E.IV.1.

521 Vgl. auch die Kommentierung zu § 4 in AFS 2001:1, S. 13 f.; vgl. Gullberg/Rundqvist, S. 176.

522 AFS 2001:1, S. 14.

523 Vgl. AD 2002 Nr. 9, S. 56; Ericson/Gustafsson, S. 146; Gullberg/Rundqvist, S. 176.

sind, unter den Beschäftigten ein oder mehrere Arbeitsschutzbeauftragte bestimmt werden sollen. Der Arbeitsschutzbeauftragte soll auch an anderen Arbeitsstellen bestimmt werden, wenn die Arbeitsverhältnisse dies erfordern. Für den Arbeitsschutzbeauftragten ist ein Stellvertreter zu benennen. Nach Kapitel 6 § 2 Abs. 2 AML soll der Arbeitsschutzbeauftragte von der örtlichen Arbeitnehmerorganisation, die einen Kollektivvertrag mit dem Arbeitgeber abgeschlossen hat oder üblicherweise abschließt, bestimmt werden. Gibt es eine solche Organisation nicht, wird der Arbeitsschutzbeauftragte von den Arbeitnehmern bestimmt. Gemäß Kapitel 6 § 2 Abs. 3 AML soll an Arbeitsstellen, an denen ein Schutzkomitee gemäß § 8 nicht eingesetzt wurde, die örtliche Abteilung der Arbeitnehmerorganisation oder ein vergleichbarer Zusammenschluß von Arbeitnehmern den Arbeitsschutzbeauftragten außerhalb des Kreises der Arbeitnehmer bestimmen (regionaler Arbeitsschutzbeauftragter). Nach Kapitel 6 § 2 Abs. 4 besteht das Recht, einen regionalen Arbeitsschutzbeauftragten zu bestimmen nur dann, wenn die Abteilung oder der Zusammenschluß ein Mitglied an der Arbeitsstelle hat.

Es wird deutlich, daß Kapitel 6 § 2 AML eine wichtige Funktion hinsichtlich der Beteiligung der Arbeitnehmer im Arbeitsschutz zukommt. Im Folgenden sollen die einzelnen Voraussetzungen und Vorgaben näher untersucht werden. Zunächst soll ermittelt werden, was der Begriff *arbetsställe*, Arbeitsstelle, der in Kapitel 6 § 2 Abs. 1 AML enthalten ist und der für die Einrichtung eines Arbeitsschutzbeauftragten wesentlich ist, umfaßt. Diese Formulierung ist gesetzlich nicht definiert. Die Bedeutung muß also im Folgenden ermittelt werden.

aa. Arbetsställe (Arbeitsstelle)

Der Begriff *arbetsställe* ist schon seit langem in der arbeitsschutzrechtlichen Gesetzgebung anerkannt.[524] Historisch betrachtet versteht man gemäß den Vorarbeiten zum damaligen schwedischen Arbeitsschutzgesetz unter *arbetsställe* einen lokal abgegrenzten Bereich, in dem der Arbeitgeber für sein Geschäft Arbeit verrichten läßt, ungeachtet dessen, ob diese in einem Arbeitsraum, unter freiem Himmel oder unter der Erde ausgeführt wird.[525] Dabei soll der Begriff *arbetsställe* nicht eine so einschränkende Bedeutung erhalten, daß darunter nur ein und die selbe Räumlichkeit, Gebäude oder Platz im Freien verstanden wird. Was als arbetsställe zu verstehen ist, ist im Zweifel von Fall zu Fall zu bestimmen.[526] Dabei spricht die Formulierung „lokal abgegrenzter Bereich“ dafür, daß die Tätigkeit an ein und demselben Ort ausgeführt werden muß. Aber selbst diese Begrenzung ist nicht allgemeingültig.[527] Diese Definition, die zum Ar-

524 Vgl. Gullberg/Rundqvist, S. 177.
525 SOU 1946:60, S. 60 f.; vgl. Prop. 1976/77:149, S. 379.
526 SOU 1946:60, S. 61; vgl. Prop. 1976/77:149, S. 379.
527 Vgl. Prop. 1976/77:149, S. 379.

beitsschutzgesetz entwickelt wurde, war in der Zukunft wegweisend für die Auslegung des Begriffs *arbetsställe* und somit auch in Verbindung mit der Auswahl des Arbeitsschutzbeauftragten.[528] Des weiteren sollten auch die kollektiven Organisationen Einfluß auf die Feststellung, wann eine *arbetställe* vorliegt, haben. Schon damals bildete die obige Definition die Grundlage zur Bestimmung des Begriffs *arbetsställe* in Tarifverträgen im Bereich des Arbeitsschutzes.[529]

Die Formulierung *arbetsställe* wurde auch mit ins Arbetsmiljölag aufgenommen, ohne ihr einen neuen Inhalt zu geben.[530] Im Hinblick auf die sich ändernden Verhältnisse wurde bewußt darauf verzichtet, den Begriff gesetzlich zu definieren.[531] Ausschlaggebend sollte im allgemeinen die Art der Tätigkeit und das Fundament sein, was benötigt wird, um eine funktionierende lokale Schutzorganisation zu schaffen.[532] In diesem Rahmen muß die Bedeutung der arbetsställe näher auf der lokalen Ebene mit Hilfe der bisherigen Praxis abgegrenzt werden.[533]

Zusammenfassend läßt sich also sagen, daß unter dem Begriff *arbetsställe* i.S.d. Arbetsmiljölag ein lokal abgegrenzter Bereich zu verstehen ist, in dem der Arbeitgeber für sein Geschäft Arbeit verrichten läßt, ungeachtet dessen, ob diese in einem Arbeitsraum, unter freiem Himmel oder unter der Erde ausgeführt wird. Diese Definition ist aber nicht allgemeingültig, sondern immer unter Berücksichtigung der konkreten Umstände am Arbeitsort und einer wirksamen Schutzarbeit zu betrachten.

bb. Regelbundet sysselsäts (regelmäßig beschäftigt)

Als nächstes ist festzustellen, was der Begriff *regelbundet sysselsäts*, regelmäßig beschäftigt, aussagt.

Der Gedanke, der hinter dieser Formulierung steht, ist der, daß der Arbeitsschutzbeauftragte an Arbeitsstellen eingesetzt werden soll, die eine gewisse Dauerhaftigkeit aufweisen.[534] Mit *regelbundet sysselsäts* ist gemeint, daß die Arbeit nicht nur rein zufällig sein soll. Denn dann ist es problematisch, eine funktionierende lokale Schutzorganisation zu errichten, die eine gewisse Kontinuität erfordert.[535] Allerdings ist die Bestimmung von regelmäßiger Beschäftigung gerade hinsichtlich zeitlich begrenzter Beschäftigung nicht problemlos. Es muß auch hier im Einzelfall abgewogen und hinterfragt werden, ob es auch

528 Prop. 1976/77:149, S. 379.
529 Prop. 1976/77:149, S. 379.
530 Vgl. Gullberg/Rundqvist, S. 177.
531 Prop. 1976/77:149, S. 380.
532 Vgl. Gullberg/Rundqvist, S. 177; Prop. 1976/77:149, S. 379.
533 Gullberg/Rundqvist, S. 177.
534 Steinberg, S. 58.
535 Steinberg, S. 58.

möglich ist, organisierte Schutzarbeit innerhalb einer begrenzten Zeitperiode zu betreiben. Weiteren Aufschluß darüber gibt die Rechtsprechung des AD (schwedischer Arbeitsgerichtshof).[536] Einem einschlägigen Fall lag der Sachverhalt zugrunde, daß Stockholms kommun jeweils für ca. zwei Monate im Sommer Personal anstellte, das in ganz Schweden auf von der Kommune betriebenen Ferien-Grundstücken tätig war, um dort ca. 3.500 Kinder aus Stockholm, die dort ihre Ferien verbrachten, zu betreuen. Die Sommerarbeiter gehörten einer Gewerkschaft an, die Tarifverträge mit der Kommune abschloß. In diesem Tarifvertrag kamen die Partner überein, daß die Gewerkschaft der Sommerarbeiter eigene Arbeitsschutzbeauftragte bestimmen konnte und daß diese auch die erforderliche Ausbildung erhalten sollten. In dem Rechtsstreit war strittig, ob die Arbeitsschutzbeauftragten schon im Vorfeld der eigentlichen Tätigkeit in den Ferienlagern hinsichtlich der Planung der Schutzarbeit sowie der tarifvertraglich vereinbarten Ausbildung tätig werden konnten. Der AD vertrat in diesem Fall die Ansicht, daß die Schutzarbeit schon im Vorfeld der eigentlichen Tätigkeit beginnen kann und daß auch die erforderliche Ausbildung, wie tarifvertraglich vereinbart, eingehalten werden muß.[537]

Es wird also deutlich, daß auch die Formulierung *regelbundet sysselsäts* stark vom Einzelfall abhängig ist und eine generelle Aussage, wann eine regelmäßige Beschäftigung, also eine Dauerhaftigkeit, vorliegt, nicht ohne weiteres möglich ist.

cc. Bland arbetstagarna (unter den Arbeitnehmern)

Kapitel 6 § 2 Abs. 1 S. AML besagt, daß der Arbeitschutzbeauftragte *bland arbetstagarna*, unter den Arbeitnehmern, ausgewählt werden soll. Der Gedanke, der dahinter steht, ist der, daß derjenige, der zum Arbeitsschutzbeauftragten ernannt wird, eine Nähebeziehung zu den Beschäftigten haben soll, für die er tätig ist. Für die Beschäftigten ist es dann einfacher, sich die Arbeitsschutzmaßnahmen anzueignen, auf die der Arbeitsschutzbeauftragte durch seine Teilnahme in der Arbeitsschutzorganisation hinweist und ihnen vermitteln soll.[538] Die Nähe zum Arbeitsschutzbeauftragten soll dazu führen, daß die Arbeitnehmer ein Interesse für die Arbeitsumwelt entwickeln.[539] Hinzu kommt, daß er, wenn er unter den Arbeitnehmern ausgewählt wird, die er vertritt, leichter die Mängel in der Arbeitsumwelt aufdecken kann, deren Teil er selber ist. Und für die übrigen Beschäftigten ist es leichter, den Kontakt zu ihm zu finden.[540] Diese Gründe sind nachzuvollziehen und verdeutlichen, warum der Arbeitsschutzbeauftragte

---

536 AD 1978 Nr. 165, S. 1189 ff.

537 AD 1978 Nr. 165, S. 1198 ff.

538 Steinberg, S. 58.

539 Prop. 1931:40, S. 129; Vorschlag zur Änderung des Arbeitsschutzgesetzes.

540 Steinberg, S. 59. U.a. zu den Voraussetzungen die ein Arbeitsschutzbeauftragter aufweisen sollte sowie zu seiner Mandatsdauer siehe § 6 Abetsmiljöförordning.

bland arbetstagarna, also aus den Reihen der Arbeitnehmer, ausgewählt werden soll.

dd. Kan utses även på annat arbetsställe (kann auch an anderen Arbeitsstellen bestimmt werden)

Kapitel 6 § 2 Abs. 1 S. 2 AML enthält die Vorschrift, daß ein Arbeitsschutzbeauftragter auch an anderen Arbeitsstellen bestimmt werden soll, *skall utses även på annat arbetsställe*, wenn die Verhältnisse dies erfordern. Ein Arbeitsschutzbeauftragter kann auch für Arbeitsställen bestimmt werden, an denen weniger als fünf Arbeitnehmer beschäftigt sind. Das kann bspw. dann erforderlich sein, wenn die Arbeitsumwelt besondere Gesundheitsgefahren mit sich bringt.[541] Das kann wiederum der Fall sein, wenn an der Arbeitsstelle mit gefährlichen Stoffen wie Asbest gearbeitet wird,[542] aber auch in bestimmten Konstellationen, wenn Minderjährige an der Arbeitsstelle beschäftigt sind.[543]

ee. Utses av lokal arbetstagarorganisation (bestimmt von der örtlichen Arbeitnehmerorganisation)

Kapitel 6 § 2 Abs. 2 S. 1 u. 2 AML normiert, daß der Arbeitsschutzbeauftragte von der örtlichen Arbeitnehmerorganisation bestimmt wird, die tarifvertraglich mit dem Arbeitgeber gebunden ist oder sich üblicherweise bindet. Gibt es keine solche Gewerkschaft, wird der Arbeitsschutzbeauftragte von den Arbeitnehmern bestimmt. Mit der örtlichen Arbeitnehmerorganisation sind die Arbeitnehmerverbände gemeint, an die die Beschäftigten der Arbeitsstelle angeschlossen sind.[544] Diese Organisation soll durch Tarifvertrag mit dem Arbeitgeber verbunden sein oder üblicherweise gebunden sein. Damit ist gemeint, daß nur vorübergehend kein entsprechender Vertrag abgeschlossen wurde.[545] Ist keine entsprechende gewerkschaftliche Organisation an der Arbeitsstelle vertreten, wählen die Arbeitnehmer einen Arbeitsschutzbeauftragten. Allerdings besteht auch die Möglichkeit, daß eine Arbeitnehmerorganisation, die nicht tarifvertraglich an den Arbeitgeber gebunden ist, einen Arbeitsschutzbeauftragten bestimmt, unter der Voraussetzung, daß der Arbeitgeber dies akzeptiert.[546]

Im AML ist allerdings nicht geregelt, welche Arbeitnehmerorganisation den Arbeitsschutzbeauftragten auswählt, wenn mehrere Gewerkschaften tarifvertraglich mit dem Arbeitgeber verbunden sind. Hier setzt es Einigkeit zwischen den Organisationen voraus.[547] Das damalige Arbetarskyddsstyrelsen emp-

---

[541] Gullberg/Rundqvist, S. 178; Steinberg, S. 59.
[542] Steinberg, S. 59.
[543] Siehe näher hierzu Steinberg, S. 59.
[544] Gullberg/Rundqvist, S. 178.
[545] Steinberg, S. 60.
[546] Vgl. Steinberg, S. 60.
[547] Gullberg/Rundqvist, S. 179.

fahl in solchen Fällen, daß die Organisation mit den meisten Mitgliedern an der Arbeitsstelle den Arbeitsschutzbeauftragten auswählen sollte.[548]

c. Regionalt skyddombud (regionaler Arbeitsschutzbeauftragter)

Kapitel 6 § 2 Abs. 3 AML sieht vor, daß an Arbeitsstellen, an denen ein Schutzkomitee gemäß § 8 nicht eingesetzt wurde, die örtliche Abteilung der Gewerkschaft oder ein vergleichbarer Zusammenschluß von Arbeitnehmern den Arbeitsschutzbeauftragten außerhalb des Kreises der Arbeitnehmer bestimmt (regionaler Arbeitsschutzbeauftragter). Diese Bestimmung hat ihren Ursprung in den Änderungen des Arbeitsschutzgesetzes von 1973.[549] Die Einsetzung eines regionalen Arbeitsschutzbeauftragten soll insbesondere in kleinsten Arbeitsstellen, aber auch in allen anderen Betrieben mit unzureichender Schutzorganisation zu einer wirksamen Arbeitsumweltorganisation führen.[550] Die Hauptaufgabe des regionalen Arbeitsschutzbeauftragten besteht dabei darin, die lokale Schutzarbeit zu aktivieren, nicht aber zu kontrollieren oder zu inspizieren; das soll den staatlichen Stellen vorbehalten sein.[551] Der Grundgedanke, der hinter dieser Norm stand, war der, daß der regionale Arbeitsschutzbeauftragte durch die gewerkschaftlichen Organisationen den Beschäftigten an den Arbeitsstellen die Voraussetzungen und die Hilfe und Unterstützung geben sollte, die nötig war, um eine gute Arbeitsumwelt zu erhalten und zu verbessern.[552] Viele regionale Arbeitsschutzbeauftragte sind an einem anderen Arbeitsplatz beschäftigt und werden von ihrer Tätigkeit befreit, während sie die Arbeitsplätze besuchen, für die sie als regionale Arbeitsschutzbeauftragte zuständig sind.[553] Oft nehmen auch Gewerkschaftsfunktionäre die Aufgaben des regionalen Arbeitsschutzbeauftragten wahr.[554] Gewählt werden sie nicht von den Beschäftigten am Arbeitsplatz, sondern von der lokalen Abteilung der Gewerkschaft oder einem vergleichbaren Zusammenschluß von Arbeitnehmern. Eine lokale Abteilung der Gewerkschaft ist normalerweise an ein gewisses geographisches Gebiet gebunden und umfaßt mehrere Arbeitsstellen.[555] Es ist dabei nicht Voraussetzung, daß die Arbeitnehmerorganisation tarifvertraglich mit dem Arbeit-

---

548 Vgl. Gullberg/Rundqvist, S. 179. Zu weiteren formellen Voraussetzungen vgl. § 10 Arbetsmiljöförodning. Ein zentrales Register der Arbeitsschutzbeauftragten wird vom Arbetsmiljöverk geführt. Zum Jahreswechsel 2000/2001 gab es ca. 118.000 Arbeitsschutzbeauftragte in Schweden; dazu kommen noch die regionalen Arbeitsschutzbeauftragten, siehe dazu gleich, vgl. insgesamt Gullberg/Rundqvist, S. 179.

549 Prop. 1976/77:149.

550 Steinberg, S. 72; Ericson/Gustafsson, S. 148 f.; Gullberg/Rundqvist, S. 180; Landsorganisationen, Hur fungerar; S. 40.

551 Steinberg, S. 72.

552 Prop. 1973:130, S. 155 - Maßnahmen für eine bessere Arbeitsumwelt.

553 Steinberg, S. 72.

554 Lindh, S. 64.

555 Ericson/Gustafsson, S. 148.

gebern an den Arbeitsstellen gebunden ist, an denen die regionalen Arbeitsschutzbeauftragten tätig sind.[556] Allerdings muß gemäß Kapitel 6 § 2 Abs. 4 AML mindestens ein Beschäftigter der entsprechenden Arbeitsstelle Mitglied in der Arbeitnehmerorganisation sein. Wird ein Schutzkomitee gemäß Kapitel 6 § 8 AML gebildet[557], verliert der regionale Arbeitsschutzbeauftragte sein Wirkungsrecht an der entsprechenden Arbeitsstelle.[558]

Ein regionaler Arbeitsschutzbeauftragter kann auch dann bestimmt werden, wenn es bereits einen lokalen Arbeitsschutzbeauftragten an der Arbeitsstelle gibt.[559] Des weiteren gelten die gesetzlichen Bestimmungen, die den lokalen Arbeitsschutzbeauftragten betreffen, zumeist auch für den regionalen Arbeitsschutzbeauftragten.[560]

d. Huvudskyddsombud (Hauptarbeitsschutzbeauftragter)

Gibt es an einer Arbeitsstelle mehr als einen Arbeitsschutzbeauftragten, soll gemäß Kapitel 6 § 3 AML ein Beauftragter zum Hauptarbeitsschutzbeauftragen bestimmt werden mit der Aufgabe, die Tätigkeit der Arbeitsschutzbeauftragten zu koordinieren. Der Hauptarbeitsschutzbeauftragte organisiert die Schutzarbeit der Arbeitsschutzbeauftragten, wozu die Information über aktuelle Arbeitsumweltfragen oder die Neuorganisation am Arbeitsplatz, Weiterbildung usw. gehören. Gleichfalls vertritt er die Arbeitsschutzbeauftragten auch nach außen, d.h. er ist bspw. dem Vorstand der Gewerkschaft beigeordnet, nimmt an übergreifenden Planungstreffen teil und hält den Kontakt zum Arbetsmiljöverk.[561] Die Verantwortung untereinander, also zwischen dem Hauptarbeitsschutzbeauftragten sowie den einzelnen Arbeitsschutzbeauftragten, wird von der Arbeitnehmerorganisation festgelegt, die die Arbeitsschutzbeauftragten bestimmt hat.[562] Der Hauptarbeitsschutzbeauftragte ist letzten Endes der Vertreter der Arbeitnehmer im Verhältnis zum Arbeitgeber und nach außen.[563]

---

556 Prop. 1976/77:149, S. 345.

557 Siehe dazu sogleich unter E.I.1.e.

558 Steinberg, S. 73.

559 Gullberg/Rundqvist, S. 181; Steinberg, S. 73.

560 Gullberg/Rundqvist, S. 181; vgl. auch Prop. 1976/77:149, S. 346. Bis 1999 wurden die Kosten für den regionalen Arbeitschutzbeauftragten größtenteils durch den Arbeitgeber getragen („arbetarskyddsavgift“ siehe dazu Gullberg/Rundqvist, S. 23 f.), nun finanziert das Arbetsmiljöverk sowie LO, TCO und SACO die Tätigkeit der regionalen Arbeitsschutzbeauftragten, vgl. Steinberg, S. 73; Ericson/Gustafsson, S. 149; Gullberg/Rundqvist, S. 181. Zum Jahreswechsel 2000/2001 gab es gemäß dem geführten Register 2.491 regionale Arbeitsschutzbeauftragte, zitiert nach Gullberg/Rundqvist, S. 181.

561 Steinberg, S. 70.

562 Prop. 176/77:149, S. 344.

563 Prop. 176/77:149, S. 344.

e. Kapitel 6 § 8 AML – Skyddskommitté (Schutzkomitee)

Gemäß Kapitel 6 § 8 Abs. 1 AML soll an Arbeitsstellen mit mindestens fünfzig regelmäßig beschäftigten Arbeitnehmern ein Schutzkomitee eingerichtet werden, welches sich aus Vertretern des Arbeitgebers und der Arbeitnehmer zusammensetzt. Das Schutzkomitee soll auch an Arbeitsstellen mit weniger Arbeitnehmern eingerichtet werden, wenn die Arbeitnehmer dies verlangen. Nach Kapitel 6 § 8 Abs. 2 AML sind die Vertreter der Angestellten unter den Arbeitnehmern von der lokalen Arbeitnehmerorganisation zu bestimmen, die tarifvertraglich mit dem Arbeitgeber gebunden ist oder sich üblicherweise bindet. Gibt es keine solche Organisation, wird der Vertreter von den Arbeitnehmern bestimmt. Die gesetzliche Regelung ist eindeutig. Die Vertreter der Arbeitnehmer im Schutzausschuß werden auf gleiche Weise bestimmt wie der lokale Arbeitsschutzbeauftragte.

Des weiteren soll das Schutzkomitee paritätisch besetzt sein.[564] Im Hinblick auf die oft wechselnden personellen Verhältnisse an den einzelnen Arbeitsstellen enthält das Gesetz keine detaillierten Regelungen hinsichtlich der Zusammensetzung und Organisation des Schutzkomitees.[565] Allerdings enthalten die §§ 8, 8a und 9 Arbetsmiljöförordning einige allgemeine Vorschriften, die Zusammensetzung und die Organisation des Schutzkomitee betreffend. So wird gemäß § 8 Abs. 1 S. 1 Arbetsmiljöförordning die Anzahl der Mitglieder des Schutzausschusses unter Berücksichtigung der Anzahl der Arbeitnehmer an der Arbeitsstelle, der Natur der Arbeit und der Arbeitsverhältnisse bestimmt. Nach § 8 Abs. 1 S. 2 Arbetsmiljöförordning soll möglichst ein Mitglied des Komitees aus der Unternehmensleitung oder damit vergleichbarer Position stammen. In dem Komitee soll auch ein Mitglied des Vorstandes der lokalen Arbeitnehmerorganisation sowie der Arbeitsschutzbeauftragte vertreten sein, vgl. § 8 Abs. 1 S. 3 und S. 4 Arbetsmiljöförordning. In den Vorarbeiten zur Arbeitsschutzreform von 1973 wurde auch deutlich gemacht, daß im Schutzkomitee unterschiedliche Personalkategorien vertreten sein sollen.[566] Das erscheint auch sinnvoll, arbeiten doch oft die Beschäftigten in unterschiedlichen Arbeitsumwelten.

Das Schutzkomitee soll gemäß § 8a Abs. 1 Arbetsmiljöförordning mindestens einmal jeden dritten Monat zusammentreffen. Können die Vertreter der Arbeitgeberseite und der Arbeitnehmerseite keinen einheitlichen Beschluß fassen, soll die Frage auf Antrag der Mitglieder an das Arbetsmiljöverk verwiesen werden, das diese in dem Umfang prüft, in dem sie in den Befugnisbereich des Arbetsmiljöverk fällt, vgl. § 9 Abs. 1 Arbetsmiljöförordning. Das Arbetsmiljöverk trifft hier aber keine Pflicht, einen formellen Beschluß zu fassen.[567] Das

---

564 Steinberg, S. 46; Ahlberg/Krook, S. 95; Gullberg/Rundqvist, S. 195.
565 Gullberg/Rundqvist, S. 195.
566 Prop. 1973:130, S. 164 - Maßnahmen für eine bessere Arbeitsumwelt.
567 Lindh, S. 69.

Arbetsmiljöverk nimmt hier eine Art Schlichterfunktion wahr, indem es Meinungsverschiedenheiten durch eigene Prüfung beilegt. Somit nimmt sie ähnliche Aufgaben wie die Einigungsstelle gemäß § 76 BetrVG war, obwohl diese natürlich keine staatliche Stelle darstellt und personell anders besetzt ist.

Hinsichtlich eines deutschen Pendants zum Schutzkomitee könnte man an den Arbeitsschutzausschuß gemäß § 11 ASiG denken. Nach § 11 S. 1 ASiG hat der Arbeitgeber in Betrieben mit mehr als 20 Beschäftigten einen Arbeitsschutzausschuß zu bilden. Der Ausschuß setzt sich aus dem Arbeitgeber oder einem von ihm Beauftragten, zwei vom Betriebsrat bestimmten Betriebsratsmitgliedern, Betriebsärzten, Fachkräften für Arbeitssicherheit und Sicherheitsbeauftragten (§ 22 SGB VII) zusammen, vgl. § 11 S. 2 ASiG. Aufgabe des Arbeitsschutzausschusses ist es gemäß § 11 S. 4 ASiG, Anliegen des Arbeitsschutzes und der Unfallverhütung zu beraten.

Schon an der Zusammensetzung läßt sich erkennen, daß der Arbeitsschutzausschuß nicht wie das Schutzkomitee paritätisch besetzt sein soll. In bezug auf die Aufgaben der beiden Ausschüsse[568] lassen sich allerdings Übereinstimmungen feststellen. So gehören bspw. die Erstellung von Arbeitsschutzprogrammen, die Investitionsplanung für die Bekämpfung von Unfallschwerpunkten, das Erarbeiten von betrieblichen Sicherheitsprogrammen, die Vorbereitung von Betriebsvereinbarungen zum Arbeitsschutz, die Überprüfung von Unfällen, die Beteiligung an Betriebsinspektionen, die Anlage einer Statistik zur Ermittlung von Schwerpunkten usw. zu den Aufgaben des Arbeitsschutzausschusses[569], die auch den Aufgaben des Schutzkomitees ähneln. Weitere Gemeinsamkeit ist, daß der Arbeitsschutzausschuß, ebenfalls wie das Schutzkomitee, gemäß § 11 S. 4 ASiG einmal vierteljährlich zusammentreffen soll.

Ein Arbeitsschutzausschuß kann auch gegen den Willen des Arbeitgebers durch den Betriebsrat im Wege eines Beschlußverfahrens durchgesetzt werden.[570] Gemäß § 87 Abs. 1 Nr. 7 BetrVG hat der Betriebsrat weiterhin über die Anzahl der Mitglieder des Ausschusses sowie über das Verfahren über die Auswahl und über die Aufstellung der Geschäftsordnung des Ausschusses mitzubestimmen.[571] Der Ausschuß ist ein Beratungsorgan, der den Arbeitgeber nicht von seinen rechtlichen Verpflichtungen zur Erfüllung der Vorschriften des Arbeitsschutzes und der Unfallverhütung entlastet.[572] Die Übertragung der letztendlichen Verantwortung auf den Arbeitgeber entspricht auch dem Verständnis des schwedischen Gesetzgebers von dem dortigen Schutzkomitee.[573] Der Ar-

568 Zu den Aufgaben des Schutzkomitees siehe genauer unten unter E.I.1.h.

569 Zitiert nach Aufhauser/Brunhöber/Igl, § 11 Rn. 6. Vgl. auch Kittner/Pieper, ASiG, Rn. 136; Wank, ASiG, § 11 Rn. 7.

570 Lorenz, Rn. 98; LAG Hessen NZA 1997, 114; Kittner/Pieper, ASiG, Rn. 134.

571 Wank, ASiG, § 11 Rn. 5; Aufhauser/Brunhöber/Igl, § 11 Rn. 2.

572 Kittner/Pieper, ASiG, Rn. 136; Lorenz, Rn. 100.

573 Vgl. unten unter E.I.1.h.

beitsschutzausschuß kann auch keine eigenständigen für den Betrieb wirksamen Beschlüsse fassen, sondern nur aufgrund der Beratungen Empfehlungen aussprechen.[574]

Das schwedische Schutzkomitee kann durch die starke Vertretung der Arbeitnehmerseite in weitaus größerem Umfang zur Geltendmachung von Interessen der Arbeitnehmer genutzt werden als das beim deutschen Arbeitsschutzausschuß der Fall ist. Es wird als zentrales Organ für die Arbeitsumweltfragen des Betriebes bezeichnet.[575] Der Gedanke, der hinter den Bestimmungen über das Schutzkomitee steht, ist unter anderem der, daß den Beschäftigten durch ihre Repräsentanten im Schutzkomitee eine reelle Einflußnahme auf die Fragen, die die Arbeitsumwelt betreffen, gewährt wird, ohne dabei dem Arbeitgeber aber die Verantwortung zu nehmen.[576]

f. Aufgaben und Rechte des Arbeitsschutzbeauftragten (skyddsombud)

Die Verpflichtungen und Rechte des Arbeitsschutzbeauftragten sind in den weiteren Normen des 6. Kapitels des AML festgelegt und sollen im Folgenden näher dargelegt werden.

aa. Kapitel 6 § 4 AML (Aufgaben des Arbeitsschutzbeauftragten)

Gemäß Kapitel 6 § 4 Abs. 1 AML soll der Arbeitsschutzbeauftragte die Arbeitnehmer in Arbeitsumweltfragen vertreten und für eine zufriedenstellende Arbeitsumwelt sorgen. Zu diesem Zweck soll der Beauftragte in seinem Schutzgebiet über den Schutz gegen Krankheit und Unfall wachen sowie darüber, daß der Arbeitgeber die Anforderungen aus Kapitel 3 § 2a erfüllt. Nach Kapitel 6 § 4 Abs. 2 AML soll der Arbeitsschutzbeauftragte an der Planung neuer oder zu verändernder Arbeitsräume, Anordnungen, Arbeitsprozesse, Arbeitsmethoden und der Arbeitsorganisation teilnehmen, gleichfalls an der Planung der Anwendung von Stoffen, die zu Krankheit oder Unfällen führen können. Der Arbeitsschutzbeauftragte soll weiter an der Erstellung von Handlungsplänen gemäß Kapitel 3 § 2a teilnehmen.

Im AML sind zwar allgemeine, aber doch Beispiele für die Gebiete genannt, wo der Arbeitsschutzbeauftragte beteiligt ist. Das führt dazu, daß die Beteiligung stärker umschrieben und festgelegt ist und es in diesen Bereichen nicht zu der Frage kommt, *ob* eine Beteiligung des Arbeitnehmervertreters überhaupt möglich ist. Im dritten und vierten Absatz von Kapitel 6 § 4 AML sind schließlich weitere Verpflichtungen des Arbeitgebers gegenüber dem Arbeitsschutzbeauftragten festgelegt. Danach soll der Arbeitgeber den Arbeitsschutzbeauftragten über Veränderungen unterrichten, die Bedeutung für die Arbeitsumweltverhältnisse im Bereich des Beauftragten haben. Des weiteren sind

---

574 Kittner/Pieper, ASiG, Rn. 136; Lorenz, Rn. 100.
575 Ericson/Gustafsson, S. 171.
576 Ericson/Gustafsson, S. 171. Vgl. auch unten unter E.I.1.h.

Arbeitgeber und Arbeitnehmer gemeinsam dafür verantwortlich, daß der Arbeitsschutzbeauftragte die erforderliche Ausbildung erhält.

Diese Norm enthält grundlegende Bestimmungen über die Aufgaben des Arbeitsschutzbeauftragten.[577] In dieser Vorschrift werden seine wichtige Funktion und seine weitgehenden Befugnisse noch einmal hervorgehoben. Er soll für eine zufriedenstellende Arbeitsumwelt sorgen und darüber wachen, daß der Arbeitgeber die materiellen Vorgaben des AML einhält. Die Formulierung, daß der Arbeitsschutzbeauftragte eine zufriedenstellende Arbeitsumwelt herstellen und in diesem Zusammenhang über den Schutz vor Krankheit und Unfall wachen soll, schließt nicht nur den Schutz vor physischen Belastungen mit ein, sondern umfaßt auch psychosoziale Faktoren in der Arbeitsumwelt, die zu Krankheit führen können.[578] Dazu gehören bspw. Probleme in der Zusammenarbeit, schlechtes Arbeitsklima, Streß, Gleichstellungsfragen usw.[579] Eine weitere wichtige Aufgabe ist die in Kapitel 6 § 4 Abs. 2 AML genannte Beteiligung des Arbeitsschutzbeauftragten an der Planung der Arbeitsumwelt. Schon in den Vorarbeiten zum Arbetsmiljölag wurde angeführt, daß die Beteiligung der Beschäftigten sich auf jedes Stadium der Planung beziehen soll, welches die Arbeitsumwelt betrifft. In der Praxis bedeutet dies, daß der Arbeitsschutzbeauftragte in unterschiedlichen Projektgruppen mitarbeitet.[580] Bei der Beteiligung an der Planung von neuen oder zu ändernden Arbeitsräumen, Anordnungen, Arbeitsprozessen, Arbeitsmethoden oder der Arbeitsorganisation und der Planung der Anwendung von Stoffen, die zu Krankheit oder Unfällen führen können, sind insbesondere die Arbeitsorganisation, Arbeitsmethoden und die Arbeitsprozesse von besonderer Bedeutung. Hierdurch erhalten die Arbeitnehmer bspw. die Möglichkeit zu beeinflussen, ob und in welcher Form Einzelarbeit durchgeführt werden soll, welches Arbeitstempo für unterschiedliche Aufgaben vorgesehen ist, wie die Voraussetzungen für Gruppenarbeit ausgestaltet sind, wie unterschiedliche Arbeitsaufgaben und Arbeitsmomente gestaltet werden sollen, welche Art von Arbeitsmethoden ausgewählt werden usw.[581] Auch Regeln über Arbeitszeit und Pausen gehören dazu, obwohl diese 1983 in das Arbeitszeitgesetz übernommen worden sind.[582] Das umfassende Recht des Arbeitsschutzbeauftragten, an der Planung teilzunehmen, setzt aber voraus, daß der Arbeitgeber diesem so früh wie möglich die Beteiligung gewährt.[583] Nach Ansicht des AD hat der Arbeitsschutzbeauftragte für Saisonarbeiter auch das

---

577 Vgl. AD 2002 Nr. 9, S. 56; Gullberg/Rundqvist, S. 183; Ericson/Gustafsson, S. 151.

578 Ericson/Gustafsson, S. 151.

579 Ericson/Gustafsson, S. 151.

580 Prop. 1976/77:149, S. 336.

581 Ericson/Gustafsson, S. 152; vgl. auch Steinberg, S. 127 ff.; Gullberg/Rundqvist, S. 183.

582 Gullberg/Rundqvist, S. 183. Ericson/Gustafsson gehen sogar soweit und nehmen eine Beteiligung des Arbeitsschutzbeauftragten auch bei ethischen und kulturellen Fragen an, vgl. Ericsson/Gustafsson, S.153.

583 Ericson/Gustafsson, S. 153.

Recht, außerhalb (schon vor) der Saison die entsprechenden unterschiedlichen Aufgaben und Tätigkeiten vorzubereiten.[584] Auch wenn der Arbeitgeber während eines Projektes von der vorher festgelegten Planung abweicht, bleibt das Beteiligungsrecht des Arbeitsschutzbeauftragten in diesem Stadium erhalten.[585] Des weiteren soll der Arbeitsschutzbeauftragte darüber wachen, daß der Arbeitgeber die Anforderungen des Kapitel 3 § 2a AML einhält sowie an der Erstellung der Handlungspläne nach dieser Vorschrift mitwirken.[586]

Eine wirksame Beteiligung des Arbeitsschutzbeauftragten ist nur möglich, wenn dieser von dem Arbeitgeber über die Veränderungen in seinem Arbeitsumweltbereich unterrichtet wird, so wie das von Kapitel 6 § 4 Abs. 3 AML gefordert wird. Nur dann kann der Arbeitsschutzbeauftragte die Maßnahmen ergreifen, die seiner Ansicht nach notwendig sind.[587]

Damit der Arbeitsschutzbeauftragte seine Aufgaben zur Herstellung einer zufriedenstellenden Arbeitsumwelt erfüllen kann, ist es notwendig, daß er selbst über das erforderliche Fachwissen verfügt. Deshalb sieht Kapitel 6 § 4 Abs. 4 AML vor, daß Arbeitgeber und Arbeitnehmer gemeinsam dafür verantwortlich sind, daß der Arbeitsschutzbeauftragte die erforderliche Ausbildung erhält. Diese Formulierung wurde aus dem Arbeitsschutzgesetz, wo sie 1973 eingeführt wurde, ins Arbetsmiljölag übernommen.[588] In den 80er Jahren bestand zwischen SAF, LO und PTK ein Tarifvertrag, der Regeln zur Ausbildung des Arbeitsschutzbeauftragten enthielt, nun aber nicht mehr gilt.[589] Für die Teilnahme an Bildungsmaßnahmen hat der Arbeitsschutzbeauftragte das Recht, von seiner Arbeit freigestellt zu werden, wobei die Ausbildung vor allem während der regulären Arbeitszeit stattfinden soll.[590]

bb. Kapitel 6 § 5 AML (Freistellung des Arbeitsschutzbeauftragten für seine Aufgaben)

Nach Kapitel 6 § 5 AML hat der Arbeitsschutzbeauftragte[591] das Recht auf Freistellung für seine Aufgaben. Bei einer solchen Freistellung behält der Beauftragte seine Anstellungsvergünstigungen. Das bedeutet, daß er weiter seine Vergütung und alle anderen Vergünstigungen erhält.[592] Des weiteren soll seine reguläre Arbeit in der Zeit, in der er Aufgaben als Arbeitsschutzbeauftragter

---

584 AD 1978 Nr. 165, S. 1202 f.
585 AD 1980 Nr. 4, S. 71.
586 Siehe dazu auch unten unter E.IV.1.
587 Ericson/Gustafsson, S. 155.
588 Gullberg/Rundqvist, S. 186.
589 Gullberg/Rundqvist, S. 186; Steinberg, S. 83.
590 Ericson/Gustafsson, S. 155; vgl. AD 1978 Nr. 165, S. 1204 ff. und siehe auch die folgenden Ausführungen zu Kapitel 6 § 5 AML unter E.I.1.f.bb.
591 Hiermit ist der lokale Arbeitsschutzbeauftragte und nicht der regionale gemeint, vgl. Gullberg/Rundqvist, S. 187 und Ericson/Gustafsson, S. 160.
592 Gullberg/Rundqvist, S. 187.

wahrnimmt, von anderen erledigt werden, so daß er nicht zu Mehrarbeit gezwungen ist.[593] Das Recht auf Freistellung bezieht sich auf die Freistellung für laufende Schutzarbeit, wozu die Teilnahme an Schutzrunden, Beratung der Arbeitnehmer, Vorbereitung von Material usw. gehört, die Freistellung für akute Risikosituationen im Zusammenhang mit Unfällen und die Freistellung in anderen Fällen, wie bspw. Fortbildung.[594] Für die Frage, welcher Zeitaufwand für die Schutzarbeit tatsächlich erforderlich ist, ist bspw. zu unterscheiden, wie groß der Bereich eines Arbeitsschuzbeauftragten ist und welche Art von Arbeit dort ausgeführt wird.[595] Während die Position eines Hauptarbeitsschutzbeauftragten in einer großen Firma eine Vollzeitbeschäftigung darstellen kann, kann es in einem anderen Fall so sein, daß der Arbeitsschutzbeauftragte seine Aufgaben „vom Schreibtisch aus" erledigt.[596] Als Rahmengesetz läßt das AML hier den einzelnen Betrieben die nötigen Freiheiten.[597] Ausgangspunkt ist auf jeden Fall, daß Zeitnot kein Hindernis für den Arbeitsschutzbeauftragten sein darf, seine Aufgaben auf eine zufriedenstellende Art und Weise zu erfüllen.[598] Normalerweise wird, meist zwischen den Tarifvertragsparteien, ein gewisser Zeitrahmen festgelegt, in dessen Umfang der Arbeitsschutzbeauftragte sich nur der Arbeitsumweltarbeit widmet.[599] Daß dabei Uneinigkeit über die erforderliche Schutzarbeit besteht, kann natürlich nicht ausgeschlossen werden. So können bspw. auch die Zeiten für Risikoeinsätze nicht im Vorfeld festgelegt und bestimmt werden.[600] Bei einer Uneinigkeit über die erforderliche Freistellung von der regulären Arbeit kann das Arbeitsmiljöverk zur Beurteilung der Situation eingeschaltet werden.[601] In den Vorarbeiten zur Arbeitsschutzreform von 1973, in der die Freistellung des Arbeitsschutzbeauftragten gesetzlich festgeschrieben wurde, ist angeführt worden, daß der Arbeitsschutzbeauftragte, sollte es einen Streit um den Zeitraum der Freistellung geben und konnten sich die Beteiligten, zumeist Arbeitgeber und Gewerkschaft, nicht über den Zeitrahmen für die laufende Arbeitsschutzarbeit verständigen, die Schutzarbeit in dem Umfang durchführen kann, den er für nötig erachtet, ohne daß er von ökonomischen Verlusten betroffen ist.[602]

---

593 Ericson/Gustafsson, S. 160.
594 Siehe Steinberg, S. 80 f.; Gullberg/Rundqvist, S. 187.
595 Gullberg/Rundqvist, S. 187.
596 Gullberg/Rundqvist, S. 187.
597 Ericson/Gustafsson, S. 157.
598 Prop. 1973:130, S. 159 -Maßnahmen für eine bessere Arbeitsumwelt.
599 Gullberg/Rundqvist, S. 188; Ericsson/Gustafsson, S. 157 f.
600 Gullberg/Rundqvist, S. 187; Steinberg, S. 81.
601 Ericson/Gustafsson, S. 158; Gullberg/Rundqvist, S. 188.
602 Prop. 1973:130, S. 160 Maßnahmen für eine bessere Arbeitsumwelt; siehe auch Steinberg, S. 81; Gullberg/Rundqvist, S. 188.

cc. Kapitel 6 § 6 AML (Auskunftsrecht)

Der Arbeitsschutzbeauftragte muß, um seine Schutzaufgaben zufriedenstellend lösen zu können, ein weitreichendes Recht zur Informationsbeschaffung haben.[603] In Kapitel 6 § 6 AML ist festgelegt, daß der Arbeitsschutzbeauftragte Zugang zu den Dokumenten und im übrigen die Auskünfte erhält, die für die Tätigkeit des Beauftragten notwendig sind. Diese Regelung ist aus dem Arbeitsschutzgesetz in das Arbetsmiljölag übernommen worden.[604] Den Arbeitgeber trifft somit die Verpflichtung, dem Arbeitsschutzbeauftragten den Zugang zu allen Planungsunterlagen, die die Arbeitsumwelt unter sämtlichen Aspekten, auch die psychosozialen, betreffen, zu gewähren.[605] Der Arbeitgeber muß dabei die Dokumente so kommentieren, daß der Arbeitsschutzbeauftragte die Informationen richtig und unter allen relevanten Aspekten beurteilen kann.[606] Die Weigerung des Arbeitgebers, ein Dokument herauszugeben, von dem der Arbeitsschutzbeauftragte annimmt, es sei von Bedeutung für seine Tätigkeit, kann zur Folge haben, daß der Arbeitsschutzbeauftragte an der Ausführung seiner Tätigkeit gehindert wird, was gemäß Kapitel 6 § 10 AML untersagt ist.[607] Der Arbeitsschutzbeauftragte hat ebenfalls das Recht, Unterlagen einzusehen, die von außenstehenden Unternehmen stammen, wie bspw. von Beraterfirmen.[608] Handelt es sich um Dokumente, die arbeitshygienische Untersuchungen betreffen und für die Arbetsmiljöarbeit von Bedeutung sind und an anderer Stelle als beim Arbeitgeber verwahrt werden, hat der Arbeitsschutzbeauftragte das Recht, vom Arbeitgeber Auskunft über den Inhalt zu verlangen.[609] Gleichfalls hat der Arbeitgeber dafür zu sorgen, daß der Arbeitsschutzbeauftragte Zugang zu allen Gesetzen, Verordnungen und sonstigen staatlichen Anweisungen und Mitteilungen erhält, die aktuelle Arbeitsumweltfragen betreffen.[610]

dd. Kapitel 6 § 6a AML (Vorgehensweise)

Diese Norm wurde 1991 in das AML eingeführt; eine ähnliche Bestimmung fand sich vorher in der Arbetsmiljöförordning.[611] Kapitel 6 § 6a AML enthält Regelungen über die Vorgehensweise, die notwendig ist, wenn der Arbeits-

---

603 Prop. 1976/77:149, S. 340.

604 Vgl. Prop. 1976/77:149, S. 340.

605 Ericson/Gustafsson, S. 161.

606 Gullberg/Rundqvist, S. 189; Ericson/Gustafsson, S. 161; vgl. auch AD 1980 Nr. 4, S. 69 f.

607 Prop. 1976/77:149, S. 340; Gullberg/Rundqvist, S. 189. Vgl. auch beslut i ärende N 2001/1832/ARM L&A 2001, S. 33. Siehe zu Kapitel 6 § 10 AML unten unter E.I.1.f.ff.

608 Prop. 1973:130, S. 67 Maßnahmen für eine bessere Arbeitsumwelt; vgl. Steinberg, S. 132; Ericson/Gustafsson, S. 162.

609 Prop. 1976/77: 149, S. 340; vgl. Ericson/Gustafsson, S. 162.

610 Gullberg/Rundqvist, S. 189.

611 Gullberg/Rundqvist, S. 190.

schutzbeauftragte der Ansicht ist, daß Maßnahmen ergriffen werden müssen, um eine zufriedenstellende Arbeitsumwelt zu erreichen. Danach hat der Arbeitsschutzbeauftragte sich erst an den Arbeitgeber zu wenden und die entsprechenden Maßnahmen zu fordern. Der Arbeitsschutzbeauftragte kann außerdem begehren, daß eine Untersuchung durchgeführt wird, um die Verhältnisse im Schutzgebiet zu kontrollieren. Auf die Forderung des Arbeitsschutzbeauftragten hin hat der Arbeitgeber diesem eine schriftliche Bestätigung zu übergeben, daß er über die begehrten Maßnahmen informiert wurde. Der Arbeitgeber hat ohne Verzögerung darauf zu reagieren. Unterläßt er dies oder beachtet er das Begehren nicht in der angemessenen Zeit, soll das Arbetsmiljöverk auf Antrag des Arbeitsschutzbeauftragten Verfügungen oder Verbote gemäß Kapitel 7 § 7 AML erlassen. Wenn ein Schutzkomitee besteht, kann der Arbeitsschutzbeauftragte gemäß Kapitel 6 § 6a Abs. 2 AML verlangen, daß das Schutzkomitee die Arbetsmiljöfrage behandelt.

ee. Kapitel 6 § 7 AML (Recht, die Arbeit zu unterbrechen)

Nach Kapitel 6 § 7 Abs. 1 AML hat der Arbeitsschutzbeauftragte, wenn eine gewisse Arbeit eine unmittelbare und ernsthafte Gefahr für das Leben oder die Gesundheit der Arbeitnehmer mit sich bringt und eine Berichtigung nicht durch unmittelbare Hinzuziehung des Arbeitgebers erreicht werden kann, das Recht, zu bestimmen, daß die Arbeit in Erwartung der Stellungnahme des Arbetsmiljöverk abgebrochen werden soll.

Wenn es unter Schutzgesichtspunkten erforderlich ist und eine Berichtigung nicht durch unmittelbare Hinzuziehung des Arbeitgebers erreicht werden kann, kann der Arbeitsschutzbeauftragte in Erwartung der Stellungnahme des Arbetsmiljöverk die Arbeit abbrechen, die ein Arbeitnehmer in Einzelarbeit ausführt, vgl. Kapitel 6 § 7 Abs. 2 AML.

Wird gegen das Verbot der Aufsichtsbehörde, welches Gesetzeskraft erlangt hat oder welches aufgrund der Bestimmung gemäß Kapitel 9 § 5 AML unmittelbar verbindlich geworden ist, verstoßen, kann der Arbeitsschutzbeauftragte gemäß Kapitel 6 § 7 Abs. 3 AML die Arbeit abbrechen, auf die sich das Verbot bezog.

Das Recht des Arbeitsschutzbeauftragten, die Arbeit zu unterbrechen, wurde 1973 in das damalige Arbeitsschutzgesetz eingeführt[612] und in erweiterter Form mit in das AML übernommen. Kapitel 6 § 7 AML enthält drei verschiedene Situationen, bei deren Vorliegen der Arbeitsschutzbeauftragte die Arbeit unterbrechen kann. Die erste betrifft den Fall, daß die Arbeit eine unmittelbare und ernsthafte Gefahr für die Beschäftigten mit sich bringt, die zweite die Situation, daß es aus Schutzgesichtspunkten erforderlich ist, die Einzelarbeit[613] abzubrechen, und die dritte den Fall, daß gegen Verbote der Aufsichtsbehörde,

612 Prop. 1973:130, S. 158; vgl. Prop. 1976/77:149, S. 337.

613 Zur Einzelarbeit siehe auch Gullberg/Rundqvist, S. 90 f. sowie AFS 1982:3, S. 3 ff.

bspw. Verbot der Ausführung einer bestimmten Arbeit oder Anwendung einer Maschine, verstoßen wird[614] und der Arbeitsschutzbeauftragte aus diesen Gründen die Arbeit unterbrechen kann. Der Arbeitsschutzbeauftragte soll sich bei Vorliegen der unmittelbaren und ernsthaften Gefahr oder bei Unterbrechung der Einzelarbeit zuallererst an den Arbeitgeber oder dessen Vertreter wenden. Nur wenn dieser nichts unternimmt oder nicht zugegen ist, kann der Arbeitsschutzbeauftragte die Arbeit abbrechen.[615] Nach Kapitel 6 § 7 Abs. 4 AML ist der Arbeitsschutzbeauftragte frei von Ersatzansprüchen von Schäden, die möglicherweise entstanden sind, weil er die Arbeit unterbrochen hat. Die einzige Konsequenz, die den Arbeitsschutzbeauftragten, der seine Befugnisse mißbraucht, treffen kann, ist, daß er von seiner Tätigkeit entbunden wird.[616] Der Arbeitsschutzbeauftragte setzt sich allerdings dann Schadensersatzansprüchen aus, wenn er bewußt aus Gründen, die keinen Bezug zur Arbeitsumwelt haben, die Arbeit unterbricht. Formvorschriften oder nähere Bestimmungen, wie der Arbeitsschutzbeauftragte die Arbeit zu unterbrechen hat, bestehen nicht.[617]

Die Regelung des Kapitel 6 § 7 AML ist sehr weitgehend und sucht ihresgleichen im bundesdeutschen Recht. In Schweden wird ebenfalls konstatiert, daß letztendlich auch diese Norm dazu beigetragen hat, die Stellung des Arbeitsschutzbeauftragten zu stärken.[618]

ff. Kapitel 6 § 10 AML (Schutzregeln und Zugangsrecht des Arbeitsschutzbeauftragten)

Nach Kapitel 6 § 10 Abs. 1 AML darf der Arbeitsschutzbeauftragte nicht an der Erfüllung seiner Aufgaben gehindert werden. Wenn ein Arbeitsschutzbeauftragter einen Arbeitnehmer vertritt, der an einer Arbeitsstelle tätig ist, die nicht dem Verantwortungsbereich seines Arbeitgebers unterliegt, hat der Arbeitgeber, der für die Arbeitsstelle verantwortlich ist, die Pflicht, dem Arbeitsschutzbeauftragten Zugang in dem Umfang zu verschaffen, den der Beauftragte benötigt, um seinen Auftrag zu erfüllen, vgl. Kapitel 6 § 10 Abs. 2 AML. Der Arbeitsschutzbeauftragte darf weiterhin gemäß Kapitel 6 § 10 Abs. 3 AML nicht aufgrund seines Amts schlechtere Arbeitsbedingungen oder Anstellungsbedingungen erhalten. Wenn sein Amt beendet ist, sollen dem Arbeitnehmer die Arbeits- und Anstellungsbedingungen versichert sein, die mit denen übereinstimmen oder gleichwertig sind, die geherrscht hätten, wenn er das Amt nicht bekleidet hätte.

614 Vgl. Gullberg/Rundqvist, S. 192; Steinberg, S. 157.
615 Vgl. Steinberg, S. 155; Ericson/Gustafsson, S. 165.
616 Ericson/Gustafsson, S. 168; Gullberg/Rundqvist, S. 193.
617 AD 2000 Nr. 92, S. 424. Vgl. zum Recht des Arbeitsschutzbeauftragten, die Arbeit zu unterbrechen, auch Sjögren, L&A 1993, S. 10.
618 Gullberg/Rundqvist, S. 194.

Kapitel 6 § 10 AML enthält Regelungen, die dem Arbeitsschutzbeauftragten die Durchführung seiner Schutzarbeit garantieren und später vor persönlichen Nachteilen schützen sollen.[619] Er soll keinen schlechteren Bedingungen ausgesetzt sein, nur weil er Arbeitsschutzbeauftragter war.[620] Diese sogenannten „Schikanebestimmungen" stammen teilweise schon aus dem Jahr 1949 und haben große Bedeutung für die Stellung und Handlungsmöglichkeiten des Arbeitsschutzbeauftragten.[621] Die neuen Aufgaben und Befugnisse, die der Arbeitsschutzbeauftragte durch die Arbeitsschutzreform von 1973 und das Arbeitsumweltgesetz erhalten hat, haben die Wichtigkeit des Kapitel 6 § 10 AML noch weiter erhöht.[622] Die Aufgaben des Arbeitsschutzbeauftragten, wie die Beteiligung im Planungsstadium, der Zugang zu Informationen, das Recht, die Arbeit zu unterbrechen, usw., werden durch die Bestimmungen in Kapitel 6 § 10 AML abgesichert.[623] Allerdings findet Kapitel 6 § 10 AML bei Kündigungen neben den entsprechenden Bestimmungen des lag om anställningsskydd keine Anwendung und bietet keinen weiterreichenden Schutz für den Arbeitsschutzbeauftragten.[624]

Das Verbot, den Arbeitsschutzbeauftragten an der Erfüllung seiner Aufgaben zu hindern, gilt neben dem Arbeitgeber auch für die Arbeitnehmer.[625]

g. Kapitel 6 § 11 AML (Schadensersatz)

In Kapitel 6 § 11 AML sind die Folgen genannt, wenn Arbeitgeber oder Arbeitnehmer gegen Kapitel 6 § 10 AML verstoßen. Nach Kapitel 6 § 11 Abs. 1 AML haben Arbeitgeber und Arbeitnehmer den entstandenen Schaden zu ersetzen, wenn sie gegen § 10 verstoßen. Bei der Bestimmung des Umfangs des Schadens sollen ebenfalls die Umstände berücksichtigt werden, die eine andere als eine rein ökonomische Bedeutung haben. Wenn das im Hinblick auf die Größe des Schadens oder andere Umstände angemessen ist, kann der Schadensersatz gemindert werden oder ganz wegfallen. Sind mehrere für den Schaden verantwortlich, soll die Schadensersatzplicht zwischen diesen danach aufgeteilt werden, was nach den Umständen angemessen ist, vgl. Kapitel 6 § 11 Abs. 2 AML.

Der Schadensersatz, der gemäß Kapitel 6 § 11 AML in Frage kommt, kann zum einen ökonomischer und zum anderen allgemeiner (ideeller) Art sein. Dabei ist dies so zu verstehen, daß der ökonomische Schadensersatz den finanziellen Schaden des Arbeitsschutzbeauftragten betrifft, den er durch den Ver-

---

619 Ahlberg/Krook, S. 99. Vgl. auch AD 2002 Nr. 9, S. 56 ff.
620 Steinberg, S. 89.
621 Gullberg/Rundqvist, S. 201.
622 Gullberg/Rundqvist, S. 202.
623 Ericson/Gustafsson, S. 175 f.; Gullberg/Rundqvist, S. 202, vgl. allgemein auch AD 2000 Nr. 92, S. 424.
624 Vgl. AD 1988 Nr. 162, S. 1071.
625 Gullberg/Rundqvist, S. 202; Steinberg, S. 89.

stoß des Arbeitgebers oder anderer Arbeitnehmer erlitten hat, und der allgemeine Schadensersatz den psychischen Schaden (z.B. Kränkung) kompensieren soll, den der Arbeitsschutzbeauftragte durch das Fehlverhalten in seiner Funktion als Arbeitsschutzbeauftragter hinzunehmen hatte.[626]

h. Aufgaben und Rechte des Schutzkomitees (skyddskommitté)

Die Aufgaben und Rechte des Schutzkomitees sind in Kapitel 6 §§ 9 und 15 AML normiert.

aa. Kapitel 6 § 9 AML

In Kapitel 6 § 9 AML ist festgelegt, daß das Schutzkomitee an der Planung der Arbeitsumweltarbeit an der Arbeitsstelle teilnehmen sowie die Durchführung der Arbeit verfolgen soll. Es soll sorgfältig die Entwicklung verfolgen, die Fragen zum Schutz vor Krankheit und Unfällen betreffen, sowie für zufriedenstellende Arbeitsumweltverhältnisse eintreten. Im Schutzkomitee sollen Fragen behandelt werden, die 1. die Betriebsgesundheitsführsorge, 2. die Handlungspläne gemäß Kapitel 3 § 2a, 3. die Planung neuer oder zu ändernder Geschäftsräume, Anordnungen, Arbeitsprozesse, Arbeitsmethoden oder Arbeitsorganisation, 4. die Planung der Anwendung von Stoffen, die Krankheit oder Unfälle verursachen können, 5. die Information und Ausbildung hinsichtlich der Arbeitsumwelt, 6. die Arbeitsanpassungs- und Rehabilitationstätigkeiten[627] an der Arbeitsstelle betreffen.

Der Grundgedanke des Arbeitumweltgesetzes ist, daß die Zusammenarbeit ein wichtiges Mittel ist, um eine zufriedenstellende Arbeitsumwelt zu erreichen.[628] Dies wird auch an Kapitel 6 § 11 AML deutlich, wenn man die weitreichenden Befugnisse des Schutzkomitees betrachtet. Erstmalig gesetzlich normiert wurde das Schutzkomitee 1938.[629] Durch die Arbeitsschutzreform von 1973 wurde festgelegt, daß das Schutzkomitee eine zentrale Position in der Schutzarbeit einnehmen sollte. Dieser Gedanke wurde auch in das Arbeitsumweltgesetz übernommen.[630] Allerdings war das Schutzkomitee durchaus der Kritik ausgesetzt.[631] Auch aus diesem Grund wurde die Norm am 1. Juli 1991 geändert. Dort wurde betont, daß eine Entwicklung der Zusammenarbeit von der Verantwortung des Arbeitgebers ausgehen und gleichzeitig einen tatsächli-

---

626 Vgl. dazu AD 1977 Nr. 86, S. 648 f.; AD 1978 Nr. 165, S. 1203 f.; Ericson/Gustafsson, S. 179; Gullberg/Rundqvist, S. 204.

627 Zur Rehabilitation im allgemeinen vgl. Günzel, S. 144 ff. und Zanderin/Günzel, S. 101 ff.

628 Renborg, S. 38.

629 Prop. 1938:265, S. 54 f – Vorschlag zur Änderung des Arbeitsschutzgesetzes. Siehe auch oben unter C.I.1.

630 Gullberg/Rundqvist, S. 197.

631 Siehe Steinberg, S. 45.

chen Einfluß der Arbeitnehmer gewährleisten müsse.[632] Kapitel 6 § 9 S. 1 AML wurde von „das Schutzkomitee soll die Schutzarbeit planen und überwachen“ in die heutige Fassung „das Schutzkomitee soll an der Planung der Arbeitsumweltarbeit teilnehmen sowie die Durchführung der Arbeit verfolgen“ geändert. Die Absicht, die damit verfolgt wurde, war, zu verdeutlichen, daß die Hauptverantwortung der Arbeitsumweltarbeit beim Arbeitgeber liegt.[633] In den Gesetzgebungsunterlagen[634] wurde angemerkt, daß das Schutzkomitee in vielen Fällen in der Praxis die Hauptverantwortung des Arbeitgebers übernommen habe, was nie die Absicht gewesen sei, und daß Detailfragen an das Komitee weitergeleitet worden seien, ohne daß sich die Geschäftsleitung um eine Lösung bemüht habe. Aus diesem Grund sei es notwendig gewesen, die Rolle des Schutzkomitees zu erneuern. Die Aufgabe des Schutzkomitees sei es, übergreifende Fragen voranzutreiben sowie Richtlinien zu schaffen und an der Planung, Kontrolle und Erfüllung der Arbeitsumweltarbeit teilzunehmen.[635]

Festzuhalten bleibt, daß dem Schutzkomitee weitreichende Mitbestimmungsmöglichkeiten, darunter aber auch Pflichten, die erfüllt werden müssen, obliegen. Die Hauptverantwortung der Arbeitsumweltarbeit liegt aber beim Arbeitgeber.

bb. Kapitel 6 § 15 AML

In Kapitel 6 § 15 AML ist festgelegt, daß die Regelungen in § 5, § 10 Abs. 1 und Abs. 3 sowie §§ 11-14 entsprechend auf die Mitglieder des Schutzkomitees Anwendung finden. Damit sind auch die Mitglieder des Schutzkomitees nach den genannten Vorschriften dem Arbeitsschutzbeauftragten gleichgestellt. Allerdings wurde durch eine Gesetzesänderung im Jahr 1994 klargestellt, daß das Zugangsrecht des Arbeitsschutzbeauftragten zu Arbeitsstellen gemäß Kapitel 6 § 10 Abs. 2 AML nicht für die Mitglieder des Schutzkomitees gilt.[636]

cc. Arbetsmiljöförordning (Arbeitsumweltverordnung)

Des weiteren enthält die Arbetsmiljöförordning formelle Vorschriften, insbesondere zur Verhandlungsordnung. Da diese aber schon an anderer Stelle behandelt worden sind, sei hier darauf verwiesen.[637]

2. Verhältnis zum Medbestämmandelag

Das Medbestämmandelag von 1976[638] ist darauf gerichtet, den Gewerkschaften ein Instrument zu bieten, um ein weitreichendes Beteiligungs- und Informati-

---

632 Vgl. Gullberg/Rundqvist, S. 197.

633 Gullberg/Rundqvist, S. 197. Siehe dazu Kapitel 3 § 2a AML und oben unter D.II.1.

634 Prop. 1990/91:140, S. 54.

635 Prop. 1990/91:140, S. 54. Vgl. auch Renborg, S. 39.

636 Vgl. Gullberg/Rundqvist, S. 207; Ahlberg/Krook, S. 105.

637 Siehe oben unter E.I.1.e.

onsrecht zu erzielen, das auch die Arbeitsumwelt mit einschließt.[639] Dabei sollen die Gewerkschaften direkt an der Lösung von Fragen und Problemen beteiligt werden. Ein wichtiger Teil dieses Instruments ist die *primär förhandlingsskyldighet* gemäß § 11 MBL. Danach hat der Arbeitgeber vor Entscheidungen zu wichtigen Veränderungen mit der Gewerkschaft, mit der er durch Kollektivvertrag verbunden ist, zu verhandeln.[640] Das MBL setzt aber nicht ausdrücklich voraus, daß die Arbeitsumweltfragen im Rahmen der örtlichen Schutzarbeit behandelt werden.[641] Es stellt sich somit die Frage, in welchem Verhältnis die Regeln der Zusammenarbeit zwischen Arbeitgeber und Arbeitnehmer nach dem Arbetsmiljölag zu den Regeln der Zusammenarbeit, vgl. §§ 11 bis 14 und 18 bis 22 MBL, des Medbestämmandelag stehen.[642] Der Gesetzgeber hat in den Gesetzgebungsunterlagen zum AML keine nähere Stellung zum Verhältnis zwischen MBL und AML bezogen.[643] Allerdings ist zu dieser Problematik kurz angeführt worden, man müsse sich die Erfahrungen und Kenntnisse des Schutzkomitees zunutze machen.[644] In erster Hand seien Arbeitsumweltfragen im Schutzkomitee zu behandeln, falls ein solches existiere. Nur in Fällen, in denen im Komitee keine Einigkeit hergestellt werden könne, könne die Frage Gegenstand in anderen Verhandlungen sein. Ein bürokratisches und unrationelles Vorgehen bei diesen Fragen sei aber zu vermeiden.[645]

Auch der AD[646] hat sich in einem Urteil zu dem Verhältnis MBL und AML geäußert. Dem Sachverhalt lag die Frage zugrunde, ob ein Arbeitgeber vor der Investition in neue Maschinen, die eine Arbeitsumweltverbesserung zur Folge hatten, gemäß § 11 MBL vorherige Verhandlungen mit der Gewerkschaft durchzuführen hatte, obwohl die Frage vorher mit dem Schutzkomitee des Unternehmens besprochen worden war. Der AD kam zu dem Schluß, daß der Arbeitgeber vorher die Initiative zu Verhandlungen nach dem MBL hätte ergreifen müssen, da die Investitionen eine wichtige Veränderung der Arbeitsverhältnisse betrafen.[647] Weiter wurde angeführt, daß der Arbeitgeber und die lokale Arbeitnehmerorganisation nicht daran gehindert waren, wenn der Einzelfall es erfordert hätte, zu vereinbaren, daß die Verhandlung nach dem MBL entbehrlich gewesen war, da die Frage bspw. schon im Schutzkomitee behandelt wurde.[648]

---

638 Prop. 1976:580. Vergleiche zur Mitbestimmung in Schweden in den 70er Jahren allgemein Däubler, Der Gewerkschafter 8/1975, S. 3 f.

639 Vgl. Gullberg/Rundqvist, S. 174.

640 Iseskog, Arbetsmiljöansvar, S. 101.

641 Gullberg/Rundqvist, S. 174.

642 Bergqvist/Lunning/Toijer, S. 97 f., vgl. Olauson, S. 47.

643 Bergqvist/Lunning/Toijer, S. 98.

644 Prop. 1976/77:149, S. 331.

645 Prop. 1976/77:149, S. 331.

646 AD 1980 Nr. 63, S. 428 ff.

647 AD 1980 Nr. 63, S. 431.

648 AD 1980 Nr. 63, S. 432.

Das ist ohne weiteres möglich, wenn die Partner sich einig sind, da die Verhandlungsregeln des MBL dispositiv sind.[649]

Unter Zugrundelegung des bisher Gesagten bleibt festzustellen, daß der Arbeitgeber prinzipiell verpflichtet ist, den Regelungen des AML sowie des MBL zu folgen.[650] Dabei liegt es an den betroffenen Partnern selbst, festzulegen, wie konkret zu verfahren ist. Das kann durch Tarifvertrag geschehen, oder, wie der AD ausgeführt hat, die lokale Arbeitnehmerorganisation kann von Verhandlungen im Einzelfall absehen, weil man die Frage als abgeschlossen behandelt betrachtet.[651] Da Kapitel 6 AML im Gegensatz zu den §§ 11bis 14 MBL bindend ist, würde man dann entsprechend die Verhandlungspflicht abbedingen.[652]

Auch wenn keine ausdrückliche Koordination stattgefunden hat, ist es natürlich so, daß eine Behandlung im Schutzkomitee die Verhandlung nach dem MBL beeinflussen kann. Das ist aber jedesmal von den Umständen im Einzelfall abhängig.[653] Von Bedeutung ist dabei bspw., ob die Organisation, die das Verhandlungsrecht nach dem MBL ausübt, auch im Schutzkomitee vertreten ist oder wie sie vertreten ist. Der gewerkschaftliche Vertreter dort besitzt u.U. nicht die Verhandlungskompetenz, die nach dem MBL gefordert ist.[654]

Durch unterschiedliche Tarifverträge ist in der Vergangenheit versucht worden, das Verhältnis zwischen MBL und AML zu vereinfachen.[655] Gleichfalls war die Abstimmung zwischen den beiden Gesetzen auch Gegenstand mehrerer Gesetzgebungsverfahren.[656] Der Bericht des Neuen Arbeitsrechtskomitees[657] befaßte sich auch mit dem Zusammenspiel von AML und MBL. Das Arbeitsrechtskomitee kam zu dem Ergebnis, daß es keine Gesetzesänderung geben sollte, sondern die kollektiven Partner im Einzelfall die eventuellen Probleme klären oder in einem entsprechenden Tarifvertrag Näheres regeln sollten.[658]

---

649 Vgl. Iseskog, Arbetsmiljöansvar, S. 102.
650 Vgl. Bergqvist/Lunning/Toijer, S. 98.
651 Bergqvist/Lunning/Toijer, S. 98 f.
652 Bergqvist/Lunning/Toijer, S. 99.
653 Bergqvist/Lunning/Toijer, S. 99.
654 Bergqvist/Lunning/Toijer, S. 99.
655 Vgl. Olauson, S. 48; Bergqvist/Lunning/Toijer, S. 99.
656 Siehe nur Prop. 1990/91:140, S. 55 oder das Arbeitsrechtskomitee von 1992 (SOU 1994:141, S. 228 ff. Ein Vorschlag zur Gesetzesänderung wurde aber nicht unterbreitet.).
657 SOU 1982:60, S. 73 ff.
658 SOU 1982:60, S. 73 ff.; vgl. Gullberg/Rundqvist, S. 175.

II. Die Beteiligungsrechte der Arbeitnehmer im Arbeitsschutzrecht durch ihre Vertreter nach deutschem Recht

Im Folgenden werden die Beteiligungsrecht im bundesdeutschen Recht analysiert. Diese sind nur marginal im Arbeitsschutzgesetz, ansonsten im Betriebsverfassungsgesetz geregelt.

1. Regelungen im Arbeitsschutzgesetz

Das Arbeitsschutzgesetz ist entsprechend der EG-Rahmenrichtlinie Arbeitsschutz als Rahmengesetz in der Festlegung der Pflichten oft allgemein gehalten. Das liegt zum einen an der 1:1-Umsetzung der Rahmenrichtlinie aber auch daran, daß das Gesetz sich nicht den unterschiedlichen Tätigkeitsformen und Voraussetzungen in den Betrieben und der Entwicklung in der Technik verschließt, sondern sich dynamisch den jeweiligen Gegebenheiten anpaßt. Dies erfordert wiederum von den Betrieben ein hohes Maß an Eigeninitiative, um die geforderten Arbeitsschutzziele zu bewältigen.[659] Um diese Aufgabe zu erfüllen, ist ein betriebliches Zusammenwirken[660] zwischen Arbeitgeber, für den im Betrieb sonst für den Arbeitsschutz Verantwortlichen, vgl. § 13 ArbSchG, und den Beschäftigten nötig. Dazu gehört auch die wirksame Interessenvertretung durch den Betriebsrat. Zum Teil sind in Deutschland Beteiligungsrechte, wie bspw. das Unterweisungsrecht[661] und das Vorschlagsrecht[662], direkt in das Arbeitsschutzgesetz aufgenommen wurden. Der Gesetzgeber hat allerdings bei der Umsetzung der Rahmenrichtlinie darauf verzichtet, die in Art. 11 Abs. 1 Rahmenrichtlinie genannte „ausgewogene Beteiligung" in das Arbeitsschutzgesetz zu transformieren.[663] In der Begründung des Regierungsentwurfes[664] heißt es dazu, daß die entsprechenden Unterrichtungs- und Beteiligungsrechte gegenüber den Betriebsräten durch die betriebsverfassungsrechtlichen Regelungen abgedeckt seien (insbesondere § 80 Abs. 1 Nr. 2 und 3, § 87 Abs. 1 Nr. 7, § 89 Abs. 2 bis 5, § 90 Abs. 2 BetrVG). Somit wird deutlich, daß der deutsche Gesetzgeber keine Weiterentwicklung der betrieblichen Mitbestimmung in Form neuer Beteiligungsnormen im Arbeitsschutzgesetz bzw. Betriebsverfassungsgesetz[665] vorgenommen hat, sondern auf die bereits bestehen Regelungen vertraut

---

659 Vgl. zum ArbSchG Wlotzke, in FS für Däubler, S. 665; zum AML Gullberg/Rundqvist, S. 56 f.

660 So auch Wlotzke, in FS für Däubler, S. 665.

661 § 12 Abs. 1 ArbSchG.

662 § 17 Abs. 1 ArbSchG.

663 Vgl. Merten, S. 59; zur ausgewogenen Beteiligung siehe oben unter B.II.4.

664 Begr. RegE. BT-Drucks. 13/3540, S. 22.

665 § 81 BetrVG hat in diesem Zusammenhang einen neuen Abs. 3 erhalten, vgl. Begr. RegE. BT-Drucks. 13/3540, S. 22. Diese Regelung betrifft die Unterrichtung hinsichtlich Sicherheit und Gesundheit der Arbeitnehmer durch den Arbeitgeber in Betrieben, in denen kein Betriebsrat besteht.

und die ausgewogene Beteiligung nach den bereits bestehenden nationalen Rechtsvorschriften und Praktiken gewährleisten will.

2. Regelungen im Betriebsverfassungsgesetz

a. Überblick

Im Folgenden soll ein Überblick über die Voraussetzungen der Anwendung betriebsverfassungsrechtlicher Beteiligungsrechte erfolgen. Anzumerken ist, daß neben den in der Begründung des Regierungsentwurfs zum Arbeitsschutzgesetz genannten Vorschriften aus dem Betriebsverfassungsgesetz[666] auch noch § 91 BetrVG den betrieblichen Bereich des Arbeitsschutzes betrifft, allerdings von geringerer Bedeutung ist.[667] Die zentrale Norm der betrieblichen Mitbestimmung im Arbeitsschutzrecht in Deutschland ist § 87 Abs. 1 Nr. 7 BetrVG. Deshalb soll sich diese Bearbeitung darauf konzentrieren. Voraussetzung dafür, wie für alle betriebsverfassungsrechtlichen Beteiligungsrechte, ist aber zunächst, daß ein Betriebsrat existiert. Die Errichtung von Betriebsräten ist in § 1 BetrVG normiert. Danach werden in Betrieben mit in der Regel mindestens fünf ständigen wahlberechtigten Arbeitnehmern, von denen drei wählbar sind, Betriebsräte gewählt, vgl. § 1 BetrVG. Dieser eindeutige Wortlaut des § 1 Abs. 1 S. 1 BetrVG besagt aber nicht, daß die Wahl von Betriebsräten eine den Beteiligten gesetzlich vorgeschriebene Pflicht ist, die gegebenenfalls durch staatliche Maßnahmen durchgesetzt werden kann.[668] Ein Betriebsrat ist nicht einzurichten, wenn in der Regel[669] weniger als fünf wahlberechtigte[670] Arbeitnehmer beschäftigt werden oder aber wenn zwar fünf oder mehr wahlberechtigte Arbeitnehmer beschäftigt werden, aber nur maximal zwei Arbeitnehmer wählbar[671] sind. In diesen Fällen scheidet auch die Mitbestimmung gemäß § 87 Abs. 1 Nr. 7 BetrVG aus.

Das Betriebsverfassungsgesetz gilt für alle Betriebe der Privatwirtschaft innerhalb der Grenzen der Bundesrepublik Deutschland.[672] Ein Anknüpfungspunkt des § 1 BetrVG ist der Begriff Betrieb, der nicht gesetzlich definiert wird.

---

666 Siehe oben unter E.II.1.

667 Siehe dazu unten unter E.II.2.b. und E.II.3.c.dd.bbb.

668 DKK-Trümner, § 1 Rn. 2; Däubler, Arbeitsrecht 1, S. 453.

669 In der Regel bedeutet die Beschäftigtenzahl des Betriebes im regelmäßigen im Gegensatz zu einem nur vorübergehenden Zustand. Maßgebend ist die Zahl der Beschäftigten, die für den Betrieb im Allgemeinen kennzeichnend ist, also der im größten Teil des Jahres bestehende normale Zustand, vgl. FESTL, § 1 Rn. 271 f.

670 Zur Wahlberechtigung siehe § 7 BetrVG. Wahlberechtigt sind gemäß § 7 S. BetrVG grundsätzlich alle Arbeitnehmer des Betriebs, die das 18. Lebensjahr vollendet haben.

671 Zur Wählbarkeit siehe § 8 BetrVG. Danach sind grundsätzlich alle Wahlberechtigten wählbar, die sechs Monate dem Betrieb angehören oder als in Heimarbeit Beschäftigte in der Hauptsache für den Betrieb gearbeitet haben, vgl. § 8 Abs. 1 S. 1 BetrVG.

672 DKK-Trümner, § 1 Rn. 9 und 24; FESTL, § 1 Rn. 32 und 12.

Mittlerweile dürfte der von Rechtsprechung und Lehre entwickelte Betriebsbegriff allgemein anerkannt sein.[673] Danach ist ein Betrieb i.S.d. BetrVG die organisatorische Einheit, innerhalb derer ein Arbeitgeber allein oder mit seinen Arbeitnehmern mit Hilfe von technischen und immateriellen Mitteln bestimmte arbeitstechnische Zwecke fortgesetzt verfolgt, die sich nicht in der Befriedigung von Eigenbedarf erschöpfen.[674]

Weiterer Anknüpfungspunkt ist der Begriff Arbeitnehmer. Wer Arbeitnehmer ist, beschreibt § 5 Abs. 1 BetrVG, nämlich Arbeiter und Angestellte einschließlich der zu ihrer Berufsausbildung Beschäftigten, unabhängig davon, ob sie im Betrieb, im Außendienst oder mit Telearbeit beschäftigt werden. Einschränkungen sind allerdings in § 5 Abs. 2 und 3 BetrVG enthalten. Der Arbeitnehmerbegriff wird nur beschrieben, aber nicht bestimmt. Deshalb gehen Rechtsprechung und Literatur auch hinsichtlich des Betriebsverfassungsgesetzes vom allgemeinen arbeitsrechtlichen Arbeitnehmerbegriff aus.[675] Danach ist Arbeitnehmer, wer aufgrund eines privatrechtlichen Vertrages im Dienste eines anderen zur Leistung fremd bestimmter Arbeit in persönlicher Abhängigkeit verpflichtet ist.[676]

Die Aufgaben und Rechte der Gewerkschaften nach dem Betriebsverfassungsgesetz sind neben zahlreichen anderen Stellen insbesondere in § 2 BetrVG und bei der Wahl des Betriebsrats in den §§ 14, 16, 17, 18 BetrVG normiert. § 2 Abs. 1 BetrVG regelt die vertrauensvolle Zusammenarbeit zwischen Arbeitgeber, Betriebsrat und Gewerkschaften und Arbeitgebervereinigungen zum Wohl der Arbeitnehmer und des Betriebs. § 2 Abs. 2 BetrVG regelt das Zugangsrecht der Gewerkschaften zur Wahrnehmung ihrer nach dem Gesetz genannten Aufgaben und Befugnisse. § 2 Abs. 3 BetrVG regelt die koalitionspolitischen Aufgaben der Gewerkschaften und Arbeitgeberverbände.[677] Insgesamt wird deutlich, daß Betriebsrat und Gewerkschaft unterschiedliche Aufgaben und Funktionen im Betrieb und im Rahmen der Betriebsverfassung haben, trotz dessen aber im Sinne der Arbeitnehmer des Betriebs zusammenarbeiten sollen.[678]

b. Arbeitsschutzrechtliche Beteiligungsrechte aus dem Betriebsverfassungsgesetz neben § 87 Abs. 1 Nr. 7 BetrVG

An dieser Stelle sollen die weiteren im BetrVG[679] normierten Beteiligungsrechte, die für das Arbeitsschutzrecht nicht die Bedeutung haben, wie sie § 87

[673] Siehe dazu ausführlich DKK-Trümner, § 1 Rn. 31 ff. mit zahlreichen weiteren Nachweisen, der dem entwickelten Begriff selbst aber kritisch gegenübersteht.
[674] Vgl. exemplarisch FESTL, § 1 Rn. 63 mit entsprechend vielen weiteren Nachweisen.
[675] DKK-Trümmer, § 5 Rn. 7 ff.; FESTL, § 5 Rn. 15.
[676] FESTL, § 5 Rn. 16.
[677] Vgl. DKK-Berg, § 2 Rn. 43; FESTL, § 2 Rn. 80.
[678] FESTL, § 2 Rn. 11. Vgl. dazu auch Däubler, Gewerkschaftsrechte, Rn. 45 ff.
[679] Vgl. nur §§ 80, 88, 89, 90, 91 BetrVG, vgl. dazu Kittner/Pieper, BetrVG Rn. 1 ff. Ansonsten siehe, insbesondere zu §§ 91, 89, 90, 88 BetrVG, die entsprechenden Kommen-

Abs. 1 Nr. 7 BetrVG einnimmt, erörtert werden. Insbesondere sind das §§ 91, 89, 90 und 88 BetrVG, anhand derer exemplarisch kurz darauf eingegangen werden soll, weshalb ihnen keine wesentliche Bedeutung hinsichtlich der Beteiligung im Arbeitsschutzrecht zukommt.

aa. § 91 BetrVG

§ 91 BetrVG gewährt dem Betriebsrat ebenfalls ein erzwingbares Mitbestimmungsrecht. Gemäß § 91 S. 1 BetrVG kann der Betriebsrat Maßnahmen zur Abwendung, Milderung oder zum Ausgleich der Belastung verlangen, wenn die Arbeitnehmer durch Änderungen der Arbeitsplätze, des Arbeitsablaufs oder der Arbeitsumgebung, die den gesicherten arbeitswissenschaftlichen Erkenntnissen über die menschengerechte Gestaltung der Arbeit offensichtlich widersprechen, in besonderer Weise belastet werden. Damit gibt § 91 BetrVG tatbestandliche Voraussetzungen vor, die nur schwer zu erfüllen sind (*offensichtlich widersprechen* und *in besonderer Weise belastet*).[680] Zieht man bspw. die Bildschirmarbeitsverordnung heran, so wird der Arbeitgeber in weitreichender Form verpflichtet, die genannten Arbeitsschutzmaßnahmen durchzuführen, ohne daß es auf § 91 BetrVG ankommt und darauf zurückgegriffen werden müßte.[681] Soweit für den Arbeitgeber ein Entscheidungsspielraum besteht, findet ansonsten § 87 Abs. 1 Nr. 7 BetrVG Anwendung.

bb. § 89 BetrVG

§ 89 BetrVG normiert ein umfassendes Mitberatungs- und Informationsrecht des Betriebsrats.[682] Des weiteren sieht die Vorschrift eine umfassende Zusammenarbeit zwischen allen Beteiligten vor.[683] Durch das Betriebsverfassungs-Reformgesetz[684] wurde unter anderen auch in dieser Vorschrift der Umweltschutz im BetrVG stärker hervorgehoben.[685] Der Betriebsrat hat gemäß § 89 Abs. 1 BetrVG bei der Bekämpfung von Unfall- und Gesundheitsgefahren die für den Arbeitsschutz zuständigen Behörden, die Träger der gesetzlichen Unfallversicherung und die sonstigen in Betracht kommenden Stellen durch Anregung, Beratung und Auskunft zu unterstützen. Nach § 89 Abs. 2 BetrVG haben der Arbeitgeber und die genannten Stellen den Betriebsrat bei allen im Zusammenhang mit dem Arbeitsschutz oder der Unfallverhütung stehenden Besichti-

---

tierungen z.B. in DKK, FESTL oder GK, vgl. auch Bieler, BuW 1998, S. 276 ff. Zu weiteren Beteiligungsrechten, bspw. § 9 Abs. 3 S. 2 ASiG, siehe Merten, S. 231 ff. Siehe zu §§ 88, 89 und 91 BetrVG auch unten unter E.II.3.c.aa. sowie E.II.3.c.dd.aaa. und bbb.

680 Geyer, S. 116; Merten, S. 230; Richenhagen/Prümper/Wagner, S. 217.

681 Merten, S. 230; Richenhagen/Prümper/Wagner, S. 217.

682 DKK-Buschmann, § 89 Rn. 1.

683 Merten, S. 240.

684 Gesetz vom 23.07.2001, BGBl. I, S. 1852.

685 DKK-Buschmann, § 89 Rn. 2.

gungen und Fragen und bei Untersuchungen hinzuzuziehen. Ein zwingendes Mitbestimmungsrecht ergibt sich aus dieser Vorschrift aber nicht. Effektivste Beteiligung gewährt § 87 Abs. 1 Nr. 7 BetrVG.

cc. § 90 BetrVG

§ 90 BetrVG gibt dem Betriebsrat ein Unterrichtungs- und Beratungsrecht bei der Planung der angeführten Maßnahmen. Die Vorschrift weist genau wie § 91 BetrVG auf die menschengerechte Gestaltung der Arbeit hin. Es besteht also ein bloßes Unterrichtungs- und Beratungsrecht, aber kein erzwingbares Mitbestimmungsrecht wie bei § 87 Abs. 1 Nr. 7 BetrVG.

dd. § 88 BetrVG

§ 88 BetrVG enthält einen nicht abschließenden Katalog („insbesondere“) freiwillig regelbarer Gegenstände einer Betriebsvereinbarung. Dazu zählen hinsichtlich des Arbeitsschutzes insbesondere Maßnahmen zur Verhütung von Arbeitsunfällen und Gesundheitsschädigungen, vgl. § 88 Nr. 1 BetrVG. Die Norm ergänzt den abschließenden § 87 Abs. 1 Nr. 7 BetrVG und eröffnet die Möglichkeit, Betriebsvereinbarungen über soziale Angelegenheiten abzuschließen, die nicht mitbestimmungspflichtig sind.[686] Hinsichtlich des Abschlusses von Betriebsvereinbarungen gilt insoweit § 77 BetrVG. § 88 BetrVG begründet zwar eine umfassende funktionale Zuständigkeit des Betriebsrats[687], ermöglicht aber nicht die erzwingbare Mitbestimmung, wie § 87 Abs. 1 Nr. 7 BetrVG dies tut, und ergänzt die Norm somit nur.

3. Die Mitbestimmung gemäß § 87 Abs. 1 Nr. 7 BetrVG

§ 87 BetrVG regelt den Kernbereich der Mitbestimmung der Arbeitnehmer, namentlich die Mitbestimmung in sozialen Angelegenheiten.[688] Die in § 87 BetrVG festgelegten Mitbestimmungsrechte des Betriebsrats erlangen in allen Betrieben Geltung, in denen ein Betriebsrat besteht. Die Zahl der Betriebsratsmitglieder ist dabei unerheblich.[689] Das Mitbestimmungsrecht des Betriebsrats schließt alle Arbeitnehmer ein, für die die Merkmale des § 5 BetrVG erfüllt sind.[690] Zweck der Mitbestimmung ist der Schutz der Beschäftigten. Sie sollen durch ihre Interessenvertretung an Entscheidungen beteiligt werden, die ihre in § 87 BetrVG abschließend aufgezählten Angelegenheiten betreffen.[691] Das in § 87 Abs. 1 BetrVG geregelte Mitbestimmungsrecht setzt voraus, daß die zu re-

686 DKK-Berg, § 88 Rn. 1; FESTL, § 88 Rn. 1.
687 FESTL, § 88 Rn. 1.
688 FESTL, § 87 Rn. 2.
689 DKK-Klebe, § 87 Rn. 1.
690 DKK-Klebe, § 87 Rn. 40; FESTL, § 87 Rn. 11.
691 FESTL, § 87 Rn. 3 f.; HSWG-Worzalla, § 87 Rn 7 f.

gelnde Maßnahme einen kollektiven Bezug aufweist.[692] Entscheidendes Abgrenzungskriterium ist hierbei, ob es sich inhaltlich um eine generelle Regelung handelt oder um Maßnahmen, die nur die individuellen Umstände eines Arbeitnehmers betreffen.[693] Maßnahmen mit kollektivem Tatbestand sind dabei insbesondere solche, die sich abstrakt auf den ganzen Betrieb oder eine Gruppe von Arbeitnehmern oder einen Arbeitsplatz - aber nicht auf einen Beschäftigten persönlich - beziehen.[694] Das im Betriebsverfassungsgesetz normierte Mitbestimmungsrecht des Betriebsrats darf weder durch Tarifvertrag noch durch Betriebsvereinbarung aufgehoben oder eingeschränkt werden.[695] Allerdings sieht § 87 Abs. 1 BetrVG das Mitbestimmungsrecht nur vor, wenn keine entsprechende gesetzliche oder tarifliche Regelung besteht; somit besteht gleichzeitig ein Gesetzes- und Tarifvorrang. Damit unterstellt der Gesetzgeber, daß, wenn eine gesetzliche oder tarifvertragliche Regelung besteht, damit ein entsprechender Schutz der Arbeitnehmer gewährleistet ist.[696]

Wenn der Arbeitgeber eine Angelegenheit durchführen möchte, die gemäß § 87 BetrVG mitbestimmungspflichtig ist, bedarf es dazu der Einigung mit dem Betriebsrat oder einer Entscheidung der Einigungsstelle, vgl. § 87 Abs. 2 BetrVG.[697] Deshalb läßt sich auch nicht jeder vom Betriebsrat gemachte Vorschlag durchsetzen. Nach § 76 Abs. 5 S. 3 BetrVG faßt die Einigungsstelle ihre Beschlüsse „unter angemessener Berücksichtigung der Belange des Betriebs und der betroffenen Arbeitnehmer nach billigem Ermessen“. Sie hat also das Recht zu einer eigenständigen Entscheidung, darf sich dabei aber nicht völlig über die Interessen einer Seite hinwegsetzen.[698]

Die Zustimmung des Betriebsrats ist Wirksamkeitsvoraussetzung für alle mitbestimmungspflichtigen Maßnahmen.[699]
Zunächst soll der Zweck des § 87 Abs. 1 Nr. 7 BetrVG erläutert werden.

a. Zweck

§ 87 Abs. 1 Nr. 7 BetrVG regelt die Mitbestimmung des Betriebsrats im Bereich des Arbeitsschutzes. Wie bereits mehrfach festgestellt, dient der Arbeits-

---

692 Löwitsch, § 87 Rn. 2; GK-Wiese, § 87 Rn. 14; detailliert und mit Abgrenzungskriterien: DKK-Klebe, § 87 Rn. 15 f.; FESTL, § 87 Rn. 14 ff.; HSWG-Worzalla, § 87 Rn. 17 ff.

693 DKK-Klebe, § 87 Rn. 16; FESTL, § 87 Rn. 16.

694 FESTL, § 87 Rn. 16.

695 DKK-Klebe, § 87 Rn. 38; FESTL, § 87 Rn. 6; HSWG-Worzalla, § 87 Rn. 37.

696 Vgl. BAG AP Nr. 21 zu § 77 BetrVG 1972; sowie DKK-Klebe, § 87 Rn. 25 ff. mit weiteren Nachweisen.

697 Däubler, AiB 1986, S. 174.

698 Däubler, BetrR 1998, S. 33.

699 BAG AP Nr. 6 zu § 87 BetrVG 1972, Altersversorgung; BAG DB 1992, 1579, 1588; BAG DB 1994, 2450, 2451 f.; BAG DB 1996, 1576, DKK-Klebe, § 87 Rn. 4; FESTL, § 87 Rn. 289; GK-Wiese, § 87 Rn. 641 u. 98 ff.; GL, § 87 Rn. 16; a.A. Richardi-Richardi, § 87 Rn. 566.; HSWG-Worzalla, § 87 Rn. 80 ff.; Däubler, AiB 1986, S. 174

schutz dem Schutz der Gesundheit und des Lebens der Arbeitnehmer.[700] Der Betriebsrat soll durch sein gleichberechtigtes Mitbestimmungsrecht für eine hohe Effektivität des betrieblichen Arbeits- und Gesundheitsschutzes sorgen.[701] Dabei kann die Mitbestimmung des Betriebsrats durchaus dazu dienen, den gesetzlichen Gesundheitsschutz durchzusetzen, wenn dieser nicht eingehalten wird.[702] Deshalb zählt die Beseitigung eines eventuellen Vollzugsdefizits im Arbeitsschutz durchaus zum Normzweck des § 87 Abs. 1 Nr. 7 BetrVG und ist in diesem Zusammenhang nicht alleinige Sache des Arbeitgebers.[703]

b. Entstehung

§ 87 Abs. 1 Nr. 7 ist in das Betriebsverfassungsgesetz 1972 neu aufgenommen worden.[704] Zuvor regelte § 56 BetrVG 1952 ein bedeutend eingeschränktes Mitbestimmungsrecht des Betriebsrats im Bereich Arbeitsschutz. § 56 BetrVG 1952 enthielt keine dem § 87 Abs. 1 Nr. 7 BetrVG entsprechende spezielle Regelung. Allerdings durfte der Betriebsrat gemäß § 56 Abs.1 f BetrVG 1952 in Fragen des Arbeitsschutzes mitbestimmen, soweit dieser durch die Ordnung des Betriebes beeinflußt werden konnte.[705] Sonst konnten Fragen des Arbeitsschutzes nur gemäß § 57a BetrVG 1952 durch freiwillige Betriebsvereinbarungen geregelt werden.[706]

c. Umfang (Gegenstand) und Voraussetzungen des Mitbestimmungsrechts

Der Betriebsrat hat gemäß § 87 Abs. 1 Nr. 7 BetrVG ein Mitbestimmungsrecht bei Regelungen über die Verhütung von Arbeitsunfällen und Berufskrankheiten sowie über den Gesundheitsschutz im Rahmen der gesetzlichen Vorschriften oder der Unfallverhütungsvorschriften.

Zunächst ist zu untersuchen, was unter dem Begriff „Regelungen" zu verstehen ist.

---

700 Siehe nur oben unter A.II., B.I. und II., C.I. sowie D.II.; vgl. FESTL, § 87 Rn. 257. Zur Bestimmung des Gesundheitsbegriffs des § 87 Abs. 1 Nr. 7 BetrVG siehe sogleich unter E.II.3.c.dd.

701 FESTL, § 87 Rn. 257, DKK-Klebe, § 87 Rn. 167, Denck, ZfA 1976, S. 451.

702 DKK-Klebe, § 87 Rn. 167; Bücker/Feldhoff/Kothe, S. 28; Münch-ArbR III-Matthes, § 343 Rn. 2.

703 Ablehnend Merten, S. 129; wohl auch DR, § 87 Rn 582.

704 Vgl. Münch-ArbR III-Matthes, § 343 Rn. 1.

705 Vgl. Münch-ArbR III-Matthes, § 343 Rn. 1; Denck, ZfA 1976, S. 448 f.

706 Münch-ArbR III-Matthes, § 343 Rn. 1.

aa. Regelungen

Die Mitbestimmung des § 87 Abs. 1 Nr. 7 BetrVG setzt eine Regelung voraus.[707] Die Frage, was unter einer Regelung zu verstehen ist, hat also wesentliche Bedeutung für die Reichweite des Mitbestimmungsrechts gemäß § 87 Abs. 1 Nr. 7 BetrVG.

aaa. Meinungsstand

Hier wird, wenn auch etwas „halbherzig“[708], versucht, über eine Abgrenzung des Terminus Regelung i.S.d. § 87 Abs. 1 Nr. 7 BetrVG zur Maßnahme nach § 88 Abs. 1 BetrVG eine Einschränkung des Mitbestimmungsrechts herbeizuführen. Dies ist eigentlich eine vergangene Diskussion, die durch das Inkrafttreten des Arbeitsschutzgesetzes wieder zum Leben erweckt wurde.

Es wird versucht, das obligatorische Mitbestimmungsrecht so einzuschränken, daß es auf Regelungen normativen Charakters, das heißt auf die Festlegung von Verhaltensregeln für die Arbeitnehmer, reduziert wird.[709] Unter einer „Regelung“ sei die Festlegung einer allgemeinen Ordnung für eine unbestimmte Anzahl von Fällen zu verstehen. Der Begriff „Maßnahme“ habe demgegenüber einen weitergehenden Inhalt. Er umfasse auch die Anlage, Änderung, Ingangsetzung oder Außerbetriebnahme technischer Einrichtungen.[710] Deshalb seien die technischen und organisatorischen Arbeitsschutzmaßnahmen dann der freiwilligen Mitbestimmung nach § 88 Nr. 1 BetrVG zuzuordnen.[711]

Eine Mitbestimmung des Betriebsrats als Wirksamkeitsvoraussetzung für technische Maßnahmen würde die Entwicklung des Arbeitsschutzes im Betrieb schwerfällig machen und stark behindern.[712]

Außerdem wird hier auf die alte These zurückgegriffen, das Mitbestimmungsrecht des Betriebsrats gemäß § 87 Abs. 1 Nr. 7 BetrVG müsse eng ausgelegt werden, um einen Eingriff des Betriebsrats in die Leitungsfunktion des Arbeitgebers zu verhindern.[713]

Dieses Argument ist aber spätestens seit der Entscheidung des BAG[714] zur Mitbestimmung des Betriebsrats bei der Festlegung von Ladenschlußzeiten nicht mehr haltbar. Hier stellt das BAG zutreffend fest, daß Eingriffe in die unternehmerische Entscheidungsfreiheit durch die Mitbestimmung des Betriebsrats vom Gesetzgeber gesehen und gewollt seien. Durch die unterschiedliche

---

707 Vgl. auch GK-Wiese, § 87 Rn. 607; Merten/Klein, DB 1998, S. 674.

708 Merten/Klein DB 1998, S. 674.

709 HSWG-Worzalla, § 87 Rn. 336 f.; Glaubitz, BB 1977, S. 1405.

710 HSWG-Worzalla, § 87 Rn. 336.

711 Glaubitz, BB 1977, S. 1405.

712 Glaubitz, BB 1977, S. 1405; HSWG-Worzalla, § 87 Rn. 337.

713 Vgl. Ehmann, Arbeitsschutz und Mitbestimmung, S. 83; Hinrichs, S. 26.

714 BAGE 40, 107; eine darauffolgende Verfassungsbeschwerde wurde als unbegründet zurückgewiesen vgl. BVerfG AP Nr. 15 zu § 87 BetrVG 1972 Arbeitszeit.

Gestaltung der Beteiligungsrechte des Betriebsrats im Betriebsverfassungsgesetz in sozialen, personellen und wirtschaftlichen Angelegenheiten habe bereits eine Abwägung zwischen der Rechtsstellung der Arbeitgeber und der Beschäftigten stattgefunden.[715]

Insgesamt lehnen die Rechtsprechung[716] und die überwiegende Meinung in der Literatur[717] diese Differenzierung ab und legen demgegenüber den Begriff der Regelung weit aus, so daß auch Änderungen von technischen Einrichtungen oder organisatorische und personelle Maßnahmen darunter fallen.

Hinzuzufügen ist weiterhin, daß das Mitbestimmungsrecht gemäß § 87 Abs. 1 Nr. 7 BetrVG zwar eine Regelung mit kollektivem Tatbestand voraussetzt[718], während es bei § 88 BetrVG nicht erforderlich ist, daß es sich um eine generelle Regelung oder um eine Einzelmaßnahme handelt.[719] Ein kollektiver Tatbestand liegt immer dann vor, wenn die Arbeitsschutzmaßnahmen sich nicht auf die Person der Beschäftigten und deren individuelle Wünsche beziehen.[720] Dies ist auch bei organisatorischen und technischen Maßnahmen möglich.[721]

Außerdem ergibt sich weder aus dem Wortlaut noch aus dem allgemeinen Sprachgebrauch eine Einschränkung des Begriffes „Regelung“ auf bloße Verhaltensregeln.[722]

Auch hinsichtlich der anderen anerkannten Auslegungsmethoden läßt sich nichts anderes feststellen. Besonders dem Sinn und Zweck des Mitbestimmungsrechts, nämlich der Verbesserung des Arbeitsschutzes[723], würde es zuwiderlaufen, wenn der Betriebsrat die Beschäftigten nur durch Mitbestimmung über Verhaltensregeln schützen könnte, die Beseitigung der Ursachen der Gesundheitsgefährdung hingegen dem Verantwortungsbereich des Arbeitgebers überlassen wäre.[724] Der betriebliche Arbeitsschutz ist aber zum Teil gerade durch technische Maßnahmen bzw. Veränderung im Arbeitsablauf effektiver zu gewährleisten als durch Verhaltensregeln.[725] Im Hinblick auf das Recht der EG

---

715 BAGE 40, 107, 1113 f.; vgl. Hinrichs, S. 26 f.

716 BAG AP Nr. 1 zu § 87 BetrVG 1972 Arbeitssicherheit, unter II 3) zu organisatorischen Regelungen; BAG AP Nr. 3 zu § 87 BetrVG 1972 Arbeitssicherheit, unter B II 1 b) zu technischen Regelungen; LAG Niedersachsen AiB 1988, 110.

717 DKK-Klebe, § 87 Rn. 185; FESTL, § 87 Rn. 279 ff.; Fabricius, BB 1997, S. 1255; Hinrichs, S. 26 ff.; Bücker/Feldhoff/Kothe, S. 29 f.; Rottmann, BB 1989, S. 1116; Denck, ZfA 1976, S. 453; Münch-ArbR III-Matthes, § 343 Rn. 23.

718 Siehe nur Denck, ZfA 1976, S. 458; DKK-Klebe, § 87 Rn. 185.

719 Denck, ZfA 1976, S. 458.

720 LAG Niedersachsen AiB 1988, 110; Denck, ZfA 1976, S. 458; Hinrichs, S. 27; DKK-Klebe, § 87 Rn. 15 f.; FESTL, § 87 Rn. 16.

721 Siehe auch Hinrichs, S. 27.

722 Siehe auch Hinrichs, S. 27 f.

723 Kothe, AuR 1984, S. 272.

724 Vgl. Hinrichs, S. 28; Merten, S. 135.

725 So auch Kohte, AuR 1984, S. 272.

könnte des weiteren angeführt werden, daß auch schon die Rahmenrichtlinie Arbeitsschutz eine wirksame Beteiligung der Arbeitnehmer bzw. ihrer Vertreter sicherstellen will.[726]

bbb. Zwischenergebnis

Es wird deutlich, daß die Argumente für eine Differenzierung zwischen den Begriffen „Regelung" und „Maßnahme" nicht überzeugen. Im Gegenteil, sie gefährden den Zweck des § 87 Abs. 1 Nr. 7 BetrVG, nämlich die Gewährleistung eines effektiven Gesundheitsschutzes für die Beschäftigten. Außerdem ist es nicht ersichtlich, daß in der Form eine Beschränkung des Mitbestimmungstatbestandes vom Gesetzgeber gewollt gewesen ist. Etwas anderes ergibt sich auch nicht aus dem Wortlaut, dem Sinn und Zweck der Norm sowie den anderen anerkannten Auslegungskriterien.

Somit bietet der Begriff Regelung keine Möglichkeiten, die Mitbestimmung des Betriebsrats gemäß § 87 Abs. 1 Nr. 7 BetrVG einzuschränken.

bb. Arbeitsunfälle

Ein Arbeitsunfall[727] ist nach der Legaldefinition in § 8 Abs. 1 SGB VII ein zeitlich begrenztes, von außen auf den Körper einwirkendes Ereignis, das zu einem Gesundheitsschaden oder dem Tod des Versicherten (i.S.d. SGB VII) führt und das dieser bei einer in den §§ 2, 3 oder 6 SGB VII genannten Tätigkeit erleidet. Zu der versicherten Tätigkeit gehört nicht nur die berufliche Tätigkeit an sich, sondern auch mit ihr im Zusammenhang stehende Tätigkeiten, vgl. § 8 Abs. 2 SGB VII.

cc. Berufskrankheiten

Berufskrankheiten sind gemäß § 9 SGB VII Krankheiten, die die Bundesregierung durch Rechtsverordnung mit Zustimmung des Bundesrates als Berufskrankheiten bezeichnet und die die Versicherten infolge einer den Versicherungsschutz nach den §§ 2, 3 oder 6 begründeten Tätigkeit erleiden.

Die Berufskrankheit ist vom Arbeitsunfall dadurch abzugrenzen, daß bei ihr kein zeitlich begrenztes Ereignis vorliegt.[728]

dd. Gesundheitsschutz

Die inhaltliche Festlegung der Begriffe Arbeitsunfall und Berufskrankheit bereitete keine Probleme. Fraglich ist aber, wie es sich mit der Terminologie Gesundheitsschutz verhält. Deshalb ist zu untersuchen, welcher Gesundheitsbegriff § 87 Abs. 1 Nr. 7 BetrVG zugrunde liegt.

---

726 Vgl. oben unter B.II.

727 Zum Arbeitsunfall siehe die Übersicht, auch zur Rechtsprechung, bei Schaub, § 109 Rn. 1 ff.

728 FESTL, § 87 Rn. 261.

Eine gesetzliche Definition des Begriffes Gesundheitsschutz gibt es, wie bereits mehrfach festgestellt wurde, nicht.[729] Es wird davon ausgegangen, daß er umfassend zu verstehen und weit auszulegen ist.[730] Dabei soll der Gesundheitsschutz zumindest alle Maßnahmen umfassen, „die der Erhaltung der physischen und psychischen Integrität des Arbeitnehmers gegenüber arbeitsbedingten Beeinträchtigungen dienen, die zu medizinisch feststellbaren Verletzungen oder Erkrankungen führen oder führen können"[731]. Unter einer arbeitsbedingten Beeinträchtigung versteht man Beeinträchtigungen, die durch die berufliche Tätigkeit verursacht sind oder anläßlich der Tätigkeit entstehen oder verschlimmert werden.[732]

Allerdings gibt es Stimmen in der Literatur[733] die gerade hinsichtlich des systematischen Zusammenhangs die Ansicht vertreten, daß § 87 Abs. 1 Nr. 7 BetrVG im Rahmen der Anwendungsgebiete anderer Vorschriften des Betriebsverfassungsgesetzes, insbesondere §§ 89, 91 BetrVG, nicht anwendbar sei.[734] Deshalb wird teilweise versucht, über einen engen Gesundheitsbegriff diese verminderte Anwendung zu begründen.[735]

aaa. Systematische Beziehung zu § 89 BetrVG

Im Verhältnis von § 89 BetrVG zu § 87 Abs. 1 Nr. 7 BetrVG sei es so, daß § 89 BetrVG von einem umfassenden Arbeitsschutz ausgehe, während § 87 Abs. 1 Nr. 7 BetrVG nur sogenannte „Sachvorschriften" betreffe.[736] Sachvorschriften seien dabei solche Regelungen, die die Arbeit selbst i.S.d. Verhütung von Arbeitsunfällen und Gesundheitsschädigungen gestalten würden.[737]

Woher die Vertreter dieser Ansicht ihre Erkenntnisse ziehen, ist nur schwer verständlich. Eine Grundlage hierfür in der Norm zu finden, scheint nicht möglich. Aus dem Wortlaut und dem Zweck des § 87 Abs. 1 Nr. 7 BetrVG läßt sie sich nicht ableiten.[738] Auch einen entsprechenden Ursprung aus der Rechtsprechung herzuleiten, führt zu keinem Erfolg. Das BAG hat in der Vergangenheit, ohne die Formulierung „Sachvorschrift" zu verwenden, gegenteilig entschieden. Es sollen auch vorgelagerte Maßnahmen des Arbeitsschutzes

---

729 Siehe nur oben unter B.II.5 und D.II.2.

730 FESTL, § 87 Rn. 262; DKK-Klebe, § 87 Rn. 172.

731 FESTL, § 87 Rn. 262; vgl. Münch-ArbR II-Wlotzke, § 206 Rn. 35; DKK-Klebe, § 87 Rn. 181.

732 FESTL, § 87 Rn. 262.

733 Merten/Klein, DB 1998, S. 673; Löwisch/Neumann SAE, 1997, S. 87.

734 Vgl. Kittner/Pieper, BetrVG Rn. 21 ff.

735 So auch Ehmann, in FS Arbeitsgerichtsbarkeit Rheinland-Pfalz, S. 19 ff.

736 Merten/Klein, DB 1998, S. 673, Löwisch/Neumann, SAE 1997, S. 87.

737 Merten/Klein, DB 1998, S. 673.

738 LAG Hamburg AP Nr. 11 zu § 87 BetrVG 1972 Gesundheitsschutz, Bl. 232.

von § 87 Abs. 1 Nr. 7 BetrVG erfaßt werden.[739] In einer neueren Entscheidung bringt das BAG zum Ausdruck, daß es für die Anwendung des § 87 Abs. 1 Nr. 7 BetrVG unerheblich sei, ob eine Vorschrift dem Gesundheitsschutz unmittelbar oder mittelbar diene. Es sei im Arbeitsrecht nicht ungewöhnlich, daß Ziele der Arbeitssicherheit und des Gesundheitsschutzes durch lediglich mittelbar wirkende Maßnahmen verfolgt werden.[740] Aus der Rechtsprechung des BAG kann sich solch eine Herleitung also nicht ergeben.

Auch aus der Systematik läßt sich nichts anderes schließen.[741] § 89 Abs. 1 und 2 BetrVG entsprechen unverändert dem § 58 BetrVG 1952. Dabei ist der Zweck des § 89 BetrVG die umfassende Einbindung des Betriebsrats in das weite System des Arbeitsschutzes.[742] Dabei geht es aber vorrangig um die Verpflichtung des Betriebsrats, mit den entsprechenden Stellen außerhalb des Betriebes zu kommunizieren und das unabhängig von innerbetrieblichen Beteiligungsrechten.[743] § 87 Abs. 1 Nr. 7 BetrVG ist hingegen als Mitbestimmungsrecht neu in das Betriebsverfassungsgesetz 1972 eingeführt worden.[744] Dabei ist nicht ersichtlich, warum dieses neue Mitbestimmungsrecht entgegen Wortlaut und gesetzgeberischer Intention restriktiv auszulegen ist, nur weil weiterhin der weit gefaßte § 89 BetrVG besteht. Des weiteren geben die in beiden Vorschriften enthaltenen Begrifflichkeiten keine Anhaltspunkte für einen thematischen Unterschied. Die Intention des § 89 Abs. 1 BetrVG ist zunächst nicht der „Arbeitsschutz", in welcher konkreten Art auch immer, sondern die Beteiligung des Betriebsrats bei „Unfall- und Gesundheitsgefahren". Dies wird im allgemeinen mit der „Verhütung von Arbeitsunfällen und Berufskrankheiten" sowie dem „Gesundheitsschutz" i.S.d. § 87 Abs. 1 Nr. 7 BetrVG gleichgesetzt.[745] Der Oberbegriff für beides ist „Arbeitsschutz".[746]

Also läßt sich keine Begründung für eine Einschränkung aus Wortlaut, Ursprung und Anwendungsbereich des § 89 BetrVG im Verhältnis zu § 87 Abs. 1 Nr. 7 BetrVG entnehmen.[747]

Es ist der Ansicht *Kittners*[748] zu folgen, und die Auffassung, daß § 87 Abs. 1 Nr. 7 BetrVG nur Sachvorschriften erfasse und somit restriktiv auszulegen sei, abzulehnen. *Kittner* formuliert dies etwas drastischer. Die in der Literatur vertre-

---

739 BAG NJW 1979, 2362; vgl. Kittner, in FS für Däubler, S. 695; sowie Kittner/Pieper, BetrVG Rn. 23.

740 BAG 1 ABR 16/97 NZA 1998, 441, 444.

741 Vgl. dazu auch LAG Hamburg AP Nr. 11 zu § 87 BetrVG 1972 Gesundheitsschutz, Bl. 232 f.

742 FESTL, § 89 Rn. 1.

743 Vgl. Kittner, in FS für Däubler, S. 695.

744 Siehe hierzu auch Denck, ZfA 1976, S. 448 ff.

745 So Kittner, in FS für Däubler, S.696; vgl. HSWG-Worzalla, § 89 Rn. 2a.

746 Vgl. Kittner, in FS für Däubler, S. 696.

747 Vgl. Kittner, in FS für Däubler, S. 695.

748 Kittner, in FS für Däuler, S. 695; Kittner/Pieper, BetrvG Rn. 23.

tene Auffassung sei „eine juristische Erfindung, die keinen Anhalt im Gesetz findet“.[749]

Somit läßt sich hieraus keine restriktive Auslegung des Gesundheitsbegriffs des § 87 Abs. 1 Nr. 7 BetrVG ableiten und daraus folgend auch keine Eingrenzung der Anwendbarkeit der Norm.

bbb. Systematische Beziehung zu § 91 BetrVG

Weiterhin wird vertreten, daß bei der Annahme eines weiten Gesundheitsbegriffs i.S.d. § 87 Abs. 1 Nr. 7 BetrVG die Anwendbarkeit des § 91 BetrVG beschnitten wird. § 91 BetrVG gewährt ein sogenanntes korrigierendes Mitbestimmungsrecht, das auf die Bekämpfung von Verstößen gegen die gesicherten arbeitswissenschaftlichen Erkenntnisse über die menschengerechte Gestaltung der Arbeit beschränkt ist.[750] Es stellt sich also das Abgrenzungsproblem, ob eine Maßnahme des Gesundheitsschutzes gemäß § 87 Abs. 1 Nr. 7 BetrVG vorliegt oder ob die menschengerechte Gestaltung der Arbeit gemäß § 91 BetrVG betroffen ist. Also ist der Gesundheitsbegriff des § 87 Abs. 1 Nr. 7 BetrVG im Zusammenhang mit der menschengerechten Gestaltung der Arbeit gemäß § 91 BetrVG zu betrachten.[751] Die Bedeutung der menschengerechten Gestaltung der Arbeit ist bereits angesprochen worden[752], bedarf aber einer näheren Klärung.

In der Literatur gab es auch hier Stimmen[753], die in der Vergangenheit für eine enge Auslegung dieses Begriffes eintraten. Nach dieser Ansicht sei die menschengerechte Gestaltung der Arbeit nur auf die Vermeidung von Gesundheitsschäden, die als Resultat von längerfristigen Überforderungen oder Belastungen entstehen können, gerichtet.[754]

Die überwiegende Ansicht in der Literatur[755] geht aber von einer weiten Bedeutung der menschengerechten Gestaltung der Arbeit aus. Danach fallen auch Maßnahmen, die nicht zum eigentlichen Bereich der Sicherheit und des Gesundheitsschutzes gehören, darunter. Das können die Vermeidung oder Minderung nicht gesundheitsbeeinträchtigender Belästigungen sowie die Anerkennung des Beschäftigten als Persönlichkeit sein.[756] Dies entspricht einer sehr weiten inhaltlichen Bedeutung, die den an anderer Stelle zugrunde gelegten ILO- Gesundheitsbegriff[757] übersteigt. Problematisch kann das im Hinblick auf

---

749 Kittner, in FS für Däubler, S. 695; Kittner/Pieper, BetrVG Rn. 23.

750 FESTL, § 91 Rn. 2, Merten, S. 140; DKK-Klebe, § 91, Rn. 1; GK-Wiese, § 91, Rn. 2; HSWG-Glock, § 91 Rn. 1.

751 Merten, S. 141.

752 Siehe oben unter D.II.2.

753 So wohl Denck, RdA 1982, S. 290; Natzel, RdA 1974, S. 280.

754 Vgl. Merten, S. 142.

755 Siehe nur DKK-Klebe, § 91 Rn. 1 u. § 90 Rn. 30 ff.; FESTL, § 87 Rn. 292 f.; GK-Wiese, Vor § 90 Rn. 4 f.; Richardi-Annuß, § 90 Rn. 31.

756 FESTL, § 87 Rn. 293.

757 Vgl. oben unter B.II.5. und D.II.2. sowie D.II.3.c.

die Begrifflichkeit der menschengerechten Gestaltung der Arbeit i.S.d. § 2 Abs. 1 ArbSchG sein und dem damit im Zusammenhang stehenden Gesundheitsbegriff des ArbSchG.[758] Sicher ist die Bedeutung der menschengerechten Gestaltung der Arbeit sehr weitgehend und umschließt eine größere Zahl von Maßnahmen als die des traditionellen Sicherheits- und Gesundheitsschutzes; das muß unter einem erweiterten Arbeitsschutzansatz[759] auch so verstanden werden, gerade auch im Hinblick auf den Gesundheitsbegriffs des § 87 Abs. 1 Nr. 7 BetrVG. Allerdings ist zu beachten, daß der Gesundheitsbegriff sich nicht zu stark an dem an anderer Stelle[760] bereits abgelehnten – weil zu ungenauen – Begriff der WHO orientiert. Jedoch ist immer der Einzelfall zu betrachten und eine zu starre Vorgehensweise mit zu festen Vorgaben dem Ziel des möglichst wirksamen Schutzes der Gesundheit und Sicherheit der Beschäftigten nicht dienlich. Anzunehmen ist, daß § 91 BetrVG, da hier die Mitbestimmung des Betriebsrats sich nur auf diejenigen Bereiche erstreckt, die nicht schon dem gesetzlichen Arbeitsschutz unterliegen[761], durch das Arbeitsschutzgesetz, welches in § 2 Abs. 1 ArbSchG die „menschengerechte Gestaltung der Arbeit" in den Arbeitsschutz einbezieht, an Bedeutung verlieren wird.[762] Dies muß aber so hingenommen werden, denn durch gesetzgeberische Entscheidungen und rechtliche Entwicklung kann es zu einer Umbewertung von Vorschriften kommen.[763]

Trotz dessen bleibt § 91 BetrVG aus sich heraus anwendbar. Dies betrifft beispielsweise solche Bestrebungen, die über die Vermeidung und Minimierung von Gesundheitsschutzbeeinträchtigungen hinausgehen.[764] Dann kann der Betriebsrat angemessene Maßnahmen zur Abwendung, Milderung oder zum Ausgleich von Belastungen der Arbeitnehmer verlangen, die aus einem offensichtlichen Widerspruch von Änderungen der Arbeitsplätze, des Arbeitsablaufs oder der Arbeitsumgebung mit den gesicherten arbeitswissenschaftlichen Erkenntnissen über die menschengerechte Gestaltung der Arbeit stammen, vgl. § 91 S. 1 BetrVG.

Die Anwendbarkeit des § 91 BetrVG verbleibt auch in den Fällen, in denen Einzelmaßnahmen des Arbeitgebers betroffen sind, die nicht von § 87 Abs. 1 Nr.7 erfaßt werden, aber das Mitbestimmungsrecht nach § 91 BetrVG tangieren[765].

Zusammenfassend bleibt festzuhalten, daß die Bedeutung des § 91 BetrVG eventuell durch die Aufnahme der menschengerechten Gestaltung der Arbeit in

---

758 Somit schließt sich die weitere Erörterung an das zum Gesundheitsbegriff des ArbSchG unter D.II.2 sowie D.II.3.c. Gesagte an.

759 Vgl. Wlotzke, NZA 1996, S. 1019.

760 Siehe insbesondere oben unter B.I. und II.5.

761 FESTL, § 90 Rn. 4.

762 Kittner/Pieper, BetrVG Rn. 22.

763 Vgl. Kittner, in FS für Däubler, S. 693.

764 FESTL, § 87 Rn. 293; Kittner/Pieper, BetrVG Rn. 22.

765 Siehe Kittner/Pieper, BetrVG Rn. 22; FESTL, § 91 Rn. 3 und § 87 Rn. 286.

§ 2 Abs. 1 ArbSchG geringer wird, die Vorschrift aber gleichfalls ihren eigenen Anwendungsbereich neben § 87 Abs. 1 Nr. 7 BetrVG behält. Für den Gesundheitsbegriff des § 87 Abs. 1 Nr. 7 BetrVG bedeutet dies, daß auch der systematische Zusammenhang zu § 91 BetrVG nicht gegen einen weitergehenden Gesundheitsbegriff des § 87 Abs. 1 Nr. 7 BetrVG spricht, sondern eher gegenteilig diese unterstützt.

ccc. Abstrakte oder konkrete Gesundheitsgefahr

Um das Mitbestimmungsrecht gemäß § 87 Abs. 1 Nr. 7 BetrVG einzuschränken, wurde und wird gefordert, daß der Gesundheitsbegriff in der Form eng auszulegen sei, daß als Voraussetzung eine „objektiv feststellbare Gefahr für Leben oder Gesundheit" der Arbeitnehmer bestehen müsse.[766] Als Begründung wird hierbei nur auf BAG - Rechtsprechung[767] verwiesen. Diese Ansicht ist nicht neu. Sie hat ihren Ursprung in der Diskussion[768], ob und wenn ja, unter welchen Voraussetzungen Generalklauseln als Rahmenvorschrift i.S.d. § 87 Abs. 1 Nr. 7 BetrVG zu betrachten seien.[769]

(1) Exkurs: vergangene Diskussion

In der damaligen Auseinandersetzung waren die Begründungen und auch die Anforderungen, die an das Vorliegen einer Gefahr zu stellen sind, unterschiedlich.[770] Zum einen sollte § 87 Abs. 1 Nr. 7 BetrVG kein Einfallstor für Rechtspolitik des Betriebsrats sein.[771] Mißbräuche müßten verhindert werden.[772] Andererseits wurde zur Begründung eine BAG- Entscheidung[773] herangezogen und das in dieser Entscheidung aufgestellte Kriterium der Unmittelbarkeit auf die Gesundheitsgefahr als solche anstatt auf die Verbindung zwischen Gefahr und Ursache bezogen.[774]

Hinsichtlich der Anforderungen, die an die Konkretheit der Gefahr zu stellen sind, wurden auch uneinheitliche Meinungen vertreten. Es wurde einerseits eine erhöhte Wahrscheinlichkeit[775], ernste Besorgnis oder ein gewisses Maß an Wahrscheinlichkeit, abhängig vom bedrohten Rechtsgut[776], gefordert.

766 Siehe nur Merten/Klein, DB 1998, S. 673.
767 BAG 1 ABR 47/95 NZA 1996, 998 = SAE 1997, 77.
768 Siehe unten unter E.II.3.c.ee.
769 Kittner, in FS für Däubler, S. 696.
770 Hinrichs, S. 19, siehe hierzu auch Denck, RdA 1982, S. 279 ff.
771 GK-Wiese, § 87 Rn. 604.
772 Hinrichs, S. 20; Denck, RdA 1982, S. 287.
773 BAG AP Nr. 7 zu § 87 BetrVG 1972 Überwachung.
774 Hinrichs, S. 20.
775 Ehmann, Arbeitsschutz und Mitbestimmung, S. 92.
776 Hinrichs, S. 20.

Andererseits wurden konkrete Anhaltspunkte für die Wahrscheinlichkeit als ausreichend angesehen.[777]

Die Gegenansicht hat sich schon damals auf die Überwachungsfunktion des Betriebsrats in bezug auf den betrieblichen Arbeitsschutz für eine abstrakte Gefahrenabwehr neben Aufsichtsbehörden und Berufsgenossenschaften berufen.[778] Außerdem wurde auf den abstrakt-generellen Charakter der Regelungen nach § 87 Abs. 1 Nr. 7 BetrVG verwiesen.[779] Letztlich sei das Mitbestimmungsrecht des Betriebsrats gemäß § 87 Abs. 1 Nr. 7 BetrVG inhaltslos, wenn es nur dann eingreife, wenn eine konkrete objektive Gefahr vorliege. Dies könne nicht im Sinne des Gesetzgebers sein.[780]

(2) Stellungnahme

Es bleibt hervorzuheben, daß die dargestellte Auseinandersetzung sich auf die in der Vergangenheit streitige Frage bezog, ob insbesondere § 120a GewO als Rahmenvorschrift i.S.d. § 87 Abs. 1 Nr. 7 BetrVG zu betrachten ist.[781] Diese Diskussion hat sich allerdings hinsichtlich § 120a GewO erübrigt, da im Zuge der Umsetzung der EG-Rahmenrichtlinie Arbeitsschutz und des Inkrafttretens des Arbeitsschutzgesetzes diese Norm aufgehoben wurde. Auch die BAG-Entscheidung[782], die von neueren Stimmen[783] als Begründung für das Erfordernis einer objektiv feststellbaren Gefahr für Leben oder Gesundheit herangezogen wird, stellt in Abgrenzung zum Mitbestimmungsrecht des § 91 BetrVG auch auf § 120a GewO ab.

Das BVerwG ist des weiteren in einer neueren Entscheidung von einem weiten Gesundheitsbegriff ausgegangen, der auch die durch Arbeitsbedingungen beeinflußbaren psychischen Befindlichkeiten umfaßt.[784] Außerdem ist es grundsätzlich schwierig, herauszufinden, wo die Trennlinie, so wie sie *Merten/Klein*[785] zwischen konkret objektiv feststellbarer Gefahr und bloßer Belastung des Arbeitnehmers ziehen wollen, liegt. Die Grenze ist hier fließend.[786]

Grundsätzlich ist es aber so, daß am 21.8.1996 das Arbeitsschutzgesetz in Kraft getreten ist. Für die Anwendbarkeit einer Vorschrift i.S.d. § 87 Abs. 1 Nr. 7 BetrVG ist es immer notwendig, diese daraufhin auszulegen, ob sie zum Ziel hat, dem Gesundheitsschutz zu dienen.[787]

---

777 Klinkhammer, AuR 1983, S. 326.
778 Denck, RdA 1982, S. 285.
779 Kohte, AuR 1984, S. 274.
780 Hinrichs, S. 21.
781 Vgl. Kittner, in FS für Däubler; S. 696.
782 BAG 1 ABR 47/95 NZA 1996, 998, 1001.
783 Merten/Klein, DB 1998, S. 673.
784 BVerwG 1 C 20/95 NZA 1997, 482, 483.
785 Merten/Klein, DB 1998, S. 673.
786 Siehe auch DKK-Klebe, § 87 Rn. 181.
787 Vgl. BAG 1 ABR 16/97 NZA 1998, 441, 444; Kittner, in FS für Däubler, S. 696.

Das nun geltende Arbeitsschutzgesetz dient der Sicherheit und dem Gesundheitsschutz der Beschäftigten durch Maßnahmen des Arbeitsschutzes, vgl. § 1 Abs. 1 ArbSchG. Dabei soll mit der Kombination von Sicherheit und Gesundheitsschutz als Teilelementen des Arbeitsschutzes im Arbeitsschutzgesetz ein ganzheitlicher und integrierter Arbeitsschutzansatz geschaffen werden, der auf einen umfassenden Schutz des arbeitenden Menschen abzielt.[788] Das Ziel des Gesetzes ist also der Gesundheitsschutz, und somit sind auch die Rahmenvorschriften des Arbeitsschutzgesetzes Grundlage des § 87 Abs. 1 Nr. 7 BetrVG.[789]

Folglich bleibt festzustellen, daß auch die vorgebrachte Ansicht, die eine objektiv feststellbare Gefahr für Leben und Gesundheit fordert, nicht überzeugt. Die Argumente sind widerlegbar und überholt, da sie sich größtenteils auf den nicht mehr existierenden § 120a GewO beziehen.

ddd. Konforme Auslegung im Hinblick auf das Recht der EG und das Arbeitsschutzgesetz

Eine weite Auslegung des Gesundheitsbegriffs ist auch im Hinblick auf eine Einheitlichkeit hinsichtlich der Gesundheitsbegriffe des Rechts der EG sowie des ArbSchG zu begrüßen.[790] Die Zielsetzung des Arbeitsschutzes, der wirksame Schutz der Beschäftigten vor Gesundheitsbeeinträchtigungen, wird durch einen einheitlichen Gesundheitsbegriff nur verstärkt.

eee. Ergebnis

Der Gesundheitsbegriff des § 87 Abs. 1 Nr. 7 BetrVG ist grundsätzlich weit auszulegen. Dieser extensiven Anschauung stehen auch nicht systematische Zusammenhänge, insbesondere zu §§ 89, 91 BetrVG[791], entgegen. Der Gesundheitsbegriff des § 87 Abs. 1 Nr. 7 BetrVG entspricht damit dem Gesundheitsbegriff der Rahmenrichtlinie Arbeitsschutz und dem des Arbeitsschutzgesetzes[792]. In diesem Sinne ist das BAG[793] auch schon früher von einem weiten Gesundheitsbegriff ausgegangen und hat angeführt, daß „... aus der Arbeit herrührende physische und psychische Belastungen ... die bei entsprechender Stärke und Dauer möglicherweise zu Gesundheitsschäden führen können ... eine Gesundheitsgefahr darstellen“ können. Das entspricht durchaus dem Gesundheitsbegriff der ILO, wonach Gesundheit nicht nur das Freisein von Krankheit und Gebrechen ist, sondern auch die geistig-seelischen Faktoren umfaßt, die sich auf

788 Siehe auch Kittner/Pieper, § 1 ArbSchG Rn. 10.
789 Hinsichtlich der „neuen“ Generalklausel des § 3 Abs. 1 ArbSchG siehe unten unter E.II.3.c.ee.ccc.
790 Vgl. Merten, S. 144.
791 Vgl. oben unter E.II.c.dd.aaa., bbb und ccc.
792 Siehe oben unter B.II.5. und D.II.2 und 3.c.
793 BAG 1 ABR 43/81 NJW 1984, 1476, 1479; vgl. auch DKK-Klebe, § 87 Rn. 181.

die Gesundheit auswirken und die in unmittelbarem Zusammenhang mit der Arbeit stehen. Dieses Gesundheitsverständnis, welches auch dem der Rahmenrichtlinie entspricht und mit der Zielsetzung des ArbSchG übereinstimmt, liegt dem § 87 Abs. 1 Nr. 7 BetrVG zugrunde und gewährt, sobald die übrigen Voraussetzungen gegeben sind, das Mitbestimmungsrecht des Betriebsrats.[794]

ee. Im Rahmen der gesetzlichen Vorschriften oder der Unfallverhütungsvorschriften

Die Mitbestimmung des Betriebsrats besteht gemäß § 87 Abs. 1 Nr. 7 BetrVG nur im *Rahmen der gesetzlichen Vorschriften oder der Unfallverhütungsvorschriften.* Die Unfallverhütungsvorschriften werden von den Berufsgenossenschaften gemäß §§ 15 ff. SGB VII erlassen.[795] Zu den gesetzlichen Vorschriften gehören neben formellen Gesetzen auch Rechtsverordnungen.[796] Davon umfaßt sind sowohl das ArbSchG als auch andere arbeitsschutzrechtliche Rechtsverordnungen wie bspw. die Lastenhandhabungsverordnung oder die Bildschirmarbeitsverordnung.[797]

Der Gesetzgeber hat mit der Vorgabe eines Rahmens gleichzeitig die Obergrenze des Arbeitsschutzes festgelegt. Hieraus wird ersichtlich, daß nicht autonomer Arbeitsschutz bezweckt wurde, sondern die Effektivierung des gesetzlichen Arbeitsschutzes.[798]

Fraglich ist, welche Vorschriften als ausfüllungsbedürftige Arbeitsschutzrahmenvorschriften i.S.d. § 87 Abs. 1 Nr. 7 BetrVG in Betracht kommen.

Oft enthalten die Vorschriften des Arbeitsschutzrechts keine vorgeschriebenen Vorgaben für den Arbeitgeber. Ihm wird damit ein Entscheidungsspielraum bezüglich der Erfüllung seiner Schutzpflichten zugebilligt. Das Schutzziel ist zwar vorgegeben, jedoch besteht für den Arbeitgeber ein Handlungsspielraum.[799] Gerade hier setzt das Mitbestimmungsrecht des § 87 Abs. 1 Nr. 7 BetrVG ein, denn diese Vorschriften erfüllen die notwendige Voraussetzung und kommen, da sie dem Arbeitgeber einen Regelungsspielraum bei der Wahl seiner Mittel lassen, als Rahmenvorschriften i.S.d. § 87 Abs. 1 Nr. 7 BetrVG in Betracht.

Ob eine konkrete Arbeitsschutzvorschrift eine ausfüllungsfähige Rahmenvorschrift darstellt, ist durch Auslegung zu ermitteln.[800] Dabei sind insbesondere die Fragen, ob sogenannte Generalklauseln Rahmenvorschriften i.S.d. § 87

---

794 Vgl. Merten, S. 144 f.

795 Siehe dazu auch oben unter D.I.2.

796 DKK-Klebe, § 87 Rn. 174; FESTL, § 87 Rn. 264; HSWG-Worzalla, § 87 Rn. 345.

797 Vgl. Richardi-Richardi, § 87 Rn. 544 f.; Merten, S.145; Löwisch/Kaiser, § 87 Rn. 116.

798 Kothe, AuR 1984, S. 272.

799 Vgl. BAG 1 ABR 68/97 NZA 1999, 49, 50; Vgl. BAG AP Nr. 3 zu § 87 BetrVG 1972 Arbeitssicherheit, Bl. 3 V; FESTL, § 87 Rn. 270; DKK-Klebe, § 87 Rn. 176; GK-Wiese, § 87 Rn. 586; HSWG-Worzalla, § 87 Rn. 342.

800 FESTL, § 87 Rn. 271.

Abs. 1 Nr.7 BetrVG sind und ob bei Vorliegen unbestimmter Rechtsbegriffe ein mitbestimmungsfähiger Entscheidungsspielraum besteht, in Rechtsprechung und Literatur umstritten.[801]

Im Folgenden soll untersucht werden, ob sogenannte Generalklauseln auch als Rahmenvorschriften i.S.d. § 87 Abs. 1 Nr. 7 BetrVG anzusehen sind, da sich auch hieran die Reichweite des Mitbestimmungsrechts gemäß § 87 Abs. 1 Nr. 7 BetrVG erschließen läßt. Gerade Generalklauseln können eine umfangreiche Anwendung des Mitbestimmungsrechts gemäß § 87 Abs. 1 Nr. 7 BetrVG ermöglichen.

aaa. Generalklauseln als Rahmenvorschriften

Ausfüllungsfähige Rahmenvorschriften könnten sogenannte Generalklauseln sein, die den Arbeitgeber in allgemeiner Form zu den Maßnahmen des Arbeits- und Gesundheitsschutzes verpflichten[802]. In der Vergangenheit hat sich dieser Streit zumeist auf den nun nicht mehr bestehenden § 120a GewO bezogen. Allerdings ist diese Kontroverse nun nicht bedeutungslos geworden, denn auch das ArbSchG enthält mit § 3 Abs. 1 S. 1 eine „neue" Generalklausel.[803]

(1) Entwicklung in der Rechtsprechung

Mehrere Landesarbeitsgerichte[804] vertraten die Ansicht, daß nur solche Arbeitsschutzvorschriften als Rahmenvorschriften im Sinne des § 87 Abs. 1 Nr. 7 BetrVG anzusehen seien, die die Obliegenheiten des Arbeitgebers im Arbeitsschutz bereits im einzelnen festlegen würden und für betriebliche Regelungen nur noch einen engen Ausfüllungsspielraum ließen, der die konkrete Wahl der Mittel bei der Umsetzung betreffe.[805] Arbeitsschutzrechtliche Generalklauseln wie die §§ 120a GewO, 62 HGB, 618 BGB, § 3 Abs. 1 ArbStättV enthielten nur allgemeine Vorgaben und fielen deshalb nicht in den Anwendungsbereich des § 87 Abs. 1 Nr. 7 BetrVG.[806] Außerdem wurde angeführt, daß der Gesundheitsschutz zunächst Sache des Gesetz- und Verordnungsgebers sowie der Berufsgenossenschaft sei.[807] Betrachtet man die Generalklauseln als Rahmenvorschriften i.S.d. § 87 Abs. 1 Nr. 7 BetrVG, würden die Betriebsparteien an deren Stelle

801 Vgl. Merten, S. 147 f.
802 FESTL, § 87 Rn. 274.
803 Vgl. Merten, S. 148; Kothe, CR 1996, S. 610.
804 LAG Düsseldorf DB 1981, 1780, 1781; LAG Berlin DB 1981, 1519, 1520, LAG München DB 1988, 186.
805 Hinrichs, S. 9.
806 LAG Düsseldorf DB 1981, 1780. 1781; LAG Berlin DB 1981, 1519, 1520, vgl. Hinrichs, S. 9.
807 LAG Düsseldorf DB 1981, 1780, 1781.

treten und träfen völlig eigenständige Regelungen. Dies sei vom Gesetzgeber nicht beabsichtigt.[808]

Außerdem wäre, wenn die Generalklauseln als Rahmenvorschriften anzusehen seien, praktisch jede Regelung durch das Mitbestimmungsrecht des Betriebsrats durchsetzbar.[809] Dies würde zu einer großen Unübersichtlichkeit des Arbeitsschutzes führen.[810]

Das BAG hatte bis zu diesem Zeitpunkt die Frage, ob Generalklauseln Rahmenvorschriften i.S.d. § 87 Abs. 1 Nr. 7 BetrVG sind, offengelassen.[811]

Das BAG vertrat aber dann in seiner späteren ersten Bildschirmarbeitsplatz-Entscheidung die Ansicht, daß die Generalklausel des § 120a GewO einen nur sehr engen Anwendungsbereich habe und schon aufgrund dessen nicht als Rahmenvorschrift i.S.d. § 87 Abs. 1 Nr. 7 BetrVG bei der Mitbestimmung über Bildschirmarbeitsplätze anwendbar sei.[812] Die Parteien stritten in dieser Entscheidung über die Mitbestimmung des Betriebsrats bei der Ausgestaltung von Bildschirmarbeitsplätzen. Dabei ging es unter anderen um Pausen und Augenkontrollen der dort Beschäftigten.[813] Das Gericht vertrat weiterhin die Auffassung, § 120a GewO verpflichte den Arbeitgeber nur, den Arbeitnehmer vor solchen Gefahren zu schützen, die unmittelbar von den Arbeitsmitteln ausgingen.[814] Dieser Ansicht folgend, schieden alle Vereinbarungen zu typischen Gefahren bei der Bildschirmarbeit aus, die über die konkrete Gefährdung hinausgingen, wie erleichterte Arbeitsbedingungen durch Arbeitsunterbrechungen oder zeitliche Beschränkungen für bestimmte Arbeitnehmergruppen.[815]

Aus diesem Grund mußte das BAG hier nicht abschließend Stellung zu der Frage der Anwendbarkeit des § 120a GewO als Generalklausel i.S.d. § 87 Abs.1 Nr. 7 BetrVG beziehen.[816]

Allerdings war diese Entscheidung für das Mitbestimmungsrecht des Betriebsrats in der Form richtungsweisend, daß es durch die enge Auslegung des BAG fast vollkommen an Bedeutung verlor.[817]

(2) Reaktionen und Stellungnahme

Die Literatur schloss sich teilweise der Ansicht der Landesarbeitsgerichte an.[818] Allerdings hat der weitaus größere Teil in der Literatur die Einschätzung der

---

808 LAG Düsseldorf DB 1981, 1780, 1781, so auch immer noch HSWG-Worzalla, § 87 Rn. 348, vgl. Hinrichs, S. 9; DKK-Klebe, § 87 Rn. 179.

809 LAG Berlin DB 1981, 1519, 1520; LAG München DB 1988, 186; Hinrichs, S. 10.

810 LAG Berlin DB 1981, 1519, 1520.

811 Hinrichs, S. 10, vgl. BAG 1 ABR 43/81 NJW 1984, 1476, ff.

812 BAG 1 ABR 43/81 NJW 1984, 1476, 1480, vgl. Hinrichs, S. 10.

813 Zum Sachverhalt siehe BAG 1 ABR 43/81 NJW 1984, 1476.

814 BAG 1 ABR 43/81 NJW 1984, 1467, 1480.

815 Vgl. Feldhoff, AuA 1997, S. 73.

816 Hinrichs, S. 10.

817 Vgl. Däubler, BetrR 1998, S. 31.

Landesarbeitsgerichte zu Generalklauseln als Rahmenvorschriften i.S.d. § 87 Abs. 1 Nr. 7 BetrVG abgelehnt.[819] Zur Begründung wurde angeführt, daß es sich bei Generalklauseln um Rechtsnormen handele, die verbindliche Anordnungen[820] enthielten. Schon der Wortlaut des § 87 Abs. 1 Nr. 7 BetrVG spreche eindeutig für die Einbeziehung der Generalklauseln als Rahmenvorschriften.[821] Es sei eher davon auszugehen, daß eine offen gestaltete gesetzliche Arbeitsschutzbestimmung für konkretisierende betriebliche Regelungen vom Gesetzgeber gewollt und auch notwendig sei, um sich den unterschiedlichen und sich ändernden Begebenheiten der betrieblichen Arbeitswelt anzupassen.[822] Auf betrieblicher Ebene könne außerdem viel konkreter mit entsprechenden Arbeitsschutzmaßnahmen reagiert werden, als es Gesetzgeber oder Aufsichtsbehörden bzw. Berufsgenossenschaften je möglich sei.[823]

Des weiteren sei nicht nachzuvollziehen, warum eine aufgrund einer generalklauselartigen Rahmenbestimmung zustande gekommende betriebliche Regelung zu einer großen Unübersichtlichkeit im Arbeitsschutz führen solle. Denn die entsprechende Regelung entfalte ja nur Geltung für den Betrieb, in dem sie den Arbeitsschutz verbessern solle.[824] Und es sei sicher nachzuvollziehen, daß unterschiedliche Arbeitsschutzmaßnahmen in den von ihren Tätigkeiten doch sehr differierenden Betrieben Anwendung finden müßten.

Trotz dessen war gerade durch die BAG-Entscheidung[825] der Anwendungsbereich des § 87 Abs. 1 Nr. 7 BetrVG sehr eingeschränkt.[826] Allerdings hing dies auch mit der spezifischen Eigenart des § 87 Abs. 1 Nr. 7 BetrVG zusammen.[827] Er ist abhängig von auslegungsbedürftigen Rahmenvorschriften, somit auch vom Gesetzgeber. Es läßt sich die einfache Formel aufstellen: Je mehr Rahmenvorschriften der Staat vorgibt, desto mehr Mitbestimmung gibt es aufgrund von § 87 Abs. 1 Nr. 7 BetrVG.[828] Hier wird wieder die rechtsdynamische Abhängigkeit der Vorschrift gegenüber anderen arbeitsschutzrechtlichen Normen deutlich.

Dies brachte das BAG auch in seiner ersten Bildschirmarbeitsplatz-Entscheidung zum Ausdruck. Der Staat habe die Aufgabe, einen Rahmen für

---

818 Heß, DB 1982, S. 2241 f.; Bähringer, RdA 1981, S. 368; Moll, ZIP 1982, S. 895 ff.

819 DKK-Klebe, § 87 Rn. 173 ff.; FESTL, § 87 Rn. 274.; GK-Wiese, § 87 Rn. 600 ff.; Wlotzke, RdA 1992, S. 98; Colneric, NZA 1992, S. 398; Kohte, AuR 1984, S. 272; Hinrichs, S. 11.

820 DKK-Klebe, § 87 Rn. 178; GK- Wiese, § 87 Rn. 512 ff.

821 DKK-Klebe, § 87 Rn. 178.

822 Hinrichs, S. 11 f.

823 Hinrichs, S. 12; DKK-Klebe, § 87 Rn. 179.

824 Hinrichs, S. 13, DKK-Klebe, § 87 Rn. 180.

825 BAG 1 ABR 43/81 NJW 1984, 1476 ff.

826 Däubler, BetrR 1998, S. 31.

827 Vgl. Kittner, in FS für Däubler, S. 694.

828 Vgl. Kittner, in FS für Däubler, S. 694.

Maßnahmen des Gesundheitsschutzes aufzustellen, innerhalb dessen dann die Mitbestimmung des Betriebsrats zum Tragen komme.[829] Allerdings ging das BAG von einem Vorrang des Staates und der Unfallversicherungsträger aus.

Das erklärt aber noch nicht, warum das BAG für die damals umstrittene Vorschrift des § 120a GewO solch einen restriktiven Anwendungsbereich angenommen hat. Es wäre sicher möglich gewesen, auch in § 120a GewO eine Rahmenvorschrift i.S.d. § 87 Abs. 1 Nr. 7 BetrVG zu sehen, wie anhand der überzeugenden Argumente, die in der Literatur vorgebracht wurden, ersichtlich ist.

Das BAG änderte seine Auslegung zu der Generalklausel des § 120a GewO als Rahmenvorschrift i.S.d. § 87 Abs. 1 Nr. 7 BetrVG aber unter dem Eindruck[830] der neuen Bildschirmrichtlinie der EG[831]. Auch in diesem Verfahren stritten die Beteiligten um das Bestehen des Mitbestimmungsrechts des Betriebsrats im Zusammenhang mit der Einrichtung von Bildschirmarbeitsplätzen und der Tätigkeit an diesen Plätzen; insbesondere ging es um eine regelmäßige arbeitsmedizinische Untersuchung im Hinblick auf die Bildschirmtätigkeit.[832] In dieser zweiten Bildschirmarbeitsplatz-Entscheidung wurde dem § 120a GewO die Eigenschaft einer Rahmenvorschrift zuerkannt.[833] Das BAG brachte auch explizit zum Ausdruck, daß die Argumente der in der Literatur vorherrschend vertretenen Meinung überzeugend seien.[834] Außerdem müsse der § 120a GewO nun richtlinienkonform ausgelegt werden.[835]

Zu § 87 Abs. 1 Nr. 7 BetrVG vertrat das BAG die Auffassung[836], daß das Mitbestimmungsrecht einen Handlungsspielraum voraussetze, wie er als Folge arbeitsschutzrechtlicher Generalklauseln typisch sei.[837] Allgemein setze § 87 Abs. 1 Nr. 7 BetrVG nur voraus, daß diese Vorschriften noch betriebliche Regelungen notwendig machen würden, die festlegten, auf welchem Wege das von der jeweiligen Rahmenvorschrift vorgegebene Ziel zu erreichen sei.[838]
Ob bei der ersten Bildschirmarbeitsplatz-Entscheidung der § 120a GewO angesichts der damaligen rechtlichen und tatsächlichen Situation aber zu restriktiv ausgelegt worden sei, könne dahin stehen.[839]

Eine „Vergangenheitsbewältigung" bezüglich der vom BAG bei der ersten Bildschirmarbeitsplatz-Entscheidung bezogenen Position fand also nicht statt.

---

829 BAG 1 ABR 43/81 NJW 1984, 1476, 1481.
830 Kittner, in FS für Däubler, S. 694.
831 Bildschirmrichtlinie - ABl.-EG Nr. L 156 vom 21.06.1990, S. 14.
832 Siehe detailliert den Sachverhalt in BAG 1 ABR 47/95 NZA 1996, 998 f.
833 BAG 1 ABR 47/95 NZA 1996, 998, 1001.
834 BAG 1 ABR 47/95 NZA 1996, 998, 1001.
835 BAG 1 ABR 47/95 NZA 1996, 998, 1001 f.
836 Siehe hierzu Kittner, in FS für Däubler, S. 694.
837 BAG 1 ABR 47/95 NZA 1996, 998, 1001.
838 BAG 1 ABR 47/95 NZA 1996, 998, 1003.
839 BAG 1 ABR 47/95 NZA 1996, 998, 1002.

Deutlich wird aber, daß sowohl die neue Bildschirmrichtlinie als auch die überzeugenden Argumente in der Literatur das BAG zu einem Kurswechsel veranlaßten. Das BAG hat nach seiner neuen Auslegung Generalklauseln wie den § 120a GewO als Rahmenvorschriften des § 87 Abs. 1 Nr. 7 BetrVG anerkannt.[840]

(3) Systematische Erwägungen

Weiterhin wird vertreten, daß § 87 Abs. 1 Nr. 7 BetrVG im Bereich des Anwendungsgebietes der §§ 88, 91 BetrVG keine Anwendung finde.[841] Es wurde und wird argumentiert, daß bei einer Einbeziehung der arbeitsschutzrechtlichen Generalklauseln als Rahmenvorschrift i.S.d. § 87 Abs. 1 Nr. 7 BetrVG eine Abgrenzung zu den §§ 88, 91 BetrVG praktisch unmöglich sei[842] und für diese Vorschriften kein Raum mehr bleibe.

Dagegen kann aber eingewendet werden, daß eine Grenzziehung zwischen § 87 Abs. 1 Nr. 7 BetrVG und § 88 BetrVG durchaus möglich ist. Das obligatorische Mitbestimmungsrecht des § 87 Abs. 1 Nr. 7 BetrVG ist an den Rahmen der Generalklausel gebunden, während gemäß § 88 BetrVG freiwillig zusätzliche Maßnahmen über diesen Rahmen hinaus vereinbart werden können.[843]

Daß dem zuzustimmen ist, bringt auch das BAG in einer neueren Entscheidung[844] zum Ausdruck. In dieser Entscheidung erkennt es die Generalklausel des § 2 Abs. 1 VBG 1 (Allgemeine Unfallverhütungsvorschriften) als Rahmenvorschrift i.S.d. § 87 Abs. 1 Nr. 7 BetrVG an und hält eine Abgrenzung zu §§ 88, 91 BetrVG durchaus für möglich. Außerdem gelten auch im Betriebsverfassungsgesetz die allgemeinen Voraussetzungen konkurrierender Normen, wie sie aus dem Strafrecht als Idealkonkurrenz oder aus dem Schuldrecht als Anspruchskonkurrenz bekannt sind.[845] Grundsätzlich ist jede Vorschrift nach den eigenen Tatbestandsmerkmalen anzuwenden.[846] Sollte es bei einem Sachverhalt zu einer Überschneidung kommen, so können durchaus mehrere Mitbestimmungsrechte nebeneinander stehen, hinsichtlich derer es am Betriebsrat liegt, ob er sie entsprechend den jeweiligen gesetzlichen Anforderungen zum Ansatz für das spezifische Mitbestimmungsrecht macht.[847]

---

840 Vgl. BAG 1 ABR 68/97 NZA 1999, 49, 50 f.

841 Merten/Klein DB 1998, S. 673.

842 Heß, DB 1982, S. 2241 f.; Richardi Anmerkung AP Nr. 7 zu § 87 BetrVG 1972 Überwachung unter II 2 a); so auch heute noch HSWG-Worzalla, § 87, Rn. 348.

843 Vgl. Hinrichs, S. 13; Kohte, AiB 1983, S. 53; DKK-Klebe, § 87 Rn. 180.

844 BAG 1 ABR 68/97 BB 1999, 55=AiB 1999, 343=NZA 1999, 49.

845 Vgl. Kittner, in FS für Däubler, S. 693.

846 Siehe BAG 1 ABR 47/95 NZA 1996, 998, 1001; vgl. Kittner, in FS für Däubler, S. 692; Kittner/Pieper, BetrVG Rn. 21.

847 Kittner, in FS für Däubler, S. 693, siehe auch die dort von Kittner genannten Beispiele.

Hinsichtlich der angeblichen Verdrängung des § 91 BetrVG gilt Entsprechendes.[848] Diese Vorschrift wird, da hier die Mitbestimmung des Betriebsrats sich nur auf diejenigen Bereiche erstreckt, die nicht schon dem gesetzlichen Arbeitsschutz unterliegen[849], durch das Arbeitsschutzgesetz, welches in § 2 Abs. 1 ArbSchG die „menschengerechte Gestaltung der Arbeit" in den Arbeitsschutz einbezieht, an Bedeutung verlieren.[850] Dies muß aber so hingenommen werden, denn durch gesetzgeberische Entscheidungen und rechtliche Entwicklung kann es zu einer Umbewertung von Vorschriften kommen.[851]

Trotz dessen bleibt § 91 BetrVG aus sich heraus anwendbar. Dies betrifft beispielsweise solche Bestrebungen, die über die Vermeidung und Minimierung von Gesundheitsschutzbeeinträchtigungen hinaus gehen.[852] Dann kann der Betriebsrat angemessene Maßnahmen zur Abwendung, Milderung oder zum Ausgleich von Belastungen der Arbeitnehmer verlangen, die aus einem offensichtlichen Widerspruch von Änderungen der Arbeitsplätze, des Arbeitsablaufs oder der Arbeitsumgebung mit den gesicherten arbeitswissenschaftlichen Erkenntnissen über die menschengerechte Gestaltung der Arbeit stammen, vgl. § 91 S. 1 BetrVG.

Die Anwendbarkeit des § 91 BetrVG verbleibt auch in den Fällen, in denen Einzelmaßnahmen des Arbeitgebers betroffen sind, die nicht von § 87 Abs. 1 Nr.7 erfaßt werden, aber das Mitbestimmungsrecht nach § 91 BetrVG tangieren[853].

Es bleibt somit festzuhalten, daß Generalklauseln wie § 3 ArbSchG aus systematischen Gründen nicht als Rahmenvorschriften i.S.d. § 87 Abs. 1 Nr. 7 BetrVG auszuschließen sind. Die Norm ist aus diesen Gründen keinesfalls restriktiv auszulegen, nur weil eventuell die Anwendbarkeit anderer Vorschriften beeinträchtigt ist. Es besteht dann eine gewöhnliche Gesetzeskonkurrenz. Die Gesetzessystematik und der Willen des Gesetzgebers müssen gewahrt bleiben.

(4) Auslegung unter Berücksichtigung des Rechts der EG

Die Rahmenrichtlinie Arbeitsschutz sieht eine umfassende Beteiligung der Beschäftigten bzw. ihrer Vertreter beim Arbeitsschutz vor.[854] Gerade generalklauselartige Formulierungen ermöglichen es, die notwendigen arbeitsschutzrechtlichen Vorkehrungen den jeweils individuellen Verhältnissen in den einzelnen Betrieben anzupassen und dadurch eine umfangreiche Mitbestimmung der Beteiligung der Beschäftigten bzw. ihrer Vertreter zu ermöglichen. Würde man

848 Vgl. oben unter E.II.3.c.dd.bbb.
849 FESTL, § 90 Rn. 4.
850 Kittner/Pieper, BetrVG Rn. 22.
851 Vgl. Kittner, in FS für Däubler, S. 693.
852 FESTL, § 87 Rn. 293; Kittner/Pieper, BetrVG Rn. 22.
853 Siehe Kittner/Pieper, BetrVG Rn. 22; FESTL, § 91 Rn. 3.
854 Siehe oben unter B.II.

nun Generalklauseln wie § 3 Abs. 1 S. 1 ArbSchG aus dem Anwendungsbereich des § 87 Abs. 1 Nr. 7 BetrVG fallen lassen, so wäre ein betriebsnaher individueller Arbeitsschutz unter Beteiligung der Beschäftigten bzw. ihrer Vertreter nicht möglich und widerspräche somit auch den Vorgaben des Rechts der EG. Gerade im Hinblick auf ein ganzheitliches Verständnis und ein hohes Schutzniveau im Sinne der Arbeitsumwelt sind Generalklauseln als Rahmenvorschriften i.S.d. § 87 Abs. 1 Nr. 7 BetrVG anzuerkennen.

(5) Zusammenfassung und Konkretisierung

Festzuhalten bleibt, daß die Mitbestimmung des Betriebsrats gemäß § 87 Abs. 1 Nr. 7 BetrVG von Rahmenvorschriften abhängig ist. Eine Mitbestimmung ist also nur möglich, wenn Rahmenvorschriften überhaupt bestehen.

Das war aber in Bereichen, in denen neue Techniken wie die Bildschirmarbeit eingesetzt wurden, gerade nicht der Fall.[855] In solchen Fällen blieb dann nur noch die Generalklausel des § 120a GewO. Durch die enge Auslegung des BAG in der ersten Bildschirmarbeitsplatz-Entscheidung ist die Anwendbarkeit der Generalklausel des § 120a GewO als Rahmenvorschrift allerdings zumindest bis zur zweiten Bildschirmarbeitsplatz-Entscheidung sehr stark eingeschränkt gewesen.

Allerdings ist nicht erst seit der ersten Bildschirmarbeitsplatz-Entscheidung die mangelnde Möglichkeit zur Mitbestimmung kritisiert worden. Bereits 1976, also vier Jahre nach Entstehung der Vorschrift, wurde in der Literatur kritisiert, daß § 87 Abs. 1 Nr. 7 BetrVG eine eher unbedeutende Rolle spielte, weil er kaum ein Wirkungsfeld fand.[856] Die Ursache hierfür wurde aber nicht im Betriebsverfassungsgesetz, sondern im Arbeitsschutzrecht gesehen.[857] Hierbei wurde auch auf die mangelnde Übersichtlichkeit des Arbeitsschutzrechts abgestellt, die es für Betriebsrat und Arbeitgeber erschwerte, einen Überblick zu erhalten.[858] Als Hauptursache muß aber sowohl das Nichtvorliegen von Rahmenvorschriften als auch die restriktive Auslegung des BAG zu Generalklauseln gesehen werden.

Etwas mehr als vier Monate nach der zweiten Bildschirmarbeitsplatz-Entscheidung ist das Arbeitsschutzgesetz in Kraft getreten. Dadurch hat sich in Deutschland eine völlig neue Situation ergeben. Der § 120a GewO ist im Zuge der Transformation der EG-Richtlinie-Arbeitsschutz aufgehoben worden. Der Gesetzgeber hat aber gleichzeitig eine Vielzahl von Normen erlassen, die als Rahmenvorschriften i.S.d. § 87 Abs. 1 Nr. 7 BetrVG in Betracht kommen. Darunter auch die Generalklausel des § 3 Abs. 1 ArbSchG. Seit Inkrafttreten des Arbeitsschutzgesetzes dürfte deutlich geworden sein, daß Arbeitsschutz nicht

---

855 Vgl. Däubler, BetrR 1998, S. 31.
856 Vgl. Denck, ZfA 1976, S. 447 , S. 467 und S. 471.
857 Egger, BB 1992, S. 633.
858 Denck, ZfA 1976, S. 467; Egger, BB 1992, S. 633.

nur Sache der staatlichen und berufsgenossenschaftlichen Aufsicht ist, sondern daß auch die Arbeitnehmer und ihre Vertreter eine wichtige Rolle dabei einnehmen.[859]

Festgehalten werden kann somit unter Berücksichtigung der Rechtsprechung, der Literatur, systematischen Zusammenhängen sowie unter Bezugnahme auf das Recht der EG, daß die besseren Argumente dafür sprechen, Generalklauseln als Rahmenvorschriften i.S.d. § 87 Abs. 1 Nr. 7 BetrVG anzusehen, gerade auch um einen wirksamen Gesundheitsschutz der Beschäftigten in den einzelnen Betrieben zu gewährleisten.

bbb. Mitbeurteilungsrecht / Auslegung unbestimmter Rechtsbegriffe

Strittig war und ist, ob dem Betriebsrat auch ein Mitbeurteilungsrecht zusteht.

Grundsätzlich besteht das Mitbestimmungsrecht des Betriebsrats gemäß § 87 Abs. 1 Nr. 7 BetrVG nur, soweit die Rahmenvorschrift dem Arbeitgeber einen Handlungsspielraum läßt.[860] Allerdings sind einige Arbeitsschutzvorschriften nicht nur offen in bezug auf die zur Sicherung des Gesundheitsschutzes der Beschäftigten zu ergreifenden Maßnahmen, sondern enthalten auch auf der Tatbestandsseite unbestimmte Rechtsbegriffe.[861] In Anlehnung hieran wurde schon vor Inkrafttreten des Arbeitsschutzgesetzes gefordert, daß der Betriebsrat nur ein Mitbestimmungsrecht hätte, wenn dem Arbeitgeber ein tatsächlicher Ermessensspielraum, also die Wahl zwischen mehreren Möglichkeiten auf der Rechtsfolgenseite, verbleibe.[862] Habe der Arbeitgeber hingegen einen unbestimmten Rechtsbegriff auszulegen, um zu prüfen, *ob* die Voraussetzung einer Vorschrift vorliegen oder welche konkreten Anforderungen an diese Voraussetzungen zu stellen sind, so bestehe kein Mitbestimmungsrecht.[863]

Zur Begründung (wurde und) wird angeführt, daß § 87 Abs. 1 Nr. 7 BetrVG sich nur auf einen Entscheidungsspielraum in Form eines echten Ermessenspielraums beziehe, da sich dies schon aus dem Erfordernis einer ausfüllungsbedürftigen Rahmenvorschrift ergebe.[864] Unbestimmte Rechtsbegriffe eröffneten dem Arbeitgeber demgegenüber nur einen Beurteilungsspielraum und somit liege eine Rechtsfrage zugrunde, die nur eine richtige Entscheidung zuließe, die der Arbeitgeber zu treffen habe.[865] Der Betriebsrat bräuchte allerdings bei von ihm erkannten Mängeln beim Arbeitsschutz nicht tatenlos zu sein, sondern könne sich an die Berufsgenossenschaft oder die zuständige Aufsichts-

---

859 So auch Fabricius, BB 1997, S. 1256; Merten, S. 147.

860 Siehe oben unter E.II.3.c.ee.

861 Hinrichs, S. 21.

862 Siehe DKK-Klebe, § 87 Rn. 182.

863 LAG Baden-Württemberg NZA 1988, 515; GL § 87 Rn. 155a; HSWG-Worzalla, § 87 Rn. 352 ff.; vgl. Glaubitz, BB 1977, S. 1405; vgl. Hinrichs, S. 21; FESTL, § 87 Rn. 272 f.

864 Glaubitz, BB 1977, S. 1404; Hinrichs, S. 21.

865 LAG Baden-Württemberg NZA 1988, 515, 516; HSWG-Worzalla, § 87 Rn. 352.

behörde wenden und dort eine entsprechende Anordnung erwirken.[866] Die zuständigen Stellen böten auch die erforderliche Sachkunde.[867] Außerdem stünden dem Betriebsrat zur Durchsetzung seiner Interessen auch die Mitberatungsrechte der §§ 89 und 90 BetrVG zur Verfügung.[868] Außerdem verstoße es gegen die Systematik des Betriebsverfassungsgesetzes, wenn der Betriebsrat ein Mitbestimmungsrecht in bezug auf die Frage hätte, inwieweit die Voraussetzungen einer Vorschrift erfüllt seien.[869]

Dagegen muß angeführt werden, daß eine Beschränkung des Mitbestimmungsrechts des Betriebsrats auf Ermessensspielräume schon deshalb nicht überzeugt, da sich Art und Ausmaß einer Gefahr und die entsprechenden geeigneten Maßnahmen zur Abwendung der Gefahr selten so exakt bestimmen lassen, daß nur eine Entscheidung möglich ist.[870] Unter Umständen ist „im Kernbereich nur eine richtige Entscheidung möglich; dagegen besteht für die Randzonen ein Spielraum."[871] Es liegt immer eine Wechselwirkung zwischen der Schwere der festgestellten Gefahr und der Bestimmung der Maßnahme vor, die ergriffen wird, um die Gefahr zu beseitigen, so daß immer eine Wahlmöglichkeit offen bleibt. Außerdem ist es nicht mit dem Zweck des Mitbestimmungsrechts, einen effektiven Arbeitsschutz zu gewähren, vereinbar, die betroffenen Beschäftigten unberücksichtigt zu lassen.[872] Der Betriebsrat ist nahe am Geschehen, so daß er die Folgen neuer Technologien sowie Gefahren schnell erkennt und entsprechende Gegenmaßnahmen einleiten kann.[873] Außerdem ist die Umsetzung von Arbeitsschutzmaßnahmen oft von der Beachtung der individuellen betrieblichen Verhältnisse abhängig, und dabei sind die betroffenen Arbeitnehmer eine gute Informationsquelle.[874]

Die Betriebsräte bei Zweifeln an der richtigen Rechtsanwendung durch Arbeitgeber an die Berufsgenossenschaften und staatlichen Aufsichtsbehörden zu verweisen, ist auch nicht der richtige Weg. Der Betriebsrat ist dann stets gezwungen, zur Durchsetzung von Arbeitsschutzmaßnahmen eine Rechtsverletzung des Arbeitgebers zu behaupten, was einer vertrauensvollen und effektiven Zusammenarbeit im betrieblichen Arbeitsschutz nicht gerade förderlich ist.[875] Die §§ 89, 90 BetrVG bieten dem Betriebsrat Beratungsmöglichkeiten, aber nicht das „starke" Mitbestimmungsrecht des § 87 Abs. 1 Nr. 7 BetrVG und so-

---

866 HSWG-Worzalla, § 87 Rn. 353; Glaubitz, BB 1977, S. 1405; Merten, S. 167 ff.
867 Merten, S. 168.
868 Merten, S. 165 ff.
869 DKK-Klebe, § 87 Rn. 183.
870 Vgl. Hinrichs, S. 22 f; a.A. Merten, S. 163 f.
871 Schaub, § 235 Rn. 41.
872 Kohte, AuR 1984, S. 273.
873 Kothe, AuR, S. 272.
874 Merten, S. 165; Kothe, AuR 1984, S. 273.
875 Hinrichs, S. 25.

mit auch nicht die damit verbundene Wirksamkeit. Also ist der Verweis auf diese Vorschriften wenig überzeugend.

Auch der systematische Einwand ist nicht überzeugend, denn der Betriebsrat hat durchaus an anderen Stellen im Betriebsverfassungsrecht die Möglichkeit, Rechtsfragen mitzubeurteilen,[876] wie beispielsweise bei unzulässigen Fragen an Arbeitnehmer, vgl. § 94 Abs. 1 BetrVG oder bei der Eingruppierung gemäß § 99 BetrVG. Trotz eines Rechtsanspruchs auf korrekte Eingruppierung hat der Betriebsrat gemäß § 99 BetrVG ein Mitbeurteilungsrecht, das der Richtigkeitskontrolle dient.[877]

Es wird deutlich, daß die Begriffe Ermessensspielraum und Beurteilungsspielraum an die Konstellation im Verwaltungsrecht angelehnt sind.[878]

Eine Übertragung der verwaltungsrechtlichen Unterscheidung zwischen Ermessensspielraum und Beurteilungsspielraum in das Arbeitsrecht ist jedoch so nicht möglich.[879] Wird im Verwaltungsrecht von einem Beurteilungsspielraum gesprochen, so sind die Fälle gemeint, in denen der Gesetzgeber durch Verwendung von unbestimmten Rechtsbegriffen die Verwaltung zu eigenverantwortlichen gerichtlich nur beschränkt überprüfbaren Entscheidungen ermächtigt.[880] Es liegt also eine Einschränkung der gerichtlichen Kontrolle vor.[881] Dies ist dem Arbeitsschutz und insbesondere § 87 Abs. 1 Nr. 7 BetrVG fremd.[882] Im Verwaltungsrecht wird die Ausnahme vom Prinzip der gerichtlichen Kontrolle nur in eng begrenzten Fallgruppen[883] hingenommen, wenn eine besondere Sachnähe der Verwaltung eine eigene Entscheidungsprärogative als funktional zweckmäßig erscheinen läßt.[884] Solch eine Entscheidungsprärogative des Arbeitgebers im Verhältnis zum Betriebsrat als Grenze des Mitbestimmungsrechts kennt das Betriebsverfassungsgesetz nicht.[885] Im Bereich des Betriebsverfassungsgesetzes gibt es, wenn man dies mit der verwaltungsrechtlichen Situation überhaupt vergleichen kann, nur eine ähnliche Konstellation der gerichtlichen Kontrolle von Entscheidungsträgern. Das ist die Überprüfbarkeit des Einigungsstellenspruchs durch das Arbeitsgericht nach § 76 Abs. 5 S. 4 BetrVG.[886] Es zeigt sich, daß hier die alte These[887] vom Vorrang unternehmeri-

876 Vgl. DKK-Klebe, § 87 Rn. 184.

877 DKK-Klebe, § 87 Rn. 184.

878 Siehe auch DKK-Klebe, § 87 Rn. 183.

879 Vgl. Kothe, AuR 1984, S. 271; DKK-Klebe, § 87 Rn. 183; Kittner, in FS für Däubler, S. 697; Hinrichs, S. 22.

880 Siehe Maurer, § 7 Rn. 31 ff; Schmidt, S. 201 ff.

881 Vgl. DKK-Klebe, § 87 Rn. 183.

882 Kittner, in FS für Däubler, S. 697.

883 Siehe hierzu Maurer, § 7 Rn. 37 ff.; Schmidt, S. 201 ff.

884 Kittner, in FS für Däubler, S. 697, vgl. Maurer, § 7 Rn. 32 f.; Schmidt, S. 201 ff.

885 Kittner, in FS für Däubler, S. 697; Kittner/Pieper, BetrVG Rn. 25.

886 Kittner, in FS für Däubler, S. 697.

887 Kittner, in FS für Däubler, S. 697.

scher Belange gegenüber der Mitbestimmung des Betriebsrats wieder herangezogen wird, die im Interesse vieler liegen dürfte. Dies hat das BAG jedoch ausdrücklich abgelehnt.[888]

Der Betriebsrat hat gemäß § 87 Abs. 1 Nr. 7 BetrVG ein Mitbestimmungsrecht, wenn der Arbeitgeber mehrere Handlungsalternativen hat.[889] Dabei ist es unerheblich, ob dies in anderen Rechtsgebieten als Ermessensspielraum oder Beurteilungsspielraum bezeichnet wird.[890] Das BAG hat dies so zum Ausdruck gebracht: „§ 87 Abs. 1 Nr. 7 BetrVG setzt nur voraus, daß die Vorschriften noch betriebliche Regelungen notwendig machen, die festlegen, auf welchem Wege das von der jeweiligen Rahmenvorschrift vorgegebene Ziel zu erreichen ist".[891]

Dieses Wiederaufgreifen[892] der eigentlich älteren Kontroverse um Ermessens- und Beurteilungsspielraum könnte zusätzlich Unterstützung durch ein Teilelement der Entscheidung des BAG[893] zum Ausgleich für Nachtarbeit erfahren.[894] In dieser Entscheidung streiten die Beteiligten darum, ob der Betriebsrat bei Ausgleichszahlungen mitzubestimmen hat, die der Arbeitgeber für Nachtarbeit nach dem Arbeitszeitgesetz gewähren muß. Das BAG kommt hier zu dem Ergebnis, daß die Anzahl von freien Tagen und die Höhe der Entgeltzuschläge nicht nach § 87 Abs. 1 Eingangshalbsatz BetrVG mitbestimungspflichtig ist. Die Höhe des angemessenen Umfangs der Kompensation sei nicht der betrieblichen Regelung überlassen, sondern sei eine Rechtsfrage der Billigkeit.[895]

Hieraus entsteht jedoch für den Arbeitgeber kein mitbestimmungsfreies Entscheidungsfeld im Arbeitsschutzrecht.[896] Die Themen „freie Tage" sowie „Höhe des Zuschlags" sind in § 6 Abs. 5 ArbZG geregelt. Sie stammen aus den Bereichen Arbeitszeit und Entgelthöhe und betreffen somit den Kernbereich der arbeitsvertraglichen Austauschbeziehung.[897] Der Gesetzgeber hat für sie mit der Vorgabe „angemessene" Anzahl freier Tage bzw. Höhe des Zuschlags selbst normiert, wie sie beschaffen sein sollen.[898] Er nimmt sich also in bezug auf die arbeitsschützenden Rahmenbedingungen für die Durchführung des Arbeitsvertrages bewußt zugunsten betrieblicher Spielräume zurück. Wenn das BAG zum Ausdruck bringt, daß bei dem Begriff „Angemessenheit" eine gewisse Offenheit zum Ausdruck kommt, es sich aber trotz der bestehenden Spielräume letzt-

---

888 BAG AP Nr. 8 zu § 87 BetrVG 1972 Arbeitszeit, vgl. Kittner, in FS für Däubler, S. 697.
889 Fabricius, BB 1997, S. 1255 f.; DKK-Klebe, § 87 Rn. 183 f.; FESTL, § 87 Rn. 270 ff.
890 Kittner/Pieper, BetrVG Rn. 25.
891 BAG 1 ABR 47/95 NZA 1996, 998, 1003.
892 So durch Merten/Klein, DB 1998, S. 673.
893 BAG 1 ABR 16/97 NZA 1998, 441.
894 Vgl. Kittner, in FS für Däubler, S. 697.
895 BAG 1 ABR 16/97 NZA 1998, 441, 444 f.
896 Kittner/Pieper, BetrVG Rn. 26; Kittner, in FS für Däubler, S. 698.
897 Kittner/Pieper, BetrVG Rn. 26; Kittner, in FS für Däubler, S. 698.
898 Kittner/Pieper, BetrVG Rn. 26; Kittner, in FS für Däubler, S. 698.

lich um eine Rechtsfrage handelt[899], so ist dies gerade noch als abschließende Regelung i.S.d. § 87 Abs. 1 Eingangssatz BetrVG zu sehen.[900]

Der Gesetzeswortlaut und der gesetzgeberischer Wille in den Normen des Arbeitsschutzrechts als solche sind auf Mitbestimmung ausgerichtet.[901]

Auch unter Berücksichtigung einer EG-rechtlichen Auslegung ist eine Beschränkung des Mitbestimmungsrecht des § 87 Abs. 1 Nr. 7 BetrVG in der Form, daß ein Mitbeurteilungsrecht nicht darunter fällt, nicht begründbar. Die Rahmenrichtlinie läßt zwar den einzelnen Mitgliedstaaten einen Freiraum bei der Umsetzung der Richtlinie hinsichtlich der Beteiligung der Arbeitnehmer bzw. ihrer Vertreter und berücksichtigt somit die unterschiedlichen Systeme der Beteiligung, so daß § 11 Abs. 1 Rahmenrichtlinie keine feste und bestimmte Form der Beteiligung zu entnehmen ist.[902] Allerdings ist unter Zugrundelegung des Ziels und des Zwecks der Rahmenrichtlinie, nämlich primär der Verbesserung der Sicherheit und des Gesundheitsschutzes am Arbeitsplatz, eine möglichst effektive Beteiligung des Betriebsrats zu fordern, so daß ein Beurteilungsrecht durchaus unter das Mitbestimmungsrecht des § 87 Abs. 1 Nr. 7 BetrVG fällt.[903]

Es kann festgehalten werden, daß eine Unterscheidung zwischen Ermessens- und Beurteilungsspielraum zur Einschränkung des Mitbestimmungsrechts des Betriebsrats gemäß § 87 Abs. 1 Nr. 7 BetrVG nicht überzeugt. Also sind auch unbestimmte Rechtsbegriffe Rahmenvorschriften i.S.d. § 87 Abs. 1 Nr. 7 BetrVG, bei deren Auslegung der Betriebsrat ein Mitbeurteilungsrecht hat.

Maßstab für ein Mitbestimmungsrecht kann nur ein wie auch immer gearteter Entscheidungsspielraum für den Arbeitgeber aus den Rahmenvorschriften sein. Wenn dieser besteht, hat der Betriebsrat ein Recht auf Mitbestimmung gemäß § 87 Abs. 1 Nr. 7 BetrVG.

Dies ist wohl auch die Ansicht der überwiegenden Meinung in der Literatur.[904]

ccc. Die Normen des Arbeitsschutzgesetzes als Rahmenvorschriften i.S.d. § 87 Abs. 1 Nr. 7 BetrVG

Wie bereits festgestellt wurde, verfolgt das Arbeitsschutzgesetz einen erheblich erweiterten Arbeitsschutzansatz[905], denn zu den erforderlichen Maßnahmen des Arbeitsschutzes zählen nicht mehr nur die herkömmlichen Maßnahmen zur

---

899 BAG 1 ABR 16/97 NZA 1998, 441, 445.

900 Kittner, in FS für Däubler, S. 698; Kittner/Pieper, BetrVG Rn. 26.

901 Kittner/Pieper, BetrVG Rn. 26.

902 Siehe oben unter B.II.4.

903 So wohl auch im Ergebnis Siemes, NZA 1998, S. 234; a.A. Merten, S. 161.

904 Siehe nur DKK-Klebe, § 87 Rn.182 ff.; FESTL, § 87 Rn. 270 ff.; Däubler, Arbeitsrecht 2, S. 248; Fabricius, BB 1997, S. 1255; Kothe, AuR 1984, S. 269 ff.; Schaub, § 235 Rn. 42; Kittner/Pieper, BetrVG Rn. 25 f.; Rottmann, BB 1989, S. 1117 f.

905 Siehe oben unter D.II.; vgl. FESTL, § 87 Rn. 292; Wlotzke, NZA 1996, S. 1019.

Verhütung von Arbeitsunfällen und Gesundheitsgefahren, sondern gemäß § 2 Abs. 1 ArbSchG auch Maßnahmen der menschengerechten Gestaltung der Arbeit. Außerdem muß der Arbeitgeber gemäß § 3 Abs. 1 ArbSchG die Wirksamkeit getroffener Maßnahmen laufend überprüfen und erforderlichenfalls an die sich ändernden Begebenheiten anpassen.

Durch diese Neuregelungen findet nicht nur eine inhaltliche Erweiterung des Arbeitsschutzes im Rahmen des Arbeitsschutzgesetzes statt, sondern auch eine Verstärkung von vorbeugenden Maßnahmen zur Vermeidung von Gesundheitsgefährdungen.[906]

Das Arbeitsschutzgesetz ist offen formuliert und nach seiner ganzen Konzeption auf eine konkretisierende Regelung durch den Verordnungsgeber oder durch betriebliche Regelungen ausgerichtet. Wird der Verordnungsgeber nicht aktiv oder erläßt selbst wieder zu konkretisierende Regelungen, so können die Gestaltungsspielräume durch betriebliche Regelungen ausgefüllt werden.[907] In der Begründung des Gesetzesentwurfs wird ausdrücklich darauf hingewiesen, daß auf eine hohe Praktikabilität geachtet wird und durch weit gefaßte Formulierungen bewußt Spielraum für situationsabhängige, betriebliche Arbeitsschutzmaßnahmen gelassen wird.[908] Daraus können sich eine Reihe von ausfüllungsfähigen/bedürftigen Rahmenvorschriften i.S.d. § 87 Abs. 1 Nr. 7 BetrVG ergeben.

Ob dies der Fall ist, muß durch Auslegung festgestellt werden. Maßstab hierfür ist nach dem Wortlaut und Zweck des § 87 Abs. 1 Nr. 7 BetrVG, daß die in Betracht kommenden Vorschriften solche des Arbeits- und Gesundheitsschutzes sind. Das Arbeitsschutzgesetz ist ein Parlamentsgesetz und dient dem Arbeitsschutz mit einem erweiterten Arbeitsschutzansatz. Somit ist diese Voraussetzung erfüllt.

Weitere Voraussetzung ist, daß die entsprechende Vorschrift dem Arbeitgeber einen Handlungsspielraum im Hinblick auf die sich aus der Norm ergebenen Verpflichtung gewährt.[909] Dies ist der Fall, wenn eine Norm dem Arbeitgeber die Wahl zwischen verschiedenen Maßnahmen eröffnet, ihm also eine Regelungsmöglichkeit, die einen kollektivem Bezug aufweist, läßt.[910]

Bei der Betrachtung des Wortlauts der Normen des Arbeitsschutzgesetzes wird ohne nähere Prüfung[911] deutlich, daß die Vorschriften oft allgemein gehalten sind und dem Arbeitgeber somit einen Gestaltungsspielraum eröffnen können. Die verwandten Begriffe sind nicht nur auf der Rechtsfolgenseite, son-

---

906 FESTL, § 87 Rn. 292.
907 FESTL, § 87 Rn. 294; vgl. dazu auch Fischer, Sonderbeilage NZA 2003, S. 61 f.
908 RegE BT-Drs. 13/3540, S. 12, vgl. FESTL, § 87 Rn. 294.
909 Vgl. FESTL, § 87 Rn. 270.
910 Vgl. Denck, ZfA 1976, S. 453; Kothe, AuR 1984, S. 69 ff.
911 Zu §§ 5 und 6 ArbSchG siehe genauer unten unter E.IV.2.

dern auch auf der Tatbestandsseite offen formuliert.[912] Es handelt sich dabei beispielsweise um Formulierungen wie in § 3 Abs. 1 ArbSchG: *erforderliche Maßnahmen*, § 3 Abs. 2 Nr. 1 ArbSchG: *geeignete Organisation*, § 4 Nr. 7 ArbSchG: *geeignete Anweisungen*, § 5 Abs. 1 ArbSchG: *geeignete Maßnahme*, § 6 Abs. 1 ArbSchG: *erforderliche Unterlagen* und *gleichartige Gefährdungssituation* , § 8 Abs. 2 ArbSchG: *angemessene Anweisungen*, § 9 Abs. 1 ArbSchG: *geeignete Anweisungen*, § 12 Abs. 1 ArbSchG: *ausreichende und angemessene Unterweisung* und in § 13 Abs. 2 ArbSchG: *zuverlässige und fachkundige Person*.

Es ist ersichtlich, daß die Normen des Arbeitsschutzgesetzes dem Arbeitgeber einen Handlungsspielraum gewähren. Es wurde bereits ermittelt[913], daß ein Mitbestimmungsrecht des Betriebsrats in Fällen besteht, in denen sich der Ermessensspielraum nicht auf die Rechtsfolge, also auf eine von mehreren zu treffenden Maßnahmen, sondern auf die Tatbestandsvoraussetzung der Handlungspflicht bezieht, d.h., ob die Voraussetzung einer vom Arbeitgeber zu erfüllenden Arbeitsschutzmaßnahme vorliegt.[914] Somit ist auch diese Voraussetzung erfüllt.

Besondere Bedeutung kommt hier § 3 ArbSchG zu, der eine sogenannte Generalklausel darstellt und dessen Anwendungsbereich sehr weit gefaßt ist.[915] Nach § 3 Abs. 1 ArbSchG hat der Arbeitgeber die erforderlichen Maßnahmen des Arbeitsschutzes unter Berücksichtigung der Umstände zu treffen, die Sicherheit und Gesundheit der Beschäftigten bei der Arbeit beeinflussen. Er hat die Maßnahmen auf ihre Wirksamkeit zu überprüfen und erforderlichenfalls sich ändernden Gegebenheiten anzupassen. Dabei hat er eine Verbesserung von Sicherheit und Gesundheitsschutz der Beschäftigten anzustreben.

Hier können sich diverse Regelungsspielräume für den Arbeitgeber im Hinblick auf die konkreten Maßnahmen des Arbeitsschutzes ergeben. Aus den Wörtern *erforderlichen* und *erforderlichenfalls* läßt sich ein solcher Spielraum ableiten. Ferner sind die konkreten Umstände zu berücksichtigen. Der Arbeitgeber hat also auch hier keine festen Vorgaben.

Zu untersuchen ist, ob Gleiches auch für § 3 Abs. 2 ArbSchG gilt. Dieser normiert die Pflicht des Arbeitgebers, zur Planung und Durchführung der Maßnahmen nach Abs. 1, unter Berücksichtigung der Art der Tätigkeit und der Anzahl der Beschäftigten, für eine geeignete Organisation zu sorgen und die erforderlichen Mittel bereitzustellen sowie Vorkehrungen zu treffen, daß die Maßnahmen eingebunden in die betrieblichen Führungsstrukturen beachtet werden und die Beschäftigten ihren Mitwirkungspflichten nachkommen können.

---

912 Vgl. Fabricius, BB 1997, S. 1256.

913 Siehe oben unter E.II.3.c.ee.bbb.

914 Vgl. nur Kothe, AuR 1984, S. 269 ff.; FESTL, § 87 Rn. 272; DKK-Klebe, § 87 Rn. 182 f.

915 Zu dem Bereich Generalklauseln als Rahmenvorschrift siehe oben unter E.II.3.c.ee.aaa.

Hier sind einige Möglichkeiten zur Ausfüllung gegeben. Mit den Begriffen *geeignete Organisation* sowie die *Beachtung der Maßnahmen unter Einbindung in die betriebliche Führungsstruktur* ist die Arbeitsschutzorganisation des Betriebes gemeint, die nicht nur die spezielle Arbeitsschutzorganisation umfaßt, sondern auch die Organisation der Arbeitsabläufe.[916] Zur Arbeitsschutzorganisation gibt es bereits Regelungen im Arbeitssicherheitsgesetz sowie im SGB VII.[917] Darüber hinaus ist jedoch an eine Weiterentwicklung der Organisation des Arbeitsschutzes zu denken, wie beispielsweise an eine Wirksamkeitskontrolle von Arbeitsschutzmaßnahmen (Arbeitsschutz-Controlling[918]), bei der das Mitbestimmungsrecht des Betriebsrats zu beachten ist. Weiterhin können Maßnahmen innerhalb der Organisation der Arbeitsabläufe nötig sein, um einen möglichst gefahrlosen Betrieb und Zusammenwirken von Mensch, Material und Maschinen zu erreichen.[919] Das ist möglich durch Regelungen zur Vermeidung von Fehlorganisationen, unbedenkliche Tempogestaltung, Übersichtlichkeit der Abläufe und sicherheitsgerechte Anordnung der Arbeitsplätze innerhalb des Arbeitsablaufs.[920]

Auch bei der Beschaffung von Schutzausrüstungen kann sich beispielsweise ein Mitbestimmungsrecht des Betriebsrats ergeben, wenn hier mehrere Möglichkeiten zur Auswahl stehen. Dies wird auch meist der Fall sein, da mehrere Alternativen denkbar sind. Nur wenn öffentlich-rechtliche Vorschriften nur eine fest vorgeschriebene Schutzausrüstung zulassen, ist der Arbeitgeber in seiner Entscheidung gebunden, hat also keinen Entscheidungsspielraum. Dann besteht kein Mitbestimmungsrecht gemäß § 87 Abs. 1 Nr. 7 BetrVG.[921]

Es bleibt somit festzustellen, daß sowohl § 3 Abs. 1 als auch Abs. 2 ArbSchG dem Arbeitgeber Handlungsalternativen eröffnen. Somit handelt es sich bei dieser Norm geradezu um den „Prototyp“[922] einer Rahmenvorschrift.

Festgehalten werden kann also insgesamt, daß die Vorschriften des Arbeitsschutzgesetzes dem Arbeitgeber einen Entscheidungsspielraum bei der Ergreifung von Maßnahmen des Arbeitsschutzes lassen und somit als Rahmenvorschriften i.S.d. § 87 Abs. 1 Nr. 7 BetrVG anzusehen sind.

---

916 FESTL, § 87 Rn. 295.

917 FESTL, § 87 Rn. 296.

918 Näher hierzu Kittner/Pieper, § 3 ArbSchG Rn. 10 f.

919 FESTL, § 87 Rn. 297.

920 Kittner/Pieper, BetrVG Rn. 27 f.; FESTL, § 87 Rn. 297; Kittner/Pieper, AiB 1997, S. 328; vgl. auch LAG Hamburg AP Nr. 11 zu § 87 BetrVG 1972 Gesundheitsschutz, Bl. 235.

921 Vgl. Merten/Klein, DB 1998, S. 675.

922 FESTL, § 87 Rn. 295.

d. Ausübung und Durchsetzung des Mitbestimmungsrechts: Initiativrecht

Nach übereinstimmender Ansicht gewährt das Mitbestimmungsrecht gemäß § 87 Abs. 1 Nr. 7 BetrVG dem Betriebsrat auch ein Initiativrecht.[923] Danach kann der Betriebsrat von sich aus verlangen und im Mitbestimmungsverfahren erzwingen, daß zur Ausfüllung einer Rahmenregelung Regelungen über die Vermeidung von Arbeitsunfällen und Berufskrankheiten sowie über den Gesundheitsschutz erlassen werden.[924] Dabei müssen die von ihm angestrebten Regelungen innerhalb des von den Rahmenvorschriften vorgegebenen Schutzbereichs liegen und diesen konkretisieren. Darüber hinausgehende Maßnahmen können nur durch freiwillige Betriebsvereinbarung gemäß § 88 BetrVG statuiert werden.[925]

Gegebenenfalls kann der Betriebsrat zur Durchsetzung seiner Initiative gemäß § 87 Abs. 2 BetrVG ein Einigungsstellenverfahren einleiten.

III. Vergleichende Zusammenfassung

1. Systematik

Die vorausgegangenen Ausführungen zur Situation in der Bundesrepublik haben gezeigt, daß die Beteiligungsrechte der Arbeitnehmer nur rudimentär im Arbeitsschutzgesetz normiert und ansonsten im Betriebsverfassungsgesetz geregelt sind. In Schweden gibt es zwar auch das MBL, das die Beteiligung der Arbeitnehmer bzw. ihrer Vertreter in der Arbeitswelt regelt. Die Beteiligung der Beschäftigten im Arbeitsumweltrecht ist aber direkt im AML normiert, so daß sich eine ganz andere systematische gesetzliche Verankerung ergibt.

Jedoch verfügen sowohl das Betriebsverfassungsgesetz in § 1 als auch das Arbetsmiljölag in Kapitel 6 § 2 über eine Kleinbetriebsklausel. Allerdings ist in Kapitel 6 § 2 Abs. 1 S. 2 AML wiederum eine Ausnahme normiert. Der Arbeitsschutzbeauftragte kann auch an anderen Arbeitsstellen bestimmt werden, wenn die Arbeitsverhältnisse dies erfordern. Die Möglichkeit des Abweichens von der Kleinbetriebsklausel zeigt, daß dem Arbeitsschutzbeauftragten eine wichtige Rolle zugedacht wird.

In Deutschland besteht diese Möglichkeit nicht. Ein Betriebsrat kann nicht errichtet werden und die Mitbestimmung gemäß § 87 Abs. 1 Nr. 7 BetrVG scheidet aus, wenn in der Regel weniger als fünf wahlberechtigte Arbeitnehmer

---

923 Siehe nur FESTL, § 87 Rn. 287; DKK-Klebe, § 87 Rn. 186; HSWG-Worzalla, § 87 Rn. 366; Egger, BB 1992, S. 633; Hinrichs, S. 28; Merten, S. 170 f.; Fabricius, BB 1997, S. 1254; GK-Wiese, § 87 Rn. 639; LAG Niedersachsen AiB 1988; 110; Richardi-Richardi, § 87 Rn. 560; LAG Hamburg LAGE Nr. 30 zu § 98 ArbGG 1979; Bükker/Feldhoff/Kothe, S. 28; Erfurter Kommentar-Kania, BetrVG, § 87 Rn. 9.

924 Richardi-Richardi, § 87 Rn. 560.

925 FESTL, § 87 Rn. 287.

im Betrieb beschäftigt werden oder aber wenn zwar fünf oder mehr wahlberechtigte Arbeitnehmer beschäftigt werden, aber nur maximal zwei Arbeitnehmer wählbar sind.

Ein wesentlicher Unterschied zwischen den deutschen und schwedischen Regelungen liegt darin, daß der schwedische Arbeitsschutzbeauftragte in der Regel von der im Betrieb vertretenen Gewerkschaft bestimmt werden soll. Nur wenn es eine solche Gewerkschaft im Unternehmen nicht gibt, bestimmen ihn die Arbeitnehmer. In Deutschland hingegen hängt die Wahl eines Betriebsrates, wenn denn die Voraussetzungen des § 1 BetrVG erfüllt sind, von der Eigeninitiative der Belegschaft ab. Schon dadurch kommt § 87 Abs. 1 Nr. 7 BetrVG in vielen Betrieben nicht zur Anwendung, auch wenn die §§ 14, 16, 17, 18 BetrVG den Gewerkschaften Aufgaben und Rechte bei der Wahl des Betriebsrat zuweisen.

2. § 87 Abs. 1 Nr. 7 BetrVG und Kapitel 6 AML

In Deutschland ist § 87 Abs. 1 Nr. 7 BetrVG zentrale Norm für die Mitbestimmung der Beschäftigten im Arbeitsschutzrecht. Die Beteiligung der Arbeitnehmer in Form der Mitbestimmung des Betriebsrats gemäß § 87 Abs. 1 Nr. 7 BetrVG ist umstritten und war aufgrund unterschiedlicher Ursachen lange Zeit kein wirksames Schutzinstrument der Beschäftigten und ist es auch jetzt noch nicht. Der Tatbestand der Norm fordert zum einen bestimmte Voraussetzungen (insb. Regelungen und Rahmenvorschriften) und bietet andererseits Möglichkeiten für unterschiedliche Auslegungen. Diese Tatsache wird seit Bestehen der Norm dafür genutzt, die Anwendung und damit auch eine wirksame Mitbestimmung der Beschäftigten einzugrenzen. Die Gründe dafür sind vielfältig.[926]

Die Normen, die die Beteiligung der Beschäftigten in Schweden regeln, sind in Kapitel 6 AML festgelegt. Anhand Kapitel 6 § 2 Abs. 2 S. 1 AML, der festlegt, daß die mit dem Arbeitgeber durch Vertrag verbundene Arbeitnehmerorganisation den Arbeitsschutzbeauftragten bestimmt, wird die besondere Rolle der Gewerkschaften in Schweden wieder einmal unterstrichen. Schon bei der historischen Entwicklung des Arbeitsschutzrechts wurde deutlich, daß die Gewerkschaften wesentlich an der Entwicklung teilhaben.[927] Der Einfluß der Gewerkschaften kann zum Teil mit dem ebenfalls bereits dargelegten[928] hohen Organisationsgrad der schwedischen Erwerbsbevölkerung erklärt werden sowie mit der traditionell engen Verknüpfung der Politik mit der LO. Er ist des weiteren ein besonderes Kennzeichen des nordischen Modells. Nur wenn keine Ar-

---

926 So bestehe bspw. durch eine Erweiterung des Mitbestimmungsrecht gemäß § 87 Abs. 1 Nr. 7 BetrVG die Gefahr eines „Einfalltores“ für die Humanisierung der Arbeit, vgl. Geyer, S. 59, oder unzulässiger Betriebsratspolitik.

927 Siehe oben unter C.I.1.

928 Vgl. oben unter C.II. sowie A.IV.2.

beitnehmerorganisation in dem Betrieb vertreten ist, bestimmen gemäß Kapitel 6 § 2 Abs. 2 S. 2 AML die Arbeitnehmer den Arbeitsschutzbeauftragten.

§ 87 Abs. 1 BetrVG sieht das Mitbestimmungsrecht nur vor, wenn keine entsprechende gesetzliche oder tarifliche Regelung besteht; somit besteht gleichzeitig ein Gesetzes- und Tarifvorrang. Auch in Schweden ist es möglich, arbeitsschutzrelevante Vorschriften tarifvertraglich zu regeln; besonders in der Vergangenheit ist davon umfangreich Gebrauch gemacht worden.

Die Untersuchung der schwedischen Regelungen aus dem AML zeigt, daß nach dem dort vorhandenen Verständnis eine wirksame Beteiligung im Arbeitsschutz stattfinden muß. Deshalb sind der Skyddsombud und das Syddskommitté mit weitreichenden Kompetenzen ausgestattet. Eine Zusammenarbeit zwischen Arbeitgeber und Arbeitnehmern ist Grundlage einer guten Arbeitsumwelt. Das verlangt der Gedanke, der hinter dem Begriff Arbeitsumwelt steht und ein umfassendes, ganzheitliches Verständnis von Arbeit und menschlichem Individuum beinhaltet. Der Mensch steht an seinem Arbeitsplatz im Zentrum und ist unterschiedlichen Faktoren ausgesetzt, die die Arbeitsumwelt am Arbeitsplatz bestimmen. Diese Erkenntnis sollte auch im Hinblick auf die europarechtskonforme Anwendung der arbeitsschutzrechtlichen Vorschriften und eines funktionierenden, präventiven Arbeitsschutzsystemes berücksichtigt werden.

Ein weiteres Problem der mangelnden Anwendung des § 87 Abs. 1 Nr. 7 BetrVG ist die Abhängigkeit der Norm von der Tatbestandsvoraussetzung *im Rahmen der gesetzlichen Vorschriften*. Bestehen keine gesetzlichen Vorschriften oder Unfallverhütungsvorschriften, greift auch das Mitbestimmungsrecht des Betriebsrats gemäß § 87 Abs. 1 Nr. 7 BetrVG nicht. Im Zuge der europäischen Integration und der damit zusammenhängenden Transformation EG-rechtlicher Regelungen in bundesdeutsches Recht sind allerdings eine Vielzahl von Vorschriften hinzugekommen, die als Rahmenvorschriften in Betracht kommen, insbesondere natürlich das ArbSchG. Die Rahmenvorschriften sind nicht nur notwendige Voraussetzung für die Mitbestimmung gem. § 87 Abs. 1 Nr. 7 BetrVG, sondern auch Obergrenze des Arbeitsschutzes.

Die Ausgestaltung der betrieblichen Mitbestimmung sieht in Schweden im AML in dieser Hinsicht keine Abhängigkeit der Tätigkeit des Arbeitsschutzbeauftragten von Rahmenregelungen vor. Im Gegenteil, die Aufgaben des Arbeitsschutzbeauftragten sind in Kapitel 6 AML genau festgelegt und benannt. Um seiner Tätigkeit nachgehen zu können, stehen ihm wichtige Rechte zu, wie die notwendige Freistellung von seiner gewöhnlichen Tätigkeit, Kapitel 6 § 5 AML, der Zugang zu den notwendigen Unterlagen, Kapitel 6 § 6 AML, oder das Recht, die Arbeit zu unterbrechen, Kapitel 6 § 7 AML. Gleichfalls darf er gemäß Kapitel 6 § 10 AML nicht bei der Durchführung seiner Arbeit durch Arbeitgeber oder Arbeitnehmer behindert werden. Sollte dies doch geschehen, ist der Behindernde gemäß Kapitel 6 § 11 AML zu Schadensersatz verpflichtet.

Das in § 87 Abs. 1 BetrVG geregelte Mitbestimmungsrecht setzt weiterhin voraus, daß die zu regelnde Maßnahme einen kollektiven Bezug aufweist. Entscheidendes Abgrenzungskriterium ist hierbei, ob es sich inhaltlich um eine generelle Regelung handelt oder um Maßnahmen, die nur die individuellen Umstände eines Arbeitnehmers betreffen. Maßnahmen mit kollektivem Tatbestand sind dabei insbesondere solche, die sich abstrakt auf den ganzen Betrieb oder eine Gruppe von Arbeitnehmern oder einen Arbeitsplatz - aber nicht auf einen Beschäftigten persönlich - beziehen. Hier wird ein entscheidender Unterschied zur Situation in Schweden deutlich. Auch dort ist der Arbeitsschutzbeauftragte größtenteils im Hinblick auf das Konzept des Arbeitsschutzes im Betrieb tätig, also in abstrakter Form. Allerdings ist seine Tätigkeit bspw. nicht von *Regelungen* abhängig. Er vertritt gemäß Kapitel 6 § 4 Abs. 1 S. 1 AML die Arbeitnehmer allgemein in Arbeitsumweltfragen. Dabei spielt es keine Rolle, ob das individuelle oder kollektive Arbeitsumweltprobleme sind.[929] Die Notwendigkeit des Vorliegens von kollektiven Maßnahmen im deutschen Recht kann dann problematisch werden, wenn die Arbeitsschutzmaßnahme sich tatsächlich individuell auf einen Arbeitnehmer persönlich bezieht. Hier ist die Anwendung des Mitbestimmungsrechts gemäß § 87 Abs. 1 Nr. 7 BetrVG gegenüber der Tätigkeit des Arbeitsschutzbeauftragten eingeschränkt.[930]

§ 87 Abs. 1 Nr. 7 BetrVG gewährt dem Betriebsrat ein Initiativrecht, wonach der Betriebsrat von sich aus verlangen und im Mitbestimmungsverfahren erzwingen kann, daß zur Ausfüllung einer Rahmenregelung Regelungen über die Vermeidung von Arbeitsunfällen und Berufskrankheiten sowie über den Gesundheitsschutz erlassen werden.

Der Arbeitsschutzbeauftragte in Schweden hat ebenfalls die Möglichkeit gemäß Kapitel 6 § 6a AML Maßnahmen zu ergreifen, um eine zufriedenstellende Arbeitsumwelt zu gewährleisten. Danach hat der Arbeitsschutzbeauftragte sich zunächst an den Arbeitgeber zu wenden und die entsprechenden Maßnahmen zu begehren. Der Arbeitgeber hat ohne Verzögerung darauf zu reagieren. Unterläßt er dies oder beachtet das Begehren nicht in der angemessenen Zeit, soll das Arbetsmiljöverk auf Antrag des Arbeitsschutzbeauftragten Verfügungen oder Verbote gemäß Kapitel 7 § 7 AML erlassen. Außerdem hat der Arbeitsschutzbeauftragte die Möglichkeit, wenn ein Schutzkomitee besteht, gemäß Kapitel 6 § 6a Abs. 2 AML zu verlangen, daß das Schutzkomitee die Arbetsmiljöfrage direkt behandelt. So kann der Arbeitsschutzbeauftragte ebenfalls auf Mißstände aufmerksam machen oder seiner Ansicht nach notwendige Regelungen durchsetzen.

---

929 Vgl. Steinberg, S. 29. Siehe dazu nur AD 1991 Nr. 45, wo es um die Urinprobe von zwei Beschäftigten einer Gerüstbaufirma geht, um nachzuweisen, daß diese Cannabis konsumiert haben und dadurch sich selbst und andere Beschäftigte gefährden.

930 Eine mögliche Kompensation bei individuellen Beeinträchtigungen besteht durch das Beschwerderecht gemäß §§ 84, 85 BetrVG.

Des weiteren hat der Skyddsombud nach Kapitel 6 § 7 Abs. 1 AML, wenn eine gewisse Arbeit eine unmittelbare und ernsthafte Gefahr für das Leben oder die Gesundheit der Arbeitnehmer mit sich bringt und eine Berichtigung nicht durch unmittelbare Hinzuziehung des Arbeitgebers erreicht werden kann, das Recht, zu bestimmen, daß die Arbeit in Erwartung der Stellungnahme des Arbetsmiljöverk abgebrochen werden soll. Nach Kapitel 6 § 7 Abs. 4 AML ist der Arbeitsschutzbeauftragte außerdem frei von Ersatzansprüchen bei Schäden, die möglicherweise entstanden sind, weil er die Arbeit unterbrochen hat. Die Regelung des Kapitels 6 § 7 AML ist sehr weitgehend und sucht ihresgleichen im bundesdeutschen Recht. Somit kann konstatiert werden, daß der schwedische Arbeitsschutzbeauftragte weitgehende Möglichkeiten besitzt, Arbeitsschutzmaßnahmen durchzusetzen.

Gleichfalls soll an Arbeitsstellen, an denen mindestens fünfzig Arbeitnehmer regelmäßig beschäftigt sind, ein Schutzkomitee eingerichtet werden. Die Aufgaben des Schutzkomitees sind ebenfalls in Kapitel 6 AML festgeschrieben und genau bestimmt. Gemäß Kapitel 6 § 15 AML sind die Mitglieder des Schutzkomitees ebenso geschützt wie der Arbeitsschutzbeauftragte. Somit besteht in Schweden ein weitreichendes System der betrieblichen Mitbestimmung im Arbeitsschutzrecht. Zum Schutzkomitee gibt es im deutschen Recht kein Pendant. Der angesprochene Arbeitsschutzausschuß nach dem ASiG kann von den Arbeitnehmern nicht in vergleichbarer Weise zur Durchsetzung ihrer Interessen im Arbeitsschutz genutzt werden, wie das in Schweden der Fall ist.

3. Schwedisches Recht als Auslegungshilfe des deutschen Rechts

Seit Inkrafttreten des Arbeitsschutzgesetzes und der anderen arbeitschutzrechtlichen Vorschriften hat sich die Anwendung des § 87 Abs. 1 Nr. 7 BetrVG ein wenig gewandelt. Die Stimmen, die fortwährend oder wieder eine restriktive Anwendung des § 87 Abs. 1 Nr. 7 BetrVG fordern, sind aber nicht verstummt. Die Arbeit verfolgt den Ansatz, die deutschen Vorschriften anhand der Vorgaben des Rechts der EG auszulegen und gegebenenfalls die schwedischen i.S.d. nordischen Regelungen, die wiederum Pate für die EG-rechtlichen Vorschriften standen, zur Auslegung heranzuziehen. Die dargestellten Auseinandersetzungen beziehen sich zumeist auf in der Vergangenheit streitige Fragen. Diese Diskussion hat sich allerdings nach hier vertretener Ansicht dahingehend erübrigt, daß im Zuge der Umsetzung der EG-Rahmenrichtlinie Arbeitsschutz und des Inkrafttretens des Arbeitsschutzgesetzes ein neues Verständnis Einzug erhalten hat. Das muß gerade auch für das Gesundheitsverständnis des § 87 Abs. 1 Nr. 7 BetrVG gelten. Das BVerwG ist gleichfalls in einer neueren Entscheidung von einem weiten Gesundheitsbegriff ausgegangen, der auch die durch Arbeitsbedingungen beeinflußbaren psychischen Befindlichkeiten umfaßt.[931]

---

[931] BVerwG 1 C 20/95 NZA 1997, 482, 483.

Eine weite Auslegung des Gesundheitsbegriffs ist auch im Hinblick auf eine Einheitlichkeit hinsichtlich der Gesundheitsbegriffe des Rechts der EG sowie des ArbSchG zu begrüßen.[932] Die Zielsetzung des Arbeitsschutzes, der wirksame Schutz der Beschäftigten vor Gesundheitsbeeinträchtigungen, wird durch einen einheitlichen Gesundheitsbegriff nur verstärkt.

Der Gesundheitsbegriff des § 87 Abs. 1 Nr. 7 BetrVG ist grundsätzlich weit auszulegen. Diese extensive Anschauung entspricht auch dem Verständnis des schwedischen Gesundheitsbegriffs bzw. Arbeitsumweltbegriffs und unterstützt somit diese Ergebnis. Dieser weiten Auslegung stehen auch nicht systematische Zusammenhänge, insbesondere zu §§ 89, 91 BetrVG[933], entgegen. Der Gesundheitsbegriff des § 87 Abs. 1 Nr. 7 BetrVG entspricht damit dem Gesundheitsbegriff der Rahmenrichtlinie Arbeitsschutz und dem des Arbeitsschutzgesetzes[934]. Das entspricht durchaus dem Gesundheitsbegriff der ILO, wonach Gesundheit nicht nur das Freisein von Krankheit und Gebrechen ist, sondern auch die geistig-seelischen Faktoren umfaßt, die sich auf die Gesundheit auswirken und die in unmittelbarem Zusammenhang mit der Arbeit stehen.

Die ansonsten gesetzlich vorgegebenen Voraussetzungen, wie die Tatbestandsvoraussetzung *Regelungen* des § 87 Abs. 1 Nr. 7 BetrVG geben allerdings auch die Grenze der Auslegung vor. Im schwedischen Recht bestehen diese Vorgaben nicht. Dort ist der Arbeitsschutzbeauftragte in abstrakter Form im Hinblick auf das Konzept des Arbeitsschutzes im Betrieb tätig. Aber eine Übertragung dessen ist aufgrund der gewählten Umsetzung des deutschen Gesetzgebers so nicht möglich. Allerdings sollte insgesamt das schwedische „Ur"-Verständnis berücksichtigt werden.

IV. Schlüsselrolle der Gefährdungsbeurteilung und der Dokumentation und betriebliche Mitbestimmung

Die Gefährdungsbeurteilung und deren Dokumentation sind wesentliche Elemente des präventiven Arbeitsschutzes. Um so wichtiger ist es, daß eine wirksame Beteiligung der Beschäftigten in diesem Bereich stattfindet. Deshalb soll an dieser Stelle vertiefend auf diese in der Arbeitsschutzarbeit so wichtigen Bestandteile eingegangen werden. Es soll zunächst kurz ermittelt werden, was unter Gefährdungsbeurteilung und Dokumentation zu verstehen ist und welche Rolle der Gefährdungsbeurteilung und der Dokumentation im betrieblichen Arbeitsschutz konkret zukommen. Die folgenden Ausführungen sollen sich der Thematik dieser Arbeit entsprechend, ihrem Schwerpunkt nach auf die Beteiligung bei der Gefährdungsbeurteilung und der Dokumentation konzentrieren.

Die Zielsetzung des deutschen Arbeitsschutzgesetzes ist es, den Arbeits- und Gesundheitsschutz weit zu fassen und betriebsnah auszulegen, um die tat-

---

[932] Vgl. Merten, S. 144.
[933] Vgl. oben unter E.II.3.c.dd.aaa., bbb. und ccc.
[934] Siehe oben unter B.II.5. und D.II.2. und 3.c.

sächlichen Problemfelder zu treffen.[935] Auch das schwedische Arbeitsumweltgesetz zielt, wie schon festgestellt wurde[936], auf eine weitreichende Arbeitsumweltarbeit an den Arbeitsstellen ab, um die dort jeweils auftretenden Belastungen für die Arbeitsumwelt aufzudecken und zu bekämpfen.

Um diese Betriebsnähe zu erreichen, sehen beide Gesetze ein methodisches und systematisches Vorgehen vor.[937] Dazu zählt die Verpflichtung des Arbeitgebers zur Dokumentation und zur systematischen Arbeitsschutzarbeit, welche in Kapitel 3 § 2a AML festgelegt ist. In Kapitel 3 § 2a Abs. 1 AML ist normiert, daß der Arbeitgeber die Tätigkeiten auf eine Weise systematisch planen, leiten und kontrollieren soll, die dazu führt, daß die Arbeitsumwelt den Anforderungen dieses Gesetzes und den Vorschriften, die aufgrund dieses Gesetzes erlassen wurden, entspricht. Er soll Arbeitsunfälle aufklären, fortlaufend Risiken in der Tätigkeit untersuchen und die notwendigen Maßnahmen ergreifen. Maßnahmen, die nicht unmittelbar ergriffen werden können, sollen zeitlich geplant werden. Gemäß Kapitel 3 § 2a Abs. 2 AML soll der Arbeitgeber in dem Umfang, den die Tätigkeit erfordert, die Arbeitsumwelt und die Arbeitsumweltarbeit dokumentieren. Handlungspläne sollen dabei erstellt werden.

Im Arbeitsschutzgesetz ist in § 5 Abs. 1 ArbSchG die Verpflichtung des Arbeitgebers festgelegt, durch die Beurteilung der für die Beschäftigten mit ihrer Arbeit verbundenen Gefährdung zu ermitteln, welche Maßnahmen des Arbeitsschutzes erforderlich sind. Grundsätzlich beginnt eine Gefährdungsbeurteilung damit, den Ist-Zustand der Arbeitsbedingungen zu ermitteln. Der Arbeitgeber muß sich also von den betrieblichen Arbeitsbedingungen, von denen Gefährdungen für die Arbeitnehmer ausgehen, ein Bild machen.[938] Danach muß dieser Zustand bewertet und mit dem Soll-Zustand verglichen werden, der sich aus den Schutzzielen und Verpflichtungen des Arbeitsschutzgesetzes und sonstiger Schutzvorschriften ergibt.[939] In einem weiteren Schritt sind dann auf der genannten Grundlage unter Berücksichtigung des Arbeitsschutzgesetzes die konkreten Maßnahmen des Arbeitsschutzes einzuleiten.[940] § 6 Abs. 1 ArbSchG sieht weiterhin vor, daß ein Arbeitgeber mit 10 oder mehr Beschäftigten die Ergebnisse der Gefährdungsbeurteilung dokumentieren muß. Es ist nicht genau normiert, wie diese Unterlagen auszusehen haben; so verbleiben für den Arbeitgeber Handlungsspielräume in bezug auf die Art und Weise der Dokumentationspflicht. Dies unterstützen auch die Entscheidungen des ArbG Hamburg so-

---

935 Vgl. Faber/Richenhagen, AiB 1998, S. 317.

936 Vgl. oben unter D.II.

937 Faber/Richenhagen, AiB 1998, S. 317; Gullberg/Rundqvist, S. 92.

938 Kittner/Pieper, § 5 ArbSchG Rn. 7.

939 Kittner/Pieper, § 5 ArbSchG Rn. 8.

940 Siehe hierzu im Detail Kittner/Pieper, § 5 ArbSchG Rn. 9, auch unter Nennung von konkreten Maßnahmen.

wie des LAG Hamburg.[941] Das Arbeitsgericht ist der Ansicht, die Dokumentation sei zur Verbesserung der Maßnahmen des Arbeitsschutzes notwendig und ein wichtiger Teil des Systems des Arbeitsschutzgesetzes. Gerade dies setze aber aussagekräftige Unterlagen voraus, sonst könne das arbeitsschutzrechtliche Ziel nicht realisiert werden. Aus diesem Grund müsse der Betriebsrat an den Regelungen teilhaben.[942] Außerdem enthalte § 6 ArbSchG einen Handlungsspielraum des Arbeitgebers hinsichtlich der Art und des Inhalts der Dokumentation.[943]

Dem kann nur zugestimmt werden, denn die Dokumentationspflicht des Arbeitgebers ist ein wichtiger Teil der Philosophie des Arbeitsschutzgesetzes, das auch die Eigenverantwortung der Betriebe stärken will.[944] Gerade hier ist die Dokumentationspflicht Grundlage für einen wirksamen Arbeitsschutz, um die Entscheidungsgrundlagen nachzuvollziehen und das betriebliche Schutzkonzept zu überprüfen. Dabei kommt dem Betriebsrat eine wichtige Rolle zu. Da dem Arbeitgeber ein Handlungsspielraum dahingehend verbleibt, wie die Dokumentation detailliert auszusehen hat, hat der Betriebsrat hier also ein Mitbestimmungsrecht.

Wie bereits festgestellt wurde[945], erhält der Arbeitsschutzbeauftragte gemäß Kapitel 6 § 4 Abs. 1 AML das Recht, darüber zu wachen, daß der Arbeitgeber seine Verpflichtungen nach Kapitel 3 § 2a AML einhält. Kapitel 6 § 4a Abs. 2 AML gewährt ihm weiterhin das Recht, an allen Planungen, die Arbeitsprozesse, Arbeitsmethoden, Arbeitsorganisation usw. betreffen, sowie an der Erstellung der Handlungspläne teilzunehmen. Somit scheint eine wirksame Beteiligung der Beschäftigten über ihren Vertreter, den Arbeitsschutzbeauftragten, gewährleistet. Trotz dessen soll im nächsten Abschnitt noch näher auf die „systematische Arbeitsumweltarbeit“ eingegangen werden.[946]

In Deutschland ist allerdings gerade die Mitbestimmung hinsichtlich § 5 ArbSchG nicht unumstritten. Wie bereits herausgearbeitet wurde[947], ist die Mitbestimmung des Betriebsrats gemäß § 87 Abs. 1 Nr. 7 BetrVG von verschiedenen Voraussetzungen abhängig. Da zur Mitbestimmung hinsichtlich der Gefährdungsbeurteilung bereits einige Judikate vorliegen, soll diese Rechtsprechung zur Auslegung herangezogen werden.

---

941 ArbG Hamburg AuR 1999, 115, 116 und LAG Hamburg AP Nr. 11 zu § 87 BetrVG 1972 Gesundheitsschutz, Bl. 232, siehe sogleich unter E.IV.2.a.ii. und mm.
942 ArbG Hamburg AuR 1999, 115, 116.
943 ArbG Hamburg AuR 1999, 115, 116.
944 Faber/Richenhagen, AiB 1998, S. 322.
945 Siehe oben unter E.I.1.f.aa.
946 Siehe unten unter E.IV.1.
947 Vgl. oben unter E.II.3.c.

1. Gefährdungsbeurteilung und betriebliche Mitbestimmung in Schweden

Für den Arbeitgeber ist die Verpflichtung zur Dokumentation und zur systematischen Arbeitsschutzarbeit in Kapitel 3 § 2a AML festgelegt. In Kapitel 3 § 2a Abs.1 AML ist normiert, daß der Arbeitgeber die Tätigkeiten auf eine Weise systematisch planen, leiten und kontrollieren soll, die dazu führt, daß die Arbeitsumwelt den Anforderungen dieses Gesetzes und den Vorschriften, die aufgrund dieses Gesetzes erlassen wurden, entspricht. Er soll Arbeitsunfälle aufklären, fortlaufend Risiken in der Tätigkeit untersuchen und die Maßnahmen ergreifen, die notwendig sind. Maßnahmen, die nicht unmittelbar ergriffen werden können, sollen zeitlich geplant werden. Gemäß Kapitel 3 § 2a Abs. 2 AML soll der Arbeitgeber in dem Umfang, den die Tätigkeit erfordert, die Arbeitsumwelt und die Arbeitsumweltarbeit dokumentieren. Handlungspläne sollen dabei erstellt werden.

In Kapitel 3 § 2a Abs. 3 AML ist des weiteren die Verpflichtung des Arbeitgebers normiert, in seinem Tätigkeitsfeld eine organisierte Arbeitsanpassungs- und Rehabilitationsarbeit zu betreiben, um die Aufgaben, die ihm dieses Gesetz vorgibt, zu erfüllen.

Kapitel 3 § 2a AML wurde 1991 in das Arbetsmiljölag neu eingeführt. In Kapitel 3 § 2a Abs. 1 und 2 AML ist die Verantwortung des Arbeitgebers für systematische Arbeitsumweltarbeit festgelegt. Durch die Einführung dieser Norm wollte der schwedische Gesetzgeber die Verlagerung des Schwerpunkts der Arbeitsumweltarbeit von nachträglichen Maßnahmen auf vorbeugende Einsätze betonen.[948] Voraussetzung, um eine vorbeugende Arbeitsumweltarbeit zu betreiben, ist, daß die Arbeitsumweltfragen zusammen mit anderen Fragen behandelt werden, die die Tätigkeit in der Gesamtheit betreffen.[949] Die innerbetriebliche Kontrolle[950] hat ihren Ausgangspunkt in einem ganzheitlichen Sinn der Umwelt und umfaßt alle Arbeitsumweltfragen und die gesamte Arbeitsum-

---

948 Ericson/Gustafsson, S. 70. Vgl. auch allgemein Micha/Norrbom, S. 16 ff.; Örnerborg, L&A 1998, S. 4 f.; Norrby, L&A 1992, S. 4 f.

949 Ericson/Gustafsson, S. 70.

950 Der Begriff „Internkontroll“, innerbetriebliche Kontrolle, wurde erstmals 1993 als neuer Begriff geprägt. Das geschah im Zusammenhang mit dem Inkrafttreten der ersten Vorschriften zur innerbetrieblichen Kontrolle des Arbetarskyddsstyrelsen (AFS 1992:6). Allerdings wurde der Begriff „Internkontroll“ als schwer verständlich angesehen und durch AFS 2001:1 durch den Begriff „systemtiskt arbetsmiljöarbete“, systematische Arbeitsumweltarbeit, ersetzt, der verständlicher zum Ausdruck bringen soll, worauf die Vorschriften abzielen, obwohl sich die grundlegende Methode nicht von der internen Kontrolle unterscheidet, vgl. insgesamt Gullberg/Rundqvist, S. 93. Des weiteren bestand in Schweden auch Umsetzungsbedarf hinsichtlich der Rahmenrichtlinie Arbeitsschutz. So wurden durch die Vorschriften zur systematischen Arbeitsumweltarbeit bspw. die schriftliche Risikobeurteilung sowie die Verteilung von Aufgaben ins schwedische Recht transformiert, vgl. AFS 2001:1, S. 10.

weltarbeit. Unterstützt wird dies auch noch von § 3 AFS 2001:1, der besagt, daß die systematische Arbeitsumweltarbeit als natürlicher Teil mit in die tägliche Tätigkeit eingehen soll. Sie soll alle physischen, psychologischen und sozialen Verhältnisse umfassen, die Bedeutung für die Arbeitsumwelt haben.

In der Begründung zur Einführung des § 2a AML wird angeführt, daß insbesondere - statt nachträglicher Maßnahmen - eine vorbeugende Arbeitsumweltarbeit betrieben wird.[951] Weiterhin wird vorgebracht, daß als Voraussetzung für eine gute Arbeitsumweltarbeit der Arbeitgeber seiner Untersuchungsverpflichtung nachkommt. Es ist erforderlich, daß er fortlaufend Risiken und Mängel im Hinblick auf die Arbeitsumwelt untersucht.[952] Weiterhin wird noch einmal betont, daß es Bedarf an tiefergehenden Risikoanalysen gibt, um in einem frühzeitigen Stadium Risiken aufzudecken, die noch nicht zu manifestierbaren Schäden geführt haben. Diese Gefährdungsanalysen sollen systematisch durchgeführt werden und, wie schon gesagt, auch psychosoziale Faktoren umfassen.[953] Dabei sollen auch die Beurteilungen der Arbeitnehmer hinsichtlich ihrer Arbeitsbelastung und ihre Auffassung über Probleme die eigene Arbeitssituation betreffend beachtet werden.[954]

In Kapitel 3 § 2a Abs. 2 AML ist die Verpflichtung des Arbeitgebers zur Dokumentation der Arbeitsumwelt sowie zur Erstellung von Handlungsplänen normiert. In den Gesetzgebungsunterlagen wurde dazu angeführt, daß die Anforderungen an eine gute Arbeitsumwelt dynamisch sind und sich u.a. aufgrund der sozialen und technischen Entwicklung ändern. Die Handlungspläne müssen diesen Umstand berücksichtigen und sind deshalb ein wichtiges Element der Dokumentation.[955] Ansonsten soll die Dokumentation bspw. Beschreibungen, wie die Arbeitsumweltarbeit durchzuführen ist, Methoden zur Untersuchung der Arbeitsumweltverhältnisse, Meßprotokolle oder Zusammenstellungen über Arbeitsschäden enthalten.[956] Der Zweck der Dokumentationsverpflichtung des Arbeitgebers ist es, der innerbetrieblichen Kontrolle ein erhöhtes Gewicht zu geben und die Arbeit für diejenigen zu erleichtern, die in der Arbeitsumweltarbeit mitwirken.[957] Die Handlungspläne sollen in Zusammenarbeit mit den Beschäftigten und deren Vertretern aufgestellt werden.[958] Das heißt, daß natürlich auch der Arbeitsschutzbeauftragte und das Schutzkomitee zu beteiligen sind.[959]

---

951 Prop. 1990/91:140, S. 38.
952 Prop. 1990/91:140, S. 40.
953 Prop. 1990/91:140, S. 40.
954 Prop. 1990/91:140, S. 40.
955 Prop. 1990/91:140, S. 40.
956 Prop. 1990/91:140, S. 41; vgl. Gullberg/Rundqvist, S. 95.
957 Prop. 1990/91:140, S. 41.
958 Prop. 1990/91:140, S. 41.
959 Siehe sogleich. Vgl. auch Prop. 1990/91:140, S. 41 sowie Kapitel 6 § 4 Abs. 2 S. 2 AML und Kapitel 6 § 9 S. 2 Nr. 2 AML.

Die gesetzlichen Regelungen werden durch die Verordnung AFS 2001:1 des Arbetsmiljöverk weiter konkretisiert. So hat der Arbeitgeber gemäß § 8 AFS 2001:1 regelmäßig eine Risikobeurteilung durchzuführen und diese gemäß Abs. 3 dieser Vorschrift schriftlich zu dokumentieren. Gleichfalls hat der Arbeitgeber nach § 5 AFS 2001:1 eigene Arbeitsumweltrichtlinien zu erstellen, die beschreiben sollen, wie die Arbeitsverhältnisse gestaltet sein sollen, so daß Krankheit und Unfällen vorgebeugt und eine zufriedenstellende Arbeitsumwelt eröffnet wird. Gemäß § 5 Abs. 3 AFS 2000:1 soll diese Richtlinie schriftlich dokumentiert werden, wenn es mindestens 10 Beschäftigte im Betrieb gibt. In der Kommentierung der AFS 2001:12 wird hervorgehoben, daß die Dokumentation leicht zugänglich für die Beschäftigten sein soll, damit diese in der Arbeitsumweltarbeit mitarbeiten können.[960] § 6 AFS 2001:1 legt des weiteren fest, daß der Arbeitgeber die Aufgaben in seinem Betrieb so an einen oder mehrere Chefs, Arbeitsleiter oder andere Arbeitnehmer zu verteilen hat, daß diese die Aufgabe haben, dafür zu sorgen, daß Risiken in der Arbeit vorgebeugt und eine zufriedenstellende Arbeitsumwelt eröffnet wird. Dadurch verliert er aber nicht seine grundsätzliche Verantwortung für die Arbeitsumwelt.[961] Nach Abs. 3 dieser Norm soll auch die Aufgabenverteilung schriftlich dokumentiert werden, wenn es mindestens 10 Arbeitnehmer im Betrieb gibt. Weiterhin ist in § 11 Abs. 1 AFS 2001:1 normiert, daß der Arbeitgeber jedes Jahr eine Untersuchung der systematischen Arbeitsumweltarbeit durchführen soll und wenn diese nicht gut funktioniert, soll sie verbessert werden. Gemäß § 11 Abs. 2 AFS 2001:1 soll diese Untersuchung schriftlich dokumentiert werden, wenn es mehr als 10 Arbeitnehmer im Betrieb gibt.

In bezug auf die zu erstellenden Handlungspläne[962] ist in der Begründung zu Kapitel 3 § 2a AML angeführt worden, daß die Handlungspläne langfristige Maßnahmen umfassen sollen, da die Anforderungen an eine gute Arbeitsumwelt dynamisch sind und sich unter anderen durch die soziale und technische Entwicklung ändern.[963] Allerdings sollen Einsätze, die schnell durchgeführt werden können, nicht aus unnötigen formalen Gründen aufgeschoben werden, um in einen übergreifenden Handlungsplan eingebracht zu werden. Solche Maßnahmen können oft ohne ein schriftliches und formalisiertes Plandokument geplant und durchgeführt werden.[964] Die Handlungspläne sind mehr auf Maßnahmen bezogen als die Richtlinien des Arbeitgebers. Anhand der Handlungspläne sollen Maßnahmen bevorzugt behandelt sowie der Zusammenhang zwi-

960 AFS 2001:1, S. 15.
961 AFS 2001:1, S. 16.
962 Vgl. auch Örnerborg, L&A 1998, S. 4 f.
963 Prop. 1990/91:140, S. 40.
964 Prop. 1990/91:140, S. 40 f.

schen den unterschiedlichen Maßnahmen aufgezeigt werden.[965] Aufgrund der dynamischen Anforderungen, die an eine gute Arbeitsumwelt gestellt werden, sowie unter Berücksichtigung der grundlegenden Funktion der Handlungspläne in der systematischen Arbeitsumweltarbeit dürfte es in der Praxis nur in einzelnen Ausnahmefällen nicht notwendig sein, Handlungspläne zu erstellen.[966] In der Vergangenheit gab es in der Praxis bei kleinen Unternehmen z.T. Unstimmigkeiten im Hinblick auf den Umfang der schriftlichen Dokumentation.[967]

Besonders wichtig ist jedoch, daß die lokalen Partner sich bezüglich eines funktionierenden innerbetrieblichen Ablaufs einig sind.[968]

Ansonsten ist es hinsichtlich der Beteiligung der Arbeitnehmer so, daß der Arbeitsschutzbeauftragte, wie bereits festgestellt wurde[969], gemäß Kapitel 6 § 4 Abs. 1 AML das Recht hat, darüber zu wachen, daß der Arbeitgeber seine Verpflichtungen nach Kapitel 3 § 2a AML einhält. Kapitel 6 § 4a Abs. 2 AML gewährt ihm weiterhin das Recht, an allen Planungen, die Arbeitsprozesse, Arbeitsmethoden, Arbeitsorganisation usw. betreffen, sowie an der Erstellung der Handlungspläne teilzunehmen. Somit scheint eine wirksame Beteiligung der Beschäftigten über ihren Vertreter, den Arbeitsschutzbeauftragten, gewährleistet. Das wird noch bestärkt durch § 4 AFS 2001:1. Auch nach § 4 AFS 2001:1 soll der Arbeitgeber den Arbeitnehmern und dem Arbeitsschutzbeauftragten die Möglichkeit geben, an der systematischen Arbeitsumweltarbeit mitzuwirken. In der Kommentierung zu § 4 AFS 2001:1 wird die Zusammenarbeit zwischen Arbeitgeber, Arbeitnehmern und Arbeitsschutzbeauftragten in der systematischen Arbeitsumweltarbeit als wesentlich bezeichnet.[970]

2. Gefährdungsbeurteilung und betriebliche Mitbestimmung in Deutschland

Die Pflicht zur Beurteilung der Arbeitsbedingungen wird in Deutschland auch als Kernstück des betrieblichen Arbeitsschutzes bezeichnet.[971] Dies bringt die Bedeutung des § 5 ArbSchG zum Ausdruck. Die Schlüsselrolle der Gefährdungsbeurteilung für das Arbeitsschutzrecht läßt sich auch aus dem Vertragsverletzungsverfahren erkennen, das die Kommission wegen unrichtiger Umset-

---

965 Prop. 1990/91:140, S. 41. In § 10 Abs. 2 S. 1 AFS 2001:1 ist weiterhin die Verpflichtung des Arbeitgebers normiert, Maßnahmen die nicht unmittelbar durchgeführt wurden, in einem schriftlichen Handlungsplan aufzunehmen.

966 Prop. 1990/91:140, S. 41.

967 Vgl. Örnerborg, S. 6.

968 Prop. 1990/91:140, S. 41.

969 Siehe oben unter E.I.1.f.aa.

970 AFS 2001:1, S. 14.

971 Mattik/Ortmann, BetrR 1996, S. 132. Vgl. zur Gefährdungsbeurteilung und Dokumentation auch Neumann, AuA 2000, S. 465 ff. Siehe auch zur Gefährdungsbeurteilung bei der Bildschirmarbeit Doll, PersV 1998, S. 424 f.; Schierbaum/Franz, AuR 1999, S. 85 f.; Riese, CR 1997, S. 30 f.; Schierbaum, CR 1994, S. 412 f.; Keller, S. 22 ff.

zung der Richtlinie 89/391/EWG gegen die Bundesrepublik eingeleitet hat. In dem Verfahren C-5/00[972] wird der Bundesrepublik vorgeworfen, gegen ihre Verpflichtungen aus den Art. 5 und 189 EG-Vertrag (jetzt Art. 10 EG und 249 EG) sowie aus den Art. 9 Abs. 1a und 10 Abs. 3 der Rahmenrichtlinie Arbeitsschutz verstoßen zu haben, indem sie nach § 6 Abs. 1 ArbSchG Arbeitgeber mit zehn oder weniger Beschäftigten von der Pflicht befreit habe, über Dokumente zu verfügen, die die Ergebnisse einer Evaluierung der Gefahren enthielten. Die deutsche Regierung hat demgegenüber geltend gemacht, daß nach dem ASiG i.V.m. § 15 Abs. 1 Nr. 6 SGB VII und den UVV, die von den Unfallversicherungsträgern für jede Branche erlassen worden sein, alle Unternehmen einschließlich der Unternehmen mit zehn oder weniger Beschäftigten, verpflichtet seien, Betriebsärzte oder Fachkräfte für Arbeitssicherheit zu bestellen, die wiederum verpflichtet seien, Berichte zu erstellen, die eine Evaluierung der Gefahren am Arbeitsplatz enthielten, so daß die Verpflichtungen aus der Richtlinie erfüllt seien.[973] Die Kommission macht dagegen geltend, daß die Berichtspflicht der Betriebsärzte und der Fachkräfte für Arbeitssicherheit über der Erfüllung ihrer Aufgaben, die sich aus dem ASiG i.V.m. dem SGB VII und den UVV ergebe, nicht mit der Verpflichtung des Arbeitgebers aus Art. 9 Abs. 1a der Richtlinie gleichzusetzen sei. Die Berichtspflicht obliege dabei nicht dem Arbeitgeber, sondern den Betriebsärzten und den Fachkräften für Arbeitssicherheit, und der Arbeitgeber sei nicht verpflichtet, die in diesen Berichten enthaltenen Ratschläge zu befolgen. Außerdem sei der Inhalt der von den Betriebsärzten und den Fachkräften für Arbeitssicherheit erstellten Berichte nicht mit dem Inhalt der Dokumente gleichzusetzen, die die Richtlinie verlange.[974] Das hat der EuGH anders gesehen und ist der Argumentation der Bundesrepublik mit der Begründung gefolgt, daß die Verpflichtung des Arbeitgebers sich aus Art. 6 der Richtlinie ergebe, der nicht Gegenstand dieses Verfahrens sei. Somit gehe es allein um die Frage, ob die Dokumente aus dem ASiG, SGB VII und den UVV denselben Inhalt haben wie die in Art. 9 Abs. 1a der Richtlinie geforderten Dokumente.[975] Der EuGH kommt schließlich zu dem Ergebnis, daß der Inhalt dieser Dokumente gleich zu seien scheint und daß die Kommission nicht dargetan habe, daß die Berichte der Betriebsräte und der Fachkräfte für Arbeitssicherheit einen anderen Inhalt hätten, als die von Art. 9 Abs. 1 a geforderten Dokumente. Daher sei die diesbezügliche Rüge als unbegründet zurückzuweisen.[976]

Die Entscheidung des EuGH in dieser Teilfrage kann durchaus kritisiert werden, denn die Argumentation der Kommission ist durchaus nachvollziehbar, auch hinsichtlich der Verantwortlichkeit des Arbeitgebers. Zwar ist diese expli-

---

972 EuGHE Slg. 2002, I-1327, Rn. 21.
973 EuGHE C-5/00 - Slg. 2002, I-1327, Rn. 21.
974 EuGHE C-5/00 - Slg. 2002, I-1327, Rn. 23.
975 EuGHE C-5/00 - Slg. 2002, I-1327, Rn. 27.
976 EuGHE C-5/00 - Slg. 2002, I-1327, Rn. 30 ff.

zit in Art. 6 der Richtlinie normiert, doch hat der Arbeitgeber eine umfassende Verantwortung auch zur Dokumentation, die gerade nicht an die Betriebsärzte und Fachkräfte für Arbeitssicherheit delegiert werden soll.[977]

Allerdings kommt der EuGH hinsichtlich der weiteren Rüge zu dem Ergebnis, daß die Bundesrepublik Deutschland dadurch gegen ihre Verpflichtungen aus den Art. 9 Abs. 1a und 10 Abs. 3a Rahmenrichtlinie verstoßen habe, daß sie nicht sichergestellt habe, daß die von der Richtlinie vorgesehene Pflicht, über eine Evaluierung der am Arbeitsplatz bestehenden Gefahren für die Sicherheit und die Gesundheit zu verfügen, unter allen Umständen für Arbeitgeber mit zehn oder weniger Beschäftigten gelte.[978] Die Erkenntnis, daß die Gefährdungsbeurteilung auch für Arbeitgeber mit weniger als zehn Beschäftigten gelten soll, untermauert wiederum deren besondere Bedeutung.

Die praktische betriebliche Umsetzung der Gefährdungsbeurteilung bereitet allerdings noch einige Schwierigkeiten. In vielen Betrieben wird dieses Instrument nicht bzw. nicht in einer konkretisierenden Form eingesetzt.[979] Dabei hat die Gefährdungsbeurteilung eine doppelte Aufgabe. Zum einen soll sie einen Überblick über die Gefahren im Betrieb ermöglichen, um so Gefährdungsschwerpunkte zu ermitteln.[980] Zum anderen soll sie dabei helfen, die für den Betrieb und die Beschäftigten geeigneten Sicherheits- und Gesundheitsschutzmaßnahmen festzulegen. Somit ist sie maßgebend für die Qualität des Arbeitsschutzes nach dem ArbSchG.[981]

Entscheidende Bedeutung kommt hier dem Analyseteil der Gefährdungsbeurteilung zu.[982] Es sind solche Verfahren zu wählen, die die wesentlichen Gefährdungs- und Belastungsschwerpunkte erfassen. Beschränkt sich ein Verfahren der Gefährdungsanalyse beispielsweise nur auf die Untersuchung von Unfallgefahren, werden psychische Belastungen durch monotone Arbeitsgestaltung nicht mit erfaßt.[983] Aus diesem Grund ist das Analyseverfahren nicht ohne weiteres von der Festlegung der konkreten Schutzmaßnahme zu trennen. Dies hat auch das ArbG Braunschweig festgestellt, lehnt aber sonst ein Mitbestimmungsrecht des Betriebsrats bei Gefährdungsanalysen ab.[984]

Durch die Gefährdungsbeurteilung zeigt sich die neue prägende Tendenz im deutschen Arbeitsschutzrecht, daß die staatlichen Aufgaben allgemeiner gehalten werden und stärker prozedural ausgerichtet sind, so daß die betriebliche

---

977 Siehe dazu sogleich.

978 EuGHE C-5/00 - Slg. 2002, I-1327, Rn. 37.

979 Siehe hierzu Kothe, LAGE Nr. 1 zu § 87 BetrVG 1972 Gesundheitsschutz, S. 24.

980 Faber/Richenhagen, AiB 1998, S. 317.

981 LAG Hamburg AP Nr. 11 zu § 87 BetrVG 1972 Gesundheitsschutz, Bl. 231.

982 Faber/Richenhagen, AiB 1998, S. 317; Kittner, in FS für Daubel, S. 698; vgl. auch Daubel in FS für Reich, S. 444.

983 LAG Hamburg AP Nr. 11 zu § 87 BetrVG 1972 Gesundheitsschutz, Bl. 231; Faber/Richenhagen, AiB 1998, S. 317.

984 Siehe sogleich.

Arbeit eine größerer Rolle spielt.[985] Allerdings darf dieses Vorgehen nicht als Abschwächung des Gesundheitsschutzes verstanden werden; es soll im Gegenteil im Zuge umfangreicher Wandlungen in der Arbeitswelt dazu dienen, einen zeitnahen und betriebsbezogenen Arbeitsschutz zu verwirklichen.[986] Die Gefährdungsbeurteilung ist auch ein anschauliches Beispiel für die Bedeutung kooperativer Normkonkretisierung.[987] Um so genauer und wirklichkeitsnäher im Betrieb die Gefährdungen ermittelt und beurteilt werden, desto zielsicherer können wiederum die konkreten Maßnahmen getroffen werden. Dabei soll der Betriebsrat gerade hinsichtlich der methodischen Grundwertungen und Fragen die Chance haben, die Kenntnisse und Erfahrungen der Arbeitnehmer auf dem Wege der gleichberechtigten Beteiligung einzubringen.[988]

Auch die eng mit der Gefährdungsbeurteilung verbundene Dokumentation[989], die sich nicht darin erschöpft, das Ergebnis der Gefährdungsbeurteilungen gegenüber den Behörden nachzuweisen, sondern auch mit dazu beitragen soll, die Eigenverantwortung der Betriebe zu stärken und zu entwickeln[990], ist ein unverzichtbares Element. Die Dokumentation ermöglicht es, die erforderlichen betrieblichen Schwerpunktsetzungen und Entscheidungsgrundlagen transparent und nachvollziehbar zu gestalten sowie systematisch die Wirksamkeit des betrieblichen Schutzkonzepts zu überprüfen. § 3 Abs. 1 S. 2 und 3 ArbSchG schreiben vor, daß der Arbeitgeber eine Anpassung und Verbesserung von Sicherheit und Gesundheitsschutz anzustreben hat. Dies ist nur möglich, wenn aussagekräftige Unterlagen vorliegen, die darüber Aufschluß geben, welche Gegebenheiten die Arbeitsplätze bislang aufweisen, welche Schutzmaßnahmen getroffen werden und welche Ergebnisse diese haben. Wenn diese Umstände nicht nachvollziehbar sind, ist die vom ArbSchG angestrebte permanente Überprüfung und Verbesserung der Maßnahmen des Arbeitsschutzes nicht möglich, so daß der Arbeitsschutz qualitative Einbußen erleidet.[991]

Fraglich ist also, inwieweit bei diesen zentralen Elementen des bundesdeutschen Arbeitsschutzes ein Mitbestimmungsrecht des Betriebsrats gemäß § 87 Abs. 1 Nr. 7 BetrVG besteht. Dies soll nun anhand der einschlägigen Rechtsprechung näher geprüft werden. Dabei soll die Untersuchung der Rechtsprechung möglichst umfassend sein. Aufgrund dessen, werden möglichst viele Judikate zur Analyse herangezogen, ohne aber Gewähr dafür zu bieten, daß die

---

985 Kothe, LAGE Nr. 1 zu § 87 BetrVG 1972 Gesundheitsschutz, S. 24.

986 Kothe, LAGE Nr. 1 zu § 87 BetrVG 1972 Gesundheitsschutz, S. 24; Wlotzke, in FS für Däubler, S. 661 ff.

987 Kothe, LAGE Nr. 1 zu § 87 BetrVG 1972 Gesundheitsschutz, S. 28.

988 Kothe, LAGE Nr. 1 zu § 87 BetrVG 1972 Gesundheitsschutz, S. 28.

989 Siehe dazu auch Schmatz/Nöthlichs/Weber, 4020, § 6 Dokumentation S. 7, allerdings mit unzutreffenden und nicht begründeten Ansichten zur Mitbestimmung des Betriebsrats gem. § 87 Abs. 1 Nr. 7 BetrVG.

990 LAG Hamburg AP Nr. 11 zu § 87 BetrVG 1972 Gesundheitsschutz, Bl. 232.

991 LAG Hamburg AP Nr. 11 zu § 87 BetrVG 1972 Gesundheitsschutz, Bl. 232.

gesamte diesbezügliche Rechtsprechung berücksichtigt ist. Überwiegend handelt es sich dabei um Verfahren nach § 98 ArbGG.Die Rechtskraft der Entscheidung ist, soweit diese ermittelt werden konnte, angegeben.

a. Die Rechtsprechung zur Mitbestimmung bei der Gefährdungsbeurteilung in der Bundesrepublik Deutschland

aa. Entscheidung des ArbG Braunschweig vom 15.10.1997

In dem Verfahren vor dem ArbG Braunschweig[992] stritt der Betriebsrat eines Zeitungsverlags mit eigener Druckerei im Wege des einstweiligen Rechtsschutzes um die Erstellung einer Gefährdungs- und Belastungsanalyse in der Rotation der Druckerei des Arbeitgebers. Mit dieser Analyse hatte der Arbeitgeber den TÜV Hannover beauftragt. Der Arbeitgeber war der Ansicht, dem Betriebsrat stünde hierbei kein Mitbestimmungsrecht zu. Dagegen stellte der Betriebsrat einen Unterlassungsantrag mit der Begründung, daß der an den TÜV Hannover erteilte Auftrag nicht ausreichend sei, da die sich aus der ständigen Schichtarbeit ergebenden psychischen Belastungen unberücksichtigt blieben.

Das Gericht lehnte den Antrag des Betriebsrats mit der Begründung ab, daß das Mitbestimmungsrecht gemäß § 87 Abs. 1 Nr. 7 BetrVG bei der Durchführung einer Belastungsanalyse nicht gegeben sei, da der Gesetzgeber durch § 5 ArbSchG den Zeitpunkt des Eingreifens des Mitbestimmungsrechts nicht zeitlich vorverlegen wollte.[993]

Des weiteren spreche gesetzestechnisch einiges dagegen, daß die Erfüllung öffentlich-rechtlicher Verpflichtungen des Arbeitgebers gegenüber einer Aufsichtsbehörde zugleich als mitbestimmungspflichtige Regelung anzusehen sei.[994]

Vorher erkannte das Arbeitsgericht aber an, daß die inhaltlichen Bedenken des Betriebsrats gegen den Umfang des erteilten Auftrags nicht ganz unberechtigt seien, denn gemäß § 5 Abs. 3 Nr. 4 ArbSchG könne sich eine Gefährdung insbesondere durch die Gestaltung von Arbeits- und Fertigungsverfahren, Arbeitsabläufen und Arbeitszeit und deren Zusammenwirken ergeben. Hier könne der Umstand ständiger Schichtarbeit durchaus relevant sein.[995] Auch sei eine völlig losgelöste abstrakte Ermittlung von Einflußfaktoren kaum vorstellbar oder sinnvoll. Vielmehr sei schon die Erfassung von tatsächlich vorhandenen Belastungen unter der Berücksichtigung der Ziele des Arbeitsschutzes unter bestimmten Fragestellungen vorzunehmen. Eine begrifflich strikte Trennung von „Ermittlungen“ der Belastungen und „Regelungen“ des Arbeitsschutzes lasse

---

992 ArbG Braunschweig vom 15.10.1997 – 5 BVGa 9/97 (rechtskräftig) NZA-RR 1998, 214 f.

993 ArbG Braunschweig NZA-RR 1998, 214, 215.

994 ArbG Braunschweig NZA-RR 1998, 214, 215.

995 ArbG Braunschweig NZA-RR 1998, 214, 215.

sich daher kaum durchführen.[996] Trotz dieser Ausführungen lehnte das Arbeitsgericht die Mitbestimmung des Betriebsrats ab.

bb. Stellungnahme

Es wird deutlich, daß das Gericht sich der in der Literatur[997] wieder aufgegriffenen Ansicht anschließt, § 5 ArbSchG enthalte keine „Sachvorschriften“ und sei dem eigentlichen mitbstimmungsfähigen Gesundheitsschutz nur „vorgelagert“.[998]

Es ist daraus keineswegs eine Eingrenzung des erzwingbaren Mitbestimmungsrechts auf „Sachvorschriften“ des Arbeitsschutzes abzuleiten. Für die Anwendung des § 87 Abs. 1 Nr. 7 BetrVG ist es unerheblich, ob eine Rahmenvorschrift mittelbar oder unmittelbar dem Gesundheitsschutz dient.[999] Entscheidend ist der Zweck der betrieblichen Regelung, d.h. sie muß innerhalb der Rahmenvorschrift der Verhütung von Arbeitsunfällen oder der Bekämpfung von Gesundheitsgefahren dienen. Dabei ist davon auszugehen, daß Gefährdungsbeurteilungen gemäß § 5 ArbSchG nicht als Selbstzweck dienen, sondern als solide Entscheidungsgrundlage für die Unfallverhütung und den betrieblichen Gesundheitsschutz durchgeführt werden.[1000]

Auch das Argument des Gerichts, daß eine öffentlich-rechtliche Verpflichtung des Arbeitgebers gesetzestechnisch gegen das Mitbestimmungsrecht des Betriebsrats spricht, überzeugt nicht. Zum einen bieten gerade die öffentlich-rechtlichen Arbeitsschutzvorschriften den Rahmen und somit die Voraussetzung für eine Anwendbarkeit des Mitbestimmungsrechts, denn der Zweck des Mitbestimmungsrechts des Betriebsrats gemäß § 87 Abs. 1 Nr. 7 BetrVG ist gerade die betriebliche Umsetzung der öffentlich-rechtlichen Vorschriften.[1001] Zum anderen ist die Mitbestimmung bei der öffentlich-rechtlichen Verpflichtung zur Dokumentation des Ergebnisses der Gefährdungsbeurteilung hier gar nicht Gegenstand des Streits, sondern ein arbeitsschutzrechtlich korrektes Zustandekommen der Gefährdungsbeurteilung.[1002] Und hierfür sind die öffentlichrechtlichen Arbeitsschutzvorschriften wiederum Voraussetzung für ein Mitbestimmungsrecht des Betriebsrats. Sie müssen nur einen Rahmen in der Form vorgeben, daß dem Arbeitgeber ein Handlungsspielraum bei der Wahl seiner Mittel verbleibt.

---

996 ArbG Braunschweig NZA-RR 1998, 214, 215.

997 Merten/Klein, DB 1998, S. 675; Löwisch/Neumann, SAE 1997, S. 87.

998 Vgl. Kittner, in FS für Däubler, S. 698; vgl. auch LAG Hamburg AP Nr. 11 zu § 87 BetrVG 1972 Gesundheitsschutz, Bl. 232 f.; siehe ausführlich oben unter E.II.3.c.dd.

999 BAG 1 ABR 16/97 NZA 1998, 441, 444; LAG Hamburg AP Nr. 11 zu § 87 BetrVG 1972 Gesundheitsschutz, Bl. 232.

1000 Vgl. Faber/Richenhagen, AiB 1998, S. 319.

1001 So auch Faber/Richenhagen, AiB 1998, S. 319.

1002 So wohl auch Kittner, in FS für Däubler, S. 699.

Unter diesem Gesichtspunkt betrachtet, ergeben sich sowohl aus dem Wortlaut des § 5 ArbSchG als auch aus der Gesetzessystematik des Arbeitsschutzgesetzes keine Anhaltspunkte, die gegen ein Mitbestimmungsrecht bei Gefährdungsanalysen sprechen.[1003] Das ArbG stellt selbst fest, daß ein enger Zusammenhang zwischen der Gefährdungsbeurteilung und der darauffolgenden Festlegung von Schutzmaßnahmen besteht.[1004] Anscheinend geht es aber nicht der Frage nach, ob § 87 Abs. 1 Nr. 7 BetrVG durch die Versagung der Mitbestimmung bei Gefährdungsbeurteilungen ausgehöhlt wird[1005] und somit an Bedeutung verliert. Durch die Versagung der Mitbestimmung wird ein Grundprinzip des Arbeitsschutzgesetzes, nämlich seine präventive Orientierung, gefährdet. Gerade durch § 5 ArbSchG soll aber eine erhebliche Verstärkung der Prävention erreicht werden.[1006] Die Gefährdungsbeurteilung ist somit untrennbar mit dem Präventionskonzept des Arbeitsschutzgesetzes verbunden.

Es ist außerdem zu unterstellen, daß der Gesetzgeber sich durchaus bewußt war, daß durch § 5 ArbSchG die Mitbestimmung zeitlich vorverlegt wird. Die Beurteilungsanalyse macht einen wirksamen Arbeitsschutz erst möglich. Mit der Gefährdungsanalyse werden die zu treffenden Maßnahmen des Arbeitsschutzes „bestimmt“, was nach § 87 Abs. 1 Nr. 7 BetrVG ein Mitbestimmungsrecht des Betriebsrats auslöst.[1007]

Inwiefern § 5 ArbSchG dem Arbeitgeber einen Handlungsspielraum läßt, wird vom ArbG Braunschweig nicht näher behandelt. Diese Problematik wird zwar angesprochen, aber nicht weiter verfolgt. Für diesen Spielraum spricht vieles, da konkrete Verfahrensweisen nicht festgelegt sind. Die unterschiedlichen Situationen in den Betrieben setzen voraus, daß betriebsintern entschieden wird, welches Analyseverfahren möglichst optimal auf die betriebliche Gefährdungslage zugeschnitten ist.[1008] Dabei verbleibt dem Arbeitgeber im Hinblick auf die Auswahl des Verfahrens ein Regelungsspielraum.[1009] Gleiches gilt auch für organisatorische Fragen hinsichtlich der Gefährdungsbeurteilung, wie z.B. den Zeitraum, in dem die Gefährdungsbeurteilung möglichst umfassend durchgeführt oder bei welchen Arbeitsplätzen begonnen wird.[1010]

Der Sachverhalt, der der Entscheidung des ArbG Braunschweig zugrunde lag, macht deutlich, daß es entscheidend ist, die konkreten betrieblichen Bedürfnisse bei der Auswahl des Analyseverfahrens zu berücksichtigen. In einem Betrieb, in dem psychische Belastungen durch Schichtarbeit auftreten, ist ein Verfahren, das Aspekte der Arbeitszeit nicht ausreichend berücksichtigt, als

---

1003 Faber/Richenhagen, AiB 1998, S. 320.
1004 ArbG Braunschweig NZA-RR 1998, 215, 215.
1005 Vgl. Richenhagen/Prümper/Wagner, S. 211 f.; Faber/Richenhagen, AiB 1998, S. 320.
1006 Wlotzke, NZA 1996, S. 1020; Wlotzke, NZA 2000, S. 20.
1007 Kittner, in FS für Däubler, S. 698.
1008 Vgl. Richenhagen/Prümper/Wagner, S. 211 f.; Siemes, NZA 1998, S. 235.
1009 Feldhoff, AuA 1997, S. 75; Faber/Richenhagen, AiB 1998, S. 321.
1010 Faber/Richenhagen, AiB 1998, S. 321.

eher ungeeignet anzusehen. Das Mitbestimmungsrecht des Betriebsrats gemäß § 87 Abs.1 Nr. 7 BetrVG hat unter diesem Gesichtspunkt die wichtige Funktion, das erweiterte Arbeitsschutzverständnis des Arbeitsschutzgesetzes in den jeweiligen Betrieben umzusetzen.[1011]

cc. Entscheidung des ArbG Mannheim vom 27.04.1998

In dem Verfahren vor dem ArbG Mannheim[1012] wollte der Arbeitgeber zur Erfüllung seiner Pflichten aus dem Arbeitsschutzgesetz Gefährdungsbeurteilungen gemäß § 5 ArbSchG durchführen. Diese hielt er nicht für mitbestimmungspflichtig. Daraufhin beantragte der Betriebsrat beim Arbeitsgericht die Bestellung eines Einigungsstellenvorsitzenden.

Das ArbG Mannheim entsprach dem Antrag des Betriebsrats. Das Gericht kam zu dem Ergebnis, daß auch bei fachkundiger Beurteilung nicht ohne weiteres klar sei, ob § 5 ArbSchG eine Rahmenvorschrift i.S.d. § 87 Abs. 1 Nr. 7 BetrVG darstelle.[1013] Auf jeden Fall handele es sich bei der Gefährdungsanalyse nicht um eine reine Datensammlung. Die Frage, welche Daten auf welche Weise von wem erhoben würden, sei verbunden mit einer ersten Beurteilung und Gewichtung des Gefährdungspotentials. Von der Auswahl der Analyseinstrumente hinge letztlich auch der Standard der Arbeitssicherheit ab.[1014]

dd. Stellungnahme

Hier bezieht das Arbeitsgericht nicht direkt Stellung zu der Frage, ob § 5 ArbSchG als Rahmenvorschrift i.S.d. § 87 Abs.1 Nr. 7 BetrVG zu sehen ist. Das liegt auch daran, daß es für die Einsetzung einer Einigungsstelle aufgrund des Prüfungsmaßstabs des § 98 ArbGG ausreichend ist, wenn diese nicht offensichtlich unzuständig ist, vgl. § 98 Abs. 1 ArbGG.[1015] Das ist vorliegend nicht der Fall, denn es gibt zu dieser Frage beispielsweise noch keine ablehnende Rechtsprechung des BAG[1016], die als Anhaltspunkt für eine Ablehnung heranzuziehen wäre. Hervorzuheben ist, daß das Gericht durchaus erkennt, daß der betriebliche Gesundheitsschutz maßgeblich durch die Auswahl der Analyseinstrumente beeinflußt wird.

Ansonsten bietet diese Entscheidung keine weiteren Anhaltspunkte, die Aufschluß über die Mitbestimmung des Betriebsrats hinsichtlich des § 5 ArbSchG bieten. Positiv festzustellen bleibt, daß das Arbeitsgericht eine Mitbestimmung des Betriebsrats bei Gefährdungsbeurteilungen nicht grundsätzlich ausschließt.

1011 Vgl. auch Faber/Richenhagen, AiB 1998, S. 321.
1012 ArbG Mannheim vom 27.04.1998 – 9 BV 18/97 (rechtskräftig), AiB 1998, 474 f.
1013 ArbG Mannheim, AiB 1998, 474, 475.
1014 ArbG Mannheim AiB 1998, 474, 475.
1015 Siehe DKK-Berg, § 76 Rn. 51; vgl. Wagner, DB 1998, S. 2366.
1016 Faber, AiB 1998, S. 476.

ee. Entscheidung des LAG Hamburg vom 27.10.1997

Gegenstand des Verfahrens vor dem LAG Hamburg[1017] war der Streit um die Einberufung einer Einigungsstelle zum Abschluß einer betrieblichen Regelung zum Gesundheitsschutz im Rahmen des Arbeitsschutzgesetzes und der Bildschirmarbeitsverordnung. Es sollte ein neues EDV-System im Betrieb eingeführt werden. Der Arbeitgeber verweigerte hierbei ein Mitbestimmungsrecht des Betriebsrats.

Das LAG hat dem Antrag des Betriebsrats entsprochen und eine Einigungsstelle eingesetzt. Das Gericht vertrat die Ansicht, daß die gesetzlichen Regelungen des Arbeitsschutzgesetzes und der Bildschirmarbeitsverordnung Regelungsspielräume ließen und keineswegs so konkret seien, daß sie unmittelbar aus dem Gesetz in die betriebliche Praxis umgesetzt werden könnten. Regelungsspielräume eröffneten die §§ 3 bis 5 und auch die §§ 11 bis 13 ArbSchG sowie die §§ 3 bis 6 BildscharbV.[1018] Auch wenn einzelne Normen den Arbeitgeber teilweise nur zu Maßnahmen verpflichteten, die den einzelnen Arbeitnehmer betreffen würden, bleibe der Arbeitgeber doch im Rahmen der maßgeblich gesetzlich normierten Regelungsgegenstände darüber hinaus zu kollektiv regelbaren Maßnahmen des Gesundheitsschutzes verpflichtet. Es könne dabei keinesfalls festgestellt werden, daß das Arbeitsschutzgesetz und auch die Bildschirmarbeitsverordnung eine abgeschlossene Regelung dergestalt beinhalteten, daß dem Arbeitgeber keine Möglichkeit der eigenen Entscheidung verbleibe.[1019]

ff. Stellungnahme

Das Gericht bezieht hier schon eindeutig Stellung und erkennt § 5 ArbSchG als Rahmenvorschrift an. Es betrachtet die Norm nicht als abgeschlossene Regelung, die dem Arbeitgeber keinen Handlungsspielraum läßt. Allerdings führt das LAG keine genaueren Gründe hierfür an. Ganz anders das Arbeitsgericht Hamburg.

gg. Entscheidung des ArbG Hamburg vom 26.05.1998

Der Entscheidung des ArbG Hamburg[1020] lag folgender Sachverhalt zugrunde: Ein berufsgenossenschaftliches Krankenhaus hatte den bei ihr bestehenden Betriebsrat über ihre Absicht informiert, eine Gefährdungsbeurteilung in Auftrag zu geben. Dagegen erhob der Betriebsrat Einwände, dennoch fand die Untersuchung statt. Vor dem Arbeitsgericht machte der Betriebsrat ein Mitbestimmungsrecht gemäß § 87 Abs. 1 Nr. 7 BetrVG geltend, welches ihm bei einer Gefährdungsanalyse nach § 5 ArbSchG i.V.m. § 3 BildscharbV zustehe.

1017 LAG Hamburg vom 27. Oktober 1997 – 4 TaBV 6/97 LAGE Nr. 18 zu § 98 ArbGG 1979.

1018 LAGE Nr. 18 zu § 98 ArbGG 1979.

1019 LAG Hamburg LAGE Nr. 18 zu § 98 ArbGG 1979.

1020 ArbG Hamburg vom 26.05.1998 – 25 BV 3/98 AuA 1999, 36 f.

Das Arbeitsgericht gab dem Antrag statt. Der Betriebsrat habe ein Mitbestimmungsrecht bei der Durchführung einer Gefährdungsanalyse.

Zur Begründung führte das Gericht an, daß es sich bei der Durchführung der Gefährdungsbeurteilung um eine Maßnahme des Gesundheitsschutzes handele. Das ergebe sich aus § 1 Abs. 1 ArbSchG. Diese Vorschrift bestimme, daß das Gesetz dem Zweck diene, Sicherheit und Gesundheitsschutz der Beschäftigten bei der Arbeit durch Maßnahmen des Arbeitsschutzes zu gewährleisten und zu verbessern. Daraus resultiere, daß die vom Gesetz vorgegebenen Maßnahmen solche des Gesundheitsschutzes seien.[1021] Daran anschließend müßten die betrieblichen Regelungen, die in Konkretisierung der Verpflichtung aus dem Arbeitsschutzgesetz ergehen, folglich dem Zweck gemäß Regelungen über die Verhütung von Arbeitsunfällen und Berufskrankheiten sowie über den Gesundheitsschutz sein.[1022] Hierbei hob das Arbeitsgericht hervor, daß die Gefährdungsbeurteilung einen vorbereitenden Charakter habe. Allerdings mache schon der Wortlaut des § 87 Abs. 1 Nr. 7 BetrVG deutlich, daß das Mitbestimmungsrecht sich nicht nur auf die unmittelbar auf die Gefahrenabwehr dienenden Regelungen beziehe, sondern alle Maßnahmen im Bereich des Gesundheitsschutzes erfasse. Die in der Vorschrift gewählte Formulierung bringe zum Ausdruck, daß die Regelung nicht selbst unmittelbar gesundheitsschützende Wirkung haben solle, sondern nur „über“ den Gesundheitsschutz zu handeln habe.[1023] Nichts anderes ergebe sich aus Sinn und Zweck des Mitbestimmungsrechts. Auch danach sei ein Mitbestimmungsrecht bei Regelungen der Gefährdungsbeurteilung anzunehmen, denn der Betriebsrat solle durch das Mitbestimmungsrecht die Möglichkeit erhalten, Einfluß auf die von der Arbeitgeberin zu treffenden Gesundheitsschutzmaßnahmen zu nehmen, um die Schutzinteressen der Beschäftigten zu berücksichtigen. Dies sei gerade unter dem Gesichtspunkt bedeutend, daß Arbeitsschutz Kosten verursache, die bei oberflächlicher Betrachtung den betriebswirtschaftlichen Interessen entgegen stehen könnten. Auch deshalb sei die Mitbestimmung bei zum Gesundheitsschutz gehörenden Maßnahmen, also bei Maßnahmen, die den Arbeitsschutz nur vorbereiten und begleiten würden, erforderlich.[1024]

Nach Auffassung des Gerichts hänge die Qualität des Gesundheitsschutzes von präventiven Maßnahmen ab. Eine Trennung zwischen eigentlichen Maßnahmen des Gesundheitsschutzes und den Maßnahmen zur Ermittlung der Belastungen sei nicht sinnvoll.[1025] Entscheidungsspielräume der Arbeitgeberin seien durch das Arbeitsschutzgesetz sowie die Bildschirmarbeitsverordnung in aus-

---

[1021] ArbG Hamburg AuA 1999, 36.
[1022] ArbG Hamburg AuA 1999, 36.
[1023] ArbG Hamburg AuA 1999, 36.
[1024] ArbG Hamburg AuA 1999, 36, 37.
[1025] So auch ArbG Braunschweig NZA-RR 1998, 214, 215; siehe oben unter E.IV.2.a.aa.

reichendem Maße gegeben. § 5 ArbSchG eröffne ihr eine Fülle von möglichen Verfahren und Methoden.[1026]

hh. Stellungnahme

Das ArbG Hamburg hat sich ausführlich mit der Frage des „vorgelagerten Gesundheitsschutzes“ auseinandergesetzt und dabei die wichtige Bedeutung der Arbeitsplatzanalyse für die darauffolgenden Maßnahmen erkannt und zutreffend gewürdigt.[1027] Ein Mitbestimmungsrecht, welches nur die Maßnahmen des Gesundheitsschutzes selbst erfaßt, würde den angestrebten umfassenden Arbeitsschutzzweck nicht erfüllen. Auch die Ermittlung der Gesundheitsgefahren, also der Ursachen, von denen die Beschäftigten betroffen sind und die gerade mit den Maßnahmen bekämpft werden sollen, muß mit in das Mitbestimmungsrecht einfließen. Hieran schließt sich eine weitere Entscheidung des ArbG Hamburg an.

ii. Entscheidung des ArbG Hamburg vom 02.07.1998

In diesem Verfahren vor dem ArbG Hamburg[1028] begehrte die Arbeitgeberin die Klärung von Mitbestimmungsrechten des Betriebsrats. Dieser hatte den Entwurf einer Betriebsvereinbarung zum Thema Gesundheitsschutz vorgelegt. Die Arbeitgeberin bestritt ein Mitbestimmungsrecht des Betriebsrats bei Regelungen, die im Entwurf enthalten waren.

Das ArbG Hamburg hielt den Antrag der Arbeitgeberin für unbegründet. Die Gründe, die das ArbG Hamburg anführt, entsprechen nahezu denen der vorherigen Entscheidung.[1029] Allerdings sind die Ausführungen des Gerichts hier noch weitergehender bezüglich der Dokumentationspflicht der Arbeitgeberin gemäß § 6 ArbSchG. Ansonsten kann hinsichtlich der detaillierten Argumentation auf die Entscheidung des ArbG Hamburgs vom 26.5.1998 verwiesen werden.

Das Arbeitsgericht sah auch hier ein Mitbestimmungsrecht des Betriebsrats bei der Gefährdungsbeurteilung nach § 5 ArbSchG i.V.m. § 3 BildscharbV sowie der Dokumentation gemäß § 6 ArbSchG als gegeben an. Bei der Gefährdungsbeurteilung gemäß § 5 ArbSchG und der Dokumentation gemäß § 6 ArbSchG handele es sich um Maßnahmen des Gesundheitsschutzes.[1030] Bereits Wortlaut sowie Sinn und Zweck des § 87 Abs. 1 Nr. 7 BetrVG machten deutlich, daß das Mitbestimmungsrecht des Betriebsrats sich nicht nur auf die un-

---

[1026] ArbG Hamburg AuA 1999, 36, 37.
[1027] Vgl. auch Wagner, DB 1998, S. 2367.
[1028] ArbG Hamburg vom 02.07.1998 – 4 BV 2/98 AuR 1999, 115 ff. (Berufung beim LAG Hamburg unter 3 TaBV 5/98).
[1029] Siehe oben ArbG Hamburg AuA 1999, 36 f.
[1030] ArbG Hamburg AuR 1999, 115, 116.

mittelbar der Gefahrenabwehr dienenden Gefahren beziehe, sondern alle Maßnahmen im Bereich des Gesundheitsschutzes erfasse.

Die Gefährdungsbeurteilung sei ausschlaggebend für die Qualität des Arbeitsschutzes, weil sich nur durch eine den Gegebenheiten der einzelnen Arbeitsplätze gerecht werdende Gefährdungsbeurteilung die tatsächliche Gefährdung ermitteln lasse. Die Gefährdungsbeurteilung sei untrennbarer Teil des Gesundheitsschutzsystems nach dem Arbeitsschutzgesetz.[1031]

Gleiches gelte für die Dokumentation. Wenn die komplexen Umstände des Arbeitsschutzes nicht nachvollziehbar und sorgfältig dokumentiert würden, sei die vom Arbeitsschutzgesetz angestrebte kontinuierliche Überprüfung und Verbesserung der Maßnahmen des Arbeitsschutzes nicht möglich. Folge davon sei, daß der Arbeitsschutz qualitative Einbußen erleide. Also verlange, auch hinsichtlich der Dokumentationspflicht des Arbeitgebers, der Schutzzweck des § 87 Abs. 1 Nr. 7 BetrVG ein Mitbestimmungsrecht des Betriebsrats.[1032]

Des weiteren bestehe für die Arbeitgeberin ein ausreichender ausfüllungsbedürftiger Handlungsspielraum, der für ein Mitbestimmungsrecht erforderlich sei. Somit seien alle Voraussetzungen dafür erfüllt, daß ein Mitbestimmungsrecht des Betriebsrats gemäß § 87 Abs. 1 Nr. 7 BetrVG bestehe.[1033]

jj. Stellungnahme

In dieser Entscheidung des ArbG Hamburg werden in scheinbarer Anlehnung an den Beschluß vom 26.5.1998 die dort vertretenen Auffassungen bestätigt und sogar erweitert. Es wird nicht nur noch einmal die Auseinandersetzung mit der Thematik des vorgelagerten Gesundheitsschutzes hinsichtlich der Gefährdungsbeurteilung aufgegriffen und die Wichtigkeit für den Arbeitsschutz hervorgehoben, sondern auch zutreffend Stellung bezogen zu dem Mitbestimmungsrecht bei der Dokumentationspflicht des Arbeitgebers.

Auch hier wird deutlich, daß ein umfassender und weitreichender Arbeitsschutz i.S.d. Arbeitsschutzgesetzes nur durch eine Mitbestimmung des Betriebsrats gemäß § 87 Abs. 1 Nr. 7 BetrVG bei der Gefährdungsbeurteilung erzielt werden kann.

kk. Entscheidung des LAG Schleswig-Holstein vom 17.12.1999

Diesem Beschlußverfahren liegt ein Streit zwischen der Arbeitgeberin und dem antragstellenden Betriebsrat um die Einsetzung einer Einigungsstelle mit dem Regelungsgegenstand „Konzeption und Durchführung einer Gefährdungsanalyse" zugrunde.[1034] Dabei konnte keine Einigung über den Fragebogen im Rah-

---

[1031] ArbG Hamburg AuR 1999, 115, 116.
[1032] ArbG Hamburg AuR 1999, 115, 116.
[1033] ArbG Hamburg AuR 1999, 115, 116.
[1034] LAG Schleswig-Holstein vom 17.12.1999 – 5 TaBV 27/99 (rechtskräftig) AiB 2000, 60.

men der Mitarbeiterbefragung erzielt werden. Der Betriebsrat begehrte daraufhin beim Arbeitsgericht die Bestellung eines Einigungsstellenvorsitzenden, da er der Ansicht ist, daß dem Betriebsrat bei der Durchführung der Gefährdungsbeurteilung ein Mitbestimmungsrecht zustehe. Die Arbeitgeberin beantragte demgegenüber die Zurückweisung, da dem Betriebsrat ihrer Ansicht nach ein Mitbestimmungsrecht nicht zustehe. Hier seien die §§ 89 und 80 BetrVG abschließend.[1035] Das Arbeitsgericht hatte den Antrag als unbegründet zurückgewiesen. Grundsätzlich sah das Gericht ein Mitbestimmungsrecht des Betriebsrats bei der Durchführung der Gefährdungsanalyse gem. § 5 ArbSchG. Allerdings sei es im vorliegenden Fall im Hinblick auf die Datenerhebung noch nicht so weit gewesen. Die Maßnahmen kämen erst in einem zweiten Schritt. Der Betriebsrat hat gegen den Beschluß beim LAG Beschwerde eingelegt.

Das LAG hält die Einsetzung der Einigungsstelle nicht für offensichtlich unzulässig und kommt zu dem Ergebnis, daß die vom Betriebsrat vorgeschlagene Einigungsstelle einzusetzen sei. Gerade unter Zugrundelegung des Meinungsstreits im Hinblick auf das Mitbestimmungsrecht des Betriebsrats gem. § 87 Abs. 1 Nr. 7 BetrVG bei der Gefährdungsanalyse gem. § 5 ArbSchG könne der Antrag des Betriebsrats nicht mit der Begründung der offensichtlichen Unzuständigkeit der begehrten Einigungsstelle zurückgewiesen werden.

II. Stellungnahme

Der Beschluß des LAG Schleswig-Holstein bestätigt die bisher zu dieser Thematik ergangenen Beschlüsse.[1036] Letztendlich muß das Gericht die Frage nicht konkret beantworten, ob ein Mitbestimmungsrecht des Betriebsrats gem. § 87 Abs. 1 Nr. 7 BetrVG bei der Gefährdungsbeurteilung gem. § 5 ArbSchG besteht, denn die Möglichkeit der unterschiedlichen rechtlichen Beurteilung zeigt auf, daß eine offensichtliche Unzuständigkeit der vom Betriebsrat begehrten Einigungsstelle gerade nicht vorliegt. Es kann gerade nicht davon ausgegangen werden, daß das Mitbestimmungsrecht des Betriebsrats unter keinen denkbaren rechtlichen Gesichtspunkten in Frage kommt.[1037]

mm. Entscheidung des LAG Hamburg vom 21.09.2000

In diesem Beschlußverfahren[1038] lehnt die Arbeitgeberin, ein Luftfahrtunternehmen, ein weitgehendes Mitbestimmungsrecht des Betriebsrats ab. In dem Betrieb ist aufgrund eines Beschlusses des LAG Hamburg eine Einigungsstelle

1035 LAG Schleswig-Holstein AiB 2000, 60.

1036 Habich, AiB 2000, S. 631. Vergleiche die oben vorgestellten Beschlüsse und siehe auch die nachfolgenden arbeitsgerichtlichen Entscheidungen.

1037 So auch Habich, AiB 2000, S. 631.

1038 LAG Hamburg vom 21.09.2000 – 7 TaBV 3/98 AP Nr. 11 zu § 87 BetrVG 1972 Gesundheitsschutz, Bl. 227. Sie dazu nachfolgende nächstinstanzliche Entscheidung BAG vom 15.01.2002 – 1 ABR 13/01 NZA 2002, 995 ff.

mit dem Regelungsgegenstand „Erstellung einer Betriebsvereinbarung Gesundheitsschutz im Rahmen des Arbeitsschutzgesetzes und der Bildschirmarbeitsverordnung“ eingerichtet worden.[1039] Die Einigungsstelle hat daraufhin eine Betriebsvereinbarung zum Gesundheitsschutz verabschiedet, die die Arbeitgeberin beim ArbG Hamburg angefochten hat. In dem nun zu behandelnden Antrag hat die Arbeitgeberin u.a. beantragt[1040] festzustellen, daß dem Betriebsrat kein Mitbestimmungsrecht in bezug auf die Verpflichtung des Arbeitgebers, die Arbeitsplätze einer Arbeitsplatzanalyse hinsichtlich der Beurteilung der Sicherheits- und Gesundheitsbedingungen unter Mitwirkung der Arbeitnehmer zu unterziehen und die Verpflichtungen des Arbeitgebers, aufgrund einer Bewertung dieser Arbeitsplatzanalyse Maßnahmen hinsichtlich des Gesundheitsschutzes neu zu treffen, zustehe.

Der Betriebsrat hat beantragt, den Antrag zurückzuweisen. Das LAG Hamburg hat entschieden, daß die Feststellungsanträge der Arbeitgeberin unzulässig sind.

Dabei hat das LAG Hamburg eindeutig festgestellt, daß dem Betriebsrat bei der Durchführung der Gefährdungsbeurteilung gemäß § 5 ArbSchG i.V.m. § 3 BildscharbV sowie für die Dokumentation nach § 6 ArbSchG ein Mitbestimmungsrecht gemäß § 87 Abs. 1 Nr. 7 BetrVG zusteht, welches er auch initiativ geltend machen kann.[1041] Das LAG Hamburg bringt zum Ausdruck, daß dies aus § 1 Abs. 1 ArbSchG folge. Die Vorschrift bestimme, daß das Gesetz dem Zweck diene, Sicherheit und Gesundheitsschutz der Beschäftigten bei der Arbeit durch Maßnahmen des Arbeitsschutzes zu sichern und zu verbessern. Daraus sei zu folgern, daß die vom Gesetz vorgesehenen Maßnahmen solche des Gesundheitsschutzes seien. Die Regelungen[1042], die in Konkretisierung der Verpflichtung aus dem Arbeitsschutzgesetz ergingen, hätten folglich den von § 87 Abs. 1 Nr. 7 BetrVG geforderten Zweck, Regelungen über die Verhütung von Arbeitsunfällen und Berufskrankheiten zu sein.[1043] Dies gelte auch für die Gefährdungsbeurteilung und die Dokumentation gemäß §§ 5, 6 ArbSchG. Allerdings seien diese Vorgänge keine Maßnahmen i.S.d. § 2 Abs. 1 ArbSchG, denn § 5 Abs. 1 ArbSchG sehe vor, daß durch die Gefährdungsbeurteilung erst ermittelt werden solle, welche Maßnahmen des Arbeitsschutzes erforderlich seien, und daß durch die Maßnahmen i.S.d. § 6 ArbSchG unter anderen die fest-

---

1039 LAG Hamburg AP Nr. 11 zu § 87 BetrVG 1972 Gesundheitsschutz, Bl. 227.

1040 Hier soll nur auf die Gefährdungsanalyse sowie die Dokumentation eingegangen werden. Zu den einzelnen Anträgen und dem genauen Sachverhalt siehe LAG Hamburg AP Nr. 11 zu § 87 BetrVG 1972 Gesundheitsschutz, Bl. 227.

1041 LAG Hamburg AP Nr. 11 zu § 87 BetrVG 1972 Gesundheitsschutz, Bl. 229 f.

1042 Der erforderliche Regelungsspielraum zur betrieblichen Konkretisierung bestehe nach Ansicht des LAG. So sei § 5 ArbSchG eine Rahmenvorschrift i.S.d. § 87 Abs. 1 Nr. 7 BetrVG, die dem Arbeitgeber einen Entscheidungsspielraum hinsichtlich Methode, Inhalt, Anpassung und Wiederholung der Gefährdungsbeurteilung lasse.

1043 LAG Hamburg AP Nr. 11 zu § 87 BetrVG 1972 Gesundheitsschutz, Bl. 230.

gelegten Maßnahmen erfaßt werden sollten. Das zeige, daß §§ 5 und 6 Arbeitsschutzgesetz davon ausgingen, daß Gefährdungsbeurteilung und Dokumentation nicht selbst Maßnahmen des Arbeitsschutzes seien, sondern diese nur vorbereiten und dokumentieren würden.[1044] Das LAG ist aber gleichfalls der Ansicht, daß es sich bei den Festlegungen für die Gefährdungsbeurteilungen und die Dokumentation um Regelungen über den Gesundheitsschutz i.S.d. § 87 Abs. 1 Nr. 7 BetrVG handelt. Denn § 87 Abs. 1 Nr. 7 BetrVG umfasse nicht nur die unmittelbar der Gefahrenabwehr dienenden Regelungen, sondern darüber hinaus alle Maßnahmen des Gesundheitsschutzes. Das zeige schon der Wortlaut der Norm; die Regelung müsse nicht selbst unmittelbar gesundheitsschützende Wirkung haben, sondern nur „über" den Gesundheitsschutz handeln.[1045]

Aber auch der Sinn und Zweck des § 87 Abs. 1 Nr. 7 BetrVG spricht nach Ansicht des LAG Hamburg dafür, ein Mitbestimmungsrecht bei den Regelungen zur Gefährdungsbeurteilung und Dokumentation nach dem Arbeitsschutzgesetz anzunehmen. Durch das Mitbestimmungsrecht solle dem Betriebsrat die Möglichkeit gegeben werden, Einfluß auf die zu treffenden Gesundheitsschutzmaßnahmen der Arbeitgeberin zu nehmen. Dies folge dem Zweck, die Forderungen der Beschäftigten in diese Maßnahmen angemessen einfließen zu lassen, um die Schutzinteressen der Arbeitnehmerinnen und Arbeitnehmer in dem erforderlichen Maß zu berücksichtigen.[1046] Der Schutzzweck erfordere nicht nur eine Mitbestimmung bei Maßnahmen des Arbeitsschutzes i.S.d. § 3 Abs. 1 ArbSchG, sondern auch bei Maßnahmen, die den Arbeitsschutz gemäß § 3 Abs. 1 ArbSchG nur vorbereiten und begleiten würden. Diese vorbereitenden und begleitenden Maßnahmen seien nach § 1 Abs. 1 ArbSchG Regelungen über den Gesundheitsschutz. Nach dem gesetzlichen Verfahren hänge die Qualität des Gesundheitsschutzes von diesen präventiven Maßnahmen ab.[1047]

Im weiteren Zusammenhang setzt sich das LAG Hamburg kritisch mit dem ArbG Braunschweig[1048] auseinander und lehnt dessen Ansicht, die Erfüllung einer öffentlich-rechtlichen Verpflichtung des Arbeitgeber spreche gegen das Mitbestimmungsrecht des Betriebsrats, eindeutig ab.[1049] Das LAG Hamburg begründet dies damit, daß genau das Gegenteil der Fall sei. Maßnahmen des Arbeitsschutzes seien gerade regelmäßig aufgrund öffentlich-rechtlicher Vorschriften erforderlich und im Rahmen dieser öffentlich-rechtlichen Verpflichtungen bestehe ein Mitbestimmungsrecht des Betriebsrats. Sie seien somit unabdingbare Voraussetzung für die Anwendbarkeit des § 87 Abs. 1 Nr. 7

1044 LAG Hamburg AP Nr. 11 zu § 87 BetrVG 1972 Gesundheitsschutz, Bl. 230 f.
1045 LAG Hamburg AP Nr. 11 zu § 87 BetrVG 1972 Gesundheitsschutz, Bl. 230.
1046 LAG Hamburg AP Nr. 11 zu § 87 BetrVG 1972 Gesundheitsschutz, Bl. 230.
1047 LAG Hamburg AP Nr. 11 zu § 87 BetrVG 1972 Gesundheitsschutz, Bl. 230.
1048 NZA-RR 1998, 214, siehe oben unter E.IV.2.a.aa.
1049 LAG Hamburg AP Nr. 11 zu § 87 BetrVG 1972 Gesundheitsschutz, Bl. 231.

BetrVG, denn Zweck des Mitbestimmungsrechts sei gerade die Umsetzung der öffentlich-rechtlichen Arbeitsschutzvorschriften.[1050]

Das LAG Hamburg hebt im weiteren detailliert die besondere Bedeutung der Gefährdungsbeurteilung für die Qualität des Arbeitsschutzes sowie des effektiven Arbeitsschutzsystems hervor[1051] und bestätigt noch einmal, daß deshalb auch der Schutzzweck des § 87 Abs. 1 Nr.7 BetrVG, wie auch der Wortlaut der Vorschrift, eine Beteiligung des Betriebsrats bei der Gefährdungsbeurteilung erfordere. Dasselbe gelte natürlich auch für die Dokumentation, die sich nicht darin erschöpfe, das Ergebnis der Gefährdungsbeurteilungen gegenüber den Behörden nachzuweisen. Vielmehr sei es ein entscheidendes Ziel des Arbeitsschutzgesetzes[1052], die Eigenverantwortung der Betriebe zu stärken und zu entwickeln.[1053] Deshalb sei die Dokumentationspflicht ein unverzichtbares Element, um die erforderlichen betrieblichen Schwerpunktsetzungen und Entscheidungsgrundlagen transparent und nachvollziehbar zu machen sowie systematisch die Wirksamkeit des betrieblichen Schutzkonzepts zu überprüfen. § 3 Abs. 1 S. 2 und 3 ArbSchG schrieben vor, daß der Arbeitgeber eine Anpassung und Verbesserung von Sicherheit und Gesundheitsschutz anzustreben habe. Dies sei nur möglich, wenn aussagekräftige Unterlagen bestünden, die darüber Aufschluß geben würden, welche Gegebenheiten die Arbeitsplätze bislang aufwiesen, welche Schutzmaßnahmen getroffen würden und welche Ergebnisse diese hätten. Wenn diese Umstände nicht nachvollziehbar seien, sei die vom ArbSchG angestrebte permanente Überprüfung und Verbesserung der Maßnahmen des Arbeitsschutzes nicht möglich, so daß der Arbeitsschutz qualitative Einbußen erleiden würde.[1054] Deshalb verlange auch der Schutzzweck des § 87 Abs. 1 Nr. 7 BetrVG bei der Dokumentation eine Mitbestimmung des Betriebsrats bei den zu treffenden Regelungen.[1055]

nn. Stellungnahme

Den Ausführungen des LAG Hamburg ist nicht mehr viel hinzuzufügen, denn sie sprechen für sich. Die Ansicht des ArbG Braunschweigs hinsichtlich der Mitbestimmung des Betriebsrats bei der Gefährdungsbeurteilung sowie der Dokumentation wird eindeutig abgelehnt. Außerdem findet eine eingehende Auslegung der entsprechenden Normen des ArbSchG im Verhältnis zu § 87 Abs. 1 Nr. 7 BetrVG statt. Diese führt zu der zutreffenden Ansicht, daß die durch das ArbSchG geforderte systematische Arbeitsschutzarbeit, die eine intensive eigenverantwortliche Beteiligung der Betriebe verlangt und auch voraussetzt, nur

---

1050 LAG Hamburg AP Nr. 11 zu § 87 BetrVG 1972 Gesundheitsschutz, Bl. 231.
1051 Vgl. LAG Hamburg AP Nr. 11 zu § 87 BetrVG 1972 Gesundheitsschutz, Bl. 231.
1052 Vgl. auch BT-Drs. 891/85, S. 20.
1053 LAG Hamburg AP Nr. 11 zu § 87 BetrVG 1972 Gesundheitsschutz, Bl. 232.
1054 LAG Hamburg AP Nr. 11 zu § 87 BetrVG 1972 Gesundheitsschutz, Bl. 232.
1055 LAG Hamburg AP Nr. 11 zu § 87 BetrVG 1972 Gesundheitsschutz, Bl. 232.

erfolgreich und wirksam sein kann, wenn dem Betriebsrat, so wie es auch § 87 Abs. 1 Nr. 7 BetrVG vorsieht, ein umfangreiches Mitbestimmungsrecht, insbesondere auch bei den entscheidenden Faktoren Gefährdungsbeurteilung und Dokumentation, zukommt.

oo. Entscheidung des BAG vom 15.01.2002

In diesem Beschluß[1056] setzt sich das BAG mit dem vorstehend behandelten Beschluß des LAG Hamburg auseinander. Mit der Rechtsbeschwerde zum BAG verfolgte die Arbeitgeberin ihre ursprünglichen Anträge weiter. Der Betriebsrat strebte die Aufrechterhaltung des zweitinstanzlichen Beschlusses an.

Das BAG hat die Anträge der Arbeitgeberin als unzulässig abgelehnt, da diesen das Feststellungsinteresse gem. § 256 Abs. 1 ZPO fehle.[1057] Auch die Anträge des Betriebsrats wurden vom BAG als unzulässig abgelehnt. Sie entsprächen nicht dem Bestimmtheitsgebot des § 253 Abs. 2 ZPO.[1058] Die Anträge des Betriebsrats würden unter Bezugnahme auf Normen des Arbeitsschutzgesetzes und der Bildschirmarbeitsverordnung gesetzliche Handlungspflichten eines Arbeitgebers benennen. Daraus sei nicht ersichtlich, welche danach zu treffenden betrieblichen Regelungen gemeint seien, die nach Ansicht des Betriebsrats mitzubestimmen seien. Die Anträge in der gegenwärtigen Fassung würden lediglich die Klärung der mitbestimmungserheblichen Reichweite von Normen des Arbeits- und Gesundheitsschutzes zum Gegenstand haben.[1059] Nach der ständigen Rechtsprechung des Senats habe ein Betriebsrat in seinem Antrag diejenige Maßnahme des Arbeitgebers oder denjenigen betrieblichen Vorgang, für den er ein Mitbestimmungsrecht beanspruche, so genau zu bezeichnen, daß mit der Entscheidung über den Antrag feststehe, für welche Maßnahmen oder Vorgänge das Mitbestimmungsrecht verneint worden sei.[1060] Wegen der besonderen Struktur des Mitbestimmungsrechts nach § 87 Abs. 1 Nr. 7 BetrVG sei ein konkretes Regelungsverlangen zur Klärung von Umfang und Inhalt des Mitbestimmungsrechts im Einzelfall unentbehrlich. Nach Ansicht des BAG folge der Zweck des Mitbestimmungsrechtes nach § 87 Abs. 1 Nr. 7 BetrVG aus der gesetzlichen Ausgestaltung des Mitbestimmungstatbestandes. Der Betriebsrat solle an betrieblichen Regelungen beteiligt werden, die der Arbeitgeber zwar aufgrund einer öffentlich-rechtlichen Rahmenvorschrift zu treffen habe, bei deren Umsetzung ihm aber Handlungsspielräume verblieben. Mitzubestimmen habe der Betriebsrat bei der Ausfüllung dieses Spielraums. Dadurch solle im Interesse der betroffenen Beschäftigten eine möglichst effiziente Umsetzung

---

1056 BAG vom 15.01.2002 – 1 ABR 13/01 NZA 2002, 995 ff., AiB 2003 110 f.; AP BetrVG 1972 § 87 Gesundheitsschutz Nr. 12.

1057 Siehe detailliert BAG NZA 2002, 996 f.; AiB 2003, 110.

1058 BAG NZA 2002, 997; AiB 2003, 111.

1059 BAG NZA 2002, 997; AiB 2003, 111.

1060 BAG NZA 2002, 997.

des gesetzlichen Arbeitsschutzes im Betrieb erreicht werden.[1061] Das Mitbestimmungsrecht setze danach ein, wenn eine gesetzliche Handlungspflicht objektiv bestehe und wegen Fehlens einer zwingenden Vorgabe betriebliche Regelungen verlange, um das vom Gesetz vorgegebene Ziel des Arbeits- und Gesundheitsschutzes zu ermöglichen. Ob diese Rahmenvorschrift dem Gesundheitsschutz mittelbar oder unmittelbar diene, sei unerheblich. Ebenso wenig komme es auf eine subjektive Regelungsbereitschaft des Arbeitgebers an.[1062]

Danach entsprächen die vom Betriebsrat gestellten Anträge nicht dem Bestimmtheitsgebot zur Klärung des Mitbestimmungsrechts nach § 87 Abs. 1 Nr. 7 BetrVG. So sei es notwendig, daß der Betriebsrat in seinem Antrag festlege, ob und in welcher Weise er bei der einer Gefährdungsbeurteilung vorausgehenden Gefahrenanalyse bezogen auf welche Art von Arbeitsplätzen mitbestimmen wolle oder ob und inwieweit ein Mitbestimmungsrecht hinsichtlich der danach zu treffenden konkreten Maßnahmen beansprucht werden solle.[1063] Ohne eine solche Konkretisierung könne weder festgestellt werden, ob die zu regelnde Angelegenheit mitbestimmungspflichtig sei, noch ob sie zwingend einer überbetrieblichen Regelung bedürfe, die der Regelungsbefugnis des örtlichen Betriebsrats entzogen wäre.

Schlußendlich sei das Verfahren zur erneuten Anhörung und Entscheidung an das LAG zurückzuverweisen.[1064]

pp. Stellungnahme

Erstmals mußte sich der Erste Senat des BAG mit den Beteiligungsrechten des Betriebsrats gem. § 87 Abs. 1 Nr. 7 BetrVG hinsichtlich der Umsetzung des Arbeitsschutzgesetzes beschäftigen. Das LAG Hamburg hat in der vorinstanzlichen Entscheidung deutlich ein weitgehendes Mitbestimmungsrecht des Betriebsrats gemäß § 87 Abs. 1 Nr. 7 BetrVG bei der Gefährdungsbeurteilung und Dokumentation bestätigt.[1065] Das BAG hat diesen Beschluß nun aufgehoben, aber nicht weil es das Mitbestimmungsrecht in dieser Form ablehnt, sondern weil es die Anträge des Betriebsrats für zu unbestimmt hielt. Nur bei genauer Bezeichnung der konkret gewünschten Regelung ist für das Gericht überhaupt erkennbar, ob es sich hierbei um eine betriebliche Umsetzung der gesetzlichen

---

[1061] BAG NZA 2002, 997.

[1062] BAG NZA 2002, 997.

[1063] BAG NZA 2002, 997.

[1064] BAG NZA 2002, 997 f. Mittlerweile hat das LAG Hamburg am 27.03.2003 nach der Rückverweisung durch das BAG unter dem Aktenzeichen 7 TaBV 5/02 erneut entschieden. In Anlehnung an die BAG-Entscheidung hat das LAG Hamburg die geänderten Anträge des Betriebsrats als nach wie vor nicht hinreichend bestimmt genug i.S.d. § 253 Abs. 2 ZPO als unzulässig abgelehnt. Weitere Ausführungen zum Mitbestimmungsrecht gemäß § 87 Abs. 1 Nr. 7 BetrVG sind hierbei nicht erfolgt. Die Rechtsbeschwerde wurde nicht zugelassen.

[1065] Siehe zuvor unter E.IV.2.a.mm.

Rahmenverpflichtung handelt.[1066] Es muß deutlich werden, auf welche Arbeitsplätze sich die Gefährdungsbeurteilung bezieht und in welcher Weise der Betriebsrat bei welchen Maßnahmen mitbestimmen will.[1067] Dies erfordert natürlich eine erhöhte fachliche Kompetenz der Betriebsräte in Fragen des betrieblichen Arbeitsschutzes, um die eigenen Vorstellungen entsprechend gerichtlich durchsetzen zu können.[1068] Ansonsten vertritt der 1. Senat die Auffassung, daß das Mitbestimmungsrecht gem. § 87 Abs. 1 Nr. 7 BetrVG einsetzt, wenn eine gesetzliche Handlungspflicht objektiv besteht und eine zwingende Vorgabe fehlt. Dabei kommt es nicht darauf an, ob diese Rahmenvorschrift mittelbar oder unmittelbar dem Gesundheitsschutz dient.[1069] Legt man diese Überlegung zugrunde, dürfte ein grundsätzliches Mitbestimmungsrecht des Betriebsrats gemäß § 87 Abs. 1 Nr. 7 BetrVG bei der Gefährdungsbeurteilung gegeben sein.

qq. Entscheidung des LAG Niedersachsen vom 15.04.2003

In dem Beschlußverfahren des LAG Niedersachsen[1070] streiten die Beteiligten um die Einrichtung einer Einigungsstelle zur „Regelung einer Gefährdungsbeurteilung gem. § 5 ArbSchG für den Bereich Logistik" im Betrieb der Arbeitgeberin. In der Vorinstanz hatte das ArbG Nienburg auf Antrag des Betriebsrates eine Einigungsstelle eingesetzt. Zur Begründung hatte das Arbeitsgericht angeführt, daß eine offensichtliche Unzuständigkeit der Einigungsstelle zur Gefährdungsbeurteilung gem. § 5 ArbSchG nicht gegeben sei. Gegen den Beschluß hat die Arbeitgeberin Beschwerde zum Landesarbeitsgericht eingelegt. Die Arbeitgeberin hält die Einigungsstelle für offensichtlich unzuständig, da über § 87 Abs. 1 Nr. 7 BetrVG nur qualifizierte Regelungen und nicht alle denkbaren Handlungen im Arbeitsschutz erfaßt würden, die sich öffentlich-rechtlich verpflichtend nur an die Arbeitgeberin richteten. Bei § 5 ArbSchG gehe es auch nicht um eine mitbestimmte Regelung i.S.d. § 87 Abs. 1 Nr. 7 BetrVG, sondern lediglich um eine Gefährdungsbeurteilung. Dabei handele es sich um eine unternehmensbezogene Fragestellung, die in allen Betrieben der Arbeitgeberin

---

1066 Nische, AiB 2003, 112.

1067 Vgl. auch Nische, AiB 2003, 113.

1068 Siehe auch Nitsche, AiB 2003, 113.

1069 Siehe oben unter E.II.3.c.dd. und E.IV.2.a.bb.; vgl. auch Nitsche, AiB 2003, 112.

1070 LAG Niedersachen 1 TaBV 19/03 / 2 BV 2/03. Der Beschluß ist rechtskräftig. Siehe auch den Beschluß des LAG Niedersachsen vom 20.03.2003 4 TaBV 108/00 LAGE Nr. 1 § 5 ArbSchG, in dem das LAG Niedersachsen ebenfalls eindeutig Stellung bezieht und ausführlich eine Mitbestimmung des Betriebsrats gem. § 87 Abs. 1 Nr. 7 BetrVG im Zusammenhang mit § 3 BildscharbV i.V.m. § 5 ArbSchG begründet. Die gegen diesen Beschluß zugelassene und eingelegte Rechtsbeschwerde wurde beim BAG unter dem Aktenzeichen 1 ABR 13/03 entschieden und im Ergebnis dem Betriebsrats bei der Gefährdungsbeurteilung ein Mitbestimmungsrecht zugestanden, vgl. BAG Pressemitteilung Nr. 38/04.

gleich gehandhabt werden solle und die durch den zusammen mit dem Gesamtbetriebsrat entwickelten Fragebogen abschließend beantwortet worden sei.

Der Betriebsart hingegen ist der Ansicht, daß § 5 ArbSchG als Rahmenregelung nicht festlege, wie eine Belastungsermittlung und -beurteilung durchzuführen sei. Es gebe auch keine konkreten gesetzlichen Verpflichtungen für die Arbeitgeberin, die eine Aufsichtsbehörde in den Stand setzen würde, konkrete Vorgaben für die Durchführung der Gefährdungsbeurteilung zu machen. Es bestehe nur eine Dokumentationspflicht zur Gefährdungsbeurteilung nach § 6 Abs. 1 ArbSchG, die aber im Betrieb der Arbeitgeberin bis zum heutigen Tage nicht erstellt worden sei.

Die zulässige Beschwerde der Arbeitgeberin blieb ohne Erfolg. Das LAG Niedersachsen führt an, daß ArbG Nienburg habe mit zutreffenden Erwägungen eine offensichtliche Unzuständigkeit der Einigungsstelle verneint. Dabei bringt es aber auch zum Ausdruck, daß die Frage, ob dem Betriebsrat zur Durchführung einer Gefährdungsbeurteilung ein Mitbestimmungsrecht bzw. Mitbeurteilungsrecht zustehe, höchstrichterlich noch nicht abschließend geklärt sei. Ein diesbezügliches Mitbestimmungsrecht könne vorliegend aber gerade nicht ausgeschlossen werden. Dabei spiele es keine Rolle, daß eine Gefährdungsbeurteilung gem. § 5 ArbSchG nicht unmittelbar dem Gesundheitsschutz diene, sondern diesem nur vorgeschaltet sei.

Das LAG Niedersachsen hält es für „höchst umstritten, ob und wie über § 5 ArbSchG eine *Regelung* der Gefährdungsbeurteilung als Teil des Mitbestimmungsrechts des Betriebsrates nach § 87 Abs. 1 Nr. 7 BetrVG begriffen werden kann“. Dabei verweist das Gericht auf die oben analysierte Entscheidung des BAG[1071], in der das BAG die Frage aus verfahrensrechtlichen Gründen nicht habe beantworten müssen.

Auch in diesem vorliegenden Verfahren könne dahinstehen, welcher Ansicht zu folgen sei. Jedenfalls liege eine offensichtliche Unzuständigkeit der vom Betriebsrat beantragten Einigungsstelle zur Gefährdungsbeurteilung nicht vor. Auch das LAG Hamburg[1072] und das LAG Schleswig-Holstein[1073] hätten bei vergleichbaren Sachverhalten eine Einigungsstelle eingesetzt. Dem folge das Gericht. Auch sei die Regelung der vom Betriebsrat angestrebten Gefährdungsbeurteilung hinreichend bestimmt.

Des weiteren sei eine eindeutige Zuständigkeit des Gesamtbetriebsrats der Arbeitgeberin zur unternehmensweiten Mitbestimmung einer Gefährdungsbeurteilung, welche die Beteiligungsrechte des örtlichen Betriebsrates sperren könnte, nicht ersichtlich. Inhaber der betriebsverfassungsrechtlichen Beteiligungsrechte sei grundsätzlich der örtliche Betriebsrat. Außerdem beschränke

---

1071 BAG NZA 2002, 995.

1072 Beschluß vom 27.10.1997 (4 TaBV 6/97) siehe oben unter E.IV.2.a.ee.

1073 Beschluß vom 17.12.1999 (5 TaBV 27/99) AiB 2000, 680 f.) siehe oben unter E.IV.2.a.kk.

sich die Gefährdungsbeurteilung hier auf einen Teilbereich der Niederlassung, dessen örtliche Verhältnisse selbst bei unternehmensweit gleichen Strukturen Besonderheiten aufweisen könnten, die einer einheitlichen Regelung durch den Gesamtbetriebsrat nicht von vornherein zugänglich seien.

rr. Stellungnahme

Der Beschluß des LAG Niedersachen bestätigt die vorhergehend erläuterten Entscheidungen in der Form, daß es eine Einigungsstelle zur Regelung einer Gefährdungsbeurteilung gem. § 5 ArbSchG jedenfalls nicht für offensichtlich unzuständig hält. Es führt zwar an, daß nicht höchstrichterlich geklärt sei, ob dem Betriebsrat zur Durchführung einer Gefährdungsbeurteilung ein Mitbestimmungsrecht zustehe, dieses könne jedoch auch nicht ausgeschlossen werden. Auch spielt es nach Ansicht des LAG Niedersachen keine Rolle, ob eine Vorschrift dem Gesundheitsschutz mittelbar oder unmittelbar dient, wie auch schon der 1. Senat des BAG ausgeführt hat.[1074] Das LAG Niedersachen hat des weiteren der Annahme einer eindeutigen Zuständigkeit des Gesamtbetriebsrats der Arbeitgeberin zur unternehmensweiten Mitbestimmung einer Gefährdungsbeurteilung, welche die Beteiligungsrechte des örtlichen Betriebsrates sperren könnte, mit der Begründung eine Absage erteilt, daß Inhaber der betriebsverfassungsrechtlichen Beteiligungsrechte grundsätzlich der örtliche Betriebsrat ist. Gerade für den Arbeitsschutz ist es typisch, daß die wesentlichen Maßnahmen vor Ort entschieden und durchgeführt werden.[1075]

b. Ergebnis

Werden die hier angeführten Entscheidungen betrachtet, ist deutlich eine Tendenz in der Rechtsprechung dahingehend abzusehen, die Gefährdungsbeurteilung gemäß § 5 ArbSchG als Rahmenvorschrift i.S.d. § 87 Abs. 1 Nr. 7 BetrVG anzuerkennen und somit den Weg für ein Mitbestimmungsrecht des Betriebsrats zu eröffnen. Gerade die beiden Entscheidungen des Arbeitsgerichts Hamburg und insbesondere die behandelte Entscheidung des LAG Hamburg sowie die analysierte Entscheidung des LAG Niedersachsen[1076] unterstützen dies. Die Gefährdungsbeurteilung i.V.m. der Dokumentation ist unter dem Gesichtspunkt der Prävention ein wichtiger Grundstein im System des Arbeitsschutzgesetzes, da ohne sie die tatsächlichen Gefährdungsursachen an den Arbeitsplätzen der Beschäftigten nicht aufgedeckt und mit wirksamen Maßnahmen des Arbeits- und Gesundheitsschutzes bekämpft werden können.

[1074] BAG NZA 2002, 995.

[1075] Vgl. Kothe, LAGE Nr. 1 zu § 87 BetrVG 1972 Gesundheitsschutz, S. 29.

[1076] Gleichfalls bestärkend auch der Beschluß des LAG Niedersachsen vom 20.03.2003 4 TaBV 108/00 LAGE Nr. 1 zu § 5 ArbSchG.

Auch die Entscheidung des 1. Senats des BAG[1077] gibt keinen Anlaß zur anderweitigen Auslegung. Das BAG hat den vorausgehenden Beschluß des LAG Hamburg zwar aufgehoben, aber nicht weil es das Mitbestimmungsrecht in dieser Form ablehnt, sondern weil es die Anträge des Betriebsrats für zu unbestimmt hielt. Ansonsten vertritt der 1. Senat die Auffassung, daß das Mitbestimmungsrecht gem. § 87 Abs. 1 Nr. 7 BetrVG einsetzt, wenn eine gesetzliche Handlungspflicht objektiv besteht und eine zwingende Vorgabe fehlt. Dabei kommt es nicht darauf an, ob diese Rahmenvorschrift mittelbar oder unmittelbar dem Gesundheitsschutz dient.[1078] Legt man diese Überlegung zugrunde, dürfte ein grundsätzliches Mitbestimmungsrecht des Betriebsrats gemäß § 87 Abs. 1 Nr. 7 BetrVG bei der Gefährdungsbeurteilung gegeben sein.

Die Entscheidung des Arbeitsgerichtes Braunschweig wies zwar in eine andere Richtung und lehnte ein Mitbestimmungsrecht des Betriebsrats mit nach hier vertretener Ansicht unzutreffender Begründung bei der Gefährdungsanalyse ab, kam jedoch auch zu der Erkenntnis, daß eine Trennung zwischen der eigentlichen Maßnahme des Gesundheitsschutzes und den Maßnahmen zur Ermittlung der Belastungen kaum möglich sei.

Das LAG Hamburg hat darauf so reagiert, daß es die Ansicht des ArbG Braunschweig ablehnt. Es muß abgewartet werden, wie das BAG letztendlich höchstrichterlich konkret über die Mitbestimmung des Betriebsrats bei der Gefährdungsbeurteilung entscheiden wird. Bis jetzt mußte der 1. Senat sich zu dieser Frage nicht direkt äußern, da es die Anträge beider Seiten als unzulässig wegen mangelnden Feststellungsinteresses bzw. Unbestimmtheit abgewiesen hat.[1079] Allerdings deuten die allgemeinen Aussagen des 1. Senats darauf hin, daß eine grundsätzliche Mitbestimmung des Betriebsrats bei der Gefährdungsbeurteilung gegeben ist.

Festzustellen bleibt somit, daß die angeführte Rechtsprechung eher für eine Mitbestimmung des Betriebsrats gemäß § 87 Abs. 1 Nr. 7 BetrVG bei der Gefährdungsbeurteilung und der Dokumentation spricht.

Anzumerken ist, daß in den meisten Verfahren die Beteiligten noch immer um allgemeine Grundsatzfragen streiten, statt um konkrete Regelungs- oder Anwendungsfragen, wie bspw. über die Anwendung geeigneter Checklisten für die Gefährdungsbeurteilung.[1080] Erst wenn beide Seiten in einen Dialog über die Regelungsmöglichkeiten getreten sind, wird sich die Bedeutung und Notwendigkeit des § 87 Abs. 1 Nr. 7 BetrVG zeigen.[1081]

1077 BAG NZA 2002, 995. Vgl. auch die Entscheidung BAG vom 11.06.2002 – 1 ABR 44/01 AP Nr. 77 zu § 256 ZPO 1977, die ebenfalls die Mitbestimmung (allerdings der Personalvertretung) zum Gegenstand hat, wobei aber Regelungen der ZPO im Mittelpunkt stehen.

1078 Siehe oben unter E.II.3.c.dd. und E.IV.2.a.bb.; vgl. auch Nitsche, AiB 2003, 112.

1079 BAG NZA 2002 995, 996 f.

1080 Vgl. Kothe, LAGE Nr. 1 zu § 87 BetrVG 1972 Gesundheitsschutz, S. 31.

1081 Kothe, LAGE Nr. 1 zu § 87 BetrVG 1972 Gesundheitsschutz, S. 31.

3. Zusammenfassung unter Heranziehung des schwedischen Rechts als Auslegungshilfe

Der Gefährdungsbeurteilung und der damit eng verbundenen Dokumentation kommt sowohl in Deutschland als auch in Schweden eine Schlüsselrolle zu. Sie ist entscheidend für die Qualität des Arbeitsschutzes, da sich nur durch eine Bewertung der einzelnen Arbeitsplätze, die tatsächlich vorhandene Gefährdung ermitteln und die entsprechenden Maßnahmen des Arbeitsschutzes einleiten lassen. In diesem Zusammenhang ist in der Arbeitsumwelt- bzw. Arbeitsschutzarbeit insbesondere die präventive Ausrichtung der Gefährdungsbeurteilung unentbehrlich, die auch hilft, einzelnen Arbeitsumweltproblemen in einem ganzheitlichen Sinn zu begegnen.

Das selbe trifft natürlich auch auf die Dokumentation zu, die sich nicht nur darin erschöpft, das Ergebnis der Gefährdungsbeurteilungen gegenüber den Behörden nachzuweisen. Zum einen soll den am Arbeitsschutzsystem Beteiligten die Arbeitsschutzarbeit erleichtert werden und zum anderen soll die Eigenverantwortung der Betriebe gestärkt und weiter entwickelt werden. Deshalb ist die Dokumentationspflicht ein unverzichtbares Element, um die erforderlichen betrieblichen Schwerpunktsetzungen und Entscheidungsgrundlagen transparent und nachvollziehbar zu machen sowie um systematisch die Wirksamkeit des betrieblichen Schutzkonzepts zu überprüfen.[1082]

In Deutschland wird versucht, die Mitbestimmung gemäß § 87 Abs. 1 Nr. 7 BetrVG bei der Gefährdungsbeurteilung und der Dokumentation gemäß §§ 5, 6 ArbSchG restriktiv auszulegen. Die untersuchten Entscheidungen der Gerichte bringen aber eine andere Tendenz zum Ausdruck. Danach ist eher davon auszugehen, daß die Gerichte die wichtige Funktion der Gefährdungsbeurteilung und der Dokumentation im Arbeitsschutzsystem erkennen und auch der unverzichtbaren Beteiligung der Beschäftigten gemäß § 87 Abs. 1 Nr. 7 BetrVG beipflichten.

Zieht man zur Unterstützung dieser Entwicklung nun die schwedischen Regeln heran, kann nichts anderes gelten. Die Gefährdungsbeurteilung ist, wie aufgezeigt, in Schweden in Kapitel 3 § 2a AML, der 1991 in das Arbetsmiljölag eingeführt wurde, sowie in AFS 2001:1 systematiskt arbetsmiljöarbete[1083] unter der Begrifflichkeit systematische Arbeitsumweltarbeit geregelt. In den Gesetzgebungsunterlagen zu Kapitel 3 § 2a AML wird betont, daß es von besonderer Wichtigkeit ist, daß die lokalen Partner sich bezüglich eines funktionierenden innerbetrieblichen Ablaufs einig sind.[1084] Ansonsten greifen die allgemeinen Beteiligungsrechte der Arbeitnehmer nach dem AML, so daß der Arbeitsschutzbeauftragte gemäß Kapitel 6 § 4 Abs. 1 AML das Recht hat, darüber zu

1082 Vgl. insbesondere LAG Hamburg AP Nr. 11 zu § 87 BetrVG 1972 Gesundheitsschutz, Bl. 231 f.

1083 Vorher AFS 1992:6 Internkontroll.

1084 Prop. 1990/91:140, S. 41.

wachen, daß der Arbeitgeber seine Verpflichtungen nach Kapitel 3 § 2a AML einhält. Kapitel 6 § 4a Abs. 2 AML gewährt ihm weiterhin das Recht, an allen Planungen, die Arbeitsprozesse, Arbeitsmethoden, Arbeitsorganisation usw. betreffen. sowie an der Erstellung der Handlungspläne teilzunehmen. Gleichfalls hat auch das Schutzkomitee das Recht, gemäß Kapitel 6 § 9 Nr. 2 AML an der Erstellung der Handlungspläne nach Kapitel 3 § 2a AML beteiligt zu werden. Damit scheint eine wirksame Beteiligung der Beschäftigten über ihren Vertreter, den Arbeitsschutzbeauftragten, gewährleistet. Das wird noch bestärkt durch § 4 AFS 2001:1, wonach der Arbeitgeber den Arbeitnehmern und dem Arbeitsschutzbeauftragten die Möglichkeit geben soll, in der systematischen Arbeitsumweltarbeit mitzuwirken. Auch in der Kommentierung zu § 4 AFS 2001:1 wird die Zusammenarbeit zwischen Arbeitgeber, Arbeitnehmer und Arbeitsschutzbeauftragten in der systematischen Arbeitsumweltarbeit als wesentlich bezeichnet.[1085]

Überträgt man dies auf die deutsche Situation, bleibt unter der Voraussetzung einer EG-rechtskonformen Auslegung im Hinblick auf eine weitere europäische Harmonisierung keine andere Möglichkeit, als eine Mitbestimmung des Betriebsrats gemäß § 87 Abs. 1 Nr. 7 BetrVG bei der Gefährdungsbeurteilung und Dokumentation anzuerkennen.

V. Arbeitsschutzarbeit und Mitbestimmung in der Praxis

Dieser Abschnitt soll das Kapitel der Beteiligungsrechte abschließen und anhand von vorliegenden Erhebungen und Befragungen darlegen, wie die Arbeitsschutzarbeit in den Betrieben tatsächlich ausgestaltet ist und wo die Probleme in der Praxis liegen. Denn auch wenn die theoretischen Möglichkeiten vorhanden sind, bedeutet es nicht, daß diese in der Praxis tatsächlich umgesetzt werden. Die theoretischen rechtsvergleichenden Ausführungen sollen anhand der praktischen tatsächlichen Begebenheiten verdeutlicht werden.

Das Arbeitsschutzrecht bzw. die Arbeitsumwelt sind dynamisch und immer wieder Veränderungen ausgesetzt. Waren es zu Beginn der Entwicklung des Arbeitsschutzrechts noch die Maschinen, von denen erhebliche Gefahren ausgingen, oder auch später noch die rein physischen Arbeitsbelastungen, die zu Gesundheitsschädigungen führten, sind es heutzutage andere Belastungen, mit denen die Beschäftigten zu kämpfen haben. Einseitige Haltungen oder monotone Tätigkeiten, langes Sitzen an Computerarbeitsplätzen oder Streß durch hohe Arbeitsbelastungen sind bspw. die gegenwärtigen Gefahren. Welche Gefährdungen dies genau sind und wie diesen begegnet wird, welche Rolle die Beschäftigten dabei spielen und wo noch verstärkter Handlungsbedarf besteht, soll hier dargelegt werden. Als Grundlage sollen gewerkschaftliche Untersuchungen aus Schweden sowie Deutschland herangezogen werden. Dabei muß berück-

[1085] AFS 2001:1, S. 14.

sichtigt werden, daß die für Deutschland primär als Grundlage dienende Untersuchung von der IG Metall Bremen stammt und nur die regionalen Entwicklungen branchenabhängig aufzeigt und auch nicht so viele Problemfelder beinhaltet. Die schwedischen Unterlagen stammen hingegen von der LO und beziehen sich auf Umfragen unter den Arbeitsschutzbeauftragten der LO und sonstigen LO-Mitgliedern aus ganz Schweden und betreffen unterschiedliche Branchen. Hinzu kommt, daß die Zielsetzungen und damit verbunden auch die Fragestellungen in den Gesprächen, die für die Erhebungen durchgeführt worden sind, unterschiedlich ausfallen und damit die tatsächliche Gegenüberstellung erschweren.

Die Erhebung der IG Metall Bremen betrifft die Umsetzung des Arbeitsschutzgesetzes in Bremer Betrieben der Metall- und Elektroindustrie. An der Befragung beteiligten sich knapp 40% der betroffenen Unternehmen. Das waren 11 Kleinbetriebe, die zwischen 30 und 99 Arbeitnehmer beschäftigten, 14 mittelständische Unternehmen mit einer Beschäftigtenzahl zwischen 100 und 999 sowie 5 Großbetriebe mit über 1.000 Beschäftigten. Die Gespräche wurden mit dem Betriebsrat und/oder einer weiteren für den Arbeitsschutz im Betrieb verantwortlichen Person im Zeitraum Februar bis Juni 1998 geführt.[1086]

1995 wurde eine Umfrage der LO unter ca. 3.100 LO Arbeitsschutzbeauftragten (Huvudskyddsombud und skyddsombud) in ganz Schweden durchgeführt. Diese betraf die Erfahrungen der Arbeitsschutzbeauftragten mit Arbeitsumweltproblemen sowie ihre Maßnahmen zur Lösung der Probleme.[1087] Eine weitere vorliegende Untersuchung baut auf der gerade beschriebenen Umfrage unter den Arbeitsschutzbeauftragten auf, ist aber noch in der Form weitergehender, daß sie auch die Erfahrungen der LO-Mitglieder hinsichtlich der Arbeitsumwelt berücksichtigt und zwischen Frauen und Männern unterscheidet. Die Daten, die die Befragung der weiblichen und männlichen LO-Mitglieder betreffen, wurden in der zweiten Hälfte des Jahres 1995 sowie in der ersten Jahreshälfte 1996 erfaßt.[1088] Eine dritte Untersuchung der LO schließt wiederum an die vorgenannte Untersuchung an und differenziert zwischen Männern und Frauen, geht aber in der Hinsicht weiter, daß sie Daten berücksichtigt, die 1997 vom SCB in einer Arbeitsumweltuntersuchung unter nach dem Zufallsprinzip ausgewählten Erwerbstätigen erhoben wurden.[1089] Eine ebenfalls vorliegende Untersuchung der LO bezieht sich auf die Erhebung der LO von 1995, als die Arbeitsschutzbeauftragten zu ihrer Arbeitsumweltarbeit befragt wurden. Allerdings wird in dieser Abhandlung auf die lokale Arbeitsumweltarbeit eingegangen, wie z.B. auf die innerbetriebliche Kontrolle.[1090]

1086 IG Metall Bremen, S. 8.
1087 LO, Arbetsmiljöns, S. 12 und 17.
1088 LO, Färre, S. 18 f.
1089 LO, Kvinnors, S. 5 f.
1090 LO, Hur fungerar, S. 16 f.

Aus Deutschland liegen außerdem Zahlen der WSI-Befragung von Betriebs- und Personalräten 1999/2000[1091] vor. Bei dieser Befragung wurden auf gewerkschaftlicher und wissenschaftlicher Ebene erarbeitete Fragebögen in Betriebe und Dienststellen mit 20 oder mehr Beschäftigten versandt.[1092] Erfaßt worden sind alle Wirtschafts- und Verwaltungsbereiche in West- und Ostdeutschland außer Landwirtschaft, Bergbau, Energie und Chemie.[1093] Angeschrieben wurden über 30.000 privatwirtschaftliche Unternehmen und über 10.000 Institutionen der öffentlichen Verwaltung. Von den zurückgesandten Fragebögen wurden letztendlich 2.914 ausgewertet.[1094] Weitere Vergleichszahlen aus Deutschland sind aus Veröffentlichungen in der Literatur entnommen worden[1095] sowie aus dem Forschungsbericht „Arbeitsbelastung in der Erwerbsbevölkerung" des Bundesministerium für Arbeit und Sozialordnung, die sich im wesentlichen auf Repräsentativbefragungen der deutschen Erwerbsbevölkerung stützt.[1096] Diese Erhebungen sind 1979, 1985/86 und 1991/92 unter gemeinsamer Verantwortung des Bundesinstituts für Berufsbildung und des Instituts für Arbeitsmarkt- und Berufsforschung der Bundesanstalt für Arbeit durchgeführt worden. Dabei wurden ca. 30.000 Erwerbstätige befragt.[1097] Allerdings ist der Vergleich dieser Daten aus den unterschiedlichen Erhebungen aus verschiedenen Gründen nicht repräsentativ, gibt jedoch in einigen Bereichen Aufschluß über die tatsächlichen Verhältnisse in der Praxis. Des weiteren werden Fakten aus Schweden dargelegt, zu denen es kein deutsches Korrelat gibt, so daß an manchen Stellen ein leichtes schwedisches Übergewicht besteht.

1. Gefährdungsanalyse / innerbetriebliche Kontrolle

Die Erhebung der IG Metall Bremen ergibt bezüglich der Durchführung der Gefährdungsanalyse, daß zum Zeitpunkt der Befragung 17 Betriebe (56,7 %) noch keine Gefährdungsanalyse durchgeführt haben, 13 Betriebe (43,3 %) eine Analyse durchgeführt haben, der größte Teil davon, 8 Betriebe, allerdings unvollständig.[1098] Dieses Ergebnis macht deutlich, daß die Vorgaben des ArbSchG von 1996 in den befragten Betrieben nur unzureichend umgesetzt worden sind. Besonders die Kleinbetriebe haben Umsetzungsbedarf, denn bis auf eine Ausnahme hat kein Kleinbetrieb die Gefährdungsanalyse durchgeführt.[1099] Des weiteren wurde von der Mehrzahl der Betriebe angeführt, daß andere Probleme

---

1091 Schäfer, WSI Mitteilungen 2001, S. 65 ff.; Schäfer, WSI Mitteilungen 2001, S. 62.
1092 Schäfer, WSI Mitteilungen 2001, S. 66.
1093 Siehe detailliert Schäfer, WSI Mitteilungen 2001, S. 66.
1094 Schäfer, WSI Mitteilungen 2001, S. 66 f.
1095 Pickshaus, AiB 2001, S. 392 ff.; Angermaier, AiB 2001, 405 ff.
1096 Bundesministerium für Arbeit und Sozialordnung, S. 5.
1097 Bundesministerium für Arbeit und Sozialordnung, S. 5.
1098 IG Metall Bremen, S. 9.
1099 IG Metall Bremen, S. 10.

und Aufgaben vorrangig vor der Gefährdungsanalyse zu behandeln waren. An zweiter Stelle wurde als Grund für das Ausbleiben der Gefährdungsanalyse die Behinderung durch die Betriebsleitung genannt.[1100]

In Schweden gab es in den genannten Umfragen keine konkrete Frage bezüglich der Durchführung der Gefährdungsanalyse. Hier wurde gefragt, ob es einen Handlungsplan für die Arbeitsumwelt im Unternehmen gibt. Darauf antworteten 52 % der Arbeitsschutzbeauftragten mit ja, 30 % mit nein und erstaunliche 18 % wußten nicht, ob ein Programm existiert.[1101] Das Nichtwissen, ob ein Handlungsplan vorliegt, kann sich auch darauf beziehen, daß nicht genau gewußt wurde, was mit einem „Programm" gemeint gewesen ist.[1102] Des weiteren wurden die Arbeitsschutzbeauftragten gefragt, ob sie der Ansicht seien, daß die Programme die Maßnahmen enthalten, die notwendig sind, um die Arbeitsumwelt zu verbessern. Darauf antworteten 73 % mit ja, 11 % mit nein und 16 % konnten keine Einschätzung abgeben.[1103] Dabei hatten 83 % der LO-Arbeitsschutzbeauftragten an der Erstellung des Handlungsprogramms teilgenommen, 11 % waren nicht beteiligt und 5 % wußten es nicht.[1104] Hier wird deutlich, daß in Schweden die Beteiligung der Arbeitnehmervertreter stärker verinnerlicht und in der Arbeitsschutzarbeit verankert ist als das in Deutschland, zumindest unter Zugrundelegung der Erhebung der IG Metall Bremen, der Fall ist. Allerdings ist auch in Bremen/Deutschland in den Betrieben, die eine Gefährdungsanalyse durchführen, neben der Fachkraft für Arbeitssicherheit, vgl. § 6 Nr. 1e ASiG, der Betriebsrat am häufigsten an der Durchführung der Gefährdungsanalyse beteiligt. In Bremen wurde danach gefragt, ob nach Abschluß der Gefährdungsanalyse die erforderlichen Maßnahmen umgesetzt worden sind. Nur in drei Betrieben von den 13, die die Gefährdungsbeurteilung durchgeführt hatten, sind nahezu keine Maßnahmen durchgeführt worden. In weiteren fünf Betrieben wurden in allen Gefährdungsbereichen Maßnahmen durchgeführt, die restlichen fünf Betriebe setzten Maßnahmen nur teilweise um.[1105] Die zumeist genannte Maßnahme war insgesamt die Gestaltung der Arbeitsplätze.[1106] Vorschläge bzw. die Initiative für die Umsetzung von Maßnahmen gehen nach der Erhebung der IG Metall Bremen gleichermaßen vom Betriebsrat, der Fachkraft für Arbeitssicherheit und den Beschäftigten aus.[1107]

1100 IG Metall Bremen, S. 11.
1101 LO, Hur fungerar, S. 24.
1102 LO, Hur fungerar, S. 24.
1103 LO, Hur fungerar, S. 25.
1104 LO, Hur fungerar, S. 25.
1105 Zur Umsetzung von Arbeitsschutzmaßnahmen in Schweden vgl. unten unter E.V.4.
1106 IG Metall Bremen, S. 21.
1107 IG Metall Bremen, S. 22.

2. Schutzkomitee / Arbeitsschutzausschuß

In Schweden gaben 57 % der LO-Arbeitsschutzbeauftragten an, daß es in ihren Unternehmen ein Schutzkomitee gemäß Kapitel 6 § 8 AML gibt, 35 % verneinten dies und 7 % wußten es nicht.[1108] In Deutschland gibt es den Arbeitsschutzausschuß, der allerdings nicht die weitreichenden Kompetenzen des schwedischen Schutzkomitees hat und deshalb kaum direkte Mitbestimmungsrechte ermöglicht.[1109] Die Erhebung der IG Metall Bremen ergab, daß in zwei Dritteln (20) der befragten Unternehmen ein Arbeitsschutzausschuß gemäß § 11 ASiG besteht. In neun Betrieben, jeweils Betriebe mit 100 bis 200 Beschäftigten, war kein Arbeitsschutzausschuß vorhanden. Ein Betrieb plante zum Zeitpunkt der Erhebung die Einrichtung eines Arbeitsschutzausschusses.[1110] Dabei nahm an den regelmäßigen Treffen des Arbeitsschutzausschusses in allen 20 Betrieben der Betriebsrat teil.[1111] In Schweden kommt das Schutzkomitee nach Angaben der LO-Arbeitsschutzbeauftragten in ca. 53 % der Fälle vier bis sechsmal im Jahr zusammen, in ca. 41 % der Fälle ein bis dreimal und in ca. 5,5 % der Fälle mehr als siebenmal im Jahr.[1112] Gemäß § 8a Abs. 1 Arbetsmiljöforordning soll das Schutzkomitee mindestens einmal jeden dritten Monat zusammentreffen. Auch in Deutschland soll der Arbeitsschutzausschuß gemäß § 11 S. 4 ASiG mindestens einmal vierteljährlich zusammen treffen. In den befragten Bremer Betrieben findet in 10 Betrieben ein vierteljährliches Treffen des Ausschusses und in 5 Betrieben ein häufigeres Treffen statt. In 5 Betrieben findet ein Treffen weniger als viermal im Jahr statt und in einem Betrieb trifft sich der Arbeitsschutzausschuß nach Bedarf.[1113]

3. Information und Weiterbildung

In der Erhebung der Bremer IG Metall wurde der Betriebsrat befragt, woher er hauptsächlich seine Informationen zum Thema Arbeitsschutz bezieht. An erster Stelle rangiert die Fachliteratur, dann dicht dahinter Seminare und Schulungen, als drittes folgen die Berufsgenossenschaften und an vierter Stelle die IG Metall.[1114] In der Untersuchung der LO in Schweden wurden die Arbeitsschutzbeauftragten direkt befragt, ob sie irgendeine Arbeitsumweltausbildung erhalten haben. Es stellte sich heraus, daß 77 % eine Arbeitsumweltausbildung erhalten haben.[1115] Die Ausbildung bestand größtenteils aus dem Besuch von verschiedenen Kursen, die von unterschiedlichen Anbietern durchgeführt worden

---

1108 LO, Hur fungerar, S. 34.
1109 Vgl. dazu oben unter E.I.1.e.
1110 IG Metall Bremen, S. 26.
1111 IG Metall Bremen, S. 26.
1112 LO, Hur fungerar, S. 87.
1113 IG Metall Bremen, S. 27.
1114 IG Metall Bremen, S. 28.
1115 LO, Hur fungerar, S. 56.

sind.[1116] Ungefähr 40 % der Arbeitsschutzbeauftragten haben des weiteren angegeben, daß sie besonders im Bereich der psychosozialen Risiken eine bessere Ausbildung benötigen. Danach folgt bei ca. 30 % der Arbeitsschutzbeauftragten der Wunsch, eine bessere Ausbildung gleichermaßen in den Bereichen Unfallrisiken, gewerkschaftliche Organisationsfragen und Ergonomie zu erhalten.[1117]

4. Gefährdungsbereiche

In der Erhebung der IG Metall Bremen wurde auch nach den Gefährdungsbereichen[1118], die bei der Durchführung der Gefährdungsanalyse berücksichtigt worden sind, gefragt. Es stellte sich heraus, daß alle 13 Betriebe, in denen eine Gefährdungsanalyse durchgeführt bzw. mit Einschränkungen durchgeführt wurde, die Gefährdungsbereiche Gebrauch von Arbeitsmitteln, physikalische, chemische und biologische Einwirkungen und Gestaltung des Arbeitsplatzes berücksichtigt haben. 12 Betriebe analysierten des weiteren die Qualifikation und Unterweisung der Beschäftigten. Des weiteren wurden in 10 Betrieben die Arbeits- und Fertigungsverfahren, die Arbeitsabläufe und Arbeitszeit sowie das Sicherheitsmanagement bei der Gefährdungsanalyse berücksichtigt.[1119] Die IG Metall Bremen trug in ihrer Erhebung der immer komplexeren Entwicklung der Arbeitswelt und den damit verbundenen Problemen Rechnung, indem in der Erhebung auch nach der Berücksichtigung der zunehmend immer häufiger auftretenden psychischen Belastungen bei der Arbeit in der Gefährdungsanalyse gefragt wurde.[1120] Dabei stellte sich heraus, daß neun von 13 Betrieben die Schwere der Arbeit analysiert haben, sechs Betriebe haben die Qualifikation der Beschäftigten für die Tätigkeit bewertet, fünf Betriebe haben die Einzelarbeit untersucht, jeweils vier die Höhe der Verantwortung und den Leistungsdruck. Nicht analysiert wurden sexuelle Belästigung und Gewalt. Drei Betriebe haben psychische Belastungen in ihrer Gefährdungsanalyse nicht berücksichtigt.[1121] Bei der Frage, in welchen Gefährdungsbereichen hauptsächlich Mängel auftraten, nannten sechs Betriebe als Gefährdungsbereich die Gestaltung des Arbeitsplatzes, fünf Betriebe führten die physikalischen, chemischen oder biologischen Einwirkungen an. Nur zwei Betriebe nannten die psychischen Belastungen als den Bereich, in dem hauptsächlich Mängel auftreten.[1122] Hinsichtlich der Frage, welche Gefährdungsbereiche Probleme bei der Beurteilung bereiteten, stellte sich heraus, daß zunächst fünf von 13 Betrieben keine Probleme mit der Bewertung der Gefährdungsbereiche hatten. Keine Probleme gab es auch bei der

1116 LO, Hur fungerar, S. 56.
1117 LO, Hur fungerar, S. 57.
1118 Vgl. § 5 Abs. 3 ArbSchG.
1119 IG Metall Bremen, S. 16.
1120 IG Metall Bremen, S. 16 f.
1121 IG Metall Bremen, S. 17.
1122 IG Metall Bremen, S. 18.

Bewertung der Gestaltung der Arbeitsplätze, dem Gebrauch von Arbeitsmitteln und den physikalischen, chemischen oder biologischen Einwirkungen. Die meisten Probleme verursachte demgegenüber die Beurteilung der psychischen Belastungen, die von vier Betrieben genannt wurde.[1123]

Bei der Durchführung der LO-Untersuchungen in Schweden ist im Gegensatz zu der Erhebung der IG Metall Bremen zunächst nicht nach den Gefährdungsbereichen, die bei der Gefährdungsanalyse berücksichtigt worden sind, gefragt worden, sondern nach den Arbeitsumweltproblemen allgemein. Allerdings gab es auch Fragen nach der Art der Untersuchung der Gefährdungen der Arbeitsumwelt. Dabei läßt sich aber nicht genau erkennen, ob die verschiedenen Untersuchungen innerhalb einer Gefährdungsanalyse durchgeführt worden sind. 65 % der befragten LO-Arbeitsschutzbeauftragten gaben 1995 ergonomische Probleme, 59 % Unfallrisiken, 52 % Klimaverhältnisse, 49 % psychosoziale Verhältnisse und 48 % Lärm als häufigste Arbeitsumweltprobleme an.[1124] Da in Schweden eine vergleichbare Untersuchung schon 1980 unter den Arbeitsschutzbeauftragten durchgeführt wurde, läßt sich feststellen, daß insbesondere die psychosozialen Verhältnisse 1995 als stärkeres Problem angesehen wurden als noch 15 Jahre früher, denn 1980 hatten nur 35 % der Arbeitsschutzbeauftragten diese als Arbeitsumweltproblem angesehen.[1125] Die schädlichsten psychosozialen Bereiche sind nach Ansicht von fast 60 % der LO-Arbeitsschutzbeauftragten zu große Arbeitsbelastung aufgrund von Personalmangel. An zweiter Stelle, mit ca. 45 % liegt die Angst, die Arbeitsstelle zu verlieren. Fast genauso häufig genannt wurde Streß aufgrund der schlechten Planung der Arbeit. Mit ca. 30 % folgen einseitige und monotone Arbeit, zu hohes und gesteuertes Arbeitstempo sowie Arbeitszeit, Schicht, Nachtarbeit usw. Mit ungefähr 27 % folgt dahinter Einzelarbeit. Immerhin ca. 15 % der Arbeitsschutzbeauftragten gaben die Angst vor Gewalt und Bedrohung als psychosoziales Problemfeld an.[1126] Dieser Gefährdungsbereich wurde in den von der IG Metall befragten Bremer Betrieben nicht analysiert.

Des weiteren läßt sich aus der Umfrage der LO unter den Arbeitsschutzbeauftragten feststellen, daß in allen Gefährdungs- bzw. Problembereichen unterschiedliche Untersuchungen durchgeführt und auch dann entsprechende Maßnahmen eingeleitet wurden.[1127] Hier fällt auf, daß die psychosozialen Probleme (30 %) nicht so stark untersucht und auch nur entsprechend wenige Verbesserungsmaßnahmen (35 %) eingeleitet wurden.[1128] Allerdings ist das schon ein Fortschritt zum Jahr 1980, als nur 10 % der Arbeitsschutzbeauftragten angaben,

---

1123 IG Metall Bremen, S. 19.
1124 LO, Arbetsmiljöns, S. 21 und 93.
1125 LO, Arbetsmiljöns, S. 21.
1126 LO, Arbetsmiljöns, S. 70.
1127 Siehe detailliert LO, Arbetsmiljöns, S. 24 bis 76.
1128 LO, Arbetsmiljöns, S. 93.

daß psychosoziale Probleme untersucht, und 22 %, daß Verbesserungsmaßnahmen eingeleitet wurden.[1129]

Nach ihren Verbesserungswünschen für die Arbeitsumwelt gefragt, gaben 33 % der Arbeitsschutzbeauftragten an erster Stelle an, daß sie sich eine geringere Arbeitsbelastung und weniger Streß wünschen. Dicht dahinter mit 30 % folgt der Wunsch nach einer besseren Arbeitsumwelt im Hinblick auf Lärm, Belüftung und chemische Einwirkungen. Danach wird mit 28 % eine bessere Arbeitsumwelt in bezug auf Arbeitsstellung und Arbeitsschwere gewünscht. 26 % begehren eine bessere Arbeitsleitung, 24 % eine bessere psychosoziale Arbeitsumwelt, bessere technische Ausrüstung sowie mehr Einflußnahme auf die Arbeit. Danach folgen mit ca. 20 % eine bessere Qualifikation für die Tätigkeit, mehr variierende Arbeitsaufgaben und eine größere Beschäftigungssicherheit.[1130] Vergleicht man diese Verbesserungswünsche der Arbeitsschutzbeauftragten mit denen der Beschäftigten, wird deutlich, daß sie in den häufigsten Fällen, unter Berücksichtigung einiger Abweichungen, in etwa gleich sind. Erstaunlicherweise haben nur etwa 10 % der Befragten LO-Mitglieder eine Verbesserung der psychosozialen Arbeitsumwelt angegeben.[1131] Mit fast 30 % begehren die Beschäftigten allerdings auch eine bessere Qualifikation für ihre Tätigkeit. Mit ca. 16 % ist ihnen die Einflußnahme auf die Arbeit oder mit ca. 15 % sind ihnen die variierenden Arbeitsaufgaben auch nicht so wichtig wie den Arbeitsschutzbeauftragten.[1132]

In einer deutschen Erhebung unter 3.522 Erwerbstätigen im Rahmen des DHP-Gesundheitssurvey[1133] wurden im Jahr 1991 die psycho-mentalen Belastungen als häufigste Arbeitsbelastungen angegeben. 68 % der Befragten gaben starke Konzentration als stärkste Arbeitsbelastung an, danach folgten mit 62 % hohes Arbeitstempo und Zeitdruck, mit jeweils 61 % Zwang zu schnellen Entscheidungen und Überstunden und lange Arbeitszeit.[1134] 31 % empfanden die Arbeit am Bildschirm bzw. EDV-Terminal als belastend.[1135]

In der WSI- Betriebs- und Personalräte Befragung 1999/2000 wurden die Betriebsräte ebenfalls nicht nach Gefährdungsbereichen im Zusammenhang mit der Gefährdungsanalyse befragt, sondern zu betrieblichen Entwicklungen und Problemen aus ihrer Sicht. Dabei nannten 51 % den Arbeitsschutz zusammen mit der Altersteilzeit an vierter Stelle hinter Personalabbau, Änderung der Ar-

1129 LO, Arbetsmiljöns, S. 73 f.

1130 LO, Arbetsmiljöns, S. 84; LO, Färre, S. 64.

1131 LO, Arbetsmiljöns, S. 84; LO, Färre, S. 64.

1132 LO, Arbetsmiljöns, S. 84; LO, Färre, S. 64.

1133 Das DHP-Gesundheitssurvey ist eine Datenbasis, die im Projektverbund zur Herz-Kreislauf-Prävention geschaffen wurde, siehe näher dazu Bundesministerium für Arbeit und Sozialordnung, S. 15.

1134 Bundesministerium für Arbeit und Sozialordnung, S. 16.

1135 Bundesministerium für Arbeit und Sozialordnung, S. 16.

beitsorganisation und Erhöhung des Leistungsdrucks als Problembereich.[1136] 52 % der Betriebsräte gaben weiterhin an, daß sich im Bereich Arbeitsschutz die stärksten betrieblichen Konflikte ergeben haben.[1137] Das kann natürlich auch damit zusammenhängen, daß die Betriebsräte durch die Neuerungen im deutschen Arbeitsschutzrecht besonders auf dieses „Problemfeld" aufmerksam geworden sind.[1138]

5. Arbeitsumwelt von Männern und Frauen

Interessant ist es auch, zu ermitteln, welchen unterschiedlichen Arbeitsumweltproblemen Frauen und Männer ausgesetzt sind und welche arbeitsschutzrechtlichen Maßnahmen, auch von den Arbeitnehmervertretern, ergriffen werden müssen, um diesen Problemen zu begegnen. Allerdings liegen Erhebungen für die Arbeitsbelastung von Männern und Frauen größtenteils nur für Schweden vor, so daß ein konkreter Vergleich zwischen Deutschland und Schweden nicht möglich ist, sondern die Untersuchung der Erhebung im Hinblick auf das bundesdeutsche Recht primär als Anregung für die betriebliche Schutzarbeit verstanden werden kann. Es soll hier nur unter beispielhafter Schwerpunktsetzung in Auszügen auf die LO-Untersuchung eingegangen werden.[1139] Die vorliegenden Daten beziehen sich auf eine Erhebung des SCB von 1997 unter 10.000 Beschäftigten. Allerdings wurden hier nur Zahlen der SCB-Befragung verwendet, die unter ca. 4.000 männlichen und weiblichen LO-Beschäftigten 1997 ermittelt worden sind. Die Beschäftigten kommen aus den Branchen Industrie, Handel/Service und dem öffentlichen Sektor (Staat, Kommunen etc.). Es sind also, wie auch bei den anderen schon behandelten Untersuchungen, nicht die Mitglieder anderer Gewerkschaften (z.B. für Angestellte), die u.U. andere arbeitsumweltrechtliche Probleme haben, berücksichtigt worden.

Die deutschen Daten entstammen einer Normstichprobe unter der Verwendung des „Fragebogen für die Beschäftigten-Selbstbeurteilung", FBS, die unter 560 Beschäftigten durchgeführt worden ist.[1140]

Auffällig ist, daß fast 20 % der befragten schwedischen Frauen und ca. 15 % der Männer in einem Unternehmen arbeiten, die Pläne haben, die Tätigkeit zu verringern oder den Betrieb ganz einzustellen, was sich zu einem nicht unerheblichen Streßfaktor entwickeln kann.[1141]

1136 Schäfer, WSI Mitteilungen 2001, S. 70. Vgl. dazu auch Kothe, AiB 2001, S. 387 f.; Pickshaus, AiB 2001, S. 393.

1137 Schäfer, WSI Mitteilungen 2001, S. 70; Pickshaus, AiB 2001, S. 393.

1138 Vgl. Schäfer, WSI Mitteilungen 2001, S. 70; Pickshaus, AiB 2001, S. 393.

1139 Zur umfassenderen Information siehe LO, Kvinnors, S. 5 ff.

1140 Zum FBS siehe näher unter Bundesministerium für Arbeit und Sozialordnung, S. 17 und Anhang 2.

1141 LO, Kvinnors, S. 9.

Betrachtet man die Veränderung der Arbeitsumwelt für die Beschäftigten, die demselben Beruf in den letzten fünf Jahren nachgegangen sind, so stellt man fest, daß bei den Männern angegeben wurde, daß die schweren Arbeitsmomente um 11,5 % gestiegen sind. Die Frauen gaben einen Anstieg um 33, 1 % an. Gemindert haben sie sich nach Auffassung der Befragten bei Männern hingegen um 24,9 % und bei Frauen nur um 16,8 %. Die sich ständig wiederholenden einseitigen Arbeitsmomente haben sich nach Einschätzung der Befragten bei den Männern um 11,2 % erhöht und bei den Frauen um 16,4 %. Gesunken sind sie nach den Angaben bei den Männern um 12,8 % und bei den Frauen nur um 8,4 %. Die Verschmutzung der Arbeitsluft und der Arbeitsräume hat sich nach der Beurteilung der teilnehmenden Beschäftigten bei Männern um 8 % und bei Frauen um 14,4 % erhöht. Gesunken ist sie bei Männern hingegen um 26,3 % und bei Frauen nur um 11,5 %. Das Arbeitstempo hat sich nach Ansicht der Befragten sowohl bei Männern (58,2 %) als auch bei Frauen (67,4 %) erheblich erhöht. Gesunken ist es nur gering, bei Frauen um 3,7 % und bei Männern um 3,9 %. Das Risiko, Gewalt ausgesetzt zu sein, hat sich, so die Angabe der Beschäftigten, bei Männern um 7,3 % erhöht und bei Frauen um 18,1 %. Gesunken ist es bei Frauen um 1,2 % und bei Männern um 1,6 %.[1142] Hieraus läßt sich schon erkennen, daß sich die Arbeitsumwelt der in der LO organisierten Frauen nach deren Angaben stärker negativ entwickelt hat, als das nach den Auskünften bei den entsprechenden in der LO organisierten männlichen Beschäftigten der Fall ist.

Mehr als 43 % der befragten Frauen gaben an, jede Woche Schmerzen im oberen Rückenbereich oder Nacken zu haben, bei den Männern waren es nur 25,6 %.[1143] 47,9 % der befragten männlichen LO-Mitglieder empfinden jede Woche eine körperliche Erschöpfung, bei den Frauen sind dies sogar noch mehr, nämlich 52,3 %. Gleichfalls klagen 17,9 % der Männer jede Woche über Kopfschmerzen, bei den Frauen sind es 30,6 %. 26,3 % der Männer können in ihrer Freizeit nicht die Gedanken von der Arbeit lösen, bei den Frauen sind dies 33,4 %.[1144] 35 % der Männer hatten in den letzten 12 Monaten vor der Umfrage Streit mit ihrem Chef, bei den Frauen waren es 21,5 %. Das kann in verschiedene Richtungen ausgelegt werden. Eine mögliche Annahme ist, daß die Frauen häufiger Konflikten mit ihrem Chef ausweichen.[1145] 31,2 % der Frauen hatten demgegenüber Streit mit Arbeitskollegen, bei den Männern waren es 32,8 %.[1146] Mit Gewalt oder Gewaltandrohung sind in den letzten 12 Monaten vor der Umfrage 22,2 % der Frauen konfrontiert worden, bei den Männern waren es 9,1 %.

[1142] LO, Kvinnors, S. 15.
[1143] LO, Kvinnors, S. 20 f.
[1144] LO, Kvinnors, S. 22.
[1145] LO, Kvinnors, S. 27.
[1146] LO, Kvinnors, S. 27.

Mit Mobbing von Seiten des Chefs oder Kollegen hatten in den letzen 12 Monaten der Umfrage 9,6 % der Männer und 8,5 % der Frauen zu kämpfen.

49,5 % der Männer und 57, 8 % der Frauen sind der Ansicht, daß ihre Arbeitsbelastung zu hoch ist.[1147] 33,6 % der Männer und 48,3 % der Frauen geben weiterhin bei der LO-Umfrage an, daß sie einer psychisch aufreibenden Arbeit nachgehen. Allerdings sagen 42,7 % der Männer und 45,1 % der Frauen, daß sie eine abwechslungsreiche Arbeit haben. Gleichfalls sind mehr als die Hälfte beider Geschlechter, 59,8 % der Männer und 59,2 % der Frauen, mit ihren Arbeitszeiten zufrieden.[1148]

In Deutschland gaben bei der bereits angesprochenen Normstichprobe 26,6 % der Frauen und 34,2 % der Männer Zeit- und Termindruck als belastend an.[1149] Starke Konzentration und Anspannung fanden 32,2 % der Männer und 23,9 % der Frauen als belastend.[1150] Hohe Verantwortung empfanden 31,9 % der Männer und 23,3 % der Frauen als störend. Von unangenehmer einseitiger Haltung sind 27,4 % der Männer und 25,2 % der Frauen betroffen. Über zuviel Arbeit und über Überforderung klagten 17,5 % der Frauen und 16,9 % der Männer. Häufige Überstunden waren für 23,3 % der Männer und 16,0 % der Frauen ein Problem. Äußere Faktoren wie Lärm, Rauch, Hitze, Kälte usw. sowie körperlich schwere Arbeit war eher für Männer problematisch. So wurde Lärm bspw. besonders für 31,1 % der Männer und nur für 13,5 % der Frauen als belastend empfunden. Gleiches gilt für Staub und Schmutz, welche 27,0 % der Männer und nur 7,1 % der Frauen als Problem angaben.[1151]

6. Ergebnis

Die Auswertung und der Vergleich der verschiedenen Untersuchungen ist für die Arbeit insofern bedeutsam, daß aufgezeigt wird, in welchen Bereichen die Arbeitsschutzarbeit nicht so entwickelt ist, wie es eigentlich notwendig wäre. Gerade an diesem Punkt ist dann die wirksame Mitarbeit der Beschäftigten bzw. ihrer Vertreter gefragt. Auch wenn die einzelnen Studien und ihre Ergebnisse sehr unterschiedlich in ihrer Ausrichtung und deshalb nicht unbedingt repräsentativ und verallgemeinerungsfähig sind, läßt sich sicher die ein oder andere Entwicklung ersehen.

Die Erhebung der IG Metall Bremen bringt zum Ausdruck, daß, zumindest im Zeitraum der Erhebung, die Vorgaben des ArbSchG in den einzelnen Betrieben größtenteils nicht zufriedenstellend umgesetzt worden sind. Gerade die im betrieblichen Arbeitsschutzsystem mit einer Schlüsselrolle bedachte Gefähr-

---

1147 LO, Kvinnors, S. 34.

1148 LO, Kvinnors, S. 36.

1149 Bundesministerium für Arbeit und Sozialordnung, S. 19. Die folgenden Zahlen sind dort ebenfalls entnommen worden.

1150 Zu Streß und Überforderung siehe auch Angermaier, AiB 2001, S. 405 ff.

1151 Siehe zu den Zahlen Bundesministerium für Arbeit und Sozialordnung, S. 19.

dungsanalyse wurde von den meisten Betrieben überhaupt nicht oder nur unvollständig durchgeführt. Hier gibt es starken Bedarf für die betriebliche Schutzarbeit. Aber auch in Schweden ist diese nicht vollkommen überzeugend. In den meisten Betrieben wird zwar eine systematische Schutzarbeit durchgeführt, manche anderen Arbeitsschutzbeauftragten sind aber anscheinend nicht ausreichend über die Schutzarbeit informiert, so daß hier auch weitere Maßnahmen nötig sind. Allerdings wird auch deutlich, daß die Arbeitsschutzbeauftragten in Schweden sehr stark bei der Erstellung der Handlungspläne mit einbezogen sind[1152], was wiederum sehr für ein funktionierendes Mitbestimmungsrecht im schwedischen Arbeitsumweltrecht spricht. Aber auch in Deutschland ist der Betriebsrat, wenn eine Gefährdungsanalyse durchgeführt wird, neben der Fachkraft für Arbeitssicherheit am häufigsten daran beteiligt. Bei der Initiative zur Umsetzung von Maßnahmen ist der Betriebsrat ebenfalls oft treibende Kraft.

Hinsichtlich der Information und Weiterbildung im Arbeitsschutzrecht wird deutlich, daß zwei Drittel der schwedischen Arbeitsschutzbeauftragten eine Arbeitsschutzausbildung erhalten haben. In Deutschland geht aus der Erhebung der IG Metall Bremen nicht hervor, wie viele Betriebsräte tatsächlich speziell geschult worden sind.

Betrachtet man die Gefährdungsbereiche, ist auffällig, daß psychische Belastungen und teilweise ergonomische Probleme sowohl in Deutschland als auch in Schweden immer mehr in den Mittelpunkt geraten und deshalb bei der Schutzarbeit besondere Berücksichtigung finden müssen. Hieran ist erkennbar, daß die Arbeitsschutzarbeit und das Gesundheitsverständnis sich den dynamischen Entwicklungen des Arbeitsmarktes und dem damit einher gehenden technischen Fortschritt anpassen und nicht verschließen dürfen. An dieser Stelle zeigt sich der Vorteil des schwedischen Arbeitsumweltgedankens, der das Individuum in den Mittelpunkt stellt und alle Einflüsse am Arbeitsplatz beachtet. Danach können auch sich verändernde Faktoren berücksichtigt werden.

Besonders bei der Untersuchung der unterschiedlichen Arbeitsumweltprobleme von Männern und Frauen in Schweden stellte sich heraus, daß 43 % der befragten Frauen jede Woche Schmerzen im oberen Rückenbereich oder Nakken haben. In Deutschland klagen immerhin 25,2 % der Frauen und 27,4 % der Männer über eine unangenehme einseitige Haltung. Sowohl Männer als auch Frauen empfinden jede Woche eine körperliche Erschöpfung. Das kann damit zusammenhängen, daß sich bei 58,2 % der Männer und sogar bei 67,4 % der Frauen in Schweden das Arbeitstempo erheblich erhöht hat. In Schweden sind ca. die Hälfte aller befragten Männer und Frauen der Ansicht, daß die Arbeitsbelastung zu hoch ist. In Deutschland sind Zeit- und Termindruck ebenfalls für 26,6 % der Frauen und 34,2 % der Männer belastend. Gleichfalls sind für deut-

1152 Vgl. oben unter E.V.1.

sche Frauen und Männer starke Konzentration und Anspannung sowie hohe Verantwortung eine Belastung bei der Arbeit.

Diese Angaben belegen, daß sowohl in Schweden als auch in Deutschland viele Beschäftigte mit ihrer Arbeitssituation unzufrieden sind. Hier muß durch eine Beteiligung der Arbeitnehmer und ihrer Vertreter in Zusammenarbeit mit dem Arbeitgeber angeknüpft werden und Maßnahmen für eine verbesserte Arbeitsumwelt eingeleitet werden. Auch Arbeitgeber sollten der These nahe stehen, daß bei einer guten Arbeitsumwelt die Motivation und damit verbunden die Produktivität der Beschäftigten steigt.

F. Schlußbetrachtung: Zusammenfassende Gesamtbewertung

I. Zusammenfassendes Ergebnis

Feststehen dürfte, daß ein wirksamer Arbeitsschutz, der sich auch positiv auf die Interessen des Arbeitgebers auswirkt, nicht ohne Beteiligung der Beschäftigten in einem von allen Seiten verfolgten Arbeitsschutzkonzept stattfinden kann und eine wirksame Beteiligung der Arbeitnehmer letztendlich auch zu einer humanen Arbeitswelt beiträgt.

Wendet man sich der am Anfang dieser Arbeit stehenden Intention zu, einen europäischen Rechtsvergleich durchzuführen, um EG-rechtskonforme Auslegungshilfen oder Auslegungsbestätigungen durch Heranziehung des schwedischen Rechts stellvertretend für das skandinavische Recht zu erhalten und einen wirksamen Schutz der Beschäftigten zu gewährleisten, kann zunächst festgehalten werden, daß beide Staaten (selbstverständlich) nicht ein in allen Einzelheiten übereinstimmendes Arbeitsschutz/Arbeitsumweltrecht im Hinblick auf die Beteiligung der Arbeitnehmer haben.

Schon in der historischen Entwicklung und im Vergleich des Arbeitsmarkts zwischen Deutschland und Schweden wurden Unterschiede deutlich. Die Einwohnerzahl Deutschlands ist um ein vielfaches größer als die Schwedens. Daraus resultiert, daß in Deutschland neun mal so viele Menschen beschäftigt sind wie in Schweden. In Schweden wiederum waren 1997 rund 83 % aller Beschäftigten in einer Gewerkschaft organisiert; in Deutschland im selben Jahr nur ca. 30 %. Eine weniger hohe Organisationsdichte kann bspw. zu einer Schwächung der Arbeitnehmerposition beitragen, die sich auch auf die Beteiligung im Arbeitsschutzrecht auswirkt. Das ist gerade im Hinblick auf die schwedische Situation relevant, wo im Regelfall die mit dem Arbeitgeber kollektivrechtlich verbundene Arbeitnehmerorganisation den Arbeitsschutzbeauftragten bestimmt. Diese Tatsachen müssen zumindest als Hintergrundinformation bekannt sein, um ein umfassendes Verständnis zu erhalten.

Geschichtlich war die historische Situation zunächst bei der Entstehung erster arbeitsschutzrechtlicher Normen ähnlich. Die Entwicklung in beiden Staaten zeigt, daß nach der Einsetzung der Industrialisierung ein Bedarf an Schutzvorschriften bestand. Erste staatliche Gremien zur Überwachung der Schutzvorschriften wurden in beiden Ländern installiert. Die betriebliche Mitbestimmung war zum damaligen Zeitpunkt weder in Deutschland noch in Schweden Gegenstand der sich nur langsam entwickelnden Arbeitsschutznormen. Das änderte sich in Deutschland erst 1891 durch die Novelle zur Reichsgewerbeordnung, in der erste Ansätze normiert wurden. Auch in Schweden wurde durch das Yrkesfarelagen die arbeitschutzrechtliche Kontrolle durch Inspekteure der Gewerbeaufsicht gestärkt. Zu Beginn des 20. Jahrhunderts begannen auch die Kollektivparteien, sich für den Arbeitsschutz einzusetzen und diesen in Tarifverträgen festzulegen. Hier wird zum ersten Mal die besondere Bedeutung der Gewerkschaften in Schweden erkennbar, die bis heute weiter fortbesteht. Das Arbeitsschutzgesetz von 1912 gab den Arbeitnehmern dann erstmalig das Recht, einen Vertreter zu wählen, der sie in Arbeitsschutzfragen vertrat. In Deutschland begannen die Arbeitnehmervertretungen nach dem Ersten Weltkrieg verstärkt, sich mit Fragen des Arbeitsschutzes auseinanderzusetzen. In dem Betriebsrätegesetz von 1920 erhielten Arbeitnehmervertreter auch ein Mitspracherecht bei Unfalluntersuchungen.

Die Mitwirkungsrechte in Deutschland waren bis zur Machtübernahme durch die Nationalsozialisten sehr an den staatlichen Aufsichtsmaßnahmen orientiert und beschränkten sich weitestgehend auf Anhörungs- und Informationsrechte. Allerdings gab es auch in Schweden die staatlichen Aufsichtsbehörden. Hier zeigt sich das primär an staatlicher Aufsicht orientierte Arbeitsschutzsystem in beiden Staaten, das in Schweden noch durch kollektive Regeln weiter geprägt wurde. Diese traditionelle Verbundenheit zu Kollektivverhandlungen sowie eine lange Tradition der staatlichen Regelungen zur Konfliktlösung im Arbeitsmarkt in enger Zusammenarbeit mit den Arbeitgeber- und Arbeitnehmervertretern, wobei Konflikte nach dem Prinzip des sozialen Friedens und des Rechts auf kollektive Maßnahmen geregelt werden, sind unter anderem Besonderheiten des nordischen Modells. Während es in Schweden in den 30er Jahren dadurch zu einem Durchbruch im Arbeitsschutz kam, daß LO und SAF den umfangreichen Saltsjöbadsavtal schlossen, der auch Regelungen zum Arbeitsschutz enthielt, wurden in Deutschland in diesem Zeitraum die geschaffenen Ansätze zur Mitbestimmung im Arbeitsschutz wieder abgebaut. Erst nach dem Zweiten Weltkrieg wurde durch das BetrVG 1952 hinsichtlich der Arbeitnehmerbeteiligung zumindest der Standard der 20er Jahre wieder hergestellt. In das BetrVG 1972 wurde schließlich § 87 Abs. 1 Nr. 7 aufgenommen, bis heute zentrale Norm hinsichtlich der Mitbestimmung im Arbeitsschutz in Deutschland. Wesentliche Änderungen wurden erst mit Umsetzung entsprechenden EG-Rechts in das deutsche Recht verwirklicht, so bspw. durch das ArbSchG und die entsprechenden Richtlinien.

In Schweden wurde das Arbeitsschutzrecht nach dem Zweiten Weltkrieg weiter vorangetrieben. Das führte in bezug auf die betriebliche Mitbestimmung in diesem Bereich dazu, daß Schweden 1949 weltweit das einzige Land war, welches einen Arbeitsschutzbeauftragten ab einer bestimmten Betriebsgröße vorsah. Trotz teilweise unterschiedlicher Vorstellungen wurden verschiedene Abkommen zwischen LO und SAF geschlossen.

Um einen effektiveren Schutz der Arbeitnehmer zu erzielen, begann man von einem erweiterten Verständnis des Arbeitsschutzes auszugehen; die individuelle Arbeitssituation wurde in den Mittelpunkt gestellt und die Mitwirkung der Beschäftigen für einen wirksamen und umfassenden Schutz für notwendig angesehen; es entstand der Begriff „Arbetsmiljö“. Diese Entwicklung führte zum Arbetsmiljölag von 1978.

Das schwedische Arbeitsschutzrecht steht hier stellvertretend für das skandinavische Arbeitsumweltrecht, womit insbesondere das Dänemarks und Norwegens gemeint ist. Alle drei Staaten haben Mitte der 70er Jahre eine Neuordnung ihres Arbeitsschutzrechts eingeleitet und neue Arbeitsumweltgesetze geschaffen. Die Debatte um eine Neuordnung des Arbeitsschutzrechts in Dänemark setzte bereits 1968 ein. Somit nahm Dänemark innerhalb der skandinavischen Neuordnung der Arbeitsumwelt eine Art Vorreiterstellung ein.

Der Begriff Arbeitsumwelt wurde schließlich auch in Art. 118 a EWG aufgenommen. Das ist wiederum darauf zurückzuführen, daß Art. 118 a EWG auf einen Vorschlag der dänischen Regierung bei der Regierungskonferenz zum Thema Schutz der Arbeitsumwelt zurückgeht. Der Begriff Arbeitsumwelt erhielt somit Eingang in die europäische Rechtsordnung, die wiederum ganz erheblich die nationalen Rechtsordnungen der Mitgliedstaaten, also auch Deutschlands und Schwedens, beeinflußt. Deutlich wird dabei, daß sowohl Art. 118 a EWG als auch die Rahmenrichtlinie Arbeitsschutz eine Verbesserung der Gesundheit und der Sicherheit der Arbeitnehmer bezweckten. Es wird von einem umfassenden und weiten Gesundheitsbegriff ausgegangen, der sich an die Arbeitsumwelt und die Berücksichtigung des Faktors Mensch bei der Arbeit anlehnt und von dem Gesundheitsbegriff der ILO getragen wird, ohne allerdings den Gesundheitsbegriff der WHO ganz außer Betracht zu lassen. Gerade der Begriff Arbeitsumwelt und das dahinterstehende Verständnis können nicht ohne Berücksichtigung des nordischen Hintergrundes ausgelegt werden, um auch eine entsprechende nationale Umsetzung zu ermöglichen. Im schwedischen Arbeitsumweltrecht kommt den Arbeitnehmern bzw. deren Vertretern eine Schlüsselrolle zu. Die Rahmenrichtlinie als „Grundgesetz des betrieblichen Arbeitsschutzes“ spricht dabei von einer ausgewogenen Beteiligung nach den nationalen Rechtsvorschriften bzw. Praktiken, was auf jeden Fall mehr voraussetzt, als ein bloßes Informations- und Anhörungsrecht. Ob daraus ein zwingendes Mitbestimmungsrecht abgeleitet wird, bleibt den einzelnen Mitgliedstaaten bei der Umsetzung überlassen. Damit kommt die Rahmenrichtlinie den unterschiedlichen arbeitsschutzrechtlichen Systemen und Ausgestaltungen in den Mitgliedstaaten entgegen. Jedenfalls bieten diese EG-rechtlichen Grundlagen umfassende Voraussetzungen für eine wirksame und weitreichende betriebliche Mitbestimmung im Arbeitsschutz zur Sicherung der Gesundheit und Sicherheit der Arbeitnehmer, allerdings in Abhängigkeit zu den unterschiedlichen Systemen in den Mitgliedstaaten. Dabei muß auch in den Mitgliedstaaten das nordische Verständnis mit einfließen, um eine entsprechende Anwendung zu erzielen.

In Deutschland ist § 87 Abs. 1 Nr. 7 BetrVG die zentrale Norm für die Mitbestimmung der Beschäftigten im Arbeitsschutzrecht. Der Tatbestand der

Norm, obwohl eigentlich recht eindeutig formuliert, bietet Möglichkeiten für unterschiedliche Auslegungen. Diese Tatsache wird seit Bestehen der Norm dafür genutzt, die Anwendung und damit auch eine wirksame Mitbestimmung der Beschäftigten einzugrenzen. Die Gründe dafür sind vielfältig und in der obigen Bearbeitung angesprochen worden.[1153] Die Argumente, die in der Literatur und auch in der Rechtsprechung angeführt werden, um dieses Anwendungsfeld der betrieblichen Mitbestimmung im Arbeitsschutz einzugrenzen, sind entweder überholt oder vermögen nicht zu überzeugen.

Folgt man nun dem dieser Arbeit zugrundeliegenden Ansatz der Rechtsvergleichung zur EG-rechtskonformen Auslegung des nationalen Rechts, kann wiederum das dem EG-Recht zugrundeliegende Recht nicht außer Betracht gelassen werden. Das ist vorliegend das nordische Recht, wofür stellvertretend das schwedische Recht steht. Zieht man zur Auslegung und Argumentation für das deutsche Recht die Mitbestimmung im schwedischen Arbeitsumweltrecht heran, wird deutlich, daß eine restriktive Anwendung der Mitbestimmung im Arbeitsschutzrecht nicht angezeigt ist. Die Normen, die die Beteiligung der Beschäftigten im Arbeitsschutzrecht in Schweden regeln, sind in Kapitel 6 AML festgelegt. Die Untersuchung der schwedischen Regelungen aus dem AML zeigt, daß eine wirksame Beteiligung im Arbeitsschutz stattfinden muß. Deshalb sind die Aufgaben des Arbeitsschutzbeauftragten und des Schutzkomitees auch detailliert aufgelistet, was die Bedeutung dieser Organe unterstreicht. Gleichfalls sind sie durch die entsprechenden Regelungen des AML besonders vor Einschränkungen ihrer Tätigkeit geschützt und haben umfangreiche Rechte, wie bspw. die Arbeit zu unterbrechen. Eine Zusammenarbeit zwischen Arbeitgeber und Arbeitnehmer ist somit Grundlage einer guten Arbeitsumwelt. Das verlangt der Gedanke, der hinter dem Begriff Arbeitsumwelt steht und ein umfassendes Verständnis von Arbeit und menschlichem Individuum beinhaltet. Diese Erkenntnis sollte auch im Hinblick auf die EG-rechtskonforme Anwendung der arbeitsschutzrechtlichen Vorschriften und eines funktionierenden, präventiven Arbeitsschutzsystems berücksichtigt werden. Das heißt, daß dieser Gedanke auch auf die Anwendung des § 87 Abs. 1 Nr. 7 BetrVG übertragen werden muß.

Ein weiteres Problem der mangelnden Anwendung des § 87 Abs. 1 Nr. 7 BetrVG ist aber die Abhängigkeit der Norm von den sogenannten Rahmenvorschriften. Bestehen keine gesetzlichen Rahmenvorschriften oder Unfallverhütungsvorschriften, greift auch das Mitbestimmungsrecht des Betriebsrats gemäß § 87 Abs. 1 Nr. 7 BetrVG nicht. Im Zuge der europäischen Integration und der damit zusammenhängenden Transformation EG-rechtlicher Regelungen in bundesdeutsches Recht sind allerdings eine Vielzahl von Vorschriften hinzugekommen, die als Rahmenvorschriften in Betracht kommen, insbesondere natürlich das ArbSchG. Die Ausgestaltung der betrieblichen Mitbestimmung sieht in

[1153] Siehe oben unter E.II.3.c.

Schweden im AML in dieser Hinsicht keine Abhängigkeit und Einschränkung der Tätigkeit des Arbeitsschutzbeauftragten vor.

Hervorzuheben ist ebenfalls, daß sowohl das Betriebsverfassungsgesetz in § 1 als auch das Arbetsmiljölag in Kapitel 6 § 2 über eine Kleinbetriebsklausel verfügen. Allerdings ist in Kapitel 6 § 2 Abs. 1 S. 2 AML wiederum eine Ausnahme normiert. Der Arbeitsschutzbeauftragte kann auch an anderen Arbeitsstellen bestimmt werden, wenn die Arbeitsverhältnisse dies erfordern. Die Möglichkeit des Abweichens von der Kleinbetriebsklausel zeigt, daß dem Arbeitsschutzbeauftragten eine wichtige Rolle zugedacht wird. In Deutschland besteht diese Möglichkeit nicht. Ein Betriebsrat kann nicht errichtet werden und die Mitbestimmung gemäß § 87 Abs. 1 Nr. 7 BetrVG scheidet aus, wenn in der Regel weniger als fünf wahlberechtigte Arbeitnehmer im Betrieb beschäftigt werden oder aber wenn zwar fünf oder mehr wahlberechtigte Arbeitnehmer beschäftigt werden, aber nur maximal zwei Arbeitnehmer wählbar sind.

Hinzu kommt, daß die Bestimmung des Arbeitsschutzbeauftragten nach schwedischem Recht in der Form kollektivrechtliche Pflicht ist, daß die mit dem Arbeitgeber durch Kollektivvertrag verbundene Gewerkschaft den Arbeitsschutzbeauftragten bestimmen soll. Nur wenn kein Fall dieser gewerkschaftlichen Bindung vorliegt, bestimmen die Arbeitnehmer den Arbeitsschutzbeauftragten direkt. Die Wahl eines Betriebsrats nach deutschem Recht hingegen hängt allein von der Eigeninitiative der Belegschaft ab, § 87 Abs. 1 Nr. 7 BetrVG läuft also in einer Vielzahl der Betriebe leer.

Hinsichtlich der Gefährdungsbeurteilung und der damit eng verbundenen Dokumentation ist festgestellt worden, daß dieser in Deutschland, geregelt im neu hinzugekommenen ArbSchG, wie auch in Schweden eine Schlüsselrolle zukommt.[1154] Sie ist entscheidend für die Qualität des Arbeitsschutzes, da sich nur durch eine Bewertung der einzelnen Arbeitsplätze die tatsächlich vorhandene Gefährdung ermitteln läßt. In diesem Zusammenhang ist in der Arbeitsumwelt- bzw. Arbeitsschutzarbeit insbesondere die präventive Ausrichtung der Gefährdungsbeurteilung unentbehrlich, die auch hilft, einzelnen Arbeitsumweltproblemen in einem ganzheitlichen Sinn zu begegnen.

Dasselbe trifft natürlich auch auf die Dokumentation zu, die sich nicht nur darin erschöpft, das Ergebnis der Gefährdungsbeurteilungen gegenüber den Behörden nachzuweisen. Allen am Arbeitsschutzsystem Beteiligten soll die Arbeitsschutzarbeit erleichtert und die Eigenverantwortung der Betriebe gestärkt und weiter entwickelt werden. Deshalb ist die Dokumentationspflicht ein unverzichtbares Element, um die erforderlichen betrieblichen Schwerpunktsetzungen und Entscheidungsgrundlagen transparent und nachvollziehbar zu machen

[1154] Vgl. oben unter E.IV.

sowie um systematisch die Wirksamkeit des betrieblichen Schutzkonzepts zu überprüfen.[1155]

In Deutschland wird versucht, die Mitbestimmung gemäß § 87 Abs. 1 Nr. 7 BetrVG bei der Gefährdungsbeurteilung und der Dokumentation gemäß §§ 5, 6 ArbSchG[1156] restriktiv auszulegen. Die untersuchte Rechtsprechung bringt aber eine andere Tendenz zum Ausdruck. Danach ist eher davon auszugehen, daß die Gerichte die wichtige Funktion der Gefährdungsbeurteilung und der Dokumentation im Arbeitsschutzsystem anerkennen und auch der unverzichtbaren Beteiligung der Beschäftigten gemäß § 87 Abs. 1 Nr. 7 BetrVG beipflichten. Die Gefährdungsbeurteilung ist in Schweden in Kapitel 3 § 2a AML, der 1991 in das Arbetsmiljölag eingeführt wurde, sowie in AFS 2001:1 systematiskt arbetsmiljöarbete unter der Begrifflichkeit systematische Arbeitsumweltarbeit geregelt. In den Gesetzgebungsunterlagen zu Kapitel 3 § 2a AML wird betont, daß es von besonderer Wichtigkeit ist, daß die lokalen Partner sich bezüglich eines funktionierenden innerbetrieblichen Ablaufs einig sind.[1157] Ansonsten greifen die allgemeinen Beteiligungsrechte der Arbeitnehmer nach dem AML, so daß der Arbeitsschutzbeauftragte gemäß Kapitel 6 § 4 Abs. 1 AML das Recht hat, darüber zu wachen, daß der Arbeitgeber seine Verpflichtungen nach Kapitel 3 § 2a AML einhält. Kapitel 6 § 4a Abs. 2 AML gewährt ihm weiterhin das Recht, an allen Planungen, die Arbeitsprozesse, Arbeitsmethoden, Arbeitsorganisation usw. betreffen, sowie an der Erstellung der Handlungspläne teilzunehmen. Gleichfalls hat auch das Schutzkomitee das Recht, gemäß Kapitel 6 § 9 Nr. 2 AML an der Erstellung der Handlungspläne nach Kapitel 3 § 2a AML beteiligt zu werden. Damit scheint eine wirksame Beteiligung der Beschäftigten über ihren Vertreter, den Arbeitsschutzbeauftragten, gewährleistet. Das wird noch bestärkt durch § 4 AFS 2001:1, wonach der Arbeitgeber den Arbeitnehmern und dem Arbeitsschutzbeauftragten die Möglichkeit geben soll, an der systematischen Arbeitsumweltarbeit mitzuwirken. Auch in der Kommentierung zu § 4 AFS 2001:1 wird die Zusammenarbeit zwischen Arbeitgeber, Arbeitnehmern und Arbeitsschutzbeauftragten in der systematischen Arbeitsumweltarbeit als wesentlich bezeichnet.[1158]

Überträgt man dies auf die deutsche Situation, ist unter der Voraussetzung einer EG-rechtskonformen Auslegung im Hinblick auf eine weitere europäische Harmonisierung die Mitbestimmung des Betriebsrats gemäß § 87 Abs. 1 Nr. 7 BetrVG bei der Gefährdungsbeurteilung und Dokumentation anzuerkennen.

Die Heranziehung und Auswertung der praktischen Erhebungen zeigt, welchen Gefährdungen die Beschäftigten ausgesetzt sind und in welchen Berei-

---

[1155] Vgl. insbesondere LAG Hamburg AP Nr. 11 zu § 87 BetrVG 1972 Gesundheitsschutz, Bl. 231 f.

[1156] Vgl. oben unter E.IV.2.

[1157] Prop. 1990/91:140, S. 41.

[1158] AFS 2001:1, S. 14.

chen in der Praxis die Arbeitsschutzarbeit nicht in der Form ausgestaltet ist, wie es eigentlich notwendig wäre. Gerade an diesem Punkt ist dann die wirksame Mitarbeit der Beschäftigten bzw. ihrer Vertreter gefragt. Auch wenn die einzelnen Studien und ihre Ergebnisse sehr unterschiedlich in ihrer Ausrichtung und deshalb nicht unbedingt repräsentativ und verallgemeinerungsfähig sind, läßt sich eine allgemeine Entwicklung ersehen. Insbesondere die Erhebung der IG Metall Bremen eröffnet, daß, zumindest im Zeitraum der Erhebung, die Vorgaben des ArbSchG in den einzelnen Betrieben größtenteils nicht zufriedenstellend umgesetzt worden sind. Gerade die im betrieblichen Arbeitsschutzsystem mit einer Schlüsselrolle bedachte Gefährdungsanalyse wurde von den meisten Betrieben überhaupt nicht oder nur unvollständig durchgeführt. Aber auch in Schweden ist die Situation nicht in allen Bereichen überzeugend. In den meisten Betrieben wird zwar eine systematische Schutzarbeit durchgeführt, manche Arbeitsschutzbeauftragten sind aber anscheinend nicht ausreichend über die Schutzarbeit informiert, so daß hier auch weitere Maßnahmen nötig sind.

II. Ausblick hinsichtlich der betrieblichen Mitbestimmung im bundesdeutschen Arbeitsschutzrecht

Das deutsche Arbeitsschutzrecht ist maßgeblich durch das Recht der EG geprägt worden. Im Sinne einer EG-rechtskonformen Auslegung ist es wiederum notwendig, auf dessen Ursprünge zurückzugreifen. Das ist in diesem Fall das nordische Recht.

Folglich muß auch das bundesdeutsche Arbeitsschutzrecht eine EG-rechtskonforme Auslegung gemäß dem nordischen Recht, hier exemplarisch am schwedischen Recht durchgeführt, erfahren. Das hat Auswirkungen auf die Auslegung von Begriffen und die Anwendung von Normen.

Der Gesundheitsbegriff des Arbeitsschutzgesetzes ist zwar an die ILO-Definition angelehnt, darf aber im Hinblick auf das Recht der EG und das schwedische Recht nicht zu statisch ausgelegt werden, sondern kann nach dem ganzheitlichen präventiven Ansatz des Verständnisses der Arbeitsumwelt auch andere körperliche und geistige Faktoren mit umschließen.

Die Eigenheiten des § 87 Abs. 1 Nr. 7 BetrVG müssen ebenfalls berücksichtigt werden. So ist eine restriktive Auslegung der einzelnen Tatbestandsmerkmale unter Berücksichtigung der EG-rechtskonformen Auslegung nicht angebracht, was bereits im überwiegenden Teil der Literatur akzeptiert ist und sich auch in der Rechtsprechung abzeichnet. Die Abhängigkeit des § 87 Abs. 1 Nr. 7 BetrVG von sogenannten Rahmenvorschriften war ebenfalls seit Bestehen der Norm problematisch, da es an Rahmenvorschriften mangelte. Das hat sich im Zuge der europäischen Integration ebenfalls gewandelt, so daß nun ausreichend Rahmenvorschriften zur Verfügung stehen, die eine Beteiligung des Betriebsrats erlauben. Hauptvorschriften sind hier das ArbSchG und die konkretisierenden Verordnungen. Werden die Vorgaben in diesem Gesetz befolgt und die europäischen Ursprünge beachtet, steht einem wirksamen Arbeitsschutzsystem in den Betrieben, unter Anwendung der Mitbestimmung des Betriebsrats gemäß § 87 Abs. 1 Nr. 7 BetrVG, nichts mehr im Wege. Leider werden diese Vorgaben oft nicht eingehalten, so daß vielfach nur eine unzureichend organisierte Arbeitsschutzarbeit betrieben wird, wie die praktischen Untersuchungen gezeigt haben.

Das schwedische Recht hat durch die starke Stellung des Arbeitsschutzbeauftragten[1159] und des Schutzkomitees, die mit umfangreichen Rechten ausgestattet sind, eine andere Struktur gewählt. Auch in der Bundesrepublik wären andere Formen denkbar, bspw. eine Änderung des BetrVG zur weiteren Konkretisierung der Mitbestimmungsrechte des Betriebsrats. Allerdings ist das BetrVG gerade durch das Betriebsverfassungs-Reformgesetz[1160] zum Teil erheblich reformiert worden, ohne daß § 87 Abs. 1 Nr. 7 BetrVG davon betroffen gewesen wäre. Damit erscheint eine konkretisierende Änderung mit möglicherweise erweiterten Kompetenzen unrealistisch.

Auch die Schaffung eines Sicherheitsbeauftragten und eines Arbeitsschutzbeauftragten nach Vorbild des schwedischen Rechts scheint möglich. Hier könnte dann eine gesetzliche Verpflichtung für einen Arbeitsschutzbeauftragten geschaffen werden, was durchaus Vorteile gegenüber einer gegenwärtigen freiwilligen Wahl eines Betriebsrats durch die Belegschaft bringen kann. Dafür könnten gegebenenfalls die vorhandenen Strukturen des § 22 SGB VII und des § 11 ASiG in einer Form genutzt werden, daß diese Institutionen zu wirklichen Beteiligungsfeldern der Beschäftigten umgewandelt werden.[1161] Gleichfalls wäre eine Änderung des ArbSchG dahingehend denkbar, daß ein die Beschäftigten vertretender Arbeitsschutzbeauftragter geschaffen wird.

Eine Stärkung der betrieblichen Mitbestimmung im Arbeitsschutz kann auch durch tarifliche Vereinbarungen, die Verbesserungen und Anregungen schaffen, erfolgen.[1162] Hier wären insbesondere die Gewerkschaften gefordert, wie auch die Situation in Schweden gezeigt hat.

Zunächst sind eine konsequente EG-rechtskonforme - unter Berücksichtigung der nordischen Ursprünge - Auslegung und Anwendung der bestehenden Normen Voraussetzungen für ein funktionierendes Arbeitsschutzsystem, das auch eine wirksame Beteiligung der Beschäftigten ermöglicht und schließlich zu einer guten Arbeitsumwelt führt.

1159 Sogar Schüler wählen einen Arbeitsschutzbeauftragten, vgl. Kapitel 6 § 18 AML.

1160 Gesetz vom 23.07.2001, BGBl. I, S. 1852.

1161 Vgl. dazu mit konkreten Vorschlägen Kothe, Partizipation, S. 55 ff.

1162 Vgl. Kothe, Partizipation, S. 52.

Literaturverzeichnis

Adlercreutz, Axel: Svensk arbetsrätt, Tolfte upplagen, Stockholm 2003

Ahlberg, Kerstin / Krook, Karl: Arbetsmiljölagen med kommentarer, 24:e upplagen, Stockholm 2001

Andersson, Anderz / Edström, Örjan / Zanderin, Lars: Arbetsrätt, Stockholm 2002

Angermaier, Max: Das neue Arbeitsschutzgesetz, AiB 1996, 522-529

Angermaier, Max: Stress am Arbeitsplatz, AiB 2001, 405-411

Antoni, C.: Gesundheitsförderung durch Gruppenarbeit? Möglichkeiten und Grenzen kollektiver Arbeitsgestaltung, in: Bundesanstalt für Arbeitsschutz (Hrsg.): Gesundheitsförderung im Betrieb, II. Tagung des Gesundheitswesens der Volkswagen AG in Kooperation mit der Bundesanstalt für Arbeitsschutz und den DLR-Projektträgerschaften, Arbeit und Technik am 14. und 15. Februar 1996 in Wolfsburg, Dortmund 1996

Aufhauser, Rudolf / Brunhöber, Hannelore / Igl, Peter: Arbeitssicherheitsgesetz, Kommentar, 2. Auflage, Baden-Baden 1997

Bähringer, Hartmut: Die Rechte des Betriebsrats bei der Einführung von Bildschirmarbeitsplätzen, RdA 1981, 364-371

Balze, Wolfgang: Die sozialpolitischen Kompetenzen der Europäischen Union, Baden-Baden 1994

Barnard, Catherine: EC-Employment Law, 2nd edition, Oxford 2000

Bercusson, Brian: European Labour Law, London 1996

Bergqvist, Olof / Lunning, Lars / Toijer, Gudmund: Medbestämmandelagen, Lagtext med kommentarer, Andra upplagen, Stockholm 1997

Bieback, Karl-Jürgen / Oppolzer, Alfred: Strukturwandel im Arbeitsschutz; in: Bieback, Karl-Jürgen/Oppölzer, Alfred (Hrsg.): Strukturwandel des Arbeitsschutzes, Opladen 1999

Bieler, Frank: Mitbestimmung des Betriebsrats beim Arbeitsschutz, BuW 1998, 276-279

Birk, Rolf: Arbeitsrecht und Rechtsvergleichung – Die Kontrolle der Einhaltung der Europäischen Sozialcharta, ZVglRWiss 2001, 48-61

Birk, Rolf: Die Rahmenrichtlinie über die Sicherheit und den Gesundheitsschutz am Arbeitsplatz – Umorientierung des Arbeitsschutzes und bisherige Umsetzung in den Mitgliedstaaten der Europäischen Union, in: Anzinger, Rudolf/Wank, Rolf (Hrsg.): Entwicklungen im Arbeitsrecht und Arbeitsschutzrecht, Festschrift für Otfried Wlotzke, München 1996

Blanpain, Roger (ed.): Comparative Labour Law and Industrial Relations, 3d edition, Deventer 1987

Blanpain, Roger / Nyström, Brigitta: EG/EU – arbetsrätt och arbetsmarknad, Stockholm 1994

Blomeyer, Wolfgang: Der Einfluß der Rechtsprechung des EuGH auf das deutsche Arbeitsrecht, NZA 1994, 633-672

Brandenburg, Uwe: Verbesserung von Gesundheit und Wirtschaftlichkeit durch Mitarbeiterbeteiligung, in: Bundesanstalt für Arbeitsschutz (Hrsg.): Gesundheitsförderung im Betrieb, II. Tagung des Gesundheitswesens der Volkswagen AG in Kooperation mit der Bundesanstalt für Arbeitsschutz und den DLR-Projektträgerschaften, Arbeit und Technik am 14. und 15. Februar 1996 in Wolfsburg, Dortmund 1996

Brandes, Heike: System des Europäischen Arbeitsschutzrechtes, Diss., Frankfurt 1999,

Bücker, Andreas / Feldhoff, Kerstin / Kothe, Wolfhard: Vom Arbeitsschutz zur Arbeitsumwelt. Europäische Herausforderungen für das deutsche Arbeitsrecht, Neuwied 1994

Buchner, Herbert: Die Rolle des Europäischen Gerichtshofs bei der Entwicklung des Arbeitsrechts, ZfA 1993, 279-340

Bundesanstalt für Arbeit (Hrsg.): Arbeitsmarkt 2000, Amtliche Nachrichten der Bundesanstalt für Arbeit, Nürnberg 2001

Bundesministerium für Arbeit und Sozialordnung (Hrsg.): Arbeitsbelastung in der Erwerbsbevölkerung, Forschungsbericht, München 1997

Coing, Helmut (Hrsg.): Handbuch der Quellen und Literatur der neueren Europäischen Privatrechtsgeschichte, Dritter Band, Das 19. Jahrhundert, Vierter Teilband, Die nordischen Länder, München 1987; zitiert als: Coing, Hdbuch-Bearbeiter, S.

Colneric, Ninon: Konsequenzen der Nachtarbeitsurteile des EuGH und des BVerfG, NZA 1992, 393-399

Constantinesco, Leontin-Jean: Rechtsvergleichung, Band II, Die rechtsvergleichende Methode, Köln 1972

Däubler, Wolfgang: Arbeitnehmerähnliche Personen im Arbeits- und Sozialrecht und im EG-Recht, ZIAS 2000, 326-335

Däubler, Wolfgang: Auf dem Weg zu einem europäischen Arbeitsrecht, in: Krämer, Ludwig / Micklitz, Hans-W. / Tonner, Klaus: Recht und diffuse Interessen in der Europäischen Rechtsordnung, Liber amicorum Norbert Reich, Baden-Baden 1997

Däubler, Wolfgang: Das Arbeitsrecht 1, 15. Auflage, Reinbek 1998

Däubler, Wolfgang: Das Arbeitsrecht 2, 11. Auflage, Reinbek 1998

Däubler, Wolfgang: Das neue Mitbestimmungsrecht des Betriebsrats im Arbeitsschutz, BetrR 1998, 31-33

Däubler, Wolfgang: Gewerkschaftsrechte im Betrieb, 10. Auflage, Baden-Baden 2000

Däubler, Wolfgang: Rechtsquellen im Arbeitsrecht, in: AiB 1993, S. 695-712

Däubler, Wolfgang: Schweden: Auf dem Weg zur Wirtschaftsdemokratie, Der Gewerkschafter 8/1975, 4-5

Däubler, Wolfgang: Sozialstaat EG? Notwendigkeit und Inhalt einer Europäischen Grundrechtsakte, in: Däubler, Wolfgang (Hrsg.): Sozialstaat EG? Die andere Dimension des Binnenmarktes, Gütersloh 1989

Däubler, Wolfgang: Staatliche Eingriffe in Mitbestimmungsrecht – am Beispiel der Nukleartechnologie, AiB 1986, 173-176

Däubler, Wolfgang: Systemvergleich im Arbeitsrecht. Vorüberlegungen zu einigen Methodenfragen, DuR 1979, 23-37

Däubler, Wolfgang: Tarifvertragsrecht, 3. Auflage, Baden-Baden 1993

Däubler, Wolfgang / Kittner, Michael / Klebe, Thomas (Hrsg.): Betriebsverfassungsgesetz mit Wahlordnung, §§ 121-128 InsO und EBR-Gesetz, 9. Auflage, Frankfurt am Main 2004, zitiert als: DKK-Bearbeiter, § Rn.

Dahllöf, Staffan: EG-regler om bildskärmsarbete skärper kraven, L&A 1993, 8-9

Denck, Johannes: Arbeitsschutz und Mitbestimmung des Betriebsrats, ZfA 1976, 447-484

Denck, Johannes: Bildschirmarbeitsplätze und Mitbestimmung des Betriebsrats, RdA 1982, 279-299

Dieterich, Thomas / Müller-Glöge, Rudi / Preis, Ulrich / Schaub, Günter (Hrsg.): Erfurter Kommentar zum Arbeitsrecht, 5. neu bearbeitete Auflage, München 2005; zitiert als: Erfurter Kommentar-Bearbeiter, Gesetz, § Rn.

Dietz, Rolf: Betriebsverfassungsgesetz, 4. Auflage, München 1967.

Diezemann, Klemens / Mühlhausen, Peter: Wenig Raum für Mitbestimmung in puncto Bildschirmarbeit, AuA 1999, 15-18

Doll, Wolfgang: Sicherheit und Gesundheitsschutz bei der Arbeit an Bildschirmgeräten, PersV 1998, 420-428

Düwell, Franz-Josef: 150 Jahre gesetzliches Verbot der Kinderarbeit in Deutschland, AuR 1989, 233-240

Ebert, Kurt Hanns: Rechtsvergleichung. Einführung in die Grundlagen, Bern 1978

Egger, Hartmut: Die Rechte der Arbeitnehmer und des Betriebsrats auf dem Gebiet des Arbeitsschutzes, BB 1992, 629-636

Ehmann, Horst: Arbeitsschutz und Mitbestimmung bei neuen Technologien, Berlin 1981

Ehmann, Horst: Europäischer Arbeitsschutz kraft deutscher Mitbestimmung? in: Schmidt, Klaus (Hrsg.): Arbeitsrecht und Arbeitsgerichtsbarkeit, Festschrift zum 50-jährigen Bestehen der Arbeitsgerichtsbarkeit in Rheinland-Pfalz, Neuwied 1999

Ericson, Bo / Gustafsson, Kerstin: Arbetsmiljölagen, 10:e reviderade upplagen, Stockholm 1996

Faber, Ulrich: Anmerkung zu ArbG Mannheim vom 27.4.1998, AiB 1998, 475-477

Faber, Ulrich / Richenhagen, Gottfried: Die Mitbestimmung des Betriebsrats bei Gefährdungsanalysen, AiB 1998, 317-322

Fabricius, Fritz / Kraft, Alfons / Wiese, Günther / Kreutz, Peter / Oetker, Hartmut / Raab, Thomas / Weber, Christoph: Gemeinschaftskommentar Betriebsverfassungsrecht, Band II: §§ 74-132 mit Kommentierung des BetrVG 1952, 7. Auflage, Neuwied 2002; zitiert als: GK–Bearbeiter, § Rn.

Fabricius, Nicolai: Die Mitbestimmung des Betriebsrats bei der Umsetzung des neuen Arbeitsschutzrechts, BB 1997, 1254-1258

Feldhoff, Karin: Mitbestimmung des Betriebsrats – Zugleich eine Anmerkung zum Beschluß des BAG vom 2. April 1996 – 1 ABR 47/95, AuA 1997, 72-76

Feldhoff, Karin / Kothe, Wolfhard: Betriebliches Arbeitsumweltrecht: Neue Regeln aus Brüssel, AiB 1992, 389-399

Ficher, Ulrich: Auswirkungen des Europarechts auf das Betriebsverfassungsrecht, in: Sonderbeilage zu NZA, Heft 16/2003, 57-62

Fitting, Karl / Engels, Gerd / Schmidt, Ingrid / Trebinger, Yvonne / Linsemaier, Wolfgang: Betriebsverfassungsgesetz, 22. Auflage, München 2004; zitiert als: FESTL, § Rn.

Frankenberg, Günter: Critical Comparisons: Re-thinking Comparative Law, Harvard International Law Journal 1985, 411-455

Fredriksson, Bert / Gunnmo, Alf: Våra fackliga organisationer, sjunde omarbetade upplagen, Stockholm 1992

Galperin, Hans / Löwisch, Manfred: Kommentar zum Betriebsverfassungsgesetz, Band II: Regelungen der Mitbestimmung (§§ 74-132), 6. Auflage, Heidelberg 1982; zitiert als: GL, § Rn.

Gaul, Björn: Anmerkung zu BAG EzA § 87 BetrVG 1972 Bildschirmarbeit Nr. 1, EzA § 87 BetrVG 1972 Bildschirmarbeit Nr. 1, 19-30

Gerlinger, Thomas: Arbeitsschutz und europäische Integration, Diss., Opladen 2000

Gerven, Walter van: Comparative Law in a Texture of Communitarization of National Laws and Europeanization of Community Law, in: O'Keeffe, David / Bavasso, Antonio: Judical Review in Europea Union Law, The Hague 2000

Geyer, Fabian: Die Mitbestimmung des Betriebsrates beim Arbeits- und Gesundheitsschutz. Dargestellt am Beispiel der Einführung und Gestaltung von Bildschirmarbeitsplätzen, Diss., Hamburg 2001

Glaubitz, Werner: Mitbestimmung des Betriebsrats gemäß § 87 Abs. 1 Nr. 7 BetrVG bei Regelungen über den Arbeitsschutz, BB 1977, 1403-1406

Gnade, Albert / Kehrmann, Karl / Schneider, Wolfgang / Blanke, Hermann / Klebe, Thomas: Betriebsverfassungesetz, Basiskommentar mit Wahlordnung, 9. Auflage, Frankfurt am Main 2001; zitiert als: GKSBK, § Rn.

Groeben, Hans von der / Thiesing, Jochen / Ehlermann, Claus-Dieter (Hrsg.): Kommentar zum EU-/EG-Vertrag, Band 3, Artikel 102a-136a EGV, 5. Auflage Baden-Baden 1999; zitiert als: GTE-Bearbeiter, Art Rn.

Günzel, Mats: Rehabilitering, in: Zanderin, Lars (Hrsg.): Arbetsmiljö, Lund 1997

Gullberg, Hans / Rundqvist, Karl-Ingvar: Arbetsmiljölagen, 13. uppl. Norstedts, Stockholm 2004

Habich, Anke: Anmerkung zu LAG Schleswig-Holstein vom 17.12.1999, AiB 2000, 631

Hanau, Peter / Steinmeyer, Heinz-Dietrich / Wank, Rolf: Handbuch des europäischen Arbeits- und Sozialrechts, München 2002

Heilmann, Joachim: Recht und Praxis des Arbeitsschutzes in Schweden, AiB 1989, 249-252

Herschel, Wilhelm: Zur Dogmatik des Arbeitsschutzrechts, RdA 1978, 69-74

Heß, Hubert: Mitbestimmung nach § 87 Abs. 1 Nr. 7 BetrVG – Gesundheitsschutz bei der Einrichtung von Bildschirmarbeitsplätzen, DB 1982, 2241-2245

Hess, Harald / Schlochauer, Ursula / Worzalla, Michael / Glock, Dirk: Kommentar zum Betriebsverfassungsgesetz, 6. Auflage, München/Unterschleißheim 2003; zitiert als: HSWG-Bearbeiter, § Rn.

Hinrichs, Oda: Die Mitbestimmung des Betriebsrats nach § 87 Abs. 1 Nr. 7 BetrVG und die Entwicklung des europäischen Arbeitsumweltrechts, Düsseldorf 1994

Howes, Victoria: Health and Safety Regulatory Framework – A Comparative Perspective, The International Journal of Comparative Labour Law and Industrial Relations 2003, 85-107

Hueck, Alfred / Nipperdey, Hans Carl: Lehrbuch des Arbeitsrechts, Erster Band, 7. Auflage, Berlin Frankfurt am Main 1963

Husa, Jaako: Farewell to Functionalism or Methodological Tolerance?, RabelsZ 2003, 419-447

IG Metall Bremen (Hrsg.): Umsetzung des neuen Arbeitsschutzgesetzes in Bremer Betrieben – eine Bestandsaufnahme, Bremen 1998

Iseskog, Tommy: Arbetsmiljöansvar, Åttonde upplagen, Stockholm 1998; zitiert als: Iseskog, Arbetsmiljöansvar, S.
Iseskog, Tommy: Uppdrag Arbetsmiljö, Andra upplagen, Stockholm 1998; zitiert als: Iseskog, Uppdrag, S.

Jørgensen, Stig: Grundzüge der Entwicklung der skandinavischen Rechtswissenschaft, JZ 1970, 529-535

Kaufhold, Karl Heinrich: 150 Jahre Arbeitsschutz in Deutschland: Das preußische Regulativ von 1839 und die weitere Entwicklung bis 1914, AuR 1989, 225-232
Keller, Karl-Josef: Die Bildschirmarbeitsverordnung. Ein Vorschlag zur praktischen Umsetzung, Bergisch Gladbach 1996
Kiikeri, Markku: Comparative Legal Reasoning and European Law, Dordrecht 2001
Kittner, Michael: Die Mitbestimmung des Betriebsrats beim Arbeitsschutz – zur Reichweite des § 87 Abs. 1 Nr. 7 BetrVG, in: Klebe, Thomas / Wedde, Peter / Wolmerath, Martin (Hrsg.) Recht und soziale Arbeitswelt, Festschrift für Wolfgang Däubler, Frankfurt am Main 1999
Kittner, Michael / Pieper, Ralf: Arbeitsschutzrecht, Arbeitsschutzgesetz, Arbeitssicherheitsgesetz und andere Arbeitsschutzvorschriften, 2. Auflage, Frankfurt am Main 2002; zitiert als: Kittner/Pieper, § Abschnitt, Rn.
Kittner, Michael / Pieper, Ralf: Beteiligungsrechte des Betriebsrats im betrieblichen Arbeitsschutz nach dem neuen Arbeitsschutzgesetz, AiB 1997, 324-331
Klinkhammer, Heinz: Zur Mitbestimmung des Betriebsrats bei Bildschirmarbeitsplätzen, AuR 1983, 321-329
Koch, Harald / Magnus, Ulrich / Winckler v. Mohnenfels, Peter: IPR und Rechtsvergleichung, Ein Studien- und Übungsbuch zum Internationalen Privat- und Zivilverfahrensrecht und zur Rechtsvergleichung, 3. Auflage, München 2004
Kötz, Hein: Rechtsvergleichung und gemeineuropäisches Privatrecht, in: Müller-Graff, Peter-Christian (Hrsg.): Gemeinsames Privatrecht in der Europäischen Gemeinschaft, 2. Auflage, Baden-Baden 1999
Koll, Michael: Arbeitsschutz im europäischen Binnenmarkt, DB 1989, 1234-1240
Kollmer, Norbert: Das neue Arbeitsschutzgesetz als „Grundgesetz“ des Arbeitsschutzes, WiB 1996, 825-829
Kollmer, Norbert / Vogl, Markus: Das Arbeitsschutzgesetz, 2. Auflage, München 1999
Kothe, Wolfhard: Anmerkung zu BAG vom 02.04.1996 - 1 ABR 47/95 CR 1996, 604, CR 1996, 609-611

Kothe, Wolfhard: Anmerkung zu LAG Hamburg vom 21.09.2000 – 7 TaBV 3/98 LAGE § 87 BetrVG 1972 Gesundheitsschutz Nr. 1, LAGE § 87 BetrVG 1972 Gesundheitsschutz Nr. 1, 23-31

Kothe, Wolfhard: Arbeitsschutz im Brennpunkt betrieblicher Probleme, AiB 2001, 387-388

Kothe, Wolfhard: Arbeitsschutzrahmenrichtlinie, EAS, B 6100, 1998

Kothe, Wolfhard: Die Stärkung der Partizipation der Beschäftigten im betrieblichen Arbeitsschutz, Düsseldorf 1999; zitiert als: Kothe, Partizipation, S.

Kothe, Wolfhard: Ein Rahmen ohne Regelungsinhalt? Kritische Anmerkung zur Auslegung des § 87 Abs. 1 Ziff. 7 BetrVG, AuR 1984, 263-275

Kothe, Wolfhard: Kommentar zu EuGH vom 6.7.2000-Rs. C-11/99, BB 2000, 2579-2580

Kothe, Wolfhard: Mitbestimmung und Gesundheitsschutz, Anmerkung zum Beschluß BAG 1 ABR 65/79 vom 28.7.81, AiB 1983, 51-55

Kothe, Wolfhard: Mitbestimmung und die gesetzliche Regelung des Arbeitsschutzes, Güthersloh 1998; zitiert als: Kothe, Mitbestimmung, S.

Krimphove, Dieter: Der Einsatz der ökonomischen Analyse des Rechts als notwendiges Instrument der Europäischen Rechtsvergleichung. Dargestellt anhand des Erwerbs vom Nichtberechtigten in den Europäischen Rechtsordnungen, ZfRV 1998, 185-204

Kuhn, Heike: Die soziale Dimension der Europäischen Gemeinschaften, Diss., Berlin 1995

Landsorganisationen (LO) (Hrsg.): Arbetsmiljöns utveckling, Skyddsombudens erfahrenheter Stockholm 1996

Landsorganisationen (LO) (Hrsg.): Denn svenska arbetsmarknaden – fakta och siffror, Stockholm 1998

Landsorganisationen (LO) (Hrsg.): Färre – och hårdare jobb?, Stockholm 1996; zitiert als: LO, Färre, S.

Landsorganisationen (LO) (Hrsg.): Hur fungera arbetsmiljöarbetet?, Stockholm 1997; zitiert als: LO, Hur fungera, S.

Landsorganisationen (LO) (Hrsg.): Kvinnors och mäns arbetsmiljö och hälsa, Stockholm 1999; zitiert als: LO, Kvinnors, S.

Lindh, Göran: Arbetsmiljölagen med kommentarer i lydelse från den 1 januari 2001, Solna 2000

Löwisch, Manfred / Kaiser, Dagmar: Betriebsverfassungsgesetz, Kommentar, 5. Auflage, Heidelberg 2002

Löwisch, Manfred / Neumann, Daniela: Anmerkung zu BAG vom 2.4.1996, SAE 1997, 77, SAE 1997, 85-88

Lohrum, B.: Mitarbeiterbeteiligung unsere Chance, in: Bundesanstalt für Arbeitsschutz (Hrsg.): Gesundheitsförderung im Betrieb, II. Tagung des Gesundheitswesens der Volkswagen AG in Kooperation mit der Bundesanstalt für Arbeitsschutz und den DLR-Projektträgerschaften, Arbeit und Technik am 14. und 15. Februar 1996 in Wolfsburg, Dortmund 1996

Lorenz, Martin: Arbeitssicherheit, Neuwied 2000

Lundh, Christer / Gunnarsson, Christer: Arbetsmiljö, arbetarskydd och utvärderingsforskning, Ett historiskt perspektiv, Lund 1987

Lutter, Marcus: Die Auslegung angeglichenen Rechts, JZ 1992, 593-607

Maier, Lena: EU, Arbetsrätten och Normgivningsmakten. En rättslig studie av gemenskapsrättens inverkan på medlemsstaternas arbetsrättsliga normgivningsutrymmen, Diss., Stockholm 2000,

Mansel, Heinz-Peter: Rechtsvergleichung und europäische Rechtseinheit, JZ 1991, 529-534

Martens, Helmut: Betriebliche Beteiligungskulturen bei konzernweiten Modernisierungskonzepten im Arbeits- und Gesundheitsschutz. Ergebnisse einer empirischen Untersuchung, Arbeit 1997, 429-449

Mattik, Ulrich / Ortmann, Heinrich: Das neue Arbeitsschutzgesetz – Anmerkungen und Hinweise zu ausgewählten Paragraphen, BetrR 1996, 129-135

Maurer, Hartmut: Allgemeines Verwaltungsrecht, 13. Auflage, München 2000

Meggeneder, Oskar: Internationale Tendenzen, BArbBl 1/1984, 29-34

Merten, Frank: Gesundheitsschutz und Mitbestimmung bei der Bildschirmarbeit, Diss., Köln 2000,

Merten, Philip W. / Klein, Stefanie: Die Auswirkungen des Arbeitsschutzgesetzes auf die Mitbestimmungsrechte des Betriebsrats nach § 87 Abs. 1 Nr. 7 BetrVG – Unter besonderer Berücksichtigung der Bildschirmarbeitsverordnung, DB 1998, 673-678

Micha, Margitta / Norrbom, Bengt: Internkontroll från teori till praktik, Uddevalla 1998

Moll, Wilhelm: Arbeitsrechtsvergleichung, RdA 1984, 223-236

Moll, Wilhelm: Betriebliche Mitbestimmung beim Einsatz computergestützter Bildschirmarbeitsplätze, ZIP 1982, 889-899

Müller, Constanze: Die aktive Rolle der Mitarbeiter im Gesundheitszirkel, Sicher ist sicher 1994, 520-523

Natzel, Benno: Zur Mitbestimmung bei der menschengerechten Gestaltung der Arbeit, RdA 1974, 280-284

Neumann, Thorsten: Gefährdungsbeurteilungen gewinnen an Gewicht, AuA 2000, 465-467

Nitsche, Detlev: Anmerkung zu BAG vom 15.01.2002, AiB 2003, 111-114

Norrby, Ann: Kontorsprovaren-verktyg för förändring, L&A 1995, 7

Norrby, Ann: Säkrare papper med internkontroll, L&A 1992, 4-5

Nyström, Brigitta: EU och arbetsrätten, Tredje uuplagen Stockholm 2002

Odenbach, Carsten: Gesundheitsschutz am Bildschirmarbeitsplatz, in: Bieback, Karl-Jürgen / Oppolzer, Alfred (Hrsg.) Strukturwandel des Arbeitsschutzes, Opladen 1999

Örnerborg, Elisabet: Internkontroll à la Wikers, L&A 1998, 4-5

Örnerborg, Elisabet: Ingen dispens för småföretag, L&A 1998, 5

Örücü, Esin: Critical Comparative Law: Considering Paradoxes for Legal Systems in Transition, Deventer 1999

Ogus, Anthony: Competition between National Legal Systems: A Contribution of Economic Analysis to Comparative Law, International ans Comparative Law Quarterly 1999, 404-414

Olauson, Erland: Medbestämmandelagen, Tredje upplagen, Stockholm 2001

Peck, Joachim: Die Weltgesundheitsorganisation, Berlin 1976

Peine, Franz-Joseph: Gesetz über technische Arbeitsmittel (Gerätesicherheitsgesetz), Kommentar, 2. Auflage, Köln 1995

Pickshaus, Klaus: Der Arbeit ein gesundes Maß geben, Anforderungen an eine gesundheitsförderliche Arbeitspolitik, AiB 2001, 392-397

Pieper, Ralf: Arbeitsschutz im Umbruch? Verzögerung bei der Umsetzung des EG-Arbeitsumweltrechts, AuR 1993, 355-363

Pieper, Ralf: Arbeitsschutz ist Teamarbeit. Positive Ergebnisse gelingen nur durch Kooperation, Faktor Arbeitsschutz 2002, 6-7

Pieper, Ralf: Das Arbeitsschutzgesetz, AuR 1996, 465-474

Pieper, Ralf: Das Arbeitsschutzrecht in der deutschen und europäischen Arbeits- und Sozialordnung – Grundlagen, Bestandsaufnahme und Bewertungen der Reform, Diss., Dortmund 1998

Rebhahn, Robert: Ziel und Probleme der Arbeitsrechtsvergleichung in Europa, ZEuP 2002, 436- 465

Reich, Norbert: Bürgerrechte in der Europäischen Union, Baden-Baden 1999

Renborg, Oliver: Arbetsmiljörätt i Praktiken, Roll- och ansvarsfördelning på arbetsplatsen, Stockholm 1991

Rheinstein, Max / Borries, Reimer von, Niethammer, Hans-Eckart: Einführung in die Rechtsvergleichung, 2. Auflage München 1987

Richardi, Reinhard (Hrsg.): Betriebsverfassungsgesetz mit Wahlordnung, Kommentar, 9. Auflage, München 2004

Richardi, Reinhard / Wlotzke, Otfried (Hrsg.): Münchener Handbuch zum Arbeitsrecht Band 1, Individualarbeitsrecht I, 2. Auflage München 2001; zitiert als: Münch-ArbR I-Bearbeiter, § Rn.

Richardi, Reinhard / Wlotzke, Otfried (Hrsg.): Münchener Handbuch zum Arbeitsrecht Band 2, Individualarbeitsrecht II, 2. Auflage, München 2000; zitiert als: Münch-ArbR II-Bearbeiter, § Rn.

Richardi, Reinhard / Wlotzke, Otfried (Hrsg.): Münchener Handbuch zum Arbeitsrecht, Band 3, Kollektives Arbeitsrecht, 2. Auflage, München 2000; zitiert als: Münch-ArbR III-Bearbeiter, § Rn.

Richenhagen, Gottfried / Prümper, Jochen / Wagner, Joachim: Handbuch der Bildschirmarbeit – Mit einer Kommentierung der neuen BildscharbV, 2. Auflage, Neuwied 1998

Riese, Ulrich: Bildschirmarbeits-Verordnung, CR 1997, 27-33

Ring, Gerhard / Olsen-Ring, Line: Einführung in das skandinavische Recht, München 1999

Rottmann, Martina: Zur Mitbestimmung des Betriebsrats beim Umgang mit Gefahrstoffen, BB 1989, 1155-1120

Sacco, Rodolfo: Einführung in die Rechtsvergleichung, Baden-Baden 2001

Schäfer, Claus: Die WSI-Befragung von Betriebs- und Personalräten 1999/2000, WSI-Mitteilungen 2001, 62

Schäfer, Claus: Die WSI-Befragung von Betriebs- und Personalräten 1999/2000 im Überblick, WSI-Mitteilungen 2001, 65-75

Schaub, Günter / Koch, Ulrich / Linck, Rüdiger: Arbeitsrechts-Handbuch, 11. neu bearbeitete Auflage, München 2005

Scheiwe, Kirsten: Was ist ein funktionales Äquivalent in der Rechtsvergleichung? Eine Diskussion an Hand von Beispielen aus dem Familien- und Sozialrecht, KritV 2000, 30-51

Schiek, Dagmar: „Critical Comparative Law" – from a labour law perspective, Vortrag i.R.d. Hanse Law School Conference vom 6.-7. März 2003 in Delmenhorst, (erscheint demnächst in den Hanse Law School Cahiers); zitiert als: Schiek, Critical, S.

Schiek, Dagmar: Europäisches Arbeitsrecht, Baden-Baden 1997

Schiek, Dagmar: Europäische Betriebsvereinbarungen, RdA 2001, 218-236

Schierbaum, Bruno: EG-Richtlinie zur Bildschirmarbeit. Regelungsinhalte und Stand zur Umsetzung, CR 1994, 410-417

Schierbaum, Bruno / Franz, Regine: Bildschirmarbeitsverordnung – Mitbestimmung des Betriebsrates nach § 87 Abs. 1 Nr. 7 BetrVG, AuR 1999, 82-88

Schlachter, Monika: Arbeitsrecht und Rechtsvergleichung, RdA 1999, 118-124

Schmatz, Hans / Nöthlichs, Matthias / Weber, Horst Peter: Sicherheitstechnik, Ergänzende Sammlung der Vorschriften nebst Erläuterungen für Unternehmen und Ingenieure, Band II, Teil 1, Arbeitssicherheitsgesetz, Berlin, Loseblattsammlung Stand August 2003

Schmidt, Marlene: Das Arbeitsrecht der Europäischen Gemeinschaft, Baden-Baden 2001

Schmidt, Rolf: Allgemeines Verwaltungsrecht, 7. Auflage, Grasberg bei Bremen 2003

Schregele, Johannes: Überlegung zur internationalen Vergleichung im Arbeitsrecht, in: Gamillscheg, Franz / De Givry, Jean / Hepple, Bob / Verdier, Jean-Maurice (Hrsg.): Internationale Gedächtnisschrift für Sir Otto Kahn-Freund, München 1980

Schwarze, Jürgen: The Role of the European Court of Justice in Shaping Legal Standards for Administrative Action in the Member States: a Comparative Perspective, in: O`Keeffe, David / Bavasso, Antonio: Judical Review in Europea Union Law, The Hague 2000

Siemes, Christiane: Die Neuregelung der Mitbestimmung des Betriebsrats nach § 87 Abs.1 Nr. 7 BetrVG bei der Bildschirmarbeit, NZA 1998, 232-239

Sjögren, Sten: Tysta diplomater som sträver efter samförstand, L&A 1993, 9-10

Statistiska Centralbyrån (SCB): Statistik Årsbok för Sverige 2001, Årgang 87, Stockholm 2000

Statistiska Centralbyrån (SCB): Datorer och arbetsmiljö, Stockholm 1991

Steinberg, Maria: Skyddombudsrätt, Samverkan, ansvar, tillsyn, andra upplagen, Stockholm 1995

Stötzel, Berthold: Arbeitsschutz durch Beteiligung. Betriebliche Sicherheitsarbeit als Organisationsentwicklung, Hamburg 1994

Streffer, Christel: Freier Warenverkehr und Arbeitsschutz im europäischen Recht, in: Anzinger, Rudolf / Wank, Rolf (Hrsg.): Entwicklungen im Arbeitsrecht und Arbeitsschutzrecht, Festschrift für Otfried Wlotzke, München 1996

Svenka Institutet (Hrsg.): Tatsachen über Schweden. Die Arbeitsumwelt in Schweden, Stockholm 1999; abrufbar als pdf-Datei unter www.si.se

Teske, Ulrike / Zinke, Eva: Gesundheitsbericht und Gesundheitszirkel auf dem Prüfstand. Einbindung der Beschäftigten spielt eine wesentliche Rolle, Sicher ist sicher 1996, 341-346

Vogel, Laurent: Gefahrenverhütung am Arbeitsplatz. Die Auswirkung der Gemeinschaftsrichtlinien auf die Präventivsysteme in Schweden, Finnland, Norwegen, Österreich und der Schweiz, Brüssel 1998; zitiert als: Vogel, Gefahrenverhütung Auswirkung, S.

Vogel, Laurent: Gefahrenverhütung am Arbeitsplatz. Erste Bilanz über die Umsetzung der Gemeinschafts-Rahmenrichtlinie von 1989, Brüssel 1994; zitiert als: Vogel, Gefahrenverhütung Erste Bilanz, S.

Vogl, Markus: Das neue Arbeitsschutzgesetz, NJW 1996, 2753-2757

Wagner, Joachim: Rechtsprechung zur Mitbestimmung des Betriebsrats bei der Umsetzung des Arbeitsschutzgesetzes und der Bildschirmarbeitsverordnung, DB 1998, 2366-2367

Wank, Rolf: Der Einfluß des europäischen Arbeitsschutzrechts auf die Rechtslage in der Bundesrepublik Deutschland, in: Maydell, Bernd von / Schnapp, Friedrich E. (Hrsg.): Die Auswirkungen des EG-Rechts auf das Arbeits- und Sozialrecht der Bundesrepublik, Berlin 1992

Wank, Rolf: Der neue Entwurf eines Arbeitsschutzgesetzes, DB 1996, 1134-1138

Wank, Rolf: Kommentar zum technischen Arbeitsschutz, München 1999

Wank, Rolf / Börgmann, Udo: Deutsches und europäisches Arbeitsschutzrecht, München 1992

Willsch, W.: Verbesserung der Kommunikation im Unternehmen durch Arbeitsgestaltung, in: Bundesanstalt für Arbeitsschutz (Hrsg.): Gesundheitsförderung im Betrieb, II. Tagung des Gesundheitswesens der Volkswagen AG in Kooperation mit der Bundesanstalt für Arbeitsschutz und den DLR-Projektträgerschaften, Arbeit und Technik am 14. und 15. Februar 1996 in Wolfsburg, Dortmund 1996

Wlotzke, Otfried: Ausgewählte Leitlinien des Arbeitsschutzgesetzes, in: Klebe, Thomas / Wedde, Peter / Wolmerath, Martin (Hrsg.) Recht und soziale Arbeitswelt, Festschrift für Wolfgang Däubler, Frankfurt am Main 1999

Wlotzke, Otfried: Das betriebliche Arbeitsschutzrecht – Ist-Zustand und künftige Aufgaben, NZA 2000, 19-23

Wlotzke, Otfried: Das neue Arbeitsschutzgesetz, NZA 1996, 1017-1024

Wlotzke, Otfried: EG-Binnenmarkt und Arbeitsrechtsordnung – Eine Orientierung, NZA 1990, 417-423

Wlotzke, Otfried: Fünf Verordnungen zum Arbeitsschutzgesetz von 1996, NJW 1997, 1469-1476

Wlotzke, Otfried: Technischer Arbeitsschutz im Spannungsverhältnis von Arbeits- und Wirtschaftsrecht, RdA 1992, 85-96

Zanderin, Lars / Günzel, Mats: Arbetsmiljörätt och rehabilitering, 3: upplagen Finland 1997

Zimmermann, Reinhard: In der Schule von Ludwig Mitteis, Ernst Rabels rechtshistorische Ursprünge, RabelsZ 2001, 1-38

Zweigert, Konrad / Kötz, Hein: Einführung in die Rechtsvergleichung auf dem Gebiet des Privatrechts, 3. Auflage Tübingen 1996